KB138833

2024 최신개정판

LOGIN
essence
전산회계 1급

김영철 지음

도서출판
어울림
www.aubook.co.kr

머리말

회계는 기업의 언어입니다. 회계를 통해서 많은 이용자들이 정보를 제공받고 있습니다.
회계는 매우 논리적인 학문이고, 세법은 법의 취지를 이해하셔야 합니다.

회계와 세법을 매우 잘하시려면
왜(WHY) 저렇게 처리할까? 계속 의문을 가지세요!!!
1. 이해하실려고 노력하세요.(처음 접한 회계와 세법의 용어는 매우 생소할 수 있습니다.
   생소한 단어에 대해서 네이버나 DAUM의 검색을 통해서 이해하셔야 합니다.)
2. 그리고 계속 쓰세요.(특히 분개)
3. 이해가 안되면 암기하십시오.
2,3회독 후 다시 보시면 이해가 될 것입니다.

전산회계를 공부하시는 수험생들 중 대다수는 이론실력이 없는 상태에서 전산프로그램 입력연습에
많은 시간을 할애합니다.

그런 수험생들을 보면 너무 안타깝습니다. 특히 전산회계1급은 회계이론의 기초가 바탕이 되지 않은
상태에서 입력에 치중해 시험을 대비한 수험생이라면 십중팔구 실패의 쓴맛을 보게 될 것입니다. 우연히
분개연습만 열심히 해서 전산회계1급을 취득하였다 하더라도 상위과정인 전산세무에 다시 이론 공부를
시작해야 합니다.

전산회계1급은 이론공부에 80%, 실기연습에 20%정도로 할애하여 공부하셔도 충분합니다.

수험생 여러분!!
무엇보다도 이론에 힘을 쓰시고, 최종적으로 기출문제 60분 이내에 입력하시는 연습을 하시면 수험생
모두 100% 합격할 것이라 확신합니다.

2024년 1월
김 영 철

국가직무능력 표준(NCS)

1. 정의

국가직무능력표준(NCS, national competency standards)은 산업현장에서 직무를 수행하기 위해 요구되는 지식·기술·소양 등의 내용을 국가가 산업부문별·수준별로 체계화한 것으로 산업현장의 직무를 성공적으로 수행하기 위해 필요한 능력(지식, 기술, 태도)을 국가적 차원에서 표준화한 것을 의미

2. 훈련이수체계

수준		회계·감사	세무
6수준	전문가	사업결합회계	세무조사 대응 조세불복 청구 절세방안 수립
5수준	책임자	회계감사	법인세 신고 기타세무신고
4수준	중간 관리자	비영리회계	종합소득세 신고
3수준	실무자	원가계산 재무분석	세무정보 시스템 운용 원천징수 부가가치세 신고 법인세 세무조정 지방세 신고
2수준	초급자	전표관리 자금관리 재무제표 작성 회계정보 시스템 운용	전표처리 결산관리
-		직업기초능력	
수준 \ 직종		회계·감사	세무

4

3. 회계 · 감사직무

(1) 정의

회계 · 감사는 기업 및 조직 내 · 외부에 있는 의사결정자들이 효율적인 의사결정을 할 수 있도록 유용한 정보를 제공하며, 제공된 회계정보의 적정성을 파악하는 업무에 종사

(2) 능력단위요소

능력단위(수준)	수준	능 력 단 위 요 소	교재 내용
전표관리	3	회계상 거래 인식하기	재무회계 기본개념
		전표 작성하기	재무회계
		증빙서류 관리하기	
자금관리	3	현금시재관리하기	재무회계
		예금관리하기	
		법인카드 관리하기	
		어음수표관리하기	
원가계산	4	원가요소 관리하기(3)	원가회계
		원가배부하기(3)	
		원가계산하기	
		원가정보활용하기	
결산관리	4	결산분개하기(3)	재무회계
		장부마감하기(3)	
		재무제표 작성하기	
회계정보 시스템 운용	3	회계 관련 DB마스터 관리하기	실무능력
		회계프로그램 운용하기	
		회계정보활용하기	
재무분석	5	재무비율 분석하기(4)	
		CVP 분석하기(4)	
		경영의사결정 정보 제공하기	
회계감사	5	내부감사준비하기	
		외부감사준비하기(4)	
		재무정보 공시하기(4)	
사업결합회계	6	연결재무정부 수집하기(4)	
		연결정산표 작성하기(5)	
		연결재무제표 작성하기	
		합병 · 분할회계 처리하기	
비영리회계	4	비영리대상 판단하기	
		비영리 회계 처리하기	
		비영리 회계 보고서 작성하기	

합격수기

DAUM카페 "로그인과 함께하는 전산회계/전산세무"에 있는 <u>수험생들의 공부방법과 좌절과 고통을 이겨내면서 합격하신 경험담을 같이 나누고자 합니다.</u>

"한달 공부하고 전산회계 1급 100점 2급 100점 받았네요~ ^^"

혜선 님

방금 합격자 발표 떠서 올립니다.. 사실 두개 다 100점인걸 시험 당일에 알았었지만 혹시라도 채점 실수 있을까봐 조마조마 하다가 방금 100점 확인하고 후기 올립니다.

저는 세 아이의 엄마입니다. 저는 회계 전공도 아니었고 평범한 가정주부입니다.

아이 셋과 집안일에 하루종일 정신없이 치여살다가 막내가 유치원에 다니면서 갑자기 회계세무가 공부해보고 싶어졌어요. 물론 학교 다닐때 제일 싫어하던 과목이 수학이어서 왠지 세무회계라면 학을 뗄것 같았지만 내가 안 해본걸 해보고 싶다... 그런 마음이 컸던것 같아요.

다행히 발전센터에서 거의 무료로 진행하는 회계강의 프로그램에 참가하게 되었고 7월 중순부터 하루 4시간씩 차변대변부터 시작하며 공부했네요.

처음엔 차변이 뭔지 대변이 뭔지도 헷갈리고 계정과목은 왜그리도 많은지 도대체 이걸 언제 다 외워..ㅜㅜ 했었는데 어느덧 한달이 지나고 바로 8월 특별회차 시험을 보게 되었어요.

특별회차 보기 열흘전부터는 강사님이 나눠준 기출문제 위주로 풀었구요

기출을 풀면서 1급 특유의 말장난?에도 익숙해지기 시작했어요.

일주일 남기면서부터는 2급은 기출문제 풀면 98,97 점이었지만 유독 1급은 이론에서 3문제씩은 틀리더라구요.. ㅜㅜ

방법은 1회독 2회독이었습니다. 말장난 잦은 부분은 더 유의해서 봤어요..

사실.. 솔직히 얘기하면 회계는 그리 열심히 공부하지 않았어요...

이렇게 말하면 욕먹을려나요..ㅜㅜ 하기 싫어 안한게 아니라 할 시간이 모자르더라구요..

수업시간 하루 4시간만 정말 집중해서 듣고 집에 가서 복습은 30분이 다였어요..

왜냐하면 전 애가 셋이고, 아이 셋이 전부 여름방학을 해서 집에 가면 밥차리고 집안일 하고..뒤치 닥거리하고.. 거기다 올해 여름은 정말 덥더군요...도저히 공부할 날씨가 아니었어요.

하루종일 시달리고 책상에만 앉아도 땀이 주르룩... 결국 힘빠져서 포기.,..ㅜㅜ

공부할 시간은 커녕 잠잘 시간도 부족했어요..ㅜㅜ

거기다 여름휴가까지 겹쳐서...에고공..

ㅎㅎ 어쩌다 보니 얘기가 새어나갔는데 사실 그렇게 익숙해졌던 회계도 세무에 비하면 아무것도 아니더라구요... 지금 다시 한달후에 세무 시험을 도전할 생각인데 이건 정말 레벨이 다르네요..ㅜㅜ

회계에 대해선 100프로 안다고 생각했었는데 세무 1급에 있는 기업회계 부가세 법인세는 차원이 다르네요.

회계가 커피라면 세무는 티오피에 에스프레소 완샷한 느낌...ㅠㅠ

거기다 이번엔 아무런 도움도 없이 올 독학이라;;; ㅜㅜ

솔직히 하루에도 포기하고 싶은 마음이 5번씩 불뚝불뚝 솟아오릅니다.

소득세 부가세 지랄맞은 법인세;;;;;

하루 공부시간은 2시간도 못되는데 시간은 자꾸만 흘러가네요..

오늘, 이 점수를 발판삼아 다시 노력해보겠습니다.

한달후에 후기를 다시 올릴수 있길 바랍니다...

어쩌다 보니 후기가 아닌 다짐이 되어버렸네요.. 암튼 제가 이 후길 올린 이유는요...ㅎㅎ

저같은 아줌마도 하니 다른 분들도 다 하실수 있다고.. 힘내시라구요~ ^^

저도 다시 맘잡고 홧팅하겠습니다~   10월엔 모두 좋은 성적 받으시길 바래요... *^^*

〈LOGIN 전산회계1급 시리즈 4종〉

도서명	도서 내용	기출문제 횟수	용도	페이지
LOGIN 전산회계1급 (기본서)	이론, 실무, 기출문제	4회	강의용/독학용	약 760
LOGIN 전산회계1급 essence (에센스)	이론 및 실무 요약, 기출문제	8회	강의용	약 400
LOGIN 전산회계1급 핵심요약 및 기출문제집	이론 및 실무 요약, 기출문제	23회	최종마무리용	약 480
LOGIN 전산회계1급 기출문제집	기출문제	18회		약 270

저자가 운영하는 다음(Daum)카페 **"로그인과 함께하는 전산회계/전산세무"**에 다음의 유용한 정보를 제공합니다.

로그인카페

1. 오류수정표 및 추가 반영사항
2. **기출문제 데이터(도서출판 어울림에서도 다운로드가 가능합니다.)**
3. 전산회계1급 Q/A게시판

LOGIN전산회계1급(에센스)을 구입하신 독자 여러분께서는 많은 이용바라며, 교재의 오류사항을 지적해 주시면 고맙겠습니다.

카페주소 : http://cafe.daum.net/taxacad

[2024년 전산세무회계 자격시험(국가공인) 일정공고]

1. 시험일자

회차	종목 및 등급	원서접수	시험일자	합격자발표
112회	전산세무 1,2급 전산회계 1,2급	01.04~01.10	02.04(일)	02.22(목)
113회		02.28~03.05	04.06(토)	04.25(목)
114회		05.02~05.08	06.01(토)	06.20(목)
115회		07.04~07.10	08.03(토)	08.22(목)
116회		08.29~09.04	10.06(일)	10.24(목)
117회		10.31~11.06	12.07(토)	12.26(목)
118회		2025년 2월 시험예정		

2. 시험종목 및 평가범위

등급	평가범위	
전산회계 1급	이론	회계원리(15%), 원가회계(10%), 세무회계(5%)
	실무	기초정보 등록·수정(15%), 거래자료 입력(30%), 부가가치세(15%), 입력자료 및 제장부 조회(10%)

3. 시험방법 및 합격자 결정기준

1) 시험방법 : 이론(30%)은 객관식 4지 선다형 필기시험으로,
   실무(70%)는 수험용 표준 프로그램 KcLep(케이 렙)을 이용한 실기시험으로 함.
2) 응시자격 : 제한없음 *(신분증 미소지자는 응시할 수 없음)*
3) 합격자 결정기준 : 100점 만점에 70점 이상

4. 원서접수 및 합격자 발표

1) 접수기간 : 각 회별 원서접수기간내 접수
   (수험원서 접수 첫날 00시부터 *원서접수 마지막 날 18시까지*)
2) 접수 및 합격자발표 : 자격시험사이트(http://www.license.kacpta.or.kr)

차 례

머리말 ··· 3

국가직무능력 표준(NCS) ················· 4

합격수기 ··· 6

2024년 전산세무회계 자격시험(국가공인) 일정공고 ········ 8

1분강의 QR코드 활용방법 ··················· 12

제1편   전산회계 이론

NCS회계 - 3 전표관리 – 회계상거래 인식하기/전표작성하기/증빙서류 관리하기
자금관리 – 현금시재/예금/어음수표 관리하기

제1장 재무회계 기본개념 ─────────────────── 14

제1절 회계란? ····································· 14

제2절 회계의 기본적 개념 ····················· 15

제3절 재무제표 ··································· 20

제4절 회계의 순환과정 ························· 24

제2장 재무회계(자산) ──────────────────── 32

제1절 당좌자산 ··································· 32

제2절 재고자산 ··································· 48

제3절 투자자산 ··································· 60

제4절 유형자산 ··································· 61

제5절 무형자산 ··································· 64

제6절 기타비유동자산 ························· 65

제3장 재무회계 (부채, 자본) ──────────────── 75

제1절 부채 ······································· 75

제2절 자본 ······································· 78

제4장 재무회계 (수익,비용,결산외) ─────────── 93

제1절 수익, 비용 ································· 93

제2절 결산 ······································· 96

제3절 회계정보조회 ····························· 98

제4절 재무회계 개념체계(일반기업회계기준) ··· 109

제5장 최종 분개연습 ——————————————————————— 121

제6장 원가회계 ——————————————————————————— 137

NCS회계 - 3 원가계산 – 원가요소관리하기

제1절 원가회계의 기초개념 ··· 137
제2절 원가의 흐름 ··· 140
제3절 원가계산 ··· 149
제4절 개별원가계산 ··· 158
제5절 종합원가계산 ··· 167

제7장 부가가치세 ——————————————————————————— 178

NCS세무 - 3 부가가치세 신고

제1절 부가가치세 기본개념 ··· 178
제2절 과세거래 ··· 182
제3절 영세율과 면세 ··· 184
제4절 과세표준 ··· 191
제5절 세금계산서 ··· 192
제6절 납부세액의 계산 ··· 202
제7절 신고 및 환급 ··· 204
제8절 부가가치세 신고서 ··· 205
제9절 간이과세자 ··· 209

제2편   실무능력

NCS회계 - 3 회계정보시스템 운용 – 회계관련 DB마스터 관리
NCS세무 - 3 세무정보시스템 운용 – 전표/보고서 조회/마스터 데이터 관리

제1장 기초정보관리 ——————————————————————————— 225

제1절 회사등록 ··· 226
제2절 환경등록 ··· 227
제3절 거래처 등록 ··· 228

제4절 계정과목 및 적요 등록 ···································· 229

제2장 전기분 재무제표 —————————————— 232

제1절 전기분 재무상태표 ·· 232

제2절 전기분 원가명세서 ·· 234

제3절 전기분 손익계산서 ·· 235

제4절 전기분 잉여금(결손금)처분계산서 ···················· 235

제5절 재무제표 상호 연관성 ······································ 236

제6절 거래처별 초기이월 ·· 237

제3장 전표, 결산 —————————————————— 242

제1절 일반전표입력 ·· 242

제2절 매입매출전표입력 ·· 258

제3절 고정자산등록 ·· 273

제4절 결산 및 재무제표 작성 ····································· 275

제5절 장부관리(장부조회) ·· 283

제3편   기출문제

2023년~2022년 시행된 기출문제 중 합격률이 낮은 8회분 수록

1. 제111회 전산회계1급 (합격율 :   %, 2023.12) ···················· 295

2. 제110회 전산회계1급 (합격율 : 30%, 2023.10) ···················· 310

3. 제109회 전산회계1급 (합격율 : 33%, 2023.08) ···················· 324

4. 제108회 전산회계1급 (합격율 : 29%, 2023.06) ···················· 339

5. 제107회 전산회계1급 (합격율 : 33%, 2023.04) ···················· 353

6. 제105회 전산회계1급 (합격율 : 51%, 2022.12) ···················· 369

7. 제103회 전산회계1급 (합격율 : 38%, 2022.08) ···················· 383

8. 제102회 전산회계1급 (합격율 : 35%, 2022.06) ···················· 399

1분강의
QR코드 활용방법

본서 안에 있는 QR코드를 통해 연결되는 유튜브 동영상이 수험생 여러분들의 학습에 도움이 되기를 바랍니다.

방법 1

❶ 스마트폰에서 다음(Daum)을 실행한 후 검색창의 오른쪽 아이콘 터치

❷ '코드검색'을 터치하면 카메라 앱이 실행됨

❸ 도서의 QR코드를 촬영하면 유튜브의 해당 동영상으로 자동 연결

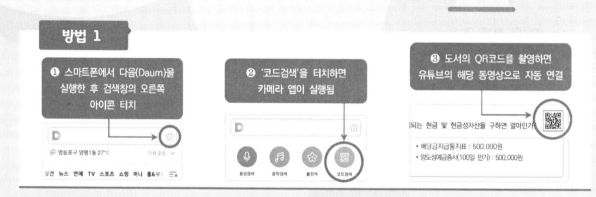

방법 2

카메라 앱을 실행하고, QR코드를 촬영하면 해당 유튜브 영상으로 이동할 수 있습니다.

유튜브 자막설정(개정세법 반영)

1분강의 중 매년 개정된 세법에 대해서는 자막으로 표시하였습니다.

PC 설정 방법

스마트폰 설정 방법

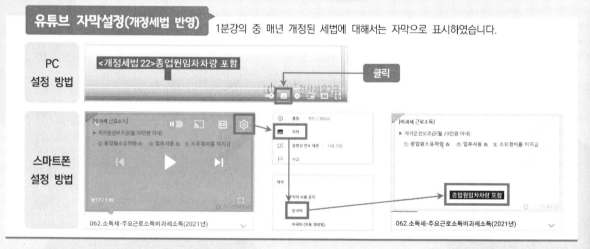

✔ 과도한 데이터 사용량이 발생할 수 있으므로, Wi-Fi가 있는 곳에서 실행하시기 바랍니다.

Part. 1

전산회계 이론

⟨전산회계 1급 이론 출제내역⟩

1. 재무회계	16점	객관식 8문항
2. 원가회계	10점	객관식 5문항
3. 부가가치세	4점	객관식 5문항
계	30점	

재무회계 기본개념

제1절 회계란?

1. 회계의 개념 및 목적

기업의 경영활동에서 일어나는 자산과 부채 및 자본의 증감변화를 일정한 원리에 의하여 기록·계산·정리하고 이를 이해관계자에게 제공하는 것이다.

즉, 이는 ① 재무적 성격을 갖는 거래나 사건(기업의 회계자료)을 일정한 원리에 따라 기록·분류하여 재무제표를 작성하며

② 이를 회계정보이용자들의 경제적 의사결정에 유용한 정보를 제공하는 것이다.

2. 회계의 분류 : 정보이용자에 따른 분류

	재무회계	관리회계
목 적	외부보고	내부보고
정보이용자	투자자, 채권자 등 외부정보이용자	경영자, 관리자 등 내부 정보 이용자
최종산출물	**재무제표**	**일정한 형식이 없는 보고서**
특 징	**과거정보의 집계보고**	**미래와 관련된 정보 위주**
법적강제력	있음	없음

제2절 회계의 기본적 개념

1. 기업의 유형

	개인기업	법인기업(주식회사)
특징	한사람이 기업을 소유하는 형태	대중으로 부터 자본(주주의 자금)을 모으는데 편리한 기업형태
회계처리	회계처리는 기업형태와 관계없이 거의 동일하나 법인의 경우 소유주(주주)가 다수이므로 자본의 회계처리가 세분화 되어 있다.	

2. 상거래(회사의 주목적사업으로 판단)

상거래란 물품 또는 서비스를 대상으로 하여, 매매 또는 임대차 계약을 하는 행위를 말하는데, 회사마다 **주목적 사업**이 회사의 정관(회사의 헌법에 해당한다.)에 기재되어 있다.

업 종	주목적 사업(상거래)
상품매매업	상품구매 → 상품진열 → 상품판매
제조업	원재료 구매 → 제품생산 → 제품판매
부동산임대업	부동산을 구입 → 부동산을 임대

3. 회계의 기본적 개념

(1) 자 산 : <u>자산이란 기업이 소유하고 있는 물건 및 권리로서 금전적 가치가 있는 것</u>

현 금	일상적으로 통용되는 화폐와 동전	
예 금	은행 등에 일시적으로 예치한 금액(보통예금, 정기예금, 정기적금)	
매 출 채 권	외상매출금	**외상으로 상품을 판매한 경우** 판매대금을 받을 권리
(상 거 래)	받을어음	**상품을 판매**하고 그 대금으로 받은 어음
미 수 금 (상 거 래 이 외)	**상품이외의 물건을 외상으로 판매**하고 받을 돈을 말하는데, 회사가 사용하던 차량 (영업용)을 외상으로 판매한 경우에 미수금이라는 채권을 사용한다.	
선 급 금	상품을 사기 전에 미리 지급한 계약금	
대 여 금	타인에게 빌려준 돈	
상 품	판매할 목적으로 다른 사람으로부터 구입한 물건	
제 품	판매할 목적으로 자기가 제조하여 만든 물건	
원 재 료	제품을 제조할 목적으로 구입한 원료, 재료	
토 지	영업활동을 위하여 소유하고 있는 땅	
건 물	영업활동을 위하여 소유하고 있는 공장이나 창고, 영업소 등의 건물 등	
비 품	회사에서 사용하는 책걸상, 복사기 등(내용연수가 1년 이상인 것)	
임 차 보 증 금	부동산을 사용하기 위하여 임차인이 임대인에게 지급하는 보증금을 말한다.	

(2) 부 채 : <u>기업이 미래에 변제하여야 하는 경제적 가치</u>

매 입 채 무	외상매입금	**상품을 외상으로 매입**한 경우 상품대금을 지급할 의무
(상 거 래)	지급어음	**상품을 매입하고** 그 대금으로 어음을 준 경우
미 지 급 금	**상품 이외의 물건을 외상으로 구입**하고 지급할 금액을 말하는데, 회사가 영업목적으로	
(상 거 래 이 외)	차량을 외상으로 구입한 경우에 미지급금이라는 채무를 사용	
선 수 금	상품을 사고자 하는 사람에게 미리 받은 계약금	
차 입 금	타인으로부터 빌린 돈	
임 대 보 증 금	임대인이 부동산등을 임차인에게 빌려주고 받은 보증금을 말한다.	

(3) 자 본 : 기업의 재산에 대한 소유주 지분 또는 기업의 순자산(순재산)을 의미하는 것으로서 자기자본이라고도 한다.

자산 － 부채 = 자본(= 순자산, 자기자본)

(4) 수 익 : 일정기간 동안 <u>기업이 모든 활동을 통하여 벌어들인 수입</u>

상 품 매 출	상품을 판매하고 받은 대가
제 품 매 출	제품을 판매하고 받은 대가
(수 입) 임 대 료	부동산을 빌려 주고 받은 대가
이 자 수 익	현금을 은행에 예금하거나, 타인에게 빌려주고 받은 이자

(5) 비 용 : <u>수익을 얻는 과정에서 소비 또는 지출한 경제가치</u>

상 품 매 출 원 가	상품매출에 직접 대응되는 상품원가로서 회사가 구입한 상품의 원가
제 품 매 출 원 가	제품매출에 직접 대응되는 제품원가로서 회사가 원재료를 가공해서 제품을 만들기 위해 투입된 원가
급 여	종업원에게 지급하는 근로대가
(지 급) 임 차 료	부동산 등을 빌린 경우에 지급하는 월세
이 자 비 용	은행에서 차입하거나 타인에게 돈을 빌리고 지급하는 이자
세 금 과 공 과 금	국세, 지방세 등 세금과 각종 공과금
**비	**비는 대부분 비용에 해당한다. **(예외: 개발비는 무형자산)**

(6) 이익(또는 손실)

수익에서 비용을 차감한 결과를 말하며 이는 두 가지 결과로 나타난다.

수익 － 비용 = 손익(= 이익 또는 손실)

① 이익 : 수익이 비용을 초과한 경우 → <u>**순자산(자본) 증가**의 결과를 가져온다.</u>
② 손실 : 비용이 수익을 초과한 경우 → <u>**순자산(자본) 감소**의 결과를 가져온다.</u>

4. 회계의 기록

(1) 거래요소의 결합관계

① 거래의 이중성

모든 회계상 거래는 차변요소와 대변요소로 결합되어 이루어진다. 그리고 차변과 대변요소의 금액도 같게 되는데 이것을 거래의 이중성 또는 양면성(원인과 결과)이라 한다. 즉, 복식부기에서는 하나의 **회계상 거래가 발생하면 반드시 왼쪽(차변)과 동시에 오른쪽(대변)에 기입**한다.

② 거래의 8요소

기업에서 발생하는 거래형태는 여러 가지가 있으나 결과적으로 자산의 증가와 감소, 부채의 증가와 감소, 자본의 증가와 감소, 수익과 비용의 발생이라는 8개의 요소로 결합된다. 이것을 거래의 8요소라고 한다.

〈거래 요소의 결합관계〉

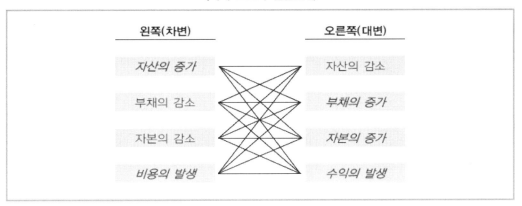

(2) 분개

분개란 거래가 발생하면 그 거래의 내용을 차변요소와 대변요소로 세분하여 어느 계정에 얼마의 금액을 각 계정에 적어 넣을 것인지 결정하는 절차를 말한다.

즉, 회계상 거래를 거래의 이중성에 따라 차변요소와 대변요소로 나누고 계정과목과 금액을 결정하는 것이다.

(3) 전기

전기란 분개한 것을 해당계정에 옮겨 적는 것을 말한다. 분개가 끝난 뒤 분개한 내용을 각 계정에 옮겨 기입하는 것을 전기라 하며, 전기하는 방법은 차변과목은 해당 계정 차변에, 대변과목은 해당 계정 대변에 금액을 기입하고, 과목은 상대계정과목을 기입한다.

기계를 구입하면서 현금 100,000원을 지급하였다면,

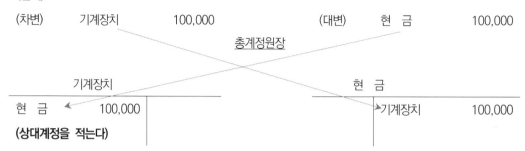

| <예제> 전기 및 분개 |

총계정원장에 전기한 내역에 대해서 분개하고 거래내역에 대해서 설명하시오.

현 금				외상매출금			
1.보통예금	100	2.접 대 비	200	5.상품매출	500	3.현 금	300
3.외상매출금	300	4.이자비용	400			6.보통예금	600

외상매입금			
8.보통예금	800	7.상 품	700

(분개)

1.	(차)	(대)
	(거래내역)	
2.	(차)	(대)
	(거래내역)	
3.	(차)	(대)
	(거래내역)	
4.	(차)	(대)
	(거래내역)	
5.	(차)	(대)
	(거래내역)	
6.	(차)	(대)
	(거래내역)	
7.	(차)	(대)
	(거래내역)	
8.	(차)	(대)
	(거래내역)	

해답

1.	(차) 현　　　　금　　　100　(대) 보 통 예 금　　　100
	(거래내역) 보통예금통장에서 현금 100원을 인출하다.
2.	(차) 접 대 비　　　200　(대) 현　　　　금　　　200
	(거래내역) 거래처를 접대하여 현금 200원을 사용하다.
3.	(차) 현　　　　금　　　300　(대) 외 상 매 출 금　　　300
	(거래내역) 거래처로부터 외상대금 300원을 회수하다.
4.	(차) 이 자 비 용　　　400　(대) 현　　　　금　　　400
	(거래내역) 차입금에 대한 이자 400원을 현금지급하다.
5.	(차) 외 상 매 출 금　　　500　(대) 상 품 매 출　　　500
	(거래내역) 매출거래처에 상품 500원을 팔고 대금은 나중에 받기로 하다.
6.	(차) 보 통 예 금　　　600　(대) 외 상 매 출 금　　　600
	(거래내역) 외상대금 600원에 대해서 보통예금계좌에 입금되다.
7.	(차) 상　　　　품　　　700　(대) 외 상 매 입 금　　　700
	(거래내역) 상품을 700원에 구입하고 외상으로 하다.
8.	(차) 외 상 매 입 금　　　800　(대) 보 통 예 금　　　800
	(거래내역) 외상매입대금 8600원을 보통예금계좌에서 이체하여 지급하다.

[로그인 시리즈]			
전전기	전기	당기	차기
20yo	20x0	20x1	20x2
2022	2023	2024	2025

제3절　재무제표

1. 재무제표의 종류

1. 재무상태표	일정 **시점**의 재무상태(자산, 부채, 자본)
2. (포괄) 손익계산서	일정 **기간**의 경영성과(수익, 비용, 포괄이익)
3. 자본변동표	자본의 크기와 그 변동에 관한 정보보고 → **소유주(주주)의 투자, 소유주에 대한 분배**
4. 현금흐름표	일정기간의 현금유출입 내역을 보고 → **영업활동현금흐름, 투자활동현금흐름, 재무활동현금흐름**
5. 주석	재무제표상에 필요한 추가적인 정보보고 **(주기는 재무제표가 아니다.)**

☞ 정태적(일정시점)보고서 : 재무상태표
　　동태적(일정기간)보고서 : 손익계산서, 현금흐름표, 자본변동표

2. 재무제표의 기본요소

(1) 재무상태표(대차대조표)의 기본 요소

① 자산	㉠ **과거의 거래나 사건의 결과로서** ㉡ **현재 기업에 의해 지배되고(통제)** ㉢ **미래에 경제적 효익을 창출할 것으로 기대되는 자원이다. (경제적 자원 – 미래 현금의 유입)**
② 부채	㉠ **과거의 거래나 사건의 결과로** ㉡ **현재 기업이 부담하고 있고(의무),** ㉢ **미래에 자원의 유출이 예상**되는 의무이다. **(경제적 의무 – 미래현금의 유출)**
③ 자본	기업의 자산 총액에서 부채 총액을 차감한 잔여금액(＝순자산)으로서 기업의 자산에 대한 소유주의 잔여청구권(소유주지분, 잔여지분)이다.

(2) 손익계산서의 기본요소

① 수익	재화의 판매 등에 대한 대가로 발생 하는 자산의 유입 또는 부채의 감소
② 비용	재화의 판매 등에 따라 발생하는 자산의 유출 또는 부채의 증가
③ 포괄손익	**소유주와의 자본거래를 제외한 모든 거래나 사건에서 인식한 자본의 변동** **포괄손익 ＝ 당기순손익 + 기타포괄손익(매도가능증권평가손익 등)**

(3) 현금흐름표의 기본요소

① 영업활동 현금흐름	주된 영업활동과 관련한 현금흐름
② 투자활동 현금흐름	비유동자산의 취득과 처분, 여유자금의 운용활동과 관련한 현금흐름
③ 재무활동 현금흐름	자금조달 및 운용에 관한 현금흐름

3. 재무제표 요소의 측정

재무상태표와 손익계산서에 기록해야할 재무제표 기본요소의 화폐금액을 결정하는 과정

[자산 평가의 측정속성]

시장 \ 시간	과거가격	현행가격	미래가격
유입가치(재화 유입시장)	취득원가(역사적원가)	현행원가(현행유입가치)	–
유출가치(재화 유출시장)	–	현행유출가치	현재가치

① 역사적원가	취득의 대가로 **취득당시에 지급한** 현금 등
② 현행원가	동일하거나 또는 동등한 자산을 **현재시점에서 취득할 경우**에 그 대가
③ 실현가능가치	정상적으로 처분하는 경우 **수취할 것으로 예상되는** 현금 등
④ 현재가치	자산이 창출할 것으로 기대되는 **미래 순현금유입액의 현재할인가치**로 평가

4. 재무제표 작성과 표시의 일반원칙

1. 작성책임		**재무제표의 작성과 표시에 대한 책임은 경영자**
2. 계속기업		**계속기업을 전제로 재무제표를 작성**
3. 중요성과 통합표시		중요하지 않는 항목은 **성격이나 기능이 유사한 항목과 통합하여 표시할 수 있다.** → **중요한 항목인 경우 주석으로 기재**
4. 공시	비교정보	– 계량정보 : **전기와 비교하는 형식으로 작성** – 비계량정보 : 전기 재무제표의 비계량정보를 비교하여 주석에 기재한다.
	표시와분류	재무제표의 항목의 표시와 분류는 원칙적으로 매기 동일
	금액표시	금액을 천원이나 백만원 단위 등으로 표시할 수 있다.

5. 재무상태표의 작성기준

재무상태표
20×1년 12월 31일 현재

㈜백두   단위:원

과 목	금 액	과 목	금 액
자 산		부 채	
Ⅰ. 유 동 자 산		Ⅰ. 유 동 부 채	
(1) 당 좌 자 산		Ⅱ. 비 유 동 부 채	
…		부 채 총 계	
(2) 재 고 자 산			
		자 본	
Ⅱ. 비 유 동 자 산		Ⅰ. 자 본 금	
(1) 투 자 자 산		Ⅱ. 자 본 잉 여 금	
(2) 유 형 자 산		Ⅲ. 자 본 조 정	
(3) 무 형 자 산		Ⅳ. 기타포괄손익누계액	
(4) 기 타 비 유 동 자 산		Ⅴ. 이 익 잉 여 금	
		자 본 총 계	
자 산 총 계		부 채 와 자 본 총 계	

1. 구분표시의 원칙	자산·부채 및 자본을 종류별, 성격별로 적절히 분류하여 일정한 체계하에 구분·표시한다.
2. 1년 기준	자산과 부채는 **결산일 현재 1년 또는 정상적인 영업주기를 기준으로 구분, 표시**
3. 유동성배열	**자산, 부채는 환금성이 빠른 순서로 배열한다.**
4. 총액주의	**순액으로 표기하지 아니하고 총액으로 기재한다.** ☞ **매출채권과 대손충당금은 순액표시가능 → 단 주석기재사항**
5. 구분과 통합표시	1. **현금 및 현금성자산** : **별도항목으로 구분표시** 2. **자본금** : 보통주자본금과 우선주 자본금으로 **구분표시** 3. **자본잉여금** : 주식발행초과금과 기타자본잉여금으로 **구분표시** 4. **자본조정** : 자기주식은 별도항목으로 구분하여 표시

6. **미결산항목 및 비망계정(가수금, 가지급금 등)**은 그 내용을 나타내는 적절한 계정과목으로 표시하고 재무제표상 표시해서는 안된다.

6. 손익계산서의 작성기준

손익계산서

20×1년 1월 1일부터 20×1년 12월 31일까지

㈜백두   단위 : 원

과　　목	금　　액
Ⅰ. 매 출 액	
Ⅱ. 매출원가(1+2-3)	
1. 기초상품재고액	
2. 당기상품매입액	**영업관련(상거래) - 계속 · 반복**
3. 기말상품재고액	**(회사의 고유목적사업)**
Ⅲ. 매출총이익(Ⅰ-Ⅱ)	
Ⅳ. 판매비와 관리비	
Ⅴ. 영업이익(영업손실)(Ⅲ-Ⅳ)	
Ⅵ. 영업외수익	**영업이외 - 일시 · 우발**
Ⅶ. 영업외비용	**(부수적인 수익/비용)**
Ⅷ. 법인세비용차감전순이익(Ⅴ+Ⅵ-Ⅶ)	
Ⅸ. 법인세비용	
Ⅹ. 당기순이익(당기순손실)(Ⅷ-Ⅸ)	
ⅩⅠ. 주당순손익	

1. 발생기준	**현금 유 · 출입시점에 관계없이 당해 거래나 사건이 발생한 기간에 수익 · 비용을 인식**
2. 실현주의	수익은 **실현시기(원칙 : 판매기준)를 기준으로 계상**한다.
3. 수익 · 비용대응의 원칙	비용은 관련수익이 인식된 기간에 인식한다.
4. 총액주의	**수익과 비용은 총액으로 기재한다.**(이자수익/이자비용)
5. 구분계산의 원칙	손익은 매출총손익, 영업손익, 법인세비용차감전순손익, 당기순손익, 주당순손익으로 구분하여 표시한다. ☞ **제조업, 판매업 및 건설업 외의 업종**에 속하는 기업은 매출총손익의 구분표시를 생략할 수 있다.
6. 환입금액표시	영업활동과 관련하여 비용이 감소함에 따라 발생하는 **퇴직급여충당부채 환입, 판매보증충당부채환입 및 대손충당금 환입 등은 판매비와 관리비의 부(-)의 금액으로 표시**한다.

7. 중간재무제표

중간재무제표란 **중간기간(3개월, 6개월)을 한 회계연도로 보고 작성한 재무제표**를 말한다.

① 종류	**재무상태표, 손익계산서, 현금흐름표, 자본변동표, 주석**
② 공시	연차재무제표와 동일한 양식으로 작성함을 원칙으로 하나, 다만 계정과목 등은 대폭 요약하거나 일괄 표시할 수 있다.

제4절　회계의 순환과정

회계의 순환과정이란 회계상 거래를 식별하여 장부상에 기록하고, 최종적으로 정보이용자들에게 회계정보를 제공해 주는 수단인 재무제표를 완성하기까지의 모든 과정을 말한다.

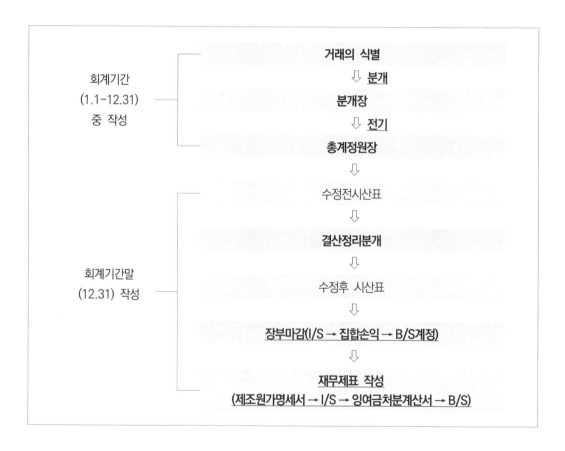

연/습/문/제

 분개연습

분개를 하시고, 거래에 대해서 교환거래인지 손익거래인지 구분하시오.

〈거래의 종류〉

종 류	내 용	사 례				
1. 교환거래	이익에 영향을 미치지 않는 거래	(차) B/S계정	××	(대) B/S계정	××	
2. 손익거래	이익에 영향을 미치는 거래	(차) I/S계정	××	(대) B/S계정	××	
		(차) B/S계정	××	(대) I/S계정	××	
3. 혼합거래	교환거래와 손익거래가 혼합되어 있는 것 ⇒ 결국 이익에 영향을 미친다.	(차) B/S계정	××	(대) B/S계정 I/S계정	×× ××	
		(차) B/S계정 I/S계정	×× ××	(대) B/S계정	××	

01. (주)한강으로 부터 외상매출금 10,000원을 현금으로 회수하였다.

02. 컴퓨터용 책상(비품)을 20,000원에 구입하고 대금은 다음달 지급하기로 하다.

03. 외상으로 30,000원 상당의 상품을 구입했다.

04. 거래처에 3개월이내 상환조건으로 현금 40,000원을 대여하였다.

05. 국민은행으로부터 50,000원(상환조건 3개월)을 차입하고 보통예금 통장에 입금하였다.

06. (주)한라에 상품을 60,000원에 판매하고 대금은 3개월 어음으로 받았다.

07. (주)섬진으로 부터 상품 70,000원을 구입하고 대금 50%는 현금으로 지급하고 나머지는 다음달 말일에 주기로 하다.

08. ㈜설악과 상품 구입계약을 체결하고 그 대금 중 일부인 80,000원을 현금으로 지급하다.

09. 계룡부동산에서 업무용 토지를 90,000원에 현금구입하다.

10. 판매장 설치를 위해 한국빌딩 소유의 빌딩 3층을 3년간 임차하여 사용하기로 계약하고 보증금 100,000원을 현금으로 지급하다.

11. ㈜청계의 외상매입금 잔액 10,000원을 전액 현금으로 지급하다.

12. 차입금에 대한 이자 20,000원을 현금으로 지급하다.

13. 매장의 전기요금 30,000원을 신용카드로 납부하다.

14. 경리과 사원들이 회식을 하고 40,000원을 맛나갈비집에 신용카드로 결제하다.

15. 영업용 승용차의 타이어 펑크수리와 엔진오일교환을 하고 수리비 50,000원을 한국카센터에 현금으로 지급하다.

O,X

01. 재무제표를 통해 특정기업실체에 관한 정보를 제공하며, 산업 또는 경제 전반에 관한 정보를 제공하지는 않는다. ( )

02. 재무제표에는 재무제표 명칭과 기업명, 보고기간종료일 또는 회계기간 및 보고통화 및 금액단위를 함께 기재한다. ( )

03. 재무제표는 대부분 미래에 발생한 거래나 사건에 대한 정보를 나타낸다. ( )

04. 회계상 거래가 발생하면 재무제표의 차변과 대변에 동시에 영향을 미치게 되는데, 이를 거래의 이중성이라고 한다. ( )

05. 재무상태표는 기업의 재무상태를 명확히 보고하기 위하여 재무상태표일 현재의 기업의 자산·부채·자본을 나타내는 동태적 보고서를 말한다. ( )

06. 재무제표는 경제적 사실과 거래의 실질을 반영하여 기업의 재무상태, 경영성과, 현금흐름 및 자본변동을 공정하게 표시하여야 한다. ( )

07. 재무상태표, 손익계산서, 자본변동표는 현금주의에 따라 작성되며, 현금흐름표는 발생주의에 따라 작성된다. ( )

08. 회계의 순환과정은 거래식별→분개→전기→수정전시산표 작성→기말 수정분개→수정후 시산표 작성→자산·부채·자본계정의 마감→집합손익계정의 마감→수익·비용계정의 마감→재무제표 작성 순으로 이루어진다. ( )

09. 자산은 유동자산과 비유동자산으로 구분되고, 비유동자산은 투자자산, 유형자산, 무형자산 및 기타비유동자산으로 구분된다. ( )

10. 기업의 정상적인 영업주기 내에 실현될 것으로 예상되거나 판매목적 또는 소비목적으로 보유하고 있는 자산은 유동자산이다. ( )

11. 현금흐름표는 영업활동현금흐름, 투자활동현금흐름, 차입활동현금흐름으로 구성된다. ( )

12. 자본변동표는 소유자의 투자, 소유주에 대한 분배, 채권자의 투자에 대한 사항을 나타낸다. ( )

13. 재무제표는 재무상태표, 손익계산서, 현금흐름표, 자본변동표로 구성되며, 주기를 포함한다. ( )

14. 자본은 자본금, 자본잉여금, 자본조정, 기타포괄손익누계액 및 이익잉여금(또는 결손금)으로 구분한다. ( )

15. 자산, 부채는 유동, 비유동으로 구분표시하고 유동성이 낮은 것부터 배열한다. ( )

16. 손익계산서 작성시 판매비와 관리비는 당해 비용을 표시하는 적절한 항목으로 구분하여 표시하거나 일괄 표시할 수 있다. ( )

17. 일정 시점 현재 기업이 보유하고 있는 경제적 자원인 자산과 경제적 의무인 부채, 그리고 자본에 대한 정보를 제공하는 재무보고서로서, 정보이용자들이 기업의 유동성, 수익성과 위험 등을 평가하는 데 유용한 정보를 제공하는 재무제표는 손익계산서이다. ( )

18. 현금및현금성자산은 기업의 유동성 판단에 중요한 정보이므로 별도 항목으로 구분하여 표시한다.

( )

 주관식

01. 회사의 자산과 부채가 다음과 같을 때 회사의 자본(순자산)은 얼마인가?

•상 품 : 100,000원	•대여금 : 40,000원	•매입채무 : 70,000원
•현 금 : 10,000원	•비 품 : 80,000원	•미지급금 : 20,000원

02. 다음 자료에 의하여 자본총계를 계산하면 얼마인가?

•현 금 : 500,000원		•단 기 대 여 금 : 250,000원
•이 익 준 비 금 : 20,000원		•선 수 금 : 200,000원
•감가상각누계액 : 50,000원		•기 계 장 치 : 250,000원
•미 지 급 금 : 60,000원		•퇴직급여충당부채 : 90,000원
•임 대 보 증 금 : 100,000원		

03. 다음 자료를 이용하여 영업이익을 계산하면 얼마인가?

•매 출 액 : 100,000,000원	•광고비 : 6,000,000원
•매출원가 : 60,000,000원	•기부금 : 1,000,000원
•본사 총무부 직원 인건비 : 4,000,000원	•유형자산처분이익 : 2,000,000원

04~06. 다음은 재무상태표에 대한 설명이다.

재무상태표

(주)로그인		20x1. 12. 31. 현재		(단위 : 원)
현금및현금성자산	100,000	매 입 채 무		400,000
매 출 채 권	200,000	선 수 금		300,000
상 품	300,000	장 기 차 입 금		200,000
투 자 부 동 산	400,000	자 본 금		100,000
건 물	500,000	자 본 잉 여 금		200,000
		이 익 잉 여 금		300,000
	1,500,000			1,500,000

04. 유동자산은 얼마인가?

05. 비유동부채는 얼마인가?

06. 자본은 얼마인가?

연/습/문/제 답안

🔑 분개연습

	차변	금액	대변	금액	
1	(차) 현 금	10,000	(대) 외상매출금	10,000	교환
2	(차) 비 품	20,000	(대) 미지급금	20,000	교환
3	(차) 상 품	30,000	(대) 외상매입금	30,000	교환
4	(차) 단기대여금	40,000	(대) 현 금	40,000	교환
5	(차) 보통예금	50,000	(대) 단기차입금	50,000	교환
6	(차) 받을어음	60,000	(대) 상품매출	60,000	손익
7	(차) 상 품	70,000	(대) 현 금 외상매입금	35,000 35,000	교환
8	(차) 선 급 금	80,000	(대) 현 금	80,000	교환
9	(차) 토 지	90,000	(대) 현 금	90,000	교환
10	(차) 임차보증금	100,000	(대) 현 금	100,000	교환
11	(차) 외상매입금	10,000	(대) 현 금	10,000	교환
12	(차) 이자비용	20,000	(대) 현 금	20,000	손익
13	(차) 전력비 또는 수도광열비	30,000	(대) 미지급금	30,000	손익
14	(차) 복리후생비	40,000	(대) 미지급금	50,000	손익
15	(차) 차량유지비	50,000	(대) 현 금	50,000	손익

❶ O,X

1	2	3	4	5	6	7	8	9	10	11	12	13	14	15
○	○	×	○	×	○	×	×	○	○	×	×	×	○	×

16	17	18
○	×	○

[풀이-O,X]

03. 재무제표는 과거에 발생한 거래나 사건에 대한 정보를 나타낸다.

05. 재무상태표는 정태적보고서이다.

07. 현금흐름표는 현금주의에 따라 작성되며, 나머지 **재무제표는 발생주의에 따라 작성**된다.

08. 손익계정의 마감 → 집합손익계정의 마감 → 재무상태표 계정순으로 마감이 이루어진다.

11. 영업, 투자, 재무활동 현금흐름으로 구성된다.

12. 자본변동표는 주주의 변동사항을 나타내는 재무제표이다.

13. 주기는 보충설명을 의미하며, 주석이 재무제표에 포함된다.

15. 유동성배열법에 따라 유동성이 높은 항목부터 배열한다.

17. 재무상태표에 대한 설명이다.

❶ 주관식

1	140,000원	2	500,000원	3	30,000,000원
4	600,000원	5	200,000원	6	600,000원

[풀이-주관식]

01. 자산(상품, 대여금, 현금, 비품) = 230,000원, 부채(매입채무, 미지급금) = 90,000원

　　자산 – 부채 = 자본(순자산)이므로 230,000원 – 90,000원 = 140,000원

02. 자산(950,000원) – 부채(450,000원) = 자본(500,000원)

　　자산(현금 500,000원+단기대여금 250,000원+기계장치 250,000원 – 감가상각누계액 50,000원)

　　부채(선수금 200,000원+미지급금 60,000원+퇴직급여충당부채 90,000원+임대보증금100,000원)

03. 매출액(100,000,000) – 매출원가(60,000,000) – 인건비(4,000,000) – 광고비(6,000,000)

04. 유동자산은 6000,000원(현금및현금성자산 100,000+ 매출채권 200,000 + 상품 300.000)

05. 비유동부채는 200,000원(장기차입금)

06. 자본은 600,000원(자본금 100,000+자본잉여금 200,000+이익잉여금 300,000)

제1절 당좌자산

1. 현금 및 현금성 자산

	통화	지폐나 주화
1. 현금	**통화대용증권**	**타인발행수표(가계수표, 당좌수표), 송금수표, 여행자수표, 우편환증서, 배당금지급통지서, 지급기일이 도래한 공사채의 이자표, 만기도래어음** **(예외) 부도수표, 선일자수표 → 매출채권(OR 미수금)**
	요구불예금	당좌예금, 보통예금 등 당좌예금의 잔액을 초과하여 지급된 금액을 당좌차월이라 하며, **당좌차월은 부채로서 "단기차입금"으로 분류**
2. 현금성 자산		큰 비용없이 현금으로 전환이 용이하고 이자율변동에 따른 가치변동의 위험이 중요하지 않은 것으로서 **취득당시 만기가 3개월이내인 금융상품**

☞ 우표, 수입인지, 수입증지 : 비용 or 선급비용,
　　차용증서 : 대여금

2. 현금과부족(過不足) - 임시계정

실수나 잘못된 기록의 오기로 장부상 현금과 실제 현금잔액이 일치하지 않는 경우에 현금과 과부족이란 계정과목을 쓰는데, **임시계정으로서 외부에 공시하는 재무상태표에 표시되어서는 안된다. 그리고 결산시 원인을 규명하고 불명시 다음과 같이 회계처리한다.**

현금과부족 잔액	결산시 원인 불명
차변	잡손실(영업외비용)
대변	잡이익(영업외수익)

3. 단기투자자산

① 단기금융상품	금융기관이 취급하는 정기예금 등 정형화된 금융상품 등으로 **보고기간말로 부터 만기가 1년 이내에 도래**하여야 한다.
② 단기대여금 (VS 단기차입금)	금전소비대차계약에 따른 자금의 대여거래로 회수기한이 1년 내에 도래하는 채권이다.
③ 단기매매증권	**단기간 내의 매매차익을 목적으로 취득한 유가증권**으로서 매수와 매도가 적극적이고 빈번하게 이루어지는 것

4. 유가증권의 회계처리

(1) 계정분류

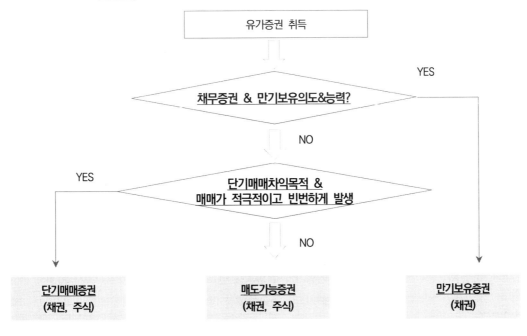

(2) 회계처리

1. 취득시				원칙:취득원가 = 매입가액 + 부대비용(수수료등) 예외: 단기매매증권은 부대비용을 수수료비용(영업외비용)	
2. 보유시	기말 평가	단기매매증권	공정가액	**단기매매증권평가손익(영업외손익)**	
		매도가능증권	공정가액 (원가법)	**매도가능증권평가손익** **(자본 : 기타포괄손익누계액)**	
		만기보유증권	상각후원가	–	
		단기매매(매도가능)증권의 기말장부가액 = 시가(공정가액)			
	수익	1. 이자(채무증권)		2. 배당금(지분증권)	
				현금배당금	주식배당금
		이자수익		배당금수익	**회계처리를 하지 않고 수량과** **단가를 재계산**
3. 처분시				**단기매매증권처분손익 = 처분가액 – 장부가액** ***매도가능증권처분손익 = 처분가액 – 취득가액***	

[단기매매증권]

1. 취득				**취득원가 = 매입가액**	
2. 보유	과실	기말평가		공정가액	**단기매매증권평가손익(영업외손익)**
		이자(채권)		이자수익	
		배당금 (주식)	현금	배당금수익	
			주식	**회계처리를 하지 않고 수량과 단가를 재계산**	
3. 처분				**처분손익=처분가액 – 장부가액**	

5. 채권·채무회계

채권자		거래	채무자	
매출 채권	외상매출금	일반적인 상거래 발생한 채권·채무	매입 채무	외상매입금
	받을어음			지급어음
미 수 금		일반적인 상거래 이외에서 발생한 채권·채무		미지급금
대 여 금		자금거래에서 발생한 채권·채무		차 입 금
선 급 금		재화나 용역의 완료 전에 지급하는 계약금		선 수 금
미수수익		발생주의에 따라 당기의 수익/비용 인식		미지급비용
선급비용		발생주의에 따라 차기의 수익/비용을 이연		선수수익

(1) 매출채권(받을어음)의 할인 및 추심

	중도매각(매각거래)			추심(만기)	
	할인료			추심수수료	
성격	영업외거래(영업외비용)			영업거래(판관비)	
회계 처리	(차) 현 금 **매출채권처분손실(영·비)** (대) 받을어음	XX XX XX		(차) 현 금 **수수료비용(판)** (대) 받을어음	XX XX XX

(2) 대손회계

1. 대손시	★ 대손충당금 계정잔액이 충분한 경우 　(차) 대손충당금　　×××　(대) 매출채권　　××× ★ 대손충당금 계정잔액이 부족한 경우 　(차) **대손충당금(우선상계)**　×××　(대) 매출채권　　××× 　　 대손상각비(판)　　×××
2. 대손처리한 채권회수시	**(차) 현 금 등**　　×××　**(대) 대손충당금**　　×××
3. 기말설정 	**기말설정대손상각비 = 기말매출채권잔액 × 대손추정율 − 설정전대손충당금잔액** ★ 기말대손추산액 〉설정전 대손충당금잔액 　(차) 대손상각비(판관비)　×××　(대) 대손충당금　　××× ★ 기말대손추산액 〈설정전 대손충당금잔액 　(차) 대손충당금　　×××　(대) **대손충당금환입(판)**　×××
4. 대손상각비의 구분	(아래 표 참조)
5. 대손충당금 표시	총액법(매출채권과 대손충당금을 모두 표시) 또는 순액법(매출채권에서 대손충당 금을 차감)으로 표시한 경우 주석에 대손충당금을 기재한다.

4. 대손상각비의 구분

	설 정	환 입
매출채권	대손상각비(판관비)	**대손충당금환입(판)**
기타채권	**기타의 대손상각비(영·비)**	대손충당금환입(영·수)

대손충당금

ⓑ대손	7,000	ⓐ전기이월(기초)	10,000
		ⓒ회수(현금)	1,000
ⓓ차기이월(기말)	9,000	ⓔ설정액	5,000
계	16,000	계	16,000

ⓐ 전기이월 : 전년도로부터 이월된 금액
ⓑ 대손 : (차) 대손충당금　　　 7,000　　 (대) 외상매출금　　　 7,000
ⓒ 회수 : (차) 현　금　　　　　 1,000　　 (대) 대손충당금　　　 1,000
ⓓ 차기이월(기말) : 기말매출채권잔액 × 대손추정율
ⓔ 설정액 : (차) 대손상각비(판)　 5,000　　 (대) 대손충당금　　　 5,000

(3) 손익의 결산정리

손익의 이연	선급비용	발생주의에 따라 올해 지급한 비용 중 차기 비용	**비용의 이연**
	선수수익	발생주의에 따라 올해 수취한 수익 중 차기 수익	**수익의 이연**
손익의 발생	미수수익	발생주의에 따라 올해 수익 중 받지 못한 수익	**수익의 발생**
	미지급비용	발생주의에 따라 올해 비용 중 지급하지 않은 비용	**비용의 발생**

(4) 선납세금

손익계산서상의 법인세비용이란 기업의 당해 연도에 부담하여야 할 법인세와 지방소득세(법인분)를 말하는데, 선납세금은 중간 예납한 법인세와 기중에 원천징수 된 법인세 등이 처리되는 계정으로서 기말에 법인세비용으로 대체된다.

(5) 소모품

소모성 비품 구입에 관한 비용으로서 사무용품, 소모공구 구입비 등 **회사가 중요성에 따라 자산을 처리하는 것**을 말한다. 소모품비는 비용이고 소모품은 자산에 해당한다.

(6) 가지급금과 가수금

이러한 임시계정은 외부에 공시되는 재무상태표에 표시되어서는 안된다.

① 가지급금

회사에서 미리 지급한 금액 중 계정과목이나 금액이 미 확정시 그 내역을 파악할 때까지 일시적으로 처리해두는 계정이다.

② 가수금

회사에 입금된 금액 중 계정과목이나 금액이 미 확정시 그 내역을 파악할 때까지 일시적으로 처리해 두는 계정이다. 추후 입금된 내역이 확정시 해당 본 계정으로 회계처리 하여야 한다.

 분개연습

01. 제품매출처인 지마트의 외상매출금 1,000,000원이 조기 회수되어 매출대금의 2%를 할인해주고 나머지
는 보통예금으로 송금받았다.

02. 이자수익 600,000원에 대하여 원천징수세액을 제외한 나머지 금액이 보통예금으로 입금되었으며, 원천
징수세액은 자산으로 처리한다.(원천징수세율은 15.4%로 가정)

03. 기말 현재 당사가 단기매매차익을 목적으로 보유하고 있는 ㈜로그인 주식의 취득원가, 전년도말 및 당해
연도 말 공정가액는 다음과 같다. 결산평가분개를 하시오.

주 식 명	취득원가	20x0.12.31.공정가액	20x1.12.31.공정가액
㈜로그인 보통주	10,000,000원	12,000,000원	11,600,000원

04. 당해 사업연도 법인세 중간예납세액 1,800,000원을 보통예금으로 이체납부하였다.(단, 법인세납부액은
자산계정으로 처리할 것)

05. 제품매출처인 국제통신의 외상매출금 10,000,000원 중 570,000원은 제품불량으로 에누리하여 주고
나머지는 보통예금으로 송금받았다.

06. 20x1년 7월 1일 ㈜성산유통에 20,000,000원을 대여하고 연 10%의 이자를 상환일인 20x2년 6월
30일에 수취하기로 약정하였다. 결산시 기간경과분에 대한 이자(월할계산 할 것)를 반영하시오.

07. 매출거래처인 마음전자의 외상매출금 1,000,000원에 대하여 다음의 약속어음을 배서양도 받고, 나머지 금액은 보통예금으로 받았다.

08. 기말현재 합계잔액시산표상의 현금과부족 차변 잔액 100,000원에 대하여 원인을 파악할 수 없다. 결산 정리분개를 하시오.

09. 현금과부족으로 인식된 100,000원은 매출 거래처 직원의 결혼식 청첩장을 첨부하여 지출한 축의금 100,000원이 회계처리되지 않은 것으로 확인되었다.

10. ㈜두정의 외상매출금 1,000,000원이 대손처리 요건에 충족되어 당일 대손처리하기로 하였다. 대손충당금을 조회하니 잔액이 300,000원이 있다.(단, 부가가치세는 고려하지 않는다.)

11. 시장성 있는 (주)희망의 주식을 단기매매차익 목적으로 취득하고 취득가액과 거래수수료를 보통예금계좌에서 이체하였다.

• 주식수 : 100주	• 주당 취득가액 : 10,000원
• 주당액면가액 : 5,000원	• 거래수수료 :　 20,000원

12. 단기매매차익 목적으로 취득한 상장주식에 대한 거래보고서이다. 주식매각대금에서 거래수수료를 차감한 잔액이 보통예금계좌에 입금하였다.

유가증권 매매 정산 보고서

종목명: (주)사성전자 보통주

일자	유형	수량	단가	매매대금	거래수수료	비고
20x1.5.10.	매수	100주	7,000원	700,000원	10,000원	
20x1.6.10.	매도	50주	8,000원	400,000원	8,000원	

13. 국민화재보험(주)에 관리부 업무용 승용차에 대한 자동차보험을 가입하고 보험료를 납부하였다. 결산정리분개를 하시오.

> ① 보험료: 납부일 9월 1일
> ② 납부보험료: 1,200,000원(비용으로 회계처리하였다.)
> ③ 보험기간: 20x1. 9. 1. ~ 20x2. 8. 31.

14. 기말에 외상매출금과 받을어음 잔액에 대하여 매년 1%의 대손충당금을 보충법으로 설정한다. 합계잔액시산표를 조회하니 다음과 같다.

합계잔액시산표(수정전)

제×기 : 20×1년 12월 31일 현재

차 변		계정과목	대 변	
잔 액	합 계		합 계	잔 액
300,000,000	400,000,000	외상매출금	100,000,000	
	100,000	대손충당금	1,000,000	900,000
50,000,000	50,000,000	받을어음		
	200,000	대손충당금	800,000	600,000

15. 영업활동자금의 운용을 위하여 천안상회에서 받은 받을어음 1,000,000원을 국민은행에서 할인하고 대금은 할인료 50,000원을 제외한 전액을 당사 당좌예금으로 송금 받았다(매각거래로 회계처리할 것).

16. 당사는 영업부에서는 소모품 구입시 전액 소모품비로 비용화하고 결산시 미사용분을 자산으로 계상해오고 있다. 결산시 영업부로부터 미사용분인 소모품은 1,000,000원으로 통보 받았다.(단, 금액은 음수로 입력하지 말 것)

17. 출장갔던 영업부과장 홍길동이 복귀하여 6월 2일에 가지급금으로 처리하였던 출장비 150,000원을 정산하고, 초과지출분 20,000원을 추가로 현금지급 하였다.

18. 가수금 3,000,000원 중 1,000,000원은 ㈜천안에 대한 제품매출의 계약금이고 나머지는 동사의 외상매출금을 회수한 것으로 확인되었다.

O,X

01. 현금 및 지폐, 타인발행당좌수표, 자기앞수표, 취득당시 4개월 후 만기 도래기업어음(CP)는 현금 및
현금성자산으로 분류한다.　　　　　　　　　　　　　　　　　　　　　　　　(　)

02. 회수가 불확실한 매출채권에 대하여 합리적이고 객관적인 기준에 따라 산출한 대손추산액을 대손충당금
으로 설정한다.　　　　　　　　　　　　　　　　　　　　　　　　　　　　(　)

03. 회수가 불가능한 채권은 대손충당금과 우선 상계하고 대손충당금이 부족한 경우에는 그 부족액을 대손
상각비로 처리한다.　　　　　　　　　　　　　　　　　　　　　　　　　　(　)

04. 유가증권을 보유함에 따라 무상으로 주식을 배정받은 경우 장부가액을 증가시키는 회계처리를 하고,
수량과 단가도 계산한다.　　　　　　　　　　　　　　　　　　　　　　　　(　)

05. 질권설정된 보통예금(담보제공된 예금)은 인출이 자유롭지 못하므로 유동자산으로 분류될 수 없다.
　　　　　　　　　　　　　　　　　　　　　　　　　　　　　　　　　　(　)

06. 만기보유증권으로 분류되지 아니하는 채무증권은 단기매매증권이나 매도가능증권으로 분류된다.
　　　　　　　　　　　　　　　　　　　　　　　　　　　　　　　　　　(　)

07. 만기가 확정된 채무증권을 만기까지 보유할 적극적인 의도와 능력이 있는 경우에는 매도가능증권으로
분류한다.　　　　　　　　　　　　　　　　　　　　　　　　　　　　　　(　)

08. 단기매매증권이 시장성을 상실한 경우에는 매도가능증권으로 분류하여야 한다.　　(　)

09. 주로 단기간 내의 매매차익을 목적으로 취득한 유가증권으로서 매수와 매도가 적극적이고 빈번하게 이루
어지는 것은 단기매매증권이다.　　　　　　　　　　　　　　　　　　　　　(　)

10. 매출채권(외상매출금, 받을어음), 미수금, 선급금, 대여금, 선수금은 대손충당금 설정 자산이다.(　)

11. 영업활동과 관련하여 비용이 감소함에 따라 발생하는 매출채권의 대손충당금환입은 영업외수익으로
처리한다.　　　　　　　　　　　　　　　　　　　　　　　　　　　　　　(　)

12. 결산시 대손충당금을 과소설정 하였다. 이로 인하여 당기순이익이 과소 계상되고, 자산은 과대계상된다.
　　　　　　　　　　　　　　　　　　　　　　　　　　　　　　　　　　(　)

13. 거래처로부터 받은 계약금을 수익으로 인식하였다. 이로 인하여 자산이 과대계상 되고 수익이 과대계상
되었다.　　　　　　　　　　　　　　　　　　　　　　　　　　　　　　　(　)

14. 선급비용이 과소계상되면 당기순이익 과소계상되고, 미수수익이 과대계상되면 당기순이익이 과소계상된다.

( )

15. 단기매매증권과 매도가능증권의 처분손익은 손익계산서상 당기손익으로 처리한다.

( )

16. 결산일 현재 공정가치로 평가할 때 장부가액과의 차액은 단기매매증권은 영업외손익, 매도가능증권은 자본의 기타포괄손익누계액으로 반영한다.

( )

17. 선일자수표는 수표에 표시된 발행일이 도래하기까지 현금 및 현금성자산으로 처리하여야 한다.

( )

18. 유가증권(단기매매증권은 제외)의 취득원가는 유가증권 취득을 위하여 제공한 대가의 시장가격에 취득부대비용을 포함한 가액으로 한다.

( )

 주관식

01. 다음 중 일반기업회계기준에서 현금및현금성자산은 얼마인가?

• 통화대용증권 :	200,000원	• 우표 및 수입인지 :	100,000원
• 보통예금 :	300,000원	• 정기예금 :	400,000원
• 취득당시에 만기가 100일 남아있는 단기금융상품 : 500,000원			

02. ㈜미래는 8월에 영업을 개시하여 다음과 같이 거래를 하였다. 8월말 현재 회수할 수 있는 매출채권 잔액은 얼마인가?

〈거래 내역〉

8/2 ㈜우리에게 제품 5,000,000원을 외상으로 납품하다.

8/4 납품한 제품 중 하자가 발견되어 100,000원이 반품되다.

8/20 ㈜우리의 외상대금 중 3,000,000원을 회수시 조기 자금 결제로 인하여 약정대로 50,000원을 할인한 후 잔액을 현금으로 받다.

03. 다음 자료에 의한 외상매출금 대손액은 얼마인가?

• 외상매출금 전기이월액	6,000,000원
• 기중 현금회수액	5,000,000원
• 기중 매출액 (전액 외상)	3,000,000원
• 외상매출금 차기이월액	1,000,000원

04. 당기 중에 거래된 ㈜무릉(12월 결산법인임)의 단기매매증권 내역이다. 다음 자료에 따라 당기말 재무제표에 표시될 영업외수익은 얼마인가?

- 5월 23일 : ㈜하이테크전자의 보통주 100주를 10,000,000원에 취득하다.
- 7월 01일 : ㈜하이테크전자로부터 중간배당금 50,000원을 수령하다.
- 12월 31일 : ㈜하이테크전자의 보통주 시가는 주당 110,000원으로 평가되다.

05. 다음 ㈜세무의 매도가능증권 거래로 인한 처분손익을 구하시오.

㈜세무는 20x1년 1월 16일에 ㈜회계의 주식 100주를 주당 10,000원에 취득(매도가능증권으로 회계처리함)하고, 취득 관련 수수료비용 20,000원을 포함하여 현금을 지급하였다. 그리고 다음날인 1월 17일에 ㈜회계의 주식 50주를 주당 9,000원에 현금 처분하였다.

06. 다음은 단기매매목적으로 매매한 (주)사성 주식의 거래내역이다. 기말에 (주)사성의 공정가치가 주당 20,000원인 경우 손익계산서상의 단기매매증권평가손익을 계산하시오. 단, 취득원가의 산정은 이동평균법을 사용한다.

거래일자	매입수량	매도(판매)수량	단위당 매입금액	단위당 매도금액
6월 1일	200주		20,000원	
7월 6일	200주		18,000원	
7월 20일		150주		22,000원
8월 10일	100주		19,000원	

07. ㈜세원은 대손충당금을 보충법에 의해 설정하고 있으며, 매출채권 잔액의 1%로 설정하고 있다. 기말 재무상태표상 매출채권의 순장부가액은 얼마인가?

매출채권			(단위 : 원)
기초	50,000	회수 등	200,000
발생	500,000		

대손충당금			(단위 : 원)
대손	8,000	기초	10,000

08. (주)로그인의 20x1년 매출채권과 대손에 관한 자료이다. 20x1년도 손익 계산서에 계상될 대손상각비는 얼마인가?

- 20x1년 01월 01일 현재 대손충당금 계정의 잔액은 1,000,000원이다.
- 20x1년 02월 18일 당기에 매출한 1,200,000원의 매출채권이 회수불가능한 것으로 확정되었다.
- 20x1년 05월 15일 전기에 대손 처리한 매출채권 700,000원이 회수되었다.
- 20x1년 12월 31일 현재 매출채권의 잔액은 100,000,000원이며 이 중 99%에 해당하는 금액만 회수가능할 것으로 예상된다.

09. 손익계산서에 계상할 대손상각비를 계산하면 얼마인가?

- 기초 대손충당금 잔액 : 500,000원
- 7월 15일에 매출채권 회수불능으로 대손처리액 : 700,000원
- 9월 30일에 당기 이전에 대손처리된 매출채권 현금회수액 : 1,000,000원
- 기말 매출채권 잔액 : 100,000,000원
- 대손충당금은 기말 매출채권 잔액의 2%로 한다.(보충법)

연/습/문/제 답안

🔑 분개연습

[1] (차) 보통예금   980,000   (대) 외상매출금(지마트)   1,000,000
     매출할인(제품)   20,000

[2] (차) 선납세금   92,400   (대) 이자수익   600,000
     보통예금   507,600

[3] (차) 단기매매증권평가손실   400,000   (대) 단기매매증권   400,000
☞ 400,000(평가손실)=12,000,000(20x0.12.31.공정가액)−11,600,000(20x1.12.31.공정가액)

[4] (차) 선납세금   1,800,000   (대) 보통예금   1,800,000

[5] (차) 보통예금   9,430,000   (대) 외상매출금(국제통신)   10,000,000
     매출환입에누리(제품)   570,000

[6] (차) 미수수익   1,000,000   (대) 이자수익   1,000,000
☞ 기간경과분 이자수익= 20,000,000×10%×6/12=1,000,000원

[7] (차) 받을어음((주)기준공업)   600,000   (대) 외상매출금(마음전자)   1,000,000
     보통예금   400,000

[8] (차) 잡손실   100,000   (대) 현금과부족   100,000

[9] (차) 접대비(판)   100,000   (대) 현금과부족   100,000

[10] (차) 대손충당금(외상)   300,000   (대) 외상매출금((주)두정)   1,000,000
     대손상각비(판)   700,000
☞ 대손충당금을 우선 상계하고 부족분은 대손상각비로 비용처리 한다.

[11] (차) 단기매매증권   1,000,000   (대) 보통예금   1,020,000
     수수료비용(영·비)   20,000

[12] (차) 보통예금   392,000   (대) 단기매매증권   350,000
                                  단기매매증권처분익   42,000
☞ 장부가액=700,000원/1,00주×50주=350,000원
    처분가액=50주×8,000원−8,000원=392,000원(처분가액은 수수료를 차감)

[13]　(차)　선급비용　　　　　　　　800,000　　(대)　보험료(판)　　　　　　　　800,000

　　　☞ 선급비용 1,200,000원 × 8개월 / 12개월 = 800,000원

[14]　(차)　대손상각비(판)　　　　　2,100,000　　(대)　대손충당금(외상)　　　　2,100,000
　　　　　　대손충당금(받을)　　　　　100,000　　　　　대손충당금환입(판)　　　　100,000

계정과목	기말잔액(A)	대손추산액 (B=A×1%)	설정전 대손충당금(C)	당기대손상각비 (B-C)
외상매출금	300,000,000	3,000,000	900,000	2,100,000
받을어음	50,000,000	500,000	600,000	−100,000

[15]　(차)　당좌예금　　　　　　　　950,000　　(대)　받을어음(천안상회)　　　1,000,000
　　　　　　매출채권처분손실　　　　　50,000

[16]　(차)　소모품　　　　　　　　1,000,000　　(대)　소모품비(판)　　　　　　1,000,000

[17]　(차)　여비교통비(판)　　　　　170,000　　(대)　가지급금(홍길동)　　　　　150,000
　　　　　　　　　　　　　　　　　　　　　　　현　금　　　　　　　　　　　20,000

[18]　(차)　가수금　　　　　　　　3,000,000　　(대)　선수금((주)천안)　　　　1,000,000
　　　　　　　　　　　　　　　　　　　　　　　외상매출금((주)천안)　　　　2,000,000

O,X

1	2	3	4	5	6	7	8	9	10	11	12	13	14	15
×	○	○	×	○	○	×	○	○	×	×	×	×	×	○

16	17	18
○	×	○

[풀이-O,X]

01. 취득당시 만기가 3개월 이내인 금융상품등이 현금성자산에 해당한다.

04. 무상주를 받은 경우 장부가액은 변동이 없다.

07. 만기보유증권으로 분류한다.

10. 대손충당금은 자산에만 설정이 가능하므로 선수금은 부채이므로 대상에서 제외된다.

11. 영업활동과 관련하여 대손충당금환입은 판관비의 부(-)금액으로 표시한다.

12. 비용의 과소계상으로 당기순이익이 과대계상되고, 자산의 차감항목인 대손충당금이 과소설정으로 자산도 과대계상된다.

13. 오류회계처리   (차) 현금등   ×××   (대) 매출액(수익)   ×××

정당한회계처리 (차) 현금등   ×××   (대) 선수금(부채)   ×××

부채의 과소계상, 수익의 과대계상된다.

14. **대차평균의 원리에 따라 자산과 이익은 비례관계**이다. 즉 자산이 과대계상되면 당기순손익이 과대계상되고, 자산이 과소계상되면 당기순손익이 과소계상된다. 선급비용, 미수수익 모두 자산이므로 당기순이익이 과대계상된다.

17. **선일자수표**는 수표에 표시된 발행일이 도래하기까지 **채권으로 처리**하여야 한다.

◐━ 주관식

1	500,000원	2	1,900,000원	3	3,000,000원
4	1,050,000원	5	처분손실 60,000원	6	평가익 350,000원
7	346,500원	8	500,000원	9	1,200,000원

[풀이-주관식]

01. 통화대용증권(200,000원) + 보통예금(300,000원) = 500,000원

정기예금은 단기금융상품으로, **취득일로부터 만기가 3개월 이내의 금융상품은 현금및현금성자산**으로 분류된다.

02. 외상매출금(5,000,000) – 환입(100,000) – 외상대금 회수(3,000,000) = 1,900,000원

03.

외상매출금

전기이월	6,000,000원	*대손*	*3,000,000원*
매출액	3,000,000원	당기회수액	5,000,000원
		차기이월	1,000,000원
	9,000,000원		9,000,000원

04. 영업외수익(1,050,000원) = 배당금수익(50,000원)+기말 단기매매증권평가이익(1,000,000원)

☞ 단기매매증권평가익=100주×110,000원-10,000,000원=1,000,000원

05. 매도가능증권의 처분손익=처분가액(50주×9,000) – 취득가액 [50주×10,000+10,000]

= △60,000원(처분손실)

06. 단기매매증권의 평가이익 = 평가금액(공정가액) – 장부금액

= 350주 × 20,000원 – 350주 × 19,000원 = 350,000원

거래일자	매입수량	매도수량	단위당 매입금액	주당장부금액
6월 1일	200주		20,000원	20,000원
7월 6일	200주		18,000원	19,000원
7월 20일		150주		
8월 10일	100주		19,000원	19,000원
잔고수량	**350주**		**19,000원**	

07.

매출채권

기초잔액	50,000	회수액	200,000
매출(발생액)	**500,000**	기말잔액(?)	350,000
계	550,000	계	550,000

- 기말 매출채권의 순장부가액(대손충당금을 차감 후 금액) = 350,000원 × 99% = 346,500원

08.

매출채권

대손	1,200,000	기초	1,000,000
		회수	700,000
기말	1,000,000	*대손상각비(설정)*	*500,000*
계	2,200,000	계	2,200,000

09.

대손충당금

대손	700,000	기초	500,000
		회수	1,000,000
기말(1억×2%)	2,000,000	*대손상각비(설정?)*	*1,200,000*
계	2,700,000	계	2,700,000

제2절 재고자산

1. 순매입액 VS 순매출액

구 분		판매자		구매자	
		총매출액	100	총매입액	100
하 자 발 생	반 품 시	(−)매출환입	(5)	(−)매입환출	(5)
	가 격 에 누 리	(−)매출에누리	(10)	(−)매입에누리	(10)
조 기 결 제 에 따 른 할 인		(−)매출할인	(10)	(−)매입할인	(10)
운임(운반비)		운반비	판관비	(+)부대비용(운임)	5
		순매출액	75	순매입액	80

손익계산서상
매출액

재고자산
취득가액

> 취득원가 = 매입가액 + 매입부대비용 − 매입환출 − 매입에누리 − 매입할인 등

2. 재고자산의 범위(귀속여부)

1. 미착상품 (운송중인 상품)	① 선적지인도조건	선적시점에 매입자의 재고자산
	② 도착지인도조건	도착시점에 매입자의 재고자산
2. 위탁품(적송품)		수탁자가 고객에게 판매한 시점에서 위탁자는 수익을 인식하고 재고자산에서 제외시켜야 한다.
3. 시송품(시용품)		소비자가 매입의사를 표시한 날에 회사는 수익을 인식하고 재고자산에서 제외
4. 반품률이 높은 재고자산	㉠ 합리적 추정가능시	인도시점에서 재고자산에서 제외(수익 인식)
	㉡ 합리적 추정이 불가능시	구매자가 인수를 수락한 시점이나 반품기간이 종료된 시점에 수익을 인식한다.

3. 재고자산의 수량 및 단가결정

수량	1. 계속기록법	수량·단가를 변동이 있을 때 마다 기록 → 기말재고수량 결정
	2. 실지재고조사법	기말재고수량실사 → 당기 매출수량 결정
단가	1. 개별법	**가장 정확한 원가배분방법**
	2. 선입선출법	**재고자산의 진부화가 빠른 기업이 적용**
	3. 후입선출법	실제물량흐름과 불일치
	4. 평균법	계속기록법인 이동평균법과 실지재고조사법인 총평균법
	5. 소매재고법	추정에 의한 단가 산정방법(원칙적으로 유통업에만 인정)

〈재고자산(상품) T 계정 이해〉

상 품

ⓐ전기이월(기초)		1,000,000	ⓒ매출원가	8,000,000
ⓑ순매입액	매입액	10,000,000		
	매입운임	30,000		
	매입환출	(10,000)		
	매입에누리등	(20,000)	ⓓ차기이월(기말)	3,000,000
	계	11,000,000	계	11,000,000

↑
판매가능상품 = 판매가능재고

[각방법의 비교]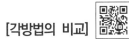

물가가 상승하는 경우

		선입선출법		평균법		후입선출법
판가 : @50원	매출액(2개)	100원(50원×2개)		100원		100원
구입순서	매출원가(2개)	30원(10+20)	〈	40원(20원×2개)	〈	50원(30+20)
1. 10원	매출이익					
2. 20원	(당기순이익)	70원	〉	60원	〉	50원
3. 30원	(법인세)					
	기말재고	30원	〉	20원	〉	10원

↑

〈대차평균의 원리〉 자산 ∝ 이익

4. 재고자산의 회계처리

1. 취득시		취득원가 = 매입가격 + 매입부대비용(운반비, 보험료, 관세 등)
2. 평가	① 감모손실 (수량)	• **정상감모 : 매출원가** • **비정상감모 : 영업외비용**
	② 평가손실 (단가)	• **저가법적용 : 하락시 평가손실만 인식하고 회복시 최초의 장부가액을 한도로 하여 시가회복분만 환입** • **제품, 상품, 재공품 : 순실현가치(정상판매가격-추정판매비)** • **원재료 : 현행대체원가**
	☞ **감모손실을 먼저 인식한 후 평가손실을 인식하세요!!!!!**	

| <예제> 원가흐름의 가정 |

㈜백두의 매입과 매출에 관한 자료이다. 선입선출법, 평균법, 후입선출법에 의한 매출원가와 기말재고금액을 계산하시오.

일자	구분	입고		출고		재고수량
		수량	단가	수량	단가	
1.01	기초재고	30	100			30
1.11	상품매입	70	150			100
1.25	상품판매			80	300	20

해답

판매가능재고 = 30개 × 100원 + 70개 × 150원 = 13,500원

구 분	매출액 (A)	판매가능재고		매출이익 (A − B)
		매출원가(B)	기말재고	
선입선출법	24,000원[*1]	10,500원[*2]	3,000원	13,500원
평 균 법		10,800원[*3]	2,700원	13,200원
후입선출법		11,500원[*4]	2,000원	12,500원

*1. 80개 × 300원
*2. 30개 × 100원 + 50개 × 150원
*3. 80개 × [(30 × 100 + 70 × 150)/100개]
*4. 70개 × 150원 + 10개 × 100원

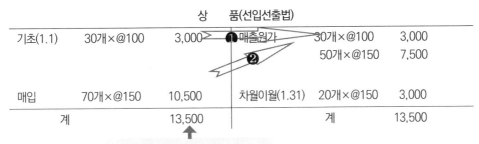

상　　품(선입선출법)

기초(1.1)	30개×@100	3,000	❶매출원가	30개×@100	3,000
			❷	50개×@150	7,500
매입	70개×@150	10,500	차월이월(1.31)	20개×@150	3,000
계		13,500	계		13,500

판매가능상품 = 판매가능재고

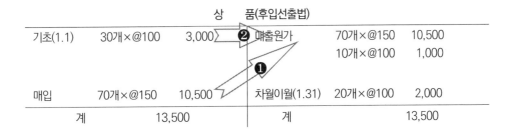

상　　품(후입선출법)

기초(1.1)	30개×@100	3,000	❷매출원가	70개×@150	10,500
			❶	10개×@100	1,000
매입	70개×@150	10,500	차월이월(1.31)	20개×@100	2,000
계		13,500	계		13,500

상　　품(총평균법)

기초(1.1)	30개×@100	3,000	매출원가	80개×@135	10,800
		평균단가			
매입	70개×@150	10,500	차월이월(1.31)	20개×@135	2,700
계	*100개 @135*	13,500	계		13,500

연/습/문/제

 분개연습

01. 창고에서 화재가 발생하여 보관하고 있던 제품 1,000,000원(장부가액)이 소실되었다. 당사는 이와 관련한 보험에 가입되어 있지 않다.

02. 기말재고조사 결과 제품재고 2,000,000원이 부족하여 확인한 결과 영업부의 가을체육대회에서 경품으로 제공된 것이 발견되었다.

03. 장부상 원재료재고액은 7,000,000원이고 실제 원재료재고액은 4,000,000원이다. 이 재고감모액은 비정상적으로 발생되었다. 재고 감모액에 대한 회계처리를 하시오.

04. ㈜로그인으로부터 부재료를 4,000,000원에 매입하고 대금의 10%는 현금으로 지급하고, 나머지는 외상으로 하였다. 부가가치세는 고려하지 마세요.

05. ㈜천안상사로부터 원재료 5,000,000원을 외상으로 매입하고 당사 부담의 운반비 300,000원 현금으로 지급하다.

06. 다음은 재고조사 실사내역이다. 원재료 감모수량은 모두 원가성이 없다(즉 비정상감모에 해당한다.). 감모손실에 대해서만 결산정리분개를 하시오.

구 분	장부상내역			실사내역		
	단위당원가	수량	평가액	단위당원가	수량	평가액
원재료	20,000원	500개	10,000,000원	18,000원	400개	7,000,000원
제 품	50,000원	100개	5,000,000원	40,000원	100개	4,000,000원

07. 수입한 원재료에 대해 관세 2,000,000원, 통관 수수료 300,000원을 현금으로 지출 하였다.

08. 현재 선적이 완료되어 운송 중인 원재료 20,000,000원이 있으며, 이에 대한 전표처리가 누락되어 있음을 발견하였다. 당 원재료의 수입계약은 AmaZon과의 선적지 인도조건이며 대금은 도착 후 1개월 이내에 지급하기로 하였다.

🙋 O,X

01. 선입선출법은 실제물량흐름과 방향이 일치하고 기말재고액이 최근의 가격, 즉 시가인 현행원가를 나타내는 장점이 있는 반면, 현행수익과 과거원가가 대응되므로 수익비용 대응이 적절하게 이루어지지 않는 단점이 있다. ( )

02. 미착상품이 도착지인도조건인 경우에는 상품이 선적된 시점에 소유권이 매입자에게 이전되기 때문에 미착상품은 매입자의 재고자산에 포함한다. ( )

03. 적송품은 수탁자가 제3자에게 판매하기 전까지는 위탁자의 재고자산에 포함한다. ( )

04. 반품률이 높은 재고자산은 반품률을 합리적으로 추정할 수 없을 경우에는 구매자가 상품의 인수를 수락하거나 반품기간이 종료된 시점까지는 판매자의 재고자산에 포함한다. ( )

05. 부동산매매업을 운영하는 회사가 판매를 목적으로 보유하는 건물이라도 투자자산으로 분류된다. ( )

06. 재고자산평가손실은 매출원가에 차감하고 재고자산평가충당금환입은 매출원가에서 가산한다. ( )

07. 후입선출법은 일반적인 물량흐름은 먼저 매입한 것이 먼저 판매되므로 물량흐름과 원가흐름이 일치한다. ( )

08. 물가상승시 후입선출법은 현재의 매출수익에 오래된 원가가 대응되므로 수익·비용대응이 잘 이루어지지 않는다. ( )

09. 할부판매상품은 인도기준으로 매출을 인식하므로 대금회수와 관계없이 인도시점에서 판매자의 재고자산에서 제외한다. ( )

10. 재고자산의 평가손실은 주로 수량의 감소에 기인하고, 재고자산의 감모손실은 시가의 하락에 기인한다
( )

11. 재고자산의 시가가 취득원가보다 높은 경우에는 시가를 재무상태표가액으로 한다. ( )

12. 재고수량이 동일할 때 물가가 지속적으로 상승하는 경우에는 선입선출법을 적용하면 다른 평가방법을 적용하는 경우보다 상대적으로 이익이 크게 표시된다. ( )

13. 총평균법은 매입거래가 발생할 때마다 단가를 재산정해야 하는 번거로움이 있다. ( )

14. 재고자산의 가격이 계속 하락하는 경우 재고자산을 가장 낮게 보수적으로 평가하는 방법은 후입선출법이다
( )

15. 재고자산의 시가가 장부가액 이하로 하락하여 발생한 평가손실은 재고자산의 차감계정으로 표시하고 매출원가에 가산한다. ( )

 주관식

01. 다음 항목 중 기말재고자산의 금액을 구하시오.

- 장기할부조건으로 판매한 재화 : 10,000원
- 시용판매용으로 고객에게 제공한 재화(구매자의 매입의사표시 없음) : 20,000원
- 위탁판매용으로 수탁자에게 제공한 재화 중 수탁자가 현재 보관중인 재화 : 30,000원
- 목적지 인도조건으로 판매한 운송 중인 재화 : 40,000원

02. 다음 자료를 이용하여 상품의 기말재고액을 계산하면 얼마인가?

• 매출액 :	2,000,000원	• 매출에누리 :	300,000원
• 매출할인 :	200,000원	• 총매입액 :	1,500,000원
• 매입할인 :	50,000원	• 매입환출 :	100,000원
• 타계정으로 대체 :	200,000원	• 기초재고액 :	30,000원
• 매출총이익 :	370,000원		

03. 다음은 ㈜로그인의 재고자산 관련 자료이다. 총평균법에 의한 기말재고자산 계산시의 단가로 옳은 것은?

일 자	적 요	수 량	단 가
1월 1일	기초재고	10개	100원
1월 14일	매입	30개	120원
9월 29일	매출	20개	140원
10월 17일	매입	10개	110원

04. 다음 자료를 기초로 매출총이익을 계산하면 얼마인가?

- 매출액 : 2,600,000원
- 기초상품재고액 : 700,000원
- 상품 매입시 운반비 : 20,000원
- 당기 총 매입액 : 1,200,000원
- 기말상품재고액 : 400,000원
- 매입환출 및 에누리 : 150,000원

05. ㈜로그인의 총평균법에 의한 기말 상품재고액은 얼마인가?

- 기초상품 : 100개 (@2,000원)
- 당기상품판매 : 800개 (@4,000원)
- 당기상품매입 : 900개 (@3,000원)

06. (주)로그인은 재고자산에 대하여 선입선출법을 적용한다. 다음 자료를 이용한 경우에 기말의 재고액은 얼마인가?

날 짜	내 용	수 량	단 가	금 액
01월 01일	기초재고	100개	10원	1,000원
03월 10일	매 입	50개	12원	600원
05월 15일	매 출	70개		
12월 31일	기말재고	80개	?	?

07. 다음 자료로 상품매출원가를 계산하시오.

• 매입운임 6,000원	• 매입에누리 1,000원	• 기초상품재고액 5,000원
• 매출액 200,000원	• 매입할인 3,000원	• 기말상품재고액 3,000원
• 매입액 100,000원	• 매출에누리 2,000원	• 매출운임 20,000원

08. 선입선출법을 적용하여 갑상품의 5월의 기말재고금액을 구하시오.

상품재고장

갑상품   (단위: 개, 원)

날짜		적요	매입			매출		
			수량	매입단가	금액	수량	매출단가	금액
5	1	전 월 이 월	200	100	20,000			
5	9	매 입	400	200	80,000			
5	16	매 출				500	400	200,000
5	17	매 입 환 출	10					
5	25	매 입	200	300	60,000			

09. 다음 설명은 재고자산의 단가 결정방법 중 어느 것에 해당하는가?

이 방법은 실제물량흐름과 방향이 일치하고 기말재고액이 최근의 가격, 즉 시가인 현행원가를 나타내는 장점이 있는 반면, 현행수익과 과거원가가 대응되므로 수익비용 대응이 적절하게 이루어지지 않는 단점이 있다.

연/습/문/제 답안

🔑 **분개연습**

[1] (차) 재해손실 1,000,000 (대) 제품(타계정대체) 1,000,000

[2] (차) 복리후생비(판) 2,000,000 (대) 제품(타계정대체) 2,000,000

[3] (차) 재고자산감모손실 3,000,000 (대) 원재료(타계정대체) 3,000,000

[4] (차) 부재료 4,000,000 (대) 현 금 400,000
외상매입금((주)로그인) 3.600,000

[5] (차) 원재료 5,300,000 (대) 현 금 300,000
외상매입금((주)천안상사) 5.000,000

[6] (차) 재고자산감모손실(영·비) 2,000,000 (대) 원재료(타계정대체) 2,000,000
☞ 재고자산감모손실=(500개 - 400개)×20,000원(취득원가)=2,000,000원

[7] (차) 원재료 또는 미착품 2,300,000 (대) 현 금 2,300,000

[8] (차) 미착품 또는 원재료 20,000,000 (대) 외상매입금(AmaZon) 20,000,000

O,X

1	2	3	4	5	6	7	8	9	10	11	12	13	14	15
○	×	○	○	×	×	×	×	○	×	×	○	×	×	○

[풀이-O,X]

02. 선적지인도조건에 대한 설명이다.

05. <u>판매목적으로 보유하는 부동산은 재고자산</u>에 해당한다.

06. <u>재고자산평가손실</u>은 비용이므로 <u>매출원가에 가산</u>하고, <u>환입은 매출원가에서 차감</u>한다.

07. 선입선출법에 대한 설명이다.

08. 후입선출법은 <u>현재의 수익에 현행원가가 대응</u>되므로 <u>수익·비용 대응이 잘 이루어진다.</u>

10. 감모는 수량부족분 평가손실은 시가하락에 기인한다.

11. <u>재고자산은 저가법으로 평가</u>한다.

13. 총평균법은 재고자산의 단가를 한번만 계산한다.

14. <u>물가하락시 재고자산을 가장 낮게 평가하는 방법은 선입선출법</u>이다.

[주관식]

1	90,000원	2	50,000원	3	114원
4	1,230,000원	5	580,000원	6	900원
7	104.000원	8	78,000원	9	선입선출법

[풀이-주관식]

01.

	수익인식	기말재고
장기할부판매	○(인도시점)	×
시용판매(매입의사 표시없음)	×(매입의사 표시)	○(20,000)
위탁판매(수탁자 보관)	×(수탁자 판매)	○(30,000)
목적지 인도조건 판매(운송중)	×(목적지 도착시)	○(40,000)

02. 순매출액=매출액-매출할인-매출에누리=2,000,000원-200,000원-300,000원= 1,500,000원

순매출액(1,500,000)- 매출총이익(370,000)=매출원가(1,130,000)

상   품

기초상품	30,000	매출원가	1,130,000
총매입액	1,500,000	타계정대체	200,000
(매입할인,환출)	(150,000)	*기말상품(?)*	*50,000*
계	1,380,000	계	1,380,000

03.

상 품

기 초	10개	@100	1,000	매출원가	
순매입액	30개	@120	3,600		
	10개	@110	1,100	기말	
계(판매가능재고)			5,700	계	

단위당 단가(총평균법)=5,700원/50개=114원

04.

상 품

기초상품	700,000	매출원가	1,370,000
총매입액	1,200,000		
매입환출	(150,000)		
운반비	20,000	기말상품	400,000
계	1,770,000	계	1,770,000

매출총이익=매출액 (2,600,000원) - 매출원가(1,370,000원)=1,230,000원

05. 총평균법에 의한 단가=2,900,000/1,000개=2,900원/개

상 품

기초	100개	@2,000	200,000	매출원가	800개		
순매입액	900개	@3,000	2,700,000	*기말*	*200개*	*@2,900*	*580,000*
계(판매가능재고)			2,900,000	계			2,900,000

06. (기초재고)30개 × (단가)10원+(당기매입)50개 × (단가)12원=900원

07. 당기매입액 = 매입액 + 매입운임 - 매입에누리 - 매입할인

= 100,000원+6,000원-1,000원-3,000원=102,000원

상 품

기초상품	5,000	*매출원가*	*104,000*
순매입액	102,000	기말상품	3,000
계	107,000	계	107,000

08.

상 품(FIFO)

기초	200개	@100	20,000	*매출원가*			
순매입액	390개	@200	138,000	기말	*200개*	*@300*	*78,000*
	200개	@300			*90개*	*@200*	
계(판매가능재고)			158,000	계			158,000

제3절　투자자산

1. 장기금융상품	정기예적금등 보고기간말로 부터 만기가 1년 이내에 도래하지 않는 것
2. 유가증권	보고기간말로 부터 만기가 1년 이후에 도래하는 매도가능증권, 만기보유증권
3. 투자부동산	**투자목적 또는 비영업용으로 소유하는 토지나 건물**
4. 장기대여금	

〈자산의 구분 : 부동산 취득시〉

취득목적	구　분
판매목적	재고자산(상품)
영업목적	유형자산(토지, 건물)
투자목적	투자자산(투자부동산)

<예제> 단기매매증권과 매도가능증권

㈜백두의 다음 거래를 단기매매증권, 매도가능증권인 경우 각각 회계처리하시오.
1. 20×1년 10월 1일 ㈜한라의 주식 100주를 주당 8,000원과 매입수수료 10,000원을 현금지급하다(㈜ 한라의 주식은 시장성이 있고, 장기적인 투자수익을 목적으로 취득하다).
2. 20×1년 12월 31일 ㈜한라의 주식의 공정가액은 주당 9,000원이다.
3. 20×2년 3월 31일 ㈜한라로부터 주당 100원의 배당금을 현금수취하다.
4. 20×2년 7월 31일 ㈜한라의 주식 50주를 주당 7,000원에 처분하고 증권거래세 등 수수료 10,000원을 차감한 금액이 당사 보통예금 계좌에 입금되다.

해답

	매도가능증권(투자자산)		단기매매증권(당좌자산)	
1.	(차) 매도가능증권	810,000	(차) 단기매매증권	800,000
			수수료비용(영)	10,000
	(대) 현　　금	810,000	(대) 현　　금	810,000
2.	(차) 매도가능증권	90,000	(차) 단기매매증권	100,000
	(대) 매도가능증권평가익[1]	90,000	(대) 단기매매증권평가익[2]	100,000
	(자본 - 기타포괄손익누계액)		(영업외수익)	
*1. 평가손익 = 100주 × 9,000원(공정가액) − 100주 × 8,100원(장부가액)				
*2. 평가손익 = 100주 × 9,000원(공정가액) − 100주 × 8,000원(장부가액)				

	매도가능증권(투자자산)		단기매매증권(당좌자산)	
3.	(차) 현　　금	10,000	좌동	
	(대) 배당금수익	10,000		
4.	(차) 보통예금	340,000	(차) 보통예금	340,000
	매도가능증권평가익*1	45,000	단기매매증권처분손*3	110,000
	매도가능증권처분손*2	65,000	(영업외비용)	
	(영업외비용)			
	(대) 매도가능증권	450,000	(대) 단기매매증권	450,000

*1. 90,000원(매도가능증권평가익)/100주 × 50주
*2. 처분손익 = 처분가액 − 취득가액 = 340,000 − 50주 × 8,100원 = △ 65,000원
*3. 처분손익 = 처분가액 − 장부가액 = 340,000 − 50주 × 9,000원 = △110,000원

〈단기매매증권과 매도가능증권〉

	단기매매증권	매도가능증권
의　　의	단기간 시세차익목적	언제 매도할지 모름
취득가액	**매입가액**	**매입가액 + 취득부대비용**
기말평가	공정가액	공정가액(공정가액이 없는 경우 원가법)
	미실현보유손익 : 실현됐다고 가정 **(영업외손익 − 단기매매증권평가손익)**	**미실현보유손익** **(자본 − 기타포괄손익누계액)**
처분손익	**처분가액 − 장부가액**	**처분가액 − 취득가액**

> 매도가능증권의 취득가액=장부가액−평가이익+평가손실

제4절　유형자산

1. 종류

① 토지	영업활동에 사용하고 있는 대지, 임야 등→감가상각하지 않는다.
② 건물	사옥이나 공장, 창고 등 회사의 영업목적으로 보유하고 있는 자산
③ 기계장치	제품을 생산하기 위한 각종 기계설비 등
④ 건설중인 자산	유형자산을 건설하기 위하여 발생된 원가를 집계하는 임시계정→감가상각하지 않는다.

2. 취득원가

취득가액 = 매입가액 + 부대비용(직접원가)

☞ 부대비용 : 취득세, 등록면허세, 설치비, 차입원가(건설자금이자), 전문가에게 지급하는 수수료, 시운전비 등
☞ 국공채 등을 불가피하게 매입시 **채권의 매입가액과 현재가치와의 차액은 부대비용**에 해당

1. 일괄구입	각 유형자산의 상대적 공정가치비율에 따라 안분
2. 현물출자	**취득한 자산의 공정가치**로 한다. 다만 유형자산의 공정가치를 신뢰성있게 측정할 수 없다면 발행하는 주식의 공정가치를 취득원가로 한다.
3. 자가건설	원가계산방법에 따라 산정한 제조원가(재료비, 노무비 등)
4. 무상취득	취득한 자산의 공정가치
5. 정부보조금	상환의무가 없을 경우 해당 자산의 취득가액에서 차감표시

〈철거비용〉

	타인 소유 건물취득 후 철거	자가건물 철거시
목적	토지 사용목적	건물 가치 상실
회계처리	**토지의 취득원가**	**영업외비용(유형자산처분손실)**
	(차) **토　지**　　××	(차) 감가상각누계액　　××
		유형자산처분손실　××
	(대) 현금(건물구입비용)　××	(대) 건물　　　××
	현금(철거비용)　××	**현금(철거비용)**　××
폐자재매각수입	토지 또는 유형자산처분손실에서 차감한다.	

〈교환취득〉

	동종자산	이종자산
회계처리	장부가액법	공정가액법
취득원가	**제공한 자산의 장부가액**	**제공한 자산의 공정가액**
교환손익	**인식하지 않음**	**인식(유형자산처분손익)**

3. 유형자산 취득 이후의 지출

	자본적지출	수익적지출
정　의	① **미래의 경제적 효익을 증가시키거나** ② **내용연수를 연장시키는 지출**	**자본적지출 이외**
회계처리	해당 자산가액	**수선비등 비용처리**
예	(중앙)냉난방장치설치, 건축물의 증축, 엘리베이터의 설치, 자동차 엔진교체 등	부속품의 교체, 건물의 도색, 건물의 유리교체, 자동차 타이어·배터리 교체, 에어컨 수리 등

4. 유형자산의 감가상각 → 취득원가의 합리적 · 체계적 배분

1. 감가상각비의 결정요소		• 감가상각대상금액 = 취득가액 – 잔존가액 • 내용년수 : 자산의 경제적 수명
2. 방법	정 액 법	(취득가액 – 잔존가치)/내용연수
	내 용 연 수 합 계 법	(취득가액 – 잔존가치) × 잔여내용연수/내용연수의 합계 내용년수의 합계 = [(n + 1) × n] / 2
	정 률 법	장부가액(취득가액 – 기초감가상각누계액) × 상각율
	생 산 량 비 례 법	(취득가액 – 잔존가치) × 당기생산량/총생산가능량(추정생산량)
	초기감가상각비 크기	정률법 〉 내용년수합계법 〉 정액법
3. 감가상각제외자산		1. 토지 2. 건설중인자산 3. 폐기예정인 유형자산

| <예제> 감가상각 |

다음 자료를 참고로 1차년도와 2차년도의 감가상각비와 감가상각누계액, 장부가액(미상각잔액)을 정액법, 정률법, 연수합계법으로 구하시오.

> • 20x1년 1월 1일에 차량운반구를 1,100,000원에 취득하였다.
> • 내용연수는 4년, 잔존가치는 100,000원으로 추정된다.
> • 정률법일 경우 상각률은 40%라 가정한다.

해답

1. 정액법 : 연간감가상각비 = (1,100,000 – 100,000)/4년=250,000원/년

연도	감가상각비	감가상각누계액 (A)	기말장부가액 (취득가액 – A)
취득시(연초)			1,100,000
1차년도	250,000	250,000	850,000
2차년도	250,000	500,000	600,000

2. 정률법(상각율 40%)

연도	감가상각비 계산근거 [장부가액(B)×상각율]	감가상각비	감가상각누계액 (A)	기말장부가액(B) (취득가액 – A)
취득시(연초)				1,100,000
1차년도	1,100,000×0.4	440,000	440,000	660,000
2차년도	660,000×0.4	264,000	704,000	396,000

3. 연수합계법 : 내용년수의 합계 = 4+3 + 2 + 1 = 10년

연도	감가상각비 계산근거	감가상각비	감가상각누계액 (A)	기말장부가액 (취득가액 - A)
취득시(연초)				1,100,000
1차년도	(1,100,000 - 100,000)×4/10년	400,000	400,000	700,000
2차년도	(1,100,000 - 100,000)×3/10년	300,000	700,000	400,000

☞ <u>취득초기 감가상각비 크기 : 정률법 〉내용년수합계법 〉정액법</u>

5. 유형자산의 처분

처분가액〉장부가액(취득가액 - 감가상각누계액)	유형자산처분이익(영업외수익)
처분가액〈장부가액	유형자산처분손실(영업외비용)

| 제5절 | 무형자산 |

1. 무형자산의 회계처리

종 류	영업권, 산업재산권, 광업권, 어업권, **개발비, 소프트웨어** ☞ <u>외부구입영업권만 인정함. 자가창설영업권 불인정</u>
취득가액	매입가액 + 부대비용 ☞ 내부창출무형자산의 취득가액 : 그 자산의 창출, 제조, 사용준비에 직접 관련된 지출과 **합리적이고 일관성있게 배분된 간접지출을 포함**
보 유 시 (상각)	**무형자산상각비 = [취득가액 - 0(잔존가치는 원칙적으로 "0")]/내용연수** 　　　　　　= **미상각잔액(장부가액)/잔여내용연수**
	무형자산의 상각기간은 독점적·배타적인 권리를 부여하고 있는 관계 법령이나 계약에 의해 정해진 경우를 제외하고는 **20년을 초과할 수 없다.**
	상각방법 : 정액법, 정률법, 연수합계법, 생산량비례법 등 단, **합리적인 상각방법을 정할 수 없는 경우에는 정액법 사용**

2. 개발비

신제품 또는 신기술의 개발과 관련하여 발생한 비용(내부에서 개발한 소프트웨어 **관련비용으로 자산인식기준을 충족시키는 것 포함**)으로서 개별적으로 식별가능하고 미래의 경제적 효익을 기대할 수 있는 것으로 본다.

연구단계 ⇒	개발단계 ⇒	생산단계	
연구비(판관비)	경상개발비(일상)	무형자산상각	
	개발비(자산충족시)	**제조관련 ○**	**제조관련 ×**
		제조경비	**판관비**

〈유형자산 VS 무형자산〉

	유형자산	무형자산
취득가액	매입가액+부대비용	좌동(간접지출도 포함가능)
잔존가액	처분시 예상되는 순현금유입액	**원칙적으로 "0"**
내용년수	경제적 내용연수	좌동 **원칙 : 20년 초과 불가**
상각방법	정액법, 정률법, 내용연수합계법, 생산량비례법등	좌동 **다만 합리적인 상각방법이 없는 경우 "정액법"**
재무제표 표시	간접상각법	**직접상각법, 간접상각법 가능**

제6절   기타비유동자산

비유동자산 중 투자자산 및 유형자산, 무형자산에 속하지 않는 자산을 의미한다.

(1) 임차보증금(vs임대보증금)

(2) 전세권

(3) 장기매출채권

(4) 부도어음과수표

회사는 관리목적상 정상적인 어음과 구분하기 위하여 **부도어음과수표계정(청구비용 등 포함)을 사용하고,** 추후 회수가능성을 판단하여 대손처리한다.

연/습/문/제 답안

 분개연습

01. 신제품을 개발하고 특허권을 취득하기 위한 수수료 1,000,000원을 보통예금으로 지급하였다.
(무형자산으로 처리할 것.)

02. 결산일 현재 당기에 계상될 유형자산별 감가상각비는 다음과 같다.

• 기계장치 : 2,000,000원	• 차량운반구(영업부) : 3,000,000원
• 비품(영업부) : 4,000,000원	

03. ㈜로그인자동차로부터 업무용 승용차를 구입하는 과정에서 관련법령에 따라 공채(액면가 3,000,000원)
를 3,000,000원에 구입하고 현금으로 지급하였다. 기업회계기준에 의해 평가한 공채의 현재가치는
2,700,000원이며, 매도가능증권으로 회계처리 한다.

04. 전년도 1월 1일에 영업권을 20,000,000원에 취득하여 사용해 왔다. 회사는 무형자산의 내용연수를
5년, 상각방법을 정액법으로 하고 있다. 기말 결산분개를 하시오.

05. ㈜천안의 임대료를 받지 못해 미수금계정으로 처리한 금액 5,000,000원을 임대보증금과 상계처리하였
다.(단, ㈜천안의 임대보증금계정 잔액은 20,000,000원이다.)

06. 당사의 최대주주인 홍길동씨로부터 본사를 신축할 토지를 기증 받았다. 토지에 대한 소유권 이전비용
300,000원은 자기앞수표로 지급하였다. 토지의 공정가액은 5,700,000원이다.

07. 제품을 매출하고 ㈜천안으로부터 수취한 어음 7,000,000원이 부도처리 되었다는 것을 국민은행으로부터 통보받았다.

08. 연구동 신축을 위해 국민은행에서 빌린 대출금에 대한 9월분 이자비용 8,000,000원을 당사 보통예금에서 이체하였다. 공사기간은 당기 7 1.부터 3년간이며, 이자비용은 자본화하기로 한다.

09. 결산일 현재 무형자산인 영업권(취득가액: ?, 내용연수: 5년, 상각방법: 정액법)의 전기말 상각 후 미상각잔액(장부가액)은 2,700,000원이다. 영업권은 전전기 1월 1일에 취득하였으며 당기 영업권의 무형자산상각비를 인식하시오.

10. 제품 운반용 트럭(취득가액 30,000,000원, 감가상각누계액 20,000,000원)이 노후되어 폐차하였으며, 폐차관련 부대비용 300,000원은 보통예금에서 이체 지급하였다.(당기의 감가상각비는 고려하지 말 것)

11. 당좌거래개설보증금 1,000,000원을 현금으로 예치하여 신한은행 당좌거래를 개설하였다.

12. 천안상사에게 투자부동산(장부가액 12,000,000원)를 15,000,000원에 매각하면서 대금은 약속어음(만기 3개월)을 받았다.

13. 제품을 보관하기 위한 창고용 건물(취득가액 : 13,000,000원, 감가상각누계액 : 10,000,000원)이 금일 화재로 완전히 소실되었다. 다행히 창고에 보관하던 제품은 없었다. 화재시까지 감가상각을 고려하지 않는다.

14. 업무에 사용 중인 ERP전산프로그램을 최신버전으로 업그레이드하고 대금(4,000,000원)은 보통예금에서 이체하였다.(업그레이드로 인해 해당 무형자산은 내용연수가 연장되었다.)

O,X

01. 영업활동에 사용할 목적으로 보유하는 자산으로 물리적 실체가 있는 경우 유형자산으로 분류된다.
( )

02. 개발비는 개발단계에서 발생하여 미래 경제적 효익을 창출할 것이 기대되는 무형자산이다 ( )

03. 무형자산을 창출하기 위한 내부 프로젝트를 연구단계와 개발단계로 구분할 수 없는 경우에는 그 프로젝트에서 발생한 지출은 모두 개발단계에서 발생한 것으로 본다. ( )

04. 당기에 취득한 유형 자산의 감가상각을 정률법이 아닌 정액법으로 회계 처리한 경우 당기 재무제표에 당기순이익이 과소계상된다. ( )

05. 산업재산권(특허권, 실용신안권, 의장권, 상표권, 상호권 및 상품명 포함), 컴퓨터소프트웨어, 임차권리금이 무형자산에 해당된다. ( )

06. 내부적으로 창출된 영업권은 미래 경제적효익을 창출하기 위하여 발생한 지출이라도 인식기준을 충족하지 못하므로 무형자산으로 인식할 수 없다. ( )

07. 유형자산의 취득과 관련하여 국·공채 등을 불가피하게 매입하는 경우 당해 채권의 매입금액과 기업회계기준에 따라 평가한 현재가치와의 차액은 유형자산의 취득원가를 구성한다 ( )

08. 정률법의 경우 매년 미상각잔액(장부가액=취득가액−감가상각누계액)에 대하여 정해진 상각율을 적용하므로 상각액은 매년 증가한다. ( )

09. 연구개발비는 제품개발 전단계인 연구비(당기비용처리)와 제품개발과 관련된 개발비 (무형자산)로 구분할 수 있으며, 개발비로 지출되었으나 무형자산의 요건을 갖추지 못한 경우에는 경상개발비로 인식하여 당기비용 처리한다. ( )

10. 매도가능증권(투자자산)에 대한 미실현보유손익은 자본의 기타포괄손익누계액으로 처리한다. ( )

11. 유형자산의 감가상각방법은 자산의 경제적 효익이 소멸되는 행태를 반영한 합리적인 방법이어야 하며, 합리적인 상각방법을 정할 수 없는 경우 정액법으로 한다. ( )

12. 유형자산 취득시 그 대가로 주식을 발행하는 경우 주식의 발행가액(공정가치)을 그 유형자산의 취득원가로 한다. ( )

13. 유형자산의 자본적지출을 수익적지출로 처리한 경우 자본이 증가한다. ( )

14. 자산 취득에 사용한 상환의무가 없는 국고보조금은 취득원가에서 가산하는 형식으로 표시한다.
( )

15. 수선비를 비용처리 하지 않고 유형자산의 가액을 증가시킨 경우 당기순이익이 감소한다. ( )

16. 보유하고 있던 비품을 장부가액보다 더 높은 금액을 받고 처분하였다. 이 거래로 인하여 자산의 감소와 자본의 감소가 나타난다. ( )

17. 유형자산의 취득원가는 구입원가 또는 경영진이 의도하는 방식으로 자산을 가동하는데 필요한 장소와 상태에 이르게 하는데 지출된 직접원가와 간접원가를 포함한다. ( )

18. 유형자산이 정상적으로 작동되는지 여부를 시험하는 과정에서 발생하는 원가도 취득원가에 포함한다.
( )

19. 현물출자, 증여, 기타 무상으로 취득한 유형자산의 가액은 공정가액을 취득원가로 한다. ( )

20. 건물을 신축하기 위하여 사용 중인 기존 건물을 철거하는 경우 그 건물의 장부가액은 제거하여 처분손실로 반영하고, 철거비용은 토지의 취득부대비용으로 한다. ( )

21. 개발비상각액은 제조와 관련 있는 경우에는 관련 제품의 제조원가에 포함시키고, 기타의 경우에는 판매비와관리비로 처리한다. ( )

22. 공정가액이 비슷한 동종자산과의 교환으로 유형자산을 취득하는 경우 당해 자산의 취득원가는 교환으로 제공한 자산의 공정가액으로 한다. ( )

23. 무형자산의 합리적인 상각방법을 정할 수 없는 경우에는 정률법을 사용한다. ( )

24. 무형자산으로 인식하기 위한 요건으로 식별가능성, 기업의 통제, 미래의 경제적 효익의 발생을 충족해야 한다. ( )

25. 내부적으로 창출한 브랜드, 고객목록 및 이와 유사한 항목에 대한 지출은 무형자산으로 인식하지 않는다.
( )

26. 기업회계기준에서는 '내부적으로 창출된 무형자산'의 취득원가는 그 자산의 창출, 제조, 사용준비에 직접 관련된 지출과 합리적이고 일관성있게 배분된 간접 지출을 모두 포함하도록 규정하고 있다. ( )

27. 무형자산의 상각은 당해 자산이 사용가능한 때부터 시작한다. ( )

28. 이종자산간의 교환시에 취득자산의 원가는 원칙적으로 제공한 자산의 공정가치로 측정한다. ( )

29. 물가변동이 있는 경우에는 잔존가액은 수정할 수 있고, 잔존가치가 유의적인 경우 매보고기간말에 재검토한다. ( )

30. 무형자산의 상각기간은 독점적, 배타적인 권리를 부여하고 있는 관계법령이나 계약에 정해진 경우를 제외하고는 10년을 초과할 수 없다. ( )

 주관식

01. 1기 1월 1일에 내용연수 5년, 잔존가치 0(영)원인 기계를 8,500,000원에 매입하였으며, 설치장소를 준비하는데 500,000원을 지출하였다. 동 기계는 원가모형을 적용하고, 정률법으로 감가상각한다. 2기 회계연도에 계상될 감가상각비을 구하시오.(정률법 상각률 : 0.45)

02. ㈜로그인이 보유하고 있는 본사건물의 전년도말 장부가액은 1,000,000원이었다. 이 건물을 당기 7월 1일 1,100,000원에 처분하면서 200,000원의 처분이익이 발생하였다면 당기 감가상각비는 얼마인가?

03. ㈜로그인은 사용하던 기계장치를 다음과 같이 거래처의 동종자산으로 교환하여 취득하였다. 새로운 기계장치의 취득원가는 얼마인가?

> • (주)로그인이 제공한 기계장치 관련 금액
>   취득원가 3,000,000원   감가상각누계액 2,500,000원   공정가치 600,000원
> • ㈜천안으로부터 제공받은 기계장치 관련 금액
>   취득원가 2,000,000원   감가상각누계액 1,500,000원   공정가치 300,000원

04. 20x0년 1월 1일 1,000,000원에 기계장치를 구입하였다. 기계장치의 추정내용연수는 5년이며, 잔존가치는 100,000원으로 추정된다. 20x1년 7월 1일에 이 기계장치를 1,000,000원에 처분하였다. 연수합계법으로 감가상각시 유형자산처분손익을 구하시오.

05. ㈜로그인의 당기 12월 31일 재무상태표에 계상될 비품의 감가상각누계액을 구하시오.

- 전년도 1월 1일에 비품을 1,000,000원에 취득하였다.
- 상각방법은 정률법, 내용연수는 5년(상각율 0.4로 가정)으로 추정된다.

06. 다음과 같은 유형자산(건물–정액법, 월할상각)을 매각한 경우 유형자산처분손익은 얼마인가?

- 취득일자 : 20x0년 1월 1일
- 취득금액 : 400,000원
- 내용연수 : 5년
- 매각일자 : 20x1년 6월 30일
- 처분금액 : 250,000원
- 잔존가치 : 0원

07. 다음 중 무형자산에 해당하는 계정과목은 몇 개인가?

- 상표권
- 저작권
- 기계장치
- 개발비
- 토지
- 광업권

08. 다음은 ㈜희망이 무형자산을 창출하기 위해 지출한 내부 프로젝트의 경비 항목이다. 이 항목들에 대하여 연구단계와 개발단계를 구분할 수 없는 경우, 무형자산으로 인식할 수 있는 금액은 얼마인가?

- 관련자료 구입비 :　　3,000,000원
- 인건비 :　　　　　　6,500,000원
- 창출관련 행정수수료 : 1,200,000원
- 기타 창출경비 :　　　　800,000원

09. ㈜무릉은 공장신축을 위해 다음과 같이 토지를 구입하였다. 토지계정에 기록되어야 할 취득원가는 얼마인가?

- 구입가액 :　　　　　　50,000,000원
- 토지위 구건물 철거비용 :　1,500,000원
- 구입관련 법률자문비용 : 3,000,000원
- 구건물 철거후 잡수익 :　　500,000원

연/습/문/제 답안

🔑 분개연습

[1] (차) 특허권   1,000,000   (대) 보통예금   1,000,000

[2] (차) 감가상각비(제)   2,000,000   (대) 감가상각누계액(기계)   2,000,000
        감가상각비(판)   3,000,000   감가상각누계액(차량)   3,000,000
        감가상각비(판)   4,000,000   감가상각누계액(비품)   4,000,000

[3] (차) 매도가능증권(투자)   2,700,000   (대) 현 금   3,000,000
        차량운반구   300,000

[4] (차) 무형자산상각비(판)   4,000,000   (대) 영업권   4.000,000
   ☞ 상각비=취득가액/내용연수=장부가액/잔여내용연수=20,000,000/5년=4,000,000원

[5] (차) 임대보증금((주)천안)   5,000,000   (대) 미수금((주)천안)   5,000,000

[6] (차) 토 지   6,000,000   (대) 자산수증이익   5,700,000
                                 현 금   300,000

[7] (차) 부도어음과수표((주)천안)   7,000,000   (대) 받을어음((주)천안)   7,000,000
   ☞ 부도가 났다고 대손처리해서는 안되고, 추후 대손여부를 판단하여 대손처리한다.

[8] (차) 건설중인자산   8,000,000   (대) 보통예금   8,000,000

[9] (차) 무형자산상각비(판)   900,000   (대) 영업권   900,000
   ☞ 상각비=미상각잔액(장부가액)/잔여내용연수= 2,700,000/(5년 - 2년) = 900,000

[10] (차) 감가상각누계액(차량)   20,000,000   (대) 차량운반구   30,000,000
        유형자산처분손실   10,300,000   보통예금   300,000
   ☞ **처분손익=처분가액-장부가액=(0-300,000)-(30,000,000-20,000,000)=△10,300,000(처분손실)**

[11]	(차)	특정현금과예금	1,000,000	(대)	현 금	1,000,000
[12]	(차)	미수금(천안상사)	15,000,000	(대)	투자부동산	12,000,000
					투자자산처분이익	3,000,000
[13]	(차)	감가상각누계액(건물)	10,000,000	(대)	건 물	13,000,000
		재해손실	3,000,000			
[14]	(차)	소프트웨어	4,000,000	(대)	보통예금	4,000,000

O, X

1	2	3	4	5	6	7	8	9	10	11	12	13	14	15
○	○	×	×	○	○	○	×	○	○	○	○	×	×	×

16	17	18	19	20	21	22	23	24	25	26	27	28	29	30
×	×	○	○	×	○	×	×	○	○	○	○	○	×	×

[풀이-O,X]
03. 구분할 수 없는 경우에는 연구단계에서 발생한 것으로 보고 당기비용처리한다.
04. 초기에는 정액법의 감가상각비가 작으므로 당기순이익이 과대계상된다.
08. 정률법의 상각비는 매년 감소한다.
13. 수익적 지출(비용)으로 처리했으므로 당기순이익이 감소되고, 자본도 감소된다.
14. 국고보조금은 자산을 차감하는 형태로 표시한다.
15. 자산과 이익은 비례관계이다. 따라서 **자산이 증가되면 당기순이익이 증가**한다.
16. 처분익이 나타나므로 자산증가, 자본증가가 나타난다.
17. 유형자산의 취득원가에는 간접원가를 제외한다.
20. 철거비용도 당기비용화 한다.
22. 동종자산간의 교환으로 취득한 유형자산의 **취득가액은 제공한 자산의 장부가액**으로 한다.
23. 무형자산은 **합리적인 상각방법이 없는 경우에 정액법**을 사용한다.
29. 물가변동에 따라 잔존가치를 수정하지 못한다.
30. 20년을 초과할 수 없다.

🔑 주관식

1	2,227,500원	2	100,000원	3	500,000원
4	처분익 420,000원	5	640,000원	6	처분손 30,000원
7	4개	8	0원	9	54,000,000원

[풀이-주관식]

01. 취득가액=8,500,000+500,000(설치장소 준비)=9,000,000

	감가상각비 계산근거 (B×상각율)	감가상각비	감가상각누계액 (A)	기말장부금액 (B=취득가액-A)
1기	9,000,000×0.45	4,050,000	4,050,000	4,950,000
2기	4,950,000×0.45	*2,227,500*		

02. 당기 7.1 장부가액=1,100,000원(처분가액)-200,000원(처분이익)=900,000원

당기 감가상각비 =1,000,000원(전년도말 장부가액)-900,000원(당기 7.1장부가액) =100,000원

03. 동종자산의 교환으로 취득한 **유형자산의 취득원가는 교환을 위하여 제공한 자산의 장부금액** (3,000,000-2,500,000)으로 한다.

04. 20x0년도 감가상각비 : (1,000,000원 - 100,000원)×5/15 = 300,000원

20x1년도 감가상각비 : (1,000,000원 - 100,000원)×4/15×6/12 = 120,000원

처분손익 : 1,000,000원 - (1,000,000원 - 300,000원 - 120,000원) = 420,000원 이익

05.

연도	감가상각비 (B×상각율)	감가상각비	감가상각 누계액(A)	기말장부금액 (B=취득가액-A)
전기	1,000,000×0.4	400,000	400,000	600,000
당기	600,000×0.4	240,000	*640,000*	360,000

06.
- 20x0년 감가상각비 : $\dfrac{400,000원 - 0원}{5년} = 80,000원$

- 20x1년 감가상각비 : $\dfrac{400,000원 - 0원}{5년} \times \dfrac{6개월}{12개월} = 40,000원$

- 유형자산처분손익 = 처분금액 - 처분일 현재 장부금액

= 250,000원 - (400,000원 - 80,000원 - 40,000원) = (-)30,000원(처분손실)

07. 상표권, 저작권, 개발비, 광업권은 무형자산에 해당한다.

08. 무형자산을 창출하기 위한 내부 프로젝트를 **연구단계와 개발단계로 구분할 수 없는 경우**에는 그 프로 젝트에서 발생한 지출은 모두 **연구단계에서 발생**한 것으로 본다.

09. 취득원가(54,000,000원) = 구입가액(50,000,000원)+법률자문비용(3,000,000원)

+철거비용(1,500,000원) - 철거후 잡수익(500,000원)

재무회계 (부채, 자본)

로그인 에센스 전산회계 1급

제1절   부채

1. 종 류

확정부채		지출시기와 지출금액이 확정된 부채 (예) 외상매입금, 지급어음, 차입금, 미지급금, 사채등	
추정부채	충당부채	**지출시기 또는 지출금액이** **불확실한 부채**	재무상태표의 부채로 기재
	우발부채		**"주석" 기재 사항**

(1) 유동부채

매입채무	일반적인 상거래에서 발생한 외상매입금과 지급어음
단기차입금	금융기관으로 부터의 **당좌차월액**과 1년 이내에 상환될 차입금
미지급금	일반적인 상거래 **이외**에서 발생한 채무
미지급비용	발생된 비용으로서 지급되지 아니한 것
선 수 금	일반적인 상거래에서 받은 계약금
선수수익	받은 수익 중 차기 이후에 속하는 금액
예 수 금	회사가 종업원등에게 일시적으로 받아 놓은 금액 (예) 근로소득세, 국민연금, 건강보험료
유동성장기부채	**비유동부채 중 1년 이내에 상환될 금액**

(2) 비유동부채

사 채	회사가 일반 대중에게 자금을 모집하려고 대량으로 발행하는 채권
장기차입금	결산일로 부터 1년 이후에 도래하는 차입금
퇴직급여충당부채	종업원이 퇴직할 때의 퇴직금 지급을 위한 충당부채

2. 퇴직연금

운용책임	확정기여형	확정급여형
	종업원 등	회사
설정	–	(차) 퇴직급여 ××× 　(대) 퇴직급여충당부채 ×××
납부시	(차) 퇴직급여 ××× 　(대) 현　　금 ×××	(차) **퇴직연금운용자산** ××× 　**(퇴직급여충당부채 차감)** 　(대) 현　　금 ×××
운용수익	회계처리 없음	(차) 퇴직연금운용자산 ××× 　(대) 이자수익(운용수익) ×××

3. 충당부채와 우발부채

	신뢰성 있게 추정가능	신뢰성 있게 추정불가능
가능성이 매우 높음	**충당부채로 인식**	우발부채 – 주석공시
가능성이 어느 정도 있음	우발부채 – 주석공시	우발부채 – 주석공시
가능성이 거의 없음	공시하지 않음	공시하지 않음

4. 사채

(1) 발행

- **사채의 구성요소 : 액면가액, 액면(표시)이자율, 만기**
- 액면이자율 : 사채를 발행한 회사에서 지급하기로 약정한 증서에 표시된 이자율
- 시장이자율(유효이자율) : 사채가 시장에서 거래될 때 사용되는 이자율

액면발행	액면가액 = 발행가액	액면이자율 = 시장이자율
할인발행	액면가액 〉 발행가액	액면이자율 〈 시장이자율
할증발행	액면가액 〈 발행가액	액면이자율 〉 시장이자율

시장이자율=무위험이자율+신용가산이자율(risk premium)

(2) 회계처리

할인발행	(차) 예 금 등 　　사채할인발행차금 　　**(선급이자성격)**	××× ×××	(대) 사　　채	×××		
할증발행	(차) 예 금 등	×××	(대) 사　　채 　　사채할증발행차금 　　**(선수이자성격)**	××× ×××		

[사채장부가액과 사채발행차금상각(환입)액]

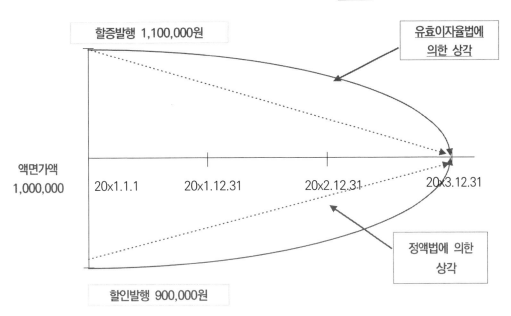

(3) 사채의 상각(유효이자율법)

발행유형	사채장부가액	사채발행차금상각	총사채이자(I/S이자비용)
액면발행(1,000,000)	동일	0	액면이자
할인발행(900,000)	매년증가	**매년증가**	매년증가(액면이자+할인차금)
할증발행(1,100,000)	매년감소		매년감소(액면이자 – 할증차금)

사채할인(할증)발행차금은 **유효이자율법으로 상각(환입)**하고 그 금액을 사채이자에 가감한다.
이 경우 **사채할인(할증)발행차금 상각액은 할인발행이건 할증발행이건 매년 증가한다.**

〈자산·부채의 차감 및 가산항목〉

	자산	부채
차감항목	대손충당금(채권) 재고자산평가충당금(재고자산) 감가상각누계액(유형자산) 현재가치할인차금[*1](자산)	사채할인발행차금(사채) 퇴직연금운용자산(퇴직급여충당부채) – 현재가치할인차금[*1](부채)
가산항목	–	**사채할증발행차금(사채)**

*1. 장기성 채권(채무)의 미래에 수취(지급)할 명목가액을 유효이자율로 할인한 현재가치와의 차액을 말한다.
　　현재가치할인차금=채권(채무)의 명목가액 – 채권(채무)의 현재가치

제2절　자본

1. 자본의 분류

1. 자본금	• **자본금 = 발행주식총수 × 주당액면금액** 　**보통주자본금과 우선주자본금은 구분표시한다.**
2. 자본잉여금	영업활동 이외 자본거래(주주와의 자본거래)에서 발생한 잉여금으로서 **주식발행초과금과 기타자본잉여금으로 구분표시한다.** | 주식발행초과금	감자차익	자기주식처분익	–	
3. 자본조정	자본거래 중 자본금, 자본잉여금에 포함되지 않지만 자본항목에 가산되거나 차감되는 임시적인 항목으로서, **자기주식은 별도항목으로 구분하여 표시한다.** | 주식할인발행차금	감자차손	자기주식처분손	자기주식	
4. 기타포괄 　손익누계액	손익거래 중 손익계산서에 포함되지 않는 손익으로 **미실현손익** (예) 매도가능증권평가손익, 해외사업환산차손익, 재평가잉여금 등
5. 이익잉여금	순이익 중 주주에게 배당하지 않고 회사 내에 유보시킨 부분 **(1) 기처분이익 　잉여금**　　⊙ **법정적립금(이익준비금) : 회사는 자본금의 1/2에 달할 때까지 매기 결산시 금전에 의한 이익배당액의 1/10이상의 금액을 이익준비금으로 적립** 　　　　　　　ⓒ 임의적립금 **(2) 미처분이익잉여금**

2. 신주발행(유상증자)

액면발행	액면가액 = 발행가액	
할인발행	액면가액 > 발행가액	**주식할인발행차금(자본조정)**
할증발행	액면가액 < 발행가액	**주식발행초과금(자본잉여금)**

· 발행가액 : 주식대금납입액에서 신주발행비 등을 차감한 후의 금액

3. 무상증자와 주식배당

무상증자란 자본잉여금이나 이익잉여금 중 배당이 불가능한 법정적립금을 자본에 전입함에 따라 자본금을 증가시키는 것을 말하고 주식배당은 이익배당금을 현금대신 주식으로 주는 것을 말한다.

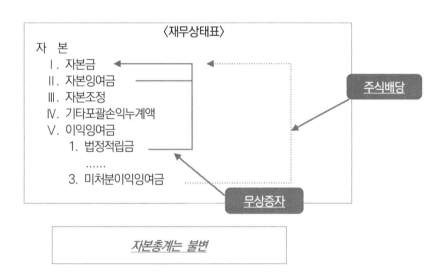

4. 자본금의 감소(감자)

		주식수	자본금	순자산(자본)
실질적감자 (유상)	(차) 자본금 XX (대) 현금 등 XX	감소	감소	감소
형식적감자 (무상)	(차) 자본금 XX (대) 결손금 XX	감소	감소	변동없음

5. 자본잉여금 VS 자본조정

	자본잉여금	자본조정
신주발행	주식발행초과금	주식할인발행차금
자본금감소	감자차익	감자차손
자기주식	자기주식처분익 –	자기주식처분손 자기주식

자본잉여금은 발생시점에 이미 계상되어 있는 자본조정을 우선 상계하고, 남은 잔액은 자본잉여금으로 계상한다. 또한 반대의 경우도 마찬가지로 회계처리한다.

6. 기타포괄손익누계액

손익거래 중 손익계산서에 포함되지 않는 손익의 잔액으로서 **매도가능증권평가손익, 해외사업환산손익, 재평가잉여금** 등이 있다

> **포괄손익계산서의 포괄손익 = 손익계산서의 당기순손익+기타포괄손익**

〈자본(순자산) 변동원인〉

자본거래 (주주와의 거래)	자본금	
	자본잉여금	주식발행초과금, 감자차익, 자기주식처분이익
	자본조정	주식할인발행차금, 감자차손, 자기주식처분손실, 자기주식 등
손익거래 (포괄손익거래)	기타포괄손익	재평가잉여금, 매도가능증권평가손익 등
	당기손익 (→ 이익잉여금)	수익: 매출액, 영업외수익 비용: 매출원가, 판관비, 영업외비용, 법인세비용

7. 이익잉여금처분계산서

이익잉여금의 변동내용을 보고하는 양식으로서 정기주주총회에서 이익잉여금 처분에 대하여 주주들로 부터 승인을 받아야 한다.

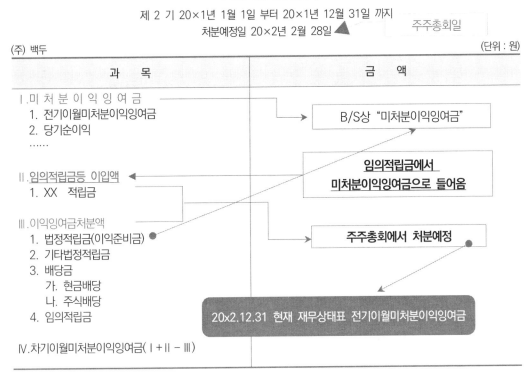

이익잉여금처분계산서

제 2 기 20×1년 1월 1일 부터 20×1년 12월 31일 까지
처분예정일 20×2년 2월 28일 ◀━━ 주주총회일

(주) 백두   (단위 : 원)

과 목	금 액
Ⅰ.미 처 분 이 익 잉 여 금	B/S상 "미처분이익잉여금"
1. 전기이월미처분이익잉여금	
2. 당기순이익	
……	
Ⅱ.임의적립금등 이입액	임의적립금에서 미처분이익잉여금으로 들어옴
1. XX 적립금	
Ⅲ.이익잉여금처분액	주주총회에서 처분예정
1. 법정적립금(이익준비금)	
2. 기타법정적립금	
3. 배당금	
가. 현금배당	20x2.12.31 현재 재무상태표 전기이월미처분이익잉여금
나. 주식배당	
4. 임의적립금	
Ⅳ.차기이월미처분이익잉여금(Ⅰ+Ⅱ - Ⅲ)	

〈재무상태표와 이익잉여금 처분계산서의 관계〉

〈재무상태표〉 20×1.12.31.현재	〈이익잉여금처분계산서〉 20×2.2.28
자 본	Ⅰ. 미처분이익잉여금 ●5,000,000
Ⅰ. 자본금	1. 전기이월미처분이익잉여금 1,000,000
Ⅱ. 자본잉여금	2. 당기순이익 4,000,000
Ⅲ. 자본조정	
Ⅳ.기타포괄손익누계액	**Ⅱ. 임의적립금등 이입액** **1,000,000**
Ⅴ. 이익잉여금	
1. 법정적립금	**Ⅲ. 이익잉여금처분액** **4,000,000**
2. 기타법정적립금	
……	Ⅳ. 차기이월미처분이익잉여금 2.000.000
3. 미처분이익잉여금 5,000,000	**(Ⅰ+Ⅱ - Ⅲ)**

8. 배당

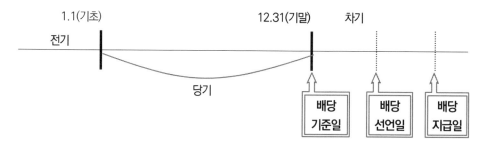

	현금배당	주식배당
배당선언일	(차) 이월이익잉여금 ××× (미처분이익잉여금) (대) 미지급배당금 ××× (유동부채)	(차) 이월이익잉여금 ××× (미처분이익잉여금) (대) 미교부주식배당금 ××× (자본조정)
	(투자자) (차) 미 수 금 ××× (대) 배당금수익 ×××	(투자자) **- 회계처리없음 -**
배당지급일	(차) 미지급배당금 ××× (대) 현 금 ×××	(차) 미교부주식배당금 ××× (대) 자 본 금 ×××
재 무 상 태	- 주식발행회사의 최종분개	
	(차) 이월이익잉여금(자본) ××× **(대) 현 금(자산) ×××**	**(차) 이월이익잉여금(자본) ×××** **(대) 자 본 금(자본) ×××**
	순자산의 유출	**재무상태에 아무런 변화가 없다.**

연/습/문/제

 분개연습

01. 당사는 전 임직원의 퇴직금에 대해 확정기여형(DC형) 퇴직연금에 가입하고 있으며, 2월분 퇴직연금 1,000,000원(영업부 직원 600,000원, 제조부 직원 400,000원)을 당사 보통예금에서 이체하여 납부하였다.

02. 영업부서 직원 홍길동씨가 퇴직하여 퇴직금 2,000,000원에서 원천징수세액 200,000원을 차감한 후 보통예금계좌에서 이체하였다.(단, 퇴직연금에는 가입되어 있지 않으며, 퇴직급여충당부채계정의 잔액이 400,000원이 있다.)

03. ㈜현대자동차에서 구입한 제품운반용 트럭의 할부 미지급금(할부에 따른 이자를 별도 지급하기로 계약함) 1회분 총액을 대출상환스케줄에 따라 당사 보통예금 계좌에서 이체하여 지급하다.

대출상환스케줄

회차	결제일	원금	이자	취급수수료	결제금액
1회	20x1.09.24	3,000,000원	100,000원	–	3,100,000원
2회	20x1.10.24	3,000,000원	100,000원	–	3,100,000원
⋮	⋮	⋮	⋮	⋮	⋮

04. ㈜천안유통에 지급할 외상매입금 4,000,000원 중 1,000,000원은 3개월 만기 약속어음을 발행하여 지급하고 나머지는 면제받았다.

05. 기말현재 신한은행 차입금(3년 만기) 중 5,000,000원의 상환기간이 1년 이내로 도래하였다. (단, 유동성대체를 위한 요건은 모두 충족되었다고 가정한다)

06. 종업원 급여를 다음과 같이 현금으로 지급하였다.

부 서	급 여	건강보험료	소득세	지방소득세	공제계	차감지급액
생산직	400,000	2,000	3,000	300	5,300	394,700
사무직	200,000	1,000	2,000	200	3,200	196,800
계	600,000	3,000	5,000	500	8,500	591,500

07. 회사는 확정급여형퇴직연금(DB)제도를 운용하고 있으며, 1/4분기 퇴직연금에 대한 운용수익이 ㈜신한은행으로 퇴직연금계좌로 7,000,000원이 입금되었다. 이자수익으로 회계처리하시오.

08. ㈜로그인과 공장용 토지 임대차계약을 맺고 임대보증금 8,000,000원 중 1,000,000원은 (주)로그인발행 당좌수표로 받고 나머지는 월말에 지급받기로 하였다.

09. 다음과 같은 조건의 사채를 발행하고 발행금액은 보통예금에 입금하였다.

> ① 액면가액 : 1,000,000원 　　　　② 만기 : 3년
> ③ 표시이자율 : 액면가액의 5% 　　④ 발행가액 : 900,000원

10. 보통주 1,000주를 주당 7,000원(주당 액면가 10,000원)에 신주발행하여 보통예금 통장으로 7,000,000원이 입금되었음을 확인하였다. 신주발행시 주권인쇄비용 등 300,000원을 현금지급하다.(주식발행초과금이 2,000,000원이 있다고 가정한다.)

11. 회사가 보유중인 자기주식 모두를 8,000,000원에 처분하고 매각대금은 보통예금으로 입금되었다. 처분시점의 장부가액은 11,000,000원, 자기주식처분이익 계정의 잔액은 1,000,000원이다.

12. 주주총회에서 이익잉여금처분계산서(안) 대로 처분이 확정되었다. 이익잉여금 처분에 관한 회계처리를 하시오.

> • 이익준비금 : 현금배당의 10% 　　　• 현금배당 : 8,000,000원
> • 주식배당 　: 2,000,000원

13. 12번문제에 있어서 원천징수세액(1,200,000원이라 가정)을 차감 후 현금지급하다.

14. 12번 문제에 있어서 주식발행시 제반 수수료 400,000원을 현금으로 지급하고 주식을 지급하다. 신주발행시 주식발행초과금의 잔액은 3,000,000원이 있다.

15. 자본감소(주식소각)를 위해 당사의 기발행주식 중 1,000주(액면가 @1,000원)를 1주당 700원으로 매입하여 소각하고, 매입대금은 당사 보통예금계좌에서 지급하였다. 감자차손이 100,000원이 있다고 가정한다.

16. 주주총회에서 결의한 중간배당금 1,000,000원을 원천징수세액(200,000원으로 가정한다.)을 제외하고 현금으로 지급하였다.

 O, X

01. 자본거래에서 발생하며, 자본금이나 자본잉여금으로 분류할 수 없는 항목으로 감자차손, 자기주식, 자기주식처분손실, 주식발행초과금을 자본조정이라 한다. ( )

02. 부채는 유동부채와 비유동부채로 구분되며, 사채·장기차입금·퇴직급여충당부채, 유동성장기부채계정은 비유동부채에 속한다. ( )

03. 자본조정은 당해 항목의 성격으로 보아 자본거래에 해당하나 최종 납입된 자본으로 볼 수 없거나 자본의 가감 성격으로 자본금이나 자본잉여금으로 분류할 수 없는 항목이다. ( )

04. 자본잉여금은 증자나 감자 등 주주와의 거래에서 발생하여 자본을 증가시키는 잉여금으로 주식발행초과금, 감자차익, 자기주식처분익 등이 있다. ( )

05. 부채는 과거의 거래나 사건의 결과로 현재 기업실체가 부담하고 있고 미래에 자원의 유출 또는 사용이 예상되는 의무이다. ( )

06. 정상적인 영업주기 내에 소멸할 것으로 예상되는 매입채무와 미지급비용 등이 보고기간 종료일로부터
1년 이내에 결제되지 않으면 비유동부채로 분류한다. ( )

07. 가수금은 영구적으로 사용하는 부채계정으로서 결산시에도 재무제표에 표시된다. ( )

08. 사채할증발행차금은 당해 사채의 액면가액에서 차감하는 형식으로 기재한다. ( )

09. 유효이자율법 적용시 사채할증발행차금 환입(각)액은 매년 증가하고, 사채할인발행차금 상각액은 매년
감소한다 ( )

10. 퇴직연금운용자산, 감가상각누계액, 대손충당금 ,사채할인발행차금은 자산 · 부채의 차감적 평가계정이
다. ( )

11. 자본잉여금은 법정적립금, 임의적립금으로 구분하여 표시한다. ( )

12. 자본금은 보통주자본금과 우선주자본금으로 구분하여 표시한다. ( )

13. 자본금은 반드시 발행주식수 × 1주당 발행가액으로 표시된다. ( )

14. 무상증자시 자산의 증감도 없고 자본의 증감도 없다. ( )

15. 1좌당 액면가액이 10,000원인 사채를 13,000원에 발행한 경우'할인발행'하였다고 한다. ( )

16. 사채할인발행차금 및 사채할증발행차금은 액면이자율을 적용하여 상각 또는 환입한다. ( )

17. 사채의 액면이자율이 시장이자율보다 낮은 경우에는 사채는 할인발행된다. ( )

18. 충당부채란 지출의 시기 및 금액이 불확실한 경우로서 자원의 유출될 가능성이 매우 높아야 하고, 금액을
신뢰성있게 추정이 가능한 경우를 말한다. ( )

19. 이익준비금은 현금배당액의 10%이상을 자본금의 10분에 1에 달할 때까지 적립한다. ( )

20. 주식배당시 자본금은 증가하고 이익잉여금도 증가한다. ( )

주관식

01. 상품매입은 모두 외상이고 매출총이익율이 40%라 할 경우 기말외상매입금잔액를 계산하시오.

> • 기초상품재고액 : 100,000원 • 기말상품재고액 :   200,000원 • 기중상품매출 : 1,000,000원
>
> • 기초외상매입금 : 300,000원 • 기중 외상매입금 지급 : 500,000원

02. ㈜로그인은 20x1년 중에 보통주 1,000주(1주당 액면가액 1,000원)를 1주당 800원에 발행하면서 신주 발행비 100,000원을 현금지급하였다. 기초 재무상태표상 자본상황이 다음과 같을 경우, 20x1년 기말 주식발행초과금의 금액은 얼마인가?

> • 자본금   90,000,000원   • 주식발행초과금   1,000,000원

03. ㈜로그인의 1월 1일 자본금은 1,000,000원(주식수 1,000주, 액면가 1,000원)으로 설립하였다. 20×1년 6월 1일 주당 1,100원에 5,000주를 유상증자하였다. 기말자본은 얼마인가?

04. ㈜로그인은 결산시 회사자본의 구성내용이 자본금 10,000,000원, 자본잉여금 3,000,000원, 이익준비금 700,000원이었고, 당해 연도의 당기순이익은 400,000원이었다. 현금배당을 100,000원을 할 경우 이익준비금으로 적립해야 할 최소 금액은 얼마인가?

05. 다음 자료에서 기타포괄손익누계액은 얼마인가?

> • 주식발행초과금   100,000원   • 주식할인발행차금   500,000원
> • 감자차익   200,000원   • 감자차손   600,000원
> • 자기주식처분이익 300,000원   • 재평가잉여금   700,000원
> • 이익준비금   400,000원   • 매도가능증권평가이익 800,000원

06. 당기(1.2)에 설립된 ㈜로그인의 주식발행 내역이다. 20x1년 말 재무상태표에 표시되는 자본총계는 얼마인가?(단, 보통주 주당 액면가액은 5,000원이다)

- 1월 2일 보통주 1,000주를 주당 10,000원에 발행하였다.
- 9월 20일 보통주 2,000주를 주당 4,000원에 발행하고, 주식발행수료 1,000,000원을 지급하였다.

07. 6번문제에 있어서 당기말 주식발행초과금의 잔액은 얼마인가?

08. 다음은 퇴직급여충당부채계정과 결산정리 사항이다. 당기말 재무상태표에 계상될 퇴직급여충당부채의 금액은 얼마인가?

퇴직급여충당부채	
3/31 현금 등 2,000,000원	1/1 전기이월 5,000,000원

〈결산정리 사항〉

- 당기말 현재 전 종업원이 일시에 퇴직할 경우 지급하여야 할 퇴직금 즉 퇴직급여 추계액은 10,000,000원이다.

09. 8번 문제의 자료를 이용하여 손익계산서에 계상될 퇴직급여는 얼마인가?

10. 다음 중 재무상태표에서 해당 자산이나 부채의 **차감적인 평가항목**을 모두 고르시오.

가. 감가상각누계액	나. 대손충당금
다. 사채할인발행차금	라. 퇴직연금운용자산
마. 사채할증발행차금	

연/습/문/제 답안

🔑 분개연습

[1]	(차)	퇴직급여(판)	600,000	(대)	보통예금	1,000,000
		퇴직급여(제)	400,000			
[2]	(차)	퇴직급여충당부채	400,000	(대)	예수금	200,000
		퇴직급여(판)	1,600,000		보통예금	1,800,000
[3]	(차)	미지급금((주)현대자동차)	3,000,000	(대)	보통예금	3,100,000
		이자비용	100,000			
[4]	(차)	외상매입금(천안유통)	4,000,000	(대)	지급어음(천안유통)	1.000,000
					채무면제이익	3,000,000
[5]	(차)	장기차입금(신한은행)	5,000,000	(대)	유동성장기부채(신한은행)	5,000,000
[6]	(차)	임금(제)	400,000	(대)	예 수 금	8,500
		급여(판)	200,000		현　금	591,500
[7]	(차)	퇴직연금운용자산(신한은행)	7,000,000	(대)	이자수익	7,000,000
[8]	(차)	현금	1,000,000	(대)	임대보증금((주)로그인)	8,000,000
		미수금((주)로그인)	7,000,000			
[9]	(차)	보 통 예 금	900,000	(대)	사　채	1,000,000
		사채할인발행차금	100,000			
[10]	(차)	보통예금	7,000,000	(대)	자본금	10,000,000
		주식발행초과금	2,000,000		현　금	300,000
		주식할인발행차금	1,300,000			

☞ 주식발행초과금을 우선상계 후 잔액을 주식할인발행차금으로 처리한다.

[11]	(차)	보통예금	8,000,000	(대)	자기주식	11,000,000
		자기주식처분이익	1,000,000			
		자기주식처분손실	2,000,000			

☞ 자기주식처분이익을 우선상계 후 잔액을 자기주식처분손실로 처리한다.

[12]	(차)	이월이익잉여금	10,800,000	(대)	미지급배당금	8,000,000
					이익준비금	800,000
					미교부주식배당금	2,000,000

[13]	(차)	미지급배당금	8,000,000	(대)	예수금	1,200,000
					현 금	6,800,000

[14]	(차)	미교부주식배당금	2,000,000	(대)	자본금	2,000,000
		주식발행초과금	400,000		현 금	400,000

☞ 신주발행비는 주식발행초과금 또는 주식할인발행차금으로 처리한다.

[15]	(차)	자 본 금	1,000,000	(대)	보통예금	700,000
					감자차손	100,000
					감자차익	200,000

[16]	(차)	미지급배당금	1,000,000	(대)	현 금	800,000
					예수금	200,000

☞ 주주총회 결의시 : (차) 중간배당금(이익잉여금) 1,000,000 (대) 미지급배당금 1,000,000

🔑 O,X

1	2	3	4	5	6	7	8	9	10	11	12	13	14	15
×	×	○	○	○	○	×	×	×	○	×	○	×	○	×

16	17	18	19	20
×	○	○	×	×

[풀이-O,X]

01. 주식발행초과금은 자본잉여금에 해당한다.

02. <u>유동성장기부채는 유동부채</u>에 속한다.

07. 가수금은 임시적 계정으로 보고재무제표에 표시되어서는 안된다.

08. <u>사채할증발행차금은 가산, 사채할인발행차금은 차감</u>하는 형식으로 처리한다.

09. <u>할인발행이건 할증발행이건 유효이자율법으로 상각(환입)액은 매년 증가</u>한다.

11. 이익잉여금이 법정적립금과 임의적립금으로 구분표시한다.

13. 자본금은 **발행주식수 × 1주당 액면가액**으로 표시된다.

15. 발행가액 〉 액면가액인 경우 할증발행하였다고 한다.

16. 유효이자율을 적용하여 상각 또는 환입한다.

19. **자본금의 1/2에 달할 때 까지 적립**한다.

20. 자본금은 증가하지만 이익잉여금은 감소한다.

주관식

1	500,000원	2	700,000원	3	6,500,000원
4	10,000원	5	1,500,000원	6	17,000,000원
7	2,000,000원	8	10,000,000원	9	7,000,000원
10	가,나,다,라				

[풀이-주관식]

01. 매출원가율=1-매출총이익율=60% 매출원가=매출액×60%=600,000원

상 품

기 초	100,000	매출원가	600,000
당기매입액	**700,000**	기 말	200,000
계	800,000	계	800,000

외상매입금

지 급	500,000	기 초	300,000
기 말(?)	**500,000**	당기매입액	700,000
계	1,000,000	계	1,000,000

02. 신주발행시 회계처리 : **할인발행시 주식발행초과금(자본잉여금)과 우선 상계**한다.

(차) 현금　　　　　　　700,000원　　　(대) 자 본 금　　　　　　1,000,000원

　　주식발행초과금　　　300,000원

03. 1,000,000(자본금)+1,100×5,000주=6,500,000원

04. 회사는 그 **자본금의 2분의 1에 달할 때까지** 매결산기의 금전에 의한 **이익배당액의 10분의 1이상**의 금액을 이익준비금으로 적립하여야 한다.

05. 재평가잉여금과 매도가능증권평가이익이 기타포괄손익누계액에 해당한다.

06. 자본총계=1,000주×10,000원+(2,000주×4,000원-1,000,0000원) =17,000,000원

07. 1/2 (차) 현금 등   10,000,000원   (대) 자본금   5,000,000원

                                                                            주식발행초과금   5,000,000원

      9/2 (차) 현금 등   7,000,000원   (대) 자본금   10,000,000원

             주식발행초과금   3,000,000원

         ☞ 주식발행수수료는 주식발행초과금에서 차감한다.

08. 재무상태표에 계상될 퇴직급여충당부채는 20x1년 말 **전 종업원이 일시에 퇴직할 경우 지급하여야 할 퇴직금인 퇴직급여추계액** 10,000,000원이다.

09.

퇴직급여충당부채

현금등	2,000,000	기초	5,000,000
기말	*10,000,000*	*설정*	*7,000,000*
계	12,000,000	계	12,000,000

10. 감가상각누계액은 유형자산, 대손충당금은 모든 채권, 사채할인발행차금은 사채, 퇴직연금운용자산은 퇴직급여충당부채의 차감적인 평가항목이다. 다만 **사채할증발행차금은 사채의 가산항목**이다.

Chapter 4

재무회계
(수익, 비용, 결산외)

로그인 에센스 전산회계 1급

제1절	수익, 비용

1. 수익

1. 매출액 (영업수익)	상품·제품의 판매 또는 용역의 제공으로 실현된 금액
2. 영업외수익	영업활동 이외의 보조적 또는 부수적인 활동에서 발생하는 수익 1. 이자수익　　　　　　2. 배당금수익　　　　　　3. 단기매매증권평가익 4. 유형자산처분익　　　5. 외환차익　　　　　　　6. 외화환산이익 등

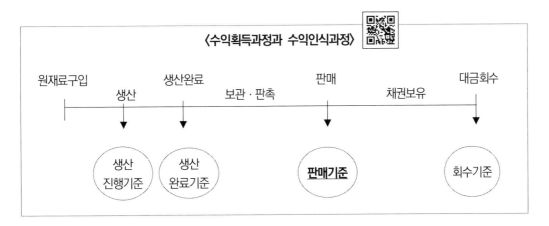

〈수익획득과정과 수익인식과정〉

---

2. 수익인식요약

1. 일반매출		판매기준(=인도기준) ☞ **상품권 판매시 선수금으로 처리**하고, 추후상품권과 재화를 교환시 수익으로 인식한다.
2. 용역매출, 예약매출		진행기준
3. 재화나 용역의 교환	동 종	수익으로 인식하지 않는다.
	이 종	판매기준
4. 위탁매출		판매기준(수탁자 판매일)
5. 시용매출		판매기준(매입의사 표시일)
6. 반품조건부판매		반품가능성을 합리적 추정이 가능한 경우 수익인식
7. 할부판매		재화의 인도시점

3. 비용

내 용	1.비용(협의) : 주된 영업활동과 관련하여 발생한 것 2.손실(광의) : 일시적, 우발적인 거래로부터 발생한 것		
분 류	**1. 영업비용**	① **매출원가**	매출액에 직접 대응되는 원가
		② **판매비와 관리비**	판매 활동 및 회사의 유지·관리활동에서 발생하는 비용
	2. 영업외비용		영업활동과 직접적인 관련 없이 발생하는 비용
	3. 법인세비용		
인식기준	원칙 : 수익·비용대응의 원칙		

[매출원가]

판 매 업		제 조 업	
I. 매 출 액	×××	I. 매 출 액	×××
II. 매 출 원 가(1+2-3)	×××	II. 매 출 원 가(1+2-3)	×××
1. 기초상품재고액	×××	1. 기초제품재고액	×××
2. 당기상품매입액	×××	2. 당기제품제조원가	×××
3. 기말상품재고액	(×××)	3. 기말제품재고액	(×××)
III. 매출총이익(I- II)	×××	III. 매출총이익(I- II)	×××

> 당기상품매입액 = 총매입액 - 매입에누리와 환출 - 매입할인
>
> 당기제품제조원가 = 기초재공품가액 + 당기총제조비용 - 기말재공품가액

4. 제조경비/판관비

급여	정기적인 급료와 임금, 상여금(**상여는 상여금이란 별도 계정을 사용)** **일용직(일용근로자)의 경우 잡급이라는 계정을 사용한다.**
퇴직급여	퇴직급여충당부채전입액을 말한다.
복리후생비	복리비와 후생비로서 법정복리비, 복리시설부담금, 건강보험료(사용자부담분), 기타 사회통념상 타당하다고 인정되는 장례비, 경조비 등
여비교통비	출장비, 시내교통비 등
통신비	전화요금, 우편비용, 인터넷사용료 등

수도광열비		제조경비	판관비
	가스료, 수도료, 유류비	가스수도료	수도광열비
	전기요금	전력비	

세금과공과	재산세, 자동차세, 협회비, 벌금, 과태료 등
(지급)임차료	부동산이나 동산(차량리스료 포함)을 임차하고 그 소유자에게 지급하는 비용
차량유지비	차량에 대한 유지비용으로 유류대, 주차비, 차량수리비 등
소모품비	소모성 비품 구입에 관한 비용으로 사무용품, 기타 소모자재 등
교육훈련비	임직원의 직무능력 향상을 위한 교육 및 훈련에 대한 비용
도서인쇄비	도서구입비 및 인쇄와 관련된 비용(명함 등)
수수료비용	제공받은 용역의 대가 또는 각종 수수료
접대비 (기업업무추진비)	거래처에 대한 접대비용으로 거래처에 대한 경조금, 선물대, 기밀비 등
광고선전비(판)	제품의 판매촉진활동과 관련된 비용
감가상각비	취득원가를 합리적·체계적 배분하는 비용
대손상각비(판)	회수가 불가능한 채권과 대손추산액을 처리하는 비용
대손충당금환입(판)	대손추산액 〈 기설정대손충당금일 경우 충당금 환입시

〈접대비 명칭 변경-세법〉

☞ 2023년 세법개정시 접대비의 명칭이 기업업무추진비(2024년부터 적용)로 변경되었습니다.
그러나 세법이 변경했다고 회계도 변경된다는 보장은 없습니다.
따라서 당분간 세법은 기업업무추진비, 회계에서 접대비로 불러도 같은 계정과목으로 생각하시면 됩니다.

5. 영업외손익

이자수익 VS 이자비용	대여금(차입금)에 대한 이자수익(비용)
처분이익 VS 처분손실	자산처분시 발생하는 손익
외환차익 VS 외환차손	외화채권 및 채무의 결제시 환율변동손익
외화환산이익 VS 외화환산손실	기말 환율평가로 인한 환산손익
단기매매증권 평가이익VS평가손실	단기매매증권 평가손익
(수입)임대료	부동산을 임대해주고 받는 대가
자산수증이익	재산등을 무상으로 받을 때 생기는 이익
채무면제이익	채무를 면제받아 생기는 이익
보험차익(보험금수익)	재해 또는 보험만기시 수령하는 보험금
기부금	대가성 없이 무상증여재산 가액
기타의대손상각비	미수금, 대여금에서 발생하는 대손상각비
재고자산감모손실	비감모수량에 대한 손실
재해손실	자연적 재해로 발생하는 손실
잡이익 VS 잡손실	중요성이 없는 일시적이고 소액인 것

제2절   결산

1. 결산절차

1. 예비절차	1. 수정전시산표의 작성 2. 결산수정분개 3. 수정후시산표의 작성
2. 본 절차	4. 계정의 마감(I/S계정 → 집합손익계정 → B/S계정)
3. 결산보고서	5. 재무제표의 작성 (제조원가명세서 → 손익계산서 → 이익잉여금처분계산서 → 재무상태표순)

2. 시산표 : 분개와 전기의 금액적인 오류파악

⟨시산표 등식⟩

기말자산 = 기말부채 + 기말자본(= 기초자본 + 당기순손익)
기말자산 = 기말부채 + 기초자본 + 총수익 − 총비용
기말자산 + 총비용 = 기말부채 + 기초자본 + 총수익

3. 결산수정분개

1. 매출원가 계산	재고자산실사 → 재고자산의 평가 → 매출원가의 계산 순으로 한다.	
2. 손익의 결산정리	이연	선급비용, 선수수익
	발생	미수수익, 미지급비용
3. 자산 · 부채의 평가	유가증권의 평가	유가증권의 장부가액을 공정가액으로 평가
	대손충당금 설정, 환입	채권에 대해서 회수가능가액으로 평가
	재고자산의 평가	감모와 재고자산의 가격하락을 반영
	퇴직급여충당부채 설정	결산일 퇴직급여추계액을 계산하고 당기 퇴직급여 비용 인식
	외화자산 · 부채의 평가	화폐성 외화자산 · 부채에 대하여 기말 환율로 평가
4. 자산원가의 배분	유 · 무형자산의 취득원가를 합리적인 기간 동안 나누어 비용으로 인식하는 절차	
5. 유동성대체	비유동자산(비유동부채)의 만기가 1년 이내에 도래하는 경우 유동자산(유동부채)로 분류 변경하는 것	
6. 법인세비용 계상	결산일에 당기의 법인세 비용을 정확하게 산출하여 비용으로 계상	
7. 기타	소모품(소모품비)의 수정분개 가지급금 · 가수금, 전도금 등의 미결산항목정리	

제3절   회계정보조회

회계상 거래에 대해서 분개를 하고, 이러한 분개를 전기하고, 최종적으로 재무제표를 작성한다. 회사는 이러한 각종 회계정보를 활용하여 경영정보를 분석한다.

회계의 순환과정	산출되는 경영정보
1. 거래	
2. 분개	분개장
3. 전기	일계표(월계표), 현금출납장, 총계정원장, 거래처원장
4. 시산표	합계잔액시산표
5. 재무제표	손익계산서, 재무상태표

1. 일계표 및 월계표

하루동안에 발생한 거래들은 전표에 기록되고, 이러한 전표를 합한 것을 일계표라하고, 일계표는 하루의 거래 결과가 요약된 표이다. 월계표는 전표를 월단위로 합한 것을 말한다.

[일계표 및 월계표]

차변			계정과목	대변		
계	❸대체	❶현금		❷현금	❸대체	계
1,000,000		1,000,000	보통예금			
–	–	–	상품매출	5,000,000	9,000,000	14,000,000

❶ 현금은 출금전표의 합계액을 의미한다.

보통예금의 현금거래란 다음의 거래를 의미한다.

(차) 보통예금   1,000,000원   (대) 현   금   1,000,000원

❷ 현금은 입금전표의 합계이고, ❸ 대체는 대체거래의 합계액을 의미한다.

상품매출의 현금거래는

(차) 현   금   5,000,000원   (대) 상품매출   5,000,000원

상품매출의 대체거래는

(차) 외상매출금, 받을어음 등   9,000,000원   (대) 상품매출   9,000,000원

을 의미한다.

<예제> 일계표(월계표)

(주)백두의 3월 월계표를 조회한 결과이다.

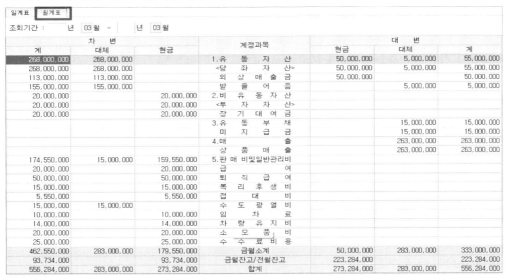

1. 3월 판매비와 관리비중 가장 많은 금액이 발생한 계정과목은 무엇인가?

2. 3월 판매비와 관리비의 현금 지출액은 얼마인가?

3. 3월 수도광열비의 대체거래액은 얼마인가?

1. 퇴직급여   2. 159,550,000원   3. 15,000,000원

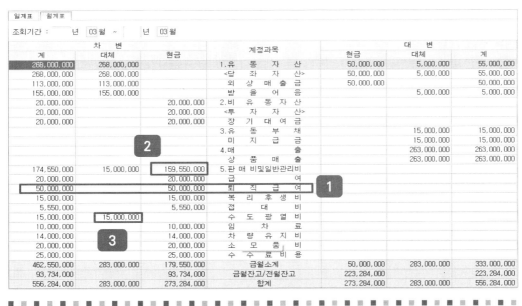

2. 현금출납장

현금의 입금과 출금 그리고 잔액을 기록하는 보조장부로서 일자별로 조회할 수 있다.

<예제> 현금출납장

(주)백두의 1월 20일 현금출납장을 조회한 결과이다.

일자	코드	적 요	코드	거 래 처	입 금	출 금	잔 액
		[전 일 이 월]			33,847,000		33,847,000
01-20	2	물품매각 관련 현금입금			39,000,000		
01-20	1	전화료및 전신료 납부				480,000	
01-20	2	직원식대밎차대 지급				450,000	
01-20	1	상하수도요금 납부				200,000	
01-20	1	소모자재대 지급				250,000	71,467,000
		[월　　계]			39,000,000	1,380,000	
		[누　　계]			78,000,000	6,533,000	

기 간 □ 년 1월 20 □ 일 ~ 년 1월 20 □ 일

1. 1월 20일 현금 잔액은 얼마인가?
2. 1월 20일 출금 금액은 얼마인가?
3. 1월 20일 현금 증가액은 얼마인가?

해답

1. 71,467,000원 　　2. 1,380,000원

3. 37,620,000원[입금계(39,000,000) – 출금계(1,380,000)] 또는 [당일잔액(71,467,000) – 전일잔액(33,847,000)]

3. 총계정원장

모든 거래는 분개된 후 해당 계정에 전기된다. 이러한 계정들이 모여 있는 장부를 총계정원장이라 하고 간략하게 원장이라고도 한다.

<예제 > 총계정원장

(주)백두의 총계정원장(20x1.1.1~20x1.12.31)중 외상매출금을 조회한 결과이다.

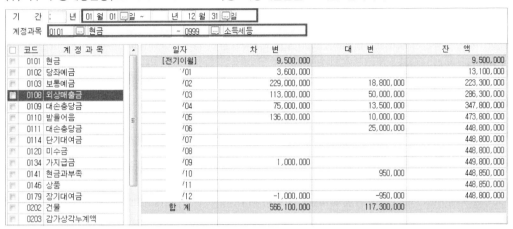

1. 상반기(1~6월)중 외상매출금의 잔액이 가장 큰 달은 언제이고 금액은 얼마인가?
2. 3월달 외상매출금의 회수금액은 얼마인가?
3. 상반기(1~6월)중 외상매출이 가장 많이 발생한 달은 언제이고 금액은 얼마인가?

해답

1. 5월, 473,800,000원   2. 50,000,000원(3월 대변금액)
3. 2월, 229,000,000원(2월 차변금액)

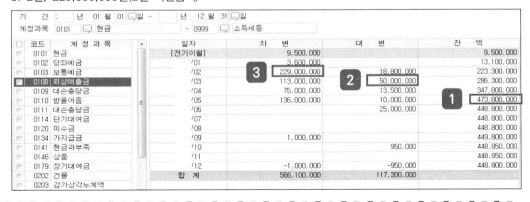

4. 계정별원장

특정계정(현금계정 제외)에 대하여 일자별로 상세하게 기재되어 있는 것을 계정별원장이라고 한다.

<예제> 계정별원장

(주)백두의 3월 외상매출금의 계정별원장을 조회한 결과이다.

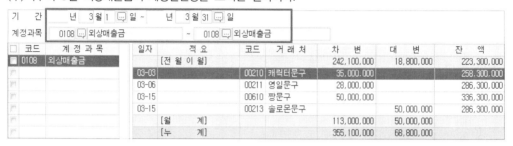

1. 3월 외상매출금액은 얼마인가?
2. 3월 외상매출금 중 회수한 금액은 얼마인가?
3. 3월 외상매출금 잔액은 얼마인가?

해답

1. 113,000,000원(차변 월계)　　2. 50,000,000원(대변 월계)　　3. 286,300,000원

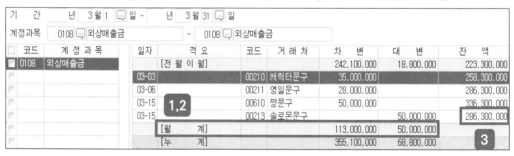

5. 거래처원장

채권, 채무에 대하여 특정거래처의 거래내용과 잔액을 관리하는 보조원장이다.

<예제 > 거래처원장

(주)백두의 3월 외상매출금의 거래처원장(모든 거래처)을 조회한 결과이다.

코드	거 래 처	등록번호	대표자명	전월이월	차 변	대 변	잔 액
00205	오피스문구	236-43-17937	김상진	4,000,000			4,000,000
00209	하늘상사	120-25-34675	임하늘	4,000,000			4,000,000
00210	캐릭터문구	130-02-31754	송재일	25,000,000	35,000,000		60,000,000
00211	영일문구	203-23-30209	이명동	5,300,000	28,000,000		33,300,000
00213	솔로몬문구	120-23-33158	임녀수	185,000,000		50,000,000	135,000,000
00610	짱문구	605-10-25862	허지수			50,000,000	50,000,000

기 간: 년 3월 1 일 ~ 년 3월 31 일 계정과목 0108 외상매출금 / 잔액 0
거래처분류: ~ 거 래 처 00102 (주)수원캐릭터 ~ 00669 국민카드

1. 3월말 현재 외상매출금 잔액이 가장 많은 거래처와 금액은 얼마인가?
2. 3월 솔로몬문구로부터 회수한 외상매출금 금액은 얼마인가?
3. 3월말 현재 캐릭터문구의 외상매출금 잔액은 얼마인가?

해답

1. 솔로몬문구, 135,000,000원(잔액 비교)   2. 50,000,000원(솔로몬문구 대변)
3. 60,000,000원

6. 합계잔액시산표

합계잔액시산표는 각 계정별로 차변과 대변의 합계와 잔액을 표시한다. 자산, 부채, 자본, 수익, 비용 순으로 조회된다.

| <예제 > 합계잔액시산표 |

(주)백두의 3월달 합계잔액시산표를 조회한 결과이다.

1. 3월말 현재 외상매출금은 얼마인가?
2. 3월말 현재 받을어음의 장부가액은 얼마인가?
3. 1~3월 회수한 외상매출금은 얼마인가?

해답

1. 286,300,000원(외상매출금 잔액)
2. 156,435,000원[받을어음 잔액(156,500,000) – 대손충당금잔액(65,000)]
3. 68,800,000원(외상매출금 대변 합계)

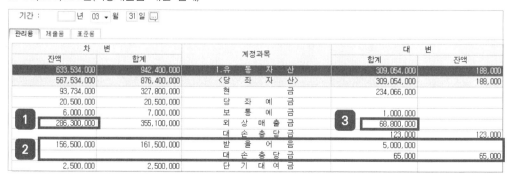

7. 손익계산서 및 재무상태표

재무제표는 전기와 당기를 비교하는 형식으로 작성하여야 한다. 당기 3월을 조회하면 전기와 비교하는 형식의 재무제표가 생성된다.

만약 조회 월을 3월로 하면 다음과 같은 비교하는 형식의 재무제표가 생성된다.

	당 기	전 기
손익계산서(일정기간)	2024.1.1.~2024.3.31(3개월간)	2023.1.1.~2023.12.31(1년간)
재무상태표(일정시점)	2024.3.31 현재	2023.12.31. 현재

<예제> 손익계산서

(주)백두의 3월말 손익계산서를 조회한 결과이다.

과 목	제 5(당)기 1월1일 ~ 금액	3월31일	제 4(전)기 1월1일 ~ 금액	12월31일
Ⅰ.매출액		741,600,000		105,600,000
상품매출	741,600,000		105,600,000	
Ⅱ.매출원가		66,000,000		49,300,000
상품매출원가		66,000,000		49,300,000
기초상품재고액	9,000,000		3,300,000	
당기상품매입액	57,000,000		55,000,000	
기말상품재고액			9,000,000	
Ⅲ.매출총이익		675,600,000		56,300,000
Ⅳ.판매비와관리비		229,066,000		23,430,000
급여	52,500,000		13,600,000	
퇴직급여	50,000,000			
복리후생비	18,600,000		3,500,000	
여비교통비	350,000		800,000	
접대비	11,725,000		860,000	
통신비	480,000		720,000	
수도광열비	15,200,000		735,000	
세금과공과	1,500,000			
감가상각비			1,045,000	
임차료	10,000,000			
수선비	558,000			
보험료	800,000			
차량유지비	16,500,000		1,900,000	
소모품비	21,103,000			
수수료비용	29,750,000			
대손상각비			270,000	
Ⅴ.영업이익		446,534,000		32,870,000
Ⅵ.영업외수익				1,450,000
이자수익			500,000	
유형자산처분이익			950,000	
Ⅶ.영업외비용				615,000
이자비용			115,000	
기부금			500,000	
Ⅷ.법인세차감전이익		446,534,000		33,705,000
Ⅸ.법인세등				6,000,000
법인세비용			6,000,000	
Ⅹ.당기순이익		446,534,000		27,705,000

관리용　제출용　표준용

1. 3월말까지 매출액은 전년대비 얼마나 증가하였나?

2. 3월말까지 판매비와 관리비중 가장 많이 발생한 계정과목은 무엇이고, 금액은 얼마인가?

3. 3월말까지 영업이익은 전년대비 얼마나 증가하였나?

해답

1. 636,000,000원[당기1~3월 매출액(741,600,000) – 전기매출액(105,600,000)]

2. 급여, 52,500,000원

3. 413,664,000원[당기1~3월 영업이익(446,534,000) – 전기영업이익(32,870,000)]

과 목	제 5(당)기 1월1일 ~ 3월31일 금액		제 4(전)기 1월1일 ~ 12월31일 금액	
I.매출액		741,600,000		105,600,000
상품매출	741,600,000		105,600,000	
II.매출원가		66,000,000		49,300,000
상품매출원가		66,000,000		49,300,000
기초상품재고액	9,000,000		3,300,000	
당기상품매입액	57,000,000		55,000,000	
기말상품재고액			9,000,000	
III.매출총이익		675,600,000		56,300,000
IV.판매비와관리비		229,066,000		23,430,000
급여	52,500,000		13,600,000	
퇴직급여	50,000,000			
복리후생비	18,600,000		3,500,000	
여비교통비	350,000		800,000	
접대비	11,725,000		860,000	
통신비	480,000		720,000	
수도광열비	15,200,000		735,000	
세금과공과	1,500,000			
감가상각비			1,045,000	
임차료	10,000,000			
수선비	558,000			
보험료	800,000			
차량유지비	16,500,000		1,900,000	
소모품비	21,103,000			
수수료비용	29,750,000			
대손상각비			270,000	
V.영업이익		446,534,000		32,870,000
VI.영업외수익				1,450,000
이자수익			500,000	
유형자산처분이익			950,000	
VII.영업외비용				615,000
이자비용			115,000	
기부금			500,000	
VIII.법인세차감전이익		446,534,000		33,705,000
IX.법인세등				6,000,000
법인세비용			6,000,000	
X.당기순이익		446,534,000		27,705,000

<예제> 재무상태표

(주)백두의 3월말 재무상태표를 조회한 결과이다.

기간 : [   ]년 [03 ▼]월
관리용 | 제출용 | 표준용

과 목	제 4(당)기 년1월1일 ~ 년3월31일		제 3(전)기 ; 년1월1일 ~ 년12월31일	
		금액		금액
자산				
Ⅰ.유동자산		633,346,000		68,812,000
① 당좌자산		567,346,000		59,812,000
현금		93,734,000		13,000,000
당좌예금		20,500,000		20,500,000
보통예금		6,000,000		6,000,000
외상매출금	286,300,000		9,500,000	
대손충당금	123,000	286,177,000	123,000	9,377,000
받을어음	156,500,000		6,500,000	
대손충당금	65,000	156,435,000	65,000	6,435,000
단기대여금		2,500,000		2,500,000
미수금		2,000,000		2,000,000
② 재고자산		66,000,000		9,000,000
상품		66,000,000		9,000,000
Ⅱ.비유동자산		92,700,000		72,700,000
① 투자자산		20,000,000		
장기대여금		20,000,000		
② 유형자산		72,700,000		72,700,000
건물	50,000,000		50,000,000	
감가상각누계액	1,000,000	49,000,000	1,000,000	49,000,000
차량운반구	22,000,000		22,000,000	
감가상각누계액	4,000,000	18,000,000	4,000,000	18,000,000
비품	7,500,000		7,500,000	
감가상각누계액	1,800,000	5,700,000	1,800,000	5,700,000
③ 무형자산				
④ 기타비유동자산				
자산총계		726,046,000		141,512,000
부채				
Ⅰ.유동부채		113,000,000		41,000,000
외상매입금		69,600,000		12,600,000
지급어음		9,800,000		9,800,000
미지급금		18,600,000		3,600,000
단기차입금		15,000,000		15,000,000

1. 3월말 현재 받을어음의 장부가액은 얼마인가?

2. 3월말 현재 건물의 장부가액은 얼마인가?

3. 3월말 현재 외상매입금은 전년말대비 얼마나 증가하였나?

해답

1. 156,435,000원[장부가액은 대손충당금을 차감한 금액]
2. 49,000,000원[장부가액은 감가상각누계액을 차감한 금액]
3. 57,000,000원[3월말 현재(69,600,000) – 전기말(12,600,000)]

기간 :　　　　년 `03 ▾` 월

`관리용` 제출용 표준용

과　목	제 4(당)기　년1월1일 ~　년3월31일		제 3(전)기 :　년1월1일 ~　년12월31일	
	금액		금액	
자산				
Ⅰ.유동자산		633,346,000		68,812,000
① 당좌자산		567,346,000		59,812,000
현금		93,734,000 `Col.2 Row.2`		13,000,000
당좌예금		20,500,000		20,500,000
보통예금		6,000,000		6,000,000
외상매출금	286,300,000		9,500,000	
대손충당금	123,000	286,177,000	123,000	9,377,000
받을어음	156,500,000		6,500,000	
대손충당금	65,000	**1** 156,435,000	65,000	6,435,000
단기대여금		2,500,000		2,500,000
미수금		2,000,000		2,000,000
② 재고자산		66,000,000		9,000,000
상품		66,000,000		9,000,000
Ⅱ.비유동자산		92,700,000		72,700,000
① 투자자산		20,000,000		
장기대여금		20,000,000		
② 유형자산		72,700,000		72,700,000
건물	50,000,000		50,000,000	
감가상각누계액	1,000,000	**2** 49,000,000	1,000,000	49,000,000
차량운반구	22,000,000		22,000,000	
감가상각누계액	4,000,000	18,000,000	4,000,000	18,000,000
비품	7,500,000		7,500,000	
감가상각누계액	1,800,000	5,700,000	1,800,000	5,700,000
③ 무형자산				
④ 기타비유동자산				
자산총계		726,046,000		141,512,000
부채		**3**		
Ⅰ.유동부채		113,000,000		41,000,000
외상매입금		69,600,000		12,600,000
지급어음		9,800,000		9,800,000
미지급금		18,600,000		3,600,000
단기차입금		15,000,000		15,000,000

제4절　재무회계 개념체계(일반기업회계기준)

재무회계 개념체계란 재무보고의 목적과 기초개념을 체계화함으로써 일관성 있는 기업회계기준을 제정케하고, **재무제표의 성격 등에 관한 기본적 토대를 제공**한다.

개념체계와 일반기업회계기준이 상충될 경우에는 일반기업회계기준이 우선한다.

1. 재무제표의 작성에 필요한 기본가정(회계공준)

① 기업실체의 가정	기업은 주주나 경영자와는 별개로 존재하는 하나의 독립된 실체이다
② 계속기업의 가능성	재무제표를 작성시 계속기업으로서의 존속가능성을 평가하여야 한다 → **역사적 원가주의의 근간**
③ 기간별보고의 가정	인위적인 단위(회계기간)로 분할하여 각 기간별로 재무제표를 작성하는 것

2. 유용한 재무제표가 되기 위한 질적특성

1. 이해가능성		회계이용자에게 이해가능한 형태로 제공되어야 한다.
2. **목적 적합성**	예측역할	정보이용자가 기업실체의 미래 재무상태, 경영성과 등을 예측하는데 그 정보가 활용될 수 있는지의 여부를 말한다.
	확인역할	회계정보를 이용하여 예측했던 기대치를 확인하거나 수정함으로써 의사결정에 영향을 미칠 수 있는지의 여부를 말한다.
	적시성	적시성 있는 보고와 신뢰성 있는 정보 제공의 장점에 대한 상대적 균형을 고려할 필요
3. **신뢰성**	표현의 충실성	기업의 재무상태나 경영성과를 초래하는 사건에 대해서 충실하게 표현되어야 한다는 속성이다.
	중립성	회계정보가 특정이용자에 치우치거나 편견을 내포해서는 안된다.
	검증가능성	다수의 독립적인 측정자가 동일한 경제적 사건이나 거래에 대하여 동일한 측정방법을 적용한다면 유사한 결론에 도달할 수 있어야 함을 의미한다.
4. 비교 가능성	기업간(통일성)	동종산업의 다른 기업과 유사한 정보와 비교할 수 있는 속성한다.
	기간별(계속성)	기업의 재무제표를 다른 기간의 재무제표와 비교할 수 있는 속성

☞ **보수주의** : 불확실한 상황에서 추정이 필요한 경우, **자산이나 수익이 과대평가되지 않고 부채나 비용이 과소평가되지 않도록** 상당한 정도의 주의를 기울이는 것을 말한다. 논리적 일관성이 결여되어 있다.

〈가장 중요한 질적특성인 목적적합성과 신뢰성이 상충관계 예시〉

	목적적합성 高	신뢰성 高
자산측정	공정가치	역사적원가(원가법)
손익인식	발생주의	현금주의
수익인식	진행기준	완성기준
재무보고	중간보고서(반기, 분기)	연차보고서

3. 회계정보의 제약요인

① 효익과 원가간의 균형	비용〉효익 → 그러한 정보제공은 정당화될 수 없다
② 중요성	**특정회계정보가 정보이용자의 의사결정에 영향을 미치는 정도 → 금액의 대소로 판단하지 않고** 정보이용자의 의사결정에 영향을 미치면 중요한 정보

연/습/문/제

 분개연습

01. 영업부의 청소를 담당한 홍길동씨에게 청소비 850,000원(원천징수세액 150,000원 차감 후 금액임.)을 현금으로 지급하였다.

02. 외상매입금계정에는 중국 거래처 차이나에 대한 외화외상매입금 2,000,000원(위안화 1CNY 200원)이 계상되어 있다. (회계기간 종료일 현재 적용환율 : 위안화 1CNY당 180원)

03. 성과급으로 상여금을 다음과 같이 지급하고, 보통예금계좌에서 이체하였다.

20x1년 12월 상여금대장

성명	부서	상여금 (원)	공제액(원)			차인지급액 (원)
			근로소득세	지방소득세	공제계	
홍길동	생산부	2,000,000	150,000	15,000	165,000	1,835,000
홍길순	영업부	3,000,000	300,000	30,000	330,000	2,670,000
계		5,000,000	450,000	45,000	495,000	4,505,000

04. 외상매출금계정에는 거래처 LA에 대한 외화금액 4,000,000원(미화 $4,000)이 계상되어 있다. (회계기간 종료일 현재 적용환율 : 미화 $1당 1,100원)

05. 미국 현지법인인 LA상사에 직수출(선적일 : 7월 1일)하였던 제품에 대한 외상매출금($1,000)을 7월 5일 수령한 후 원화로 환전하여 보통예금에 입금하였다.(7월 1일 환율 : 1,100원/$, 7월 14일 환율 : 1,300원/$)

06. 전 직원(영업직 40명, 생산직 20명)에 대한 독감예방접종을 태양병원에서 실시하고, 접종비용 6,000,000원을 사업용카드인 신한카드로 결제하였다.

07. 영업부서의 난방용 유류대 300,000원과 공장 작업실의 난방용 유류대 400,000원을 보통예금 이체로 결제하였다.

08. 지점이전과 관련하여 변경등기로 등록세 500,000원 및 법무사수수료 300,000원을 현금으로 지급하다.

09. 기말 현재 제품에 대한 실지재고조사 결과는 다음과 같다. 감모된 수량 중 20개는 정상적인 것이며, 50개는 비정상적인 것이다. 비정상 재고자산감모손실과 관련된 회계처리만 하시오.

| • 장부 재고수량 : 300개 | • 실제 재고수량 : 230개 | • 단위당 취득원가 : 10,000원 |

10. 당사는 회사홍보용 계산기(구입가액 5,000,000원)를 구입시 소모품으로 계상하였으나 결산시 미사용된 소모품(1,000,000원)을 조사하여 사용한 것에 대해서 비용으로 대체한다.

11. 법인세 차감전 이익에 의하여 추산한 법인세 등 총예상액은 11,000,000원이다. (중간예납세액은 2,000,000원이라 가정한다.)

12. 당사는 이자비용 선지급시 전부를 자산으로 계상한 후 기말결산시 당기분에 대해서 비용으로 대체하고 있다. 당사의 7월 1일자로 선급비용으로 회계처리한 이자비용 1,200,000원 중 당기에 속하는 이자분은 800,000원이다.

13. 4월 1일 건물을 임대(임대기간 1년)하면서 1년분 임대료 1,200,000원을 현금으로 받고 임대료(영업외수익)로 회계처리하였다. 월할 계산하여 기말수정분개를 하시오.

14. 거래은행인 ㈜신한은행에 예금된 정기예금에 대하여 당기분 경과이자를 인식하다. (예금금액 10,000,000원, 만기 3년, 가입일 7월 1일, 연이자율 10%, 월할계산할 것)

15. 전기말 재무상태표에 계상되어 있는 특허권 미상각잔액 4,000,000원(정액법, 5년)은 전기초 부터 상각 하였다.

🧑‍🏫 O,X

01. "주주나 제3자 등으로부터 현금이나 기타 재산을 무상으로 증여받을 경우 생기는 이익"은 자산수증이익 이라 한다. ( )

02. 제품, 상품 등의 매출액에 대응되는 원가로서 판매된 제품이나 상품 등에 대한 제조원가 또는 매입원가를 매출원가라 한다. ( )

03. 판매비와관리비는 제품, 상품, 용역 등의 판매활동과 기업의 관리활동에서 발생하는 비용으로서 매출원 가에 속하지 아니하는 모든 영업외비용을 포함한다. ( )

04. 기업의 주된 영업활동이 아닌 활동으로부터 발생하는 수익과 차익은 영업외수익에 해당된다. ( )

05. 결산일 현재 공정가치로 평가할 때 장부가액과의 차액은 단기매매증권과 매도가능증권은 영업외손익(손 익계산서 계정)으로 한다. ( )

06. 성격과 가치가 상이한 재화나 용역간의 교환 시 교환으로 제공한 재화나 용역의 공정가액으로 수익을 측정하는 것이 원칙이다. ( )

07. 성격과 가치가 유사한 재화나 용역간의 교환 시 제공한 재화나 용역의 공정가액으로 수익을 측정하는 것이 원칙이다. ( )

08. 상품권 10,000원을 소비자에게 현금으로 판매하면서 상품권 판매시점에서 상품매출로 회계처리 하였을 경우 부채가 과대계상된다. ( )

09. 재화의 판매로 인한 수익인식조건 중 판매자는 판매한 재화에 대하여 소유권이 있을 때 통상적으로 행사 하는 정도의 관리나 효과적인 통제를 할 수 없어야 한다. ( )

10. 시용매출은 구매자가 매입의사를 표시하면 수익으로 인식한다. ( )

11. 상품권의 발행과 관련된 수익은 상품권을 회수한 시점 즉, 재화를 인도하거나 판매한 시점에 인식하고, 상품권을 판매한 때에는 선급금으로 처리한다. ( )

12. 용역매출과 예약매출은 진행기준에 따라 수익을 인식한다. ( )

13. "기말자산+총비용=기말부채+기말자본+총수익"은 시산표 등식이다. ( )

14. 제조기업의 재무제표를 작성하는 순서는 제조원가명세서→손익계산서→재무상태표→이익잉여금처분계산서 순이다. ( )

15. 전기를 누락하거나 이중전기, 대차 반대로 전기한 금액에 대해서는 시산표에서 발견할 수 없는 오류이다. ( )

16. 회계정보의 질적 특성인 목적적합성과 신뢰성 중 목적적합성을 갖기 위해서 필요한 요건은 예측가치, 피드백가치, 적시성이 있다. ( )

17. 회계정보가 신뢰성을 갖기 위해서 표현의 충실성, 중립성, 검증가능성이 필요한 요건이다. ( )

18. 경영자는 재무제표를 작성함에 있어서 특수한 상황에 처한 경우를 제외하고는 기업이 계속 존속하리라는 것을 전제로 한다. ( )

19. 주식시장에 상장되어 있는 두 회사 중 한 회사에 투자하기 위해 두 회사의 회계정보를 비교하고자 하는 경우 회계정보가 갖추어야 할 속성으로 비교가능성에 해당한다. ( )

20. 회계순환과정에 있어 기말결산정리를 하게 되는 근거가 되는 가정으로 기간별보고의 가정이 해당한다. ( )

21. 자산 평가와 관련하여 공정가액을 적용하면 신뢰성은 향상되는 반면 목적적합성은 저하될 수 있다. ( )

22. 수익 인식과 관련하여 완성기준을 적용하면 목적적합성은 향상되는 반면 신뢰성은 저하될 수 있다. ( )

23. 회사가 소모품을 구입하면서 이를 모두 당기의 비용으로 회계처리하였을 경우 보수주의와 중요성이란 회계개념을 고려한 것이다. ( )

24. 회계정보가 유용하기 위해 갖추어야 할 다음의 속성 중 가장 중요한 질적 특성은 목적적합성과 중요성이다. ( )

25. 회계정보가 기업실체의 재무상태, 경영성과, 순현금흐름, 자본변동 등에 대한 정보이용자의 당초 기대치 (예측치)를 확인 또는 수정하게 함으로써 의사결정에 영향을 미칠 수 있는 능력은 피드백가치라 한다. ( )

26. 적시성 있는 정보라 하여 반드시 목적적합성을 갖는 것은 아니나, 적시에 제공되지 않은 정보는 목적적합성을 상실할 수 있다. ( )

27. 자산을 역사적원가로 평가하면 일반적으로 검증가능성이 높으므로 측정의 목적적합성은 높아지나 신뢰성은 낮아질 수 있다. ( )

 주관식

01. 다음 자료를 이용하여 법인세비용차감전순이익을 계산하면 얼마인가?

• 매출액 :	300,000,000원	• 매출원가 :	210,000,000원
• 접대비 :	25,000,000원	• 광고비 :	15,000,000원
• 기부금 :	10,000,000원	• 법인세비용 :	3,000,000원
• 수수료비용(매도가능증권 구입시 지출) :	1,200,000원		
• 단기매매증권처분이익 :	5,000,000원		

02. 보고기간 종료일에 ㈜로그인의 결산시 당기순이익이 100,000원이었다. 다음과 같은 오류가 포함되었을 경우, 수정 후 당기순이익은 얼마인가?

• 감자차익 과소계상액 :	10,000원
• 매도가능증권평가손실 과대계상액 :	20,000원
• 이자비용 과대계상액 :	30,000원
• 단기투자자산처분이익 과대계상액 :	40,000원

03. 당기초에 영업활동을 개시한 (주)회계는 상품의 매출원가에 30%의 이익을 가산하여 외상판매 하고 있다. 당기중 상품 총매입액이 800,000원, 기말상품재고액이 200,000원, 기말매출채권 잔액이 380,000원이라면 당기에 회수된 매출채권금액은 얼마인가?

04. 다음 자료를 이용하여 영업이익을 구하시오.

• 매출액 :	50,000,000원	• 매출원가 :	20,000,000원
• 급여 :	1,000,000원	• 접대비 :	2,000,000원
• 이자수익 :	3,000,000원	• 감가상각비 :	4,000,000원
• 수입임대료 :	5,000,000원	• 임차료 :	4,000,000원
• 기부금 :	3,000,000원	• 세금과공과 :	2,000,000원

05. 기말 수정분개 후 당기순이익은 얼마인가?

> 가. 수정 전 당기순이익: 100,000원
> 나. 기말 수정사항
> * 미지급이자   10,000원   * 임대료선수분   20,000원
> * 보험료선급분   30,000원   * 미수이자   40,000원

06. 당기 현금으로 지급한 이자비용은 50,000원이다. 전기말과 당기말 재무상태표의 관련계정이 다음과 같을 때 당기 손익계산서에 계상된 이자비용은 얼마인가?

계정과목	전기말	당기말
미지급이자	100,000원	200,000원

07. 다음 자료에 의한 영업이익을 계산하시오.

• 총매출액	35,000,000원	• 총매입액	18,000,000원
• 매입할인	300,000원	• 이자비용	200,000원
• 매입에누리와환출	250,000원	• 복리후생비	1,000,000원
• 매출에누리와환입	300,000원	• 매출할인	200,000원
• 기초상품재고액	500,000원	• 기말상품재고액	450,000원

연/습/문/제 답안

분개연습

[1] (차) 잡 급(판)   1,000,000   (대) 예수금   150,000
                                                          현 금   850,000

[2] (차) 외상매입금(차이나)   200,000   (대) 외화환산이익   200,000
     ☞ 외상매입금= 2,000,000원 ÷ 200원 = 10,000위안
         환산손익 = 10,000위안 × (200원 - 180원) = 200,000원(환산이익)

[3] (차) 상여금(제)   2,000,000   (대) 예수금   495,000
         상여금(판)   3,000,000   보통예금   4,505,000

[4] (차) 외상매출금(LA)   400,000   (대) 외화환산이익   400,000
     ☞ 환산손익=$4,000×1,100 - 4,000,000=400,000원(환산이익)

[5] (차) 보통예금   1,300,000   (대) 외상매출금(LA상사)   1,100,000
                                                      외환차익   200,000

[6] (차) 복리후생비(제)   2,000,000   (대) 미지급금(신한카드)   6,000,000
         복리후생비(판)   4,000,000

[7] (차) 수도광열비(판)   300,000   (대) 보통예금   700,000
         가스수도료(제)   400,000

[8] (차) 세금과공과(판)   500,000   (대) 현 금   800,000
         수수료비용(판)   300,000

[9] (차) 재고자산감모손실   500,000   (대) 제품(타계정대체)   500,000

[10] (차) 소모품비(판)   4,000,000   (대) 소모품   4,000,000

[11] (차) 법인세등   11,000,000   (대) 선납세금   2,000,000
                                                      미지급세금   9,000,000

[12]	(차)	이자비용		1,200,000	(대)	선급비용	1,200,000
[13]	(차)	임대료		300,000	(대)	선수수익	300,000
[14]	(차)	미수수익		500,000	(대)	이자수익	500,000

☞ 미수이자 = 10,000,000 × 10% × 6개월/12개월 = 500,000원

[15]	(차)	무형자산상각비(판)		1,000,000	(대)	특허권	1,000,000

☞ 상각비 = 미상각잔액/잔여내용연수 = 4,000,000/4년 = 1,000,000원

🔑 O,X

1	2	3	4	5	6	7	8	9	10	11	12	13	14	15
○	○	×	○	×	○	×	×	○	○	×	○	×	×	○

16	17	18	19	20	21	22	23	24	25	26	27
○	○	○	○	○	×	×	○	×	○	○	×

[풀이-O,X]

03. 판관비는 영업비용으로서 영업외비용을 포함하지 않는다.

05. **매도가능증권평가손익은 자본의 기타포괄손익누계액**으로 한다.

07. **성격과 가치가 유사한 재화나 용역간의 교환(동종자산간 교환)은 수익을 발생시키는 거래**로 보지 않는다.

08. 상품권판매는 선수금으로 회계처리해야 한다. 따라서 부채가 과소계상된다.

11. 상품권판매는 선수금으로 처리한다.

13. 기말자본이 아니라 기초자본이 되어야 시산표등식이 된다. 즉 "**기말자산+총비용=기말부채+기초자본 +총수익**"이다.

14. **손익계산서→이익잉여금처분계산서→재무상태표** 순이다.

21. **공정가액은 목적적합성이 향상되나 신뢰성은 저하**된다.

22. 완성기준을 적용하면 신뢰성은 향상되고 목적적합성은 저하된다.

24. **가장 중요한 질적 특성은 목적적합성과 신뢰성이다.**

27. **역사적원가로 평가하면 신뢰성은 제고되나 목적적합성은 낮아진다.**

주관식

1	45,000,000원	2	90,000원	3	400,000원
4	17,000,000원	5	140,000원	6	150,000원
7	16,000,000원				

[풀이-주관식]

01.

손익계산서	
1.(순)매출액	300,000,000
2.매출원가	210,000,000
3.매출이익(1-2)	90,000,000
4.판관비	40,000,000
5.영업이익(3-4)	50,000,000
6.영업외수익	5,000,000
7.영업외비용	10,000,000
8.법인세비용차감전순이익	*45,000,000*

접대비, 광고비
☞ 매도가능증권구입시 지급수수료는 자산의 취득가액

단기매매증권처분익

기부금

02. **감자차익은 자본잉여금**에 **매도가능증권평가손실은 기타포괄손익누계액**에 속하여 당기순이익에 영향을 미치지 않는다.

1. 수정전 당기순이익	100,000	
① 이자비용 과대계상	30,000	비용과대
② 단기투자자산처분익 과대계상	-40,000	수익과대
2. 수정후 당기순이익	90,000	

03. 당기 초에 영업을 개시하였으므로 **기초재고자산과 기초 매출채권 금액이 "0"**이다.

상 품

기 초	0	매출원가	600,000
당기매입액	800,000	기 말	200,000

매출액(외상) = 600,000 × 130% = 780,000

매출채권

기 초	0	*회 수*	*400,000*
외상매출액	780,000	기 말	380,000

04. 영업외수익 : 이자수익, 수입임대료   영업외비용 : 기부금

손익계산서	
1.(순)매출액	50,000,000
2.매출원가	20,000,000
3.매출이익(1-2)	30,000,000
4.판관비	13,000,000 급여, 접대비, 감가상각비, 임차료, 세금과공과
5.영업이익(3-4)	17,000,000

05.

1. 수정전 당기순이익	100,000	
① 미지급이자	-10,000	(차)이자비용 xx (대) 미지급이자 xx
② 임대료 선수분	-20,000	(차)수입임대료 xx (대) 선수수익 xx
③ 보험료 선급분	+30,000	(차)선급비용 xx (대) 보험료 xx
④ 미수이자	+40,000	(차)미수수익 xx (대) 이자수익 xx
2. 수정후 당기순이익	140,000	

06.

미지급이자			
지 급(현금)	50,000	기초잔액	100,000
기말잔액	200,000	*이자비용*	*150,000*
계	250,000	계	250,000

07. 순매출액 = 총매출액 - 매출에누리와환입 - 매출할인

= 35,000,000 - 300,000 - 200,000 = 34,500,000원

상 품			
기초상품	500,000	**매출원가(?)**	**17,500,000**
총매입액	18,000,000		
매입에누리와환출	(250,000)		
매입할인	(300,000)	기말상품	450,000
계	17,950,000	계	17,950,000

손익계산서	
1.(순)매출액	34,500,000
2.매출원가	17,500,000 기초상품재고액+당기매입액-기말상품재고액
3.매출이익(1-2)	17,000,000
4.판관비	1,000,000 복리후생비
5.영업이익(3-4)	16,000,000

최종 분개연습

전산회계1급은 분개문제(일반전표, 매입매출전표, 오류수정, 결산입력)가 50점이상이 배점되어 있습니다.
분개를 못하시면 전산회계1급을 합격할 수 없습니다. 수기로 직접 분개를 하여 연습을 하셔야 합니다.

[1] (주)성일에 대한 외상매출금 200,000원과 외상매입금 300,000원을 상계처리하고 나머지 잔액은 당좌수표를
발행하여 (주)성일에 지급하였다

[2] 국민은행에 예입한 정기예금[만기 : 9개월]이 만기가 되어 원금 300,000원과 이자소득에 대한 원천징수
세액 1,400원을 차감한 308,600원이 당사 당좌예금계좌에 입금되었다.

[3] 단기간 매매차익을 목적으로 천안전자의 주식 10주(액면 5,000원)을 주당 7,000원에 현금매입하고
증권회사에 거래수수료 5,000원을 현금으로 지급하였다.

[4] 단기보유목적으로 1주당 5,000원에 구입한 서울전자 주식 100주를 주당 4,000원에 처분하고 수수료
10,000원을 차감한 금액이 보통예금계좌에 입금하였다.

[5] 단기매매증권(20×1년도 취득가액 100,000원 20×1년말 공정가액 120,000원)을 20×2년 7월 5일 95,000원에 처분하고 매각수수료 2,000원을 차감한 잔액 93,000원이 당사 보통예금계좌로 입금되었다.

[6] 회사는 보유중인 (주)성정의 유가증권(보통주 1,000주)에 대하여 현금배당액과 주식배당액을 다음과 같이 수령하였다.

구 분	수 령 액	공정가치(1주당)
현금배당	현금 50,000원	
주식배당	보통주 100주	900원

[7] 서울상회에서 받은 약속어음(만기 : 10개월) 100,000원을 신한은행에서 할인하고 할인료 10,000원을 차감한 잔액을 당사 보통예금계좌에 입금하였다. 매각거래로 처리하시오.

[8] 서울상사에 대한 받을어음 100,000원이 만기가 도래하여 추심수수료 1,000원을 차감한 금액을 국민은행 보통예금계좌에 입금하였다.

[9] ㈜서울의 외상매입금 100,000원을 결제하기 위하여 당사가 상품매출 대가로 받아 보유하고 있던 ㈜아산의 약속어음 80,000원을 배서하여 지급하고, 잔액은 보통예금계좌에서 송금하다.

[10] 전기의 외상매출금 중 ㈜두정의 부도로 외상대금(1,000,000원) 전액을 대손처리하였다. 대손처리전 대손충당금 잔액이 100,000원 있다.

[11] 전년도 제품을 매출하고 ㈜아산으로 부터 수취한 어음(만기 3개월)이 100,000원이 있다. ㈜아산에서 수취한 어음이 부도처리 되었다는 것을 국민은행으로부터 통보받았다.

[12] 전년도에 대손처리하였던 ㈜성정에 대한 외상매출금 100,000원이 전액 현금으로 회수되었다.
   (부가가치세는 고려하지 마세요.)

[13] (주)대마에 단기 대여한 1,000,000원이 동사의 파산으로 인하여 전액 대손처리 하기로 하였다.
   단기대여금에는 대손충당금이 설정되어 있지 않다.

[14] ㈜서울의 상품매출에 대한 외상대금 100,000원이 기한보다 일찍 결제되어 약정에 의하여 결제대금의 5%를 할인하여 주고 당사 보통예금계좌로 입금되었다.

[15] 서울상회에 대한 받을 어음(만기 9월30일) 120,000원을 국민은행에서 할인율 연 10%로 할인(매각거래) 받고, 그 할인받은 금액이 보통예금계좌로 입금되었다. 만기일은 2개월이 남았으며, 할인액은 월단위로 계산하시오. 매각거래로 처리하시오.

[16] 생산직 사원 홍길동에게 출장비 명목으로 100,000원을 현금으로 가지급하였다. 출장에서 돌아온 홍길동으로부터 지출내역을 다음과 같이 정산받고 차액 20,000원은 현금으로 회수하였다.

교 통 비	10,000원
숙 박 비	40,000원
식 대	30,000원
계	80,000원

－ 출장시 :

－ 정산시 :

[17] (주)서울에 상품 @10,000원(부가세별도)짜리 100개를 주문하고 대금 중 계약금 300,000원을 현금으로 지급하고 나머지 잔액은 물건을 인도 받을 날에 지급하기로 하다.

[18] 당사의 생산부에서는 소모품 구입시 전액 소모품비로 비용화하고 결산시 미사용분을 자산으로 계상해 오고 있다. 결산시 생산부로부터 미사용분인 소모품은 500,000원으로 통보 받았다.

[19] 원재료의 일부 50,000원(장부가액)을 공장의 기계장치를 수리하는데 사용하였다.

[20] 미국 ABC사로부터 원재료를 수입하고, 당해 원재료 수입과 관련하여 발생한 다음의 경비를 현금으로 지급하다.

품 목	금 액	비 고
관 세	300,000원	납부영수증을 교부받다.
운반수수료	35,000원	간이영수증을 교부받다.

[21] 상품의 실사평가를 한 결과 다음과 같으며, 수량감소는 비정상적으로 발생한 것이다. 비정상감모분에 대하여 회계처리하시오.

- 장부상 수량 : 100개   • 실지재고 수량 : 90개
- 단위당 취득원가 : 12,000원   • 단위당 시가(공정가치) : 12,500원

[22] ㈜개발로부터 투자목적으로 건물을 10,000,000원에 구입하고, 현금으로 1,000,000원, 나머지는 약속어음을 발행하여 교부하였다. 또한 당일 취득세 500,000원은 현금 납부하였다.

[23] 투자목적으로 보유중인 건물(취득가액 100,000원)을 ㈜제주에게 110,000원에 매각하고 대금은 약속어음(만기 : 9개월)으로 받았다.

[24] 영업부에서 사용할 승용차를 현대자동차로부터 전액 10개월 할부로 2,000,000원에 구입하였다. 또한 구입대금과는 별도로 발생한 취득세등 50,000원은 현금으로 지급하였다.

[25] 공장을 건설하기 위하여 소요되는 자금을 조달하기 위하여 신한은행에서 차입한 차입금에 대한 이자 200,000원이 발생하여 신한은행 보통예금계좌에서 이체하였다. 당기 차입금에 대한 이자는 자본화대상요건을 충족하였고 공장은 현재 건설중이다.

[26] 새로운 공장을 짓기 위하여 건물이 있는 부지를 구입하고 동시에 건물을 철거하였다. 건물이 있는 부지의 구입비로 10,000,000원을 보통예금계좌에서 이체하고, 철거비용 1,000,000원은 자기앞수표로 지급하였다. 부가가치세는 고려하지 마세요.

[27] 창고를 신축하기 위하여 기존건물을 철거하였다. 철거당시의 기존건물의 취득가액 및 감가상각누계액의 자료는 다음과 같다. 부가가치세는 고려하지 마세요.

1. 건물의 취득가액 : 10,000,000원
2. 철거당시 감가상각누계액 : 8,000,000원
3. 건물철거비용 : 3,000,000원을 현금지급함.

[28] 토지를 취득하고, 이와 관련하여 아래와 같은 지출이 발생하였다.

항 목	지출액(원)	비 고
구입대금	10,000,000	당좌수표를 발행보통예금에서 이체하다.
중개수수료	100,000	원천징수세액 22,000원을 차감하고 78,000원을 보통예금에서 이체하다.

[29] 단국대학에 의뢰한 신제품 개발에 따른 연구용역비 1,000,000원을 보통예금에서 인터넷뱅킹 이체하여 지급하다(무형자산으로 처리할 것).

[30] 제품창고를 3년간 사용하기로 임차계약을 하고 보증금 3,000,000원을 건물주인 한성에 당좌수표로 지급하였다.

[31] 회사는 제품을 교환할 수 있는 상품권(1장당 10,000원) 10장을 일반인들에게 현금판매하다.

[32] 생산직원의 기술교육을 위하여 외부강사를 초빙하여 교육 후 강사료를 국민은행 보통예금 계좌로 송금하다. 다음은 원천징수 내역이다.

> • 강의료지급총액 500,000원
> • 소득세원천징수세액 22,000원(지방소득세 포함)

[33] 퇴직연금운용자산에 이자 150,000원이 입금되다. 당사는 전임직원의 퇴직금 지급 보장을 위하여 (주)국민증권에 확정급여형(DB) 퇴직연금에 가입되어 있다.

[34] (주)서울은 퇴직연금의 부담금(기여금) 1,500,000원(제조 1,000,000원, 관리 500,000원)을 은행에 현금납부하였다. 회사는 확정기여형퇴직연금제도를 시행하고 있다.

[35] 영업팀장이 거래처를 위하여 저녁식사를 접대하고 법인카드(신한카드)로 100,000원을 결제하였다.

[36] 종업원 급여를 다음과 같이 현금으로 지급하였다.

부 서	급 여	건강보험료	소득세	지방소득세	공제계	차감지급액
생산직	13,000	170	300	30	500	12,500
사무직	12,000	130	200	20	350	11,650
계	25,000	300	500	50	850	24,150

[37] 36번 문제에서 예수한 건강보험료와 소득세, 지방소득세를 현금납부하다. 건강보험료의 사업주 부담분은 복리후생비로 회계처리하시오.

[38] (주)수원과 사무실 임대차계약을 맺고 임대보증금 15,000,000원 중 5,000,000원은 (주)덕산 발행 당좌수표로 받고 나머지는 월말에 지급받기로 하였다.

[39] 당사 보통예금계좌에 10,000원이 입금되었으나 원인을 찾지 못하여 가수금으로 회계처리하였다. 추후 10,000원은 ㈜아산에 차량을 매각하고 받지 못한 미수금의 회수로 밝혀졌다.

[40] 관리사원 김박수의 퇴직금 1,000,000원을 지급하면서 소득세와 지방소득세 10,000원을 차감한 잔액을 당사 보통예금계좌에서 이체하여 지급하였다. 퇴직급여충당부채 잔액은 800,000원이 있다.

[41] 운영자금을 조달하기 위하여 회사채(액면가 10,000원)를 10,500원에 발행하고 발행관련비용 1,200원을 차감한 잔액은 모두 당좌예금계좌로 입금하였다.

[42] 주주총회에서 전기분 이익잉여금처분계산서(안) 대로 처분이 확정되었다. 이익잉여금 처분에 관한 회계처리를 하시오.

> 전기 이익잉여금 처분계산서 처분내역
> • 이익준비금 : 1,000,000원   • 현금배당 : 10,000,000원
> • 주식배당 : 4,000,000원

[43] 42번문제에서 결의된 현금배당액을 지급하였다. 지급시 원천징수세액 1,540,000원을 제외한 금액을 현금으로 지급하였다.

[44] 42번문제에서 결의된 주식배당을 실시하였다. 주식 발행시 각종 비용 150,000원은 현금지급하였다. 재무상태표상 주식발행초과금 잔액이 1,000,000원이 있다.

[45] 주주총회에서 결의한 중간배당금 3,000,000원을 현금으로 지급하였다.(원천징수는 없는 것으로 가정한다)

[46] 이사회의 결의에 의해 회사의 주식(액면가 5,000,000원)을 5,150,000원에 발행하고, 주식발행관련비용 300,000원을 차감한 잔액은 모두 당좌예금계좌로 입금하였다.(주식발행초과금 잔액은 없다고 가정한다.)

[47] 자본감소(주식소각)를 위해 당사의 기발행주식 중 10,000주(액면가 @500원)를 1주당 400원으로 매입하여 소각하고, 매입대금은 당사 보통예금계좌에서 지급하였다.
감자차손은 없다고 가정한다.

[48] 이사회 결의에 의하여 신주 1,000주를 발행하여 기계장치를 구입하였다. 주당 액면가액은 5,000원이며 발행시점의 공정가액은 주당 7,000원이다. 주식할인발행차금은 잔액은 없다고 가정한다.

[49] 보유중인 (주)전주의 유가증권에 대해 1,200,000원의 중간배당이 결정되어 보통예금에 입금되었다.(원천세는 고려하지 말 것).

[50] 보유중인 자기주식을 전부 처분하였다. 장부가액은 10,000,000원(주당 취득가액 1,000원, 주당 액면가액 500원)로 처분가액은 11,000,000원 (주당 처분가액 1,100원)이었다. 처분대금은 보통예금 계좌에 입금되었다. 단, 자기주식처분손실계정의 잔액이 300,000원이 있다.

[51] 공장직원 김강민의 결혼 축의금으로 100,000원을 현금으로 지급하였다.

[52] 대표이사의 국외출장 왕복항공료 2,000,000원을 신한카드로 결재하였다.

[53] 공장에서 사용중인 냉방기의 고장으로 삼지전자에 A/S를 의뢰하여 수리하고 출장수리비 50,000원은 현금으로 지급하였다(수익적지출로 회계처리 하시오).

[54] 대한상공회의소 회비 10,000원을 현금으로 납부하다

[55] 아프리카 어린이의 교육을 위하여 유니세프에 100,000원을 현금으로 기부하였다.

[56] 영업부서의 난방용 유류대 350,000원과 공장 작업실의 난방용 유류대 740,000원을 보통예금 이체로 결제하였다.

[57] 미국 L/A은행으로부터 1월 10일 차입한 단기차입금 $1,000(차입시 환율 1,100원/$)에 대해 원화를 외화($)로 환전하여 현금상환하였다. 상환당시 환율은 1$당 1,200원이었다.

[58] 영업부 건물의 임차보증금의 간주임대료에 대한 부가가치세 10,000원을 건물 소유주인 한성에게 보통예금으로 이체하였다.

[59] 공장에서 사용하는 승용차에 대한 자동차세 57,000원과 본사 사무실에서 사용하는 승용차에 대한 자동차세 36,000원을 현금으로 납부하였다.

[60] 창고에 보관 중인 제품 1,000,000원이 화재로 소실되었다. 당사는 보험에 가입되어 있다.

[61] 60번에 이어 국민화재가 화재에 대한 실사한 결과 당일 보험금액이 1,300,000원으로 확정되었다는 것을 통보받았다.

[62] 본사의 이전과 관련한 변경등기로 등록세 100,000원 및 법무사수수료 50,000원에 대한 150,000원을 현금으로 지급하다.

[63] ㈜수원에 대한 받을어음 1,000,000원이 있었는데, ㈜수원은 작년에 파산하여 동 금액이 회수불가능한 것으로 판명되었다. 그러나 회사는 동 금액이 중요하지 않아 전기재무제표는 수정하지 않는다.

[64] 2기 확정신고기간에 대한 부가세예수금 10,000원과 부가세대급금 8,000원을 정리하고 납부세액은 미지급세금계정으로 회계처리하였다.

[65] 국민은행의 보통예금계좌는 마이너스통장이며, 기말현재 잔액은 △100,000원이 있다.

[66] 한달 전에 처리된 가수금 100,000원 중 30,000원은 ㈜인천에 대한 제품매출의 계약금이고 나머지는 동사의 외상매출금을 회수한 것으로 판명되었다.

[67] 단기대여금 중에는 외화단기대여금 1,000,000원(미화 $1,000)이 포함되어 있다.
기말현재 환율은 1$당 1,100원이다

[68] 9월 1일 일시적으로 건물 중 일부를 임대(임대기간 20x1년 9월 1일~20x2년 2월28일)하면서 6개월치 임대료 600,000원을 현금으로 받고 선수수익으로 회계처리하였다. 월할 계산하여 기말수정분개를 하시오.

[69] 전기 말 국민은행으로부터 차입한 장기차입금 중 500,000원은 내년도 7월 20일 만기가 도래하고 회사는 이를 상환할 계획이다.

[70] 기말 현재 당사가 단기매매차익을 목적으로 보유하고 있는 주식현황과 기말 현재 공정가치는 다음과 같다.

주 식 명	보유주식수	주당 취득원가	기말 공정가치
(주)일성 보통주	100주	15,000원	주당 16,000원
(주)이성 보통주	200주	20,000원	주당 18,000원

[71] 4월1일 (주)서울에 10,000,000원을 20x5년 3월 31일 까지 대여하고, 연 12%의 이자를 매년 3월 31일 수취하기로 계약을 체결하였다. 기간 경과분에 대한 이자를 결산서상에 반영하시오(이자는 월할 계산하시오).

[72] 매출채권 및 미수금잔액에 대하여 1%의 대손상각비를 계상하시오. 다음은 합계잔액시산표를 조회한 결과이다.

합계잔액시산표
제×기 : 20×1년 12월 31일 현재

차 변		계정과목	대 변	
잔 액	합 계		합 계	잔 액
10,000,000	20,000,000	외 상 매 출 금	10,000,000	
	200,000	대 손 충 당 금	250,000	50,000
20,000,000	35,000,000	받 을 어 음	15,000,000	
	200,000	대 손 충 당 금	250,000	50,000
25,000,000	45,000,000	미 수 금	20,000,000	
	200,000	대 손 충 당 금	350,000	150,000

[73] 기업회계기준에 의하여 퇴직급여충당부채를 설정하고 있으며, 기말 현재 퇴직급여추계액 및 당기 퇴직급여충당부채 설정 전의 퇴직급여충당부채 잔액은 다음과 같다. 결산시 회계처리를 하시오.

부 서	퇴직급여추계액	퇴직급여충당부채잔액
생산부	30,000,000원	25,000,000원
관리부	50,000,000원	39,000,000원

[74] 회사는 기말 현재 결산항목 반영 전에 재무상태표상 영업권 미상각 잔액이 3,600,000원이 있다. 영업권은 2년간 상각하였고, 회사는 모든 무형자산에 대해서 사용가능한 시점부터 5년간 상각한다.

[75] 결산일 현재 현금과부족(1,000,000원)의 원인이 공장에서 사용하는 차량의 보험료(당기분 300,000원, 차기분 700,000원)납부액을 누락시켰기 때문인 것으로 확인되었다. 누락사항을 결산일에 수정분개 하시오.

[76] 법인세(지방소득세 포함)가 4,600,000원이다. 선납세금계정을 조회하니 1,000,000원이다. 법인세에 대한 회계처리를 하시오.

[77] 사용중인 기계장치(취득원가 : 3,000,000원, 감가상각누계액 : 1,400,000원)를 동일업종인 거래처의 유사한 용도로 사용하던 기계장치(장부가액 : 2,000,000원, 공정가액 : 2,500,000원)와 교환하였다. 동종자산간의 교환으로 회계처리하시오.

최/종/분/개/연/습 답안

[1] (차) 외상매입금((주)성일)   300,000   (대) 외상매출금((주)성일)   200,000
                                    당좌예금   100,000

[2] (차) 당좌예금   308,600   (대) 정기예금   300,000
     선납세금   1,400   이자수익   10,000

[3] (차) 단기매매증권   70,000   (대) 현   금   75,000
     수수료비용(영)   5,000

[4] (차) 보통예금   390,000   (대) 단기매매증권   500,000
     단기매매증권처분손 110,000

   ☞ 단기투자자산에 단기매매증권이 포함된다. 따라서 단기매매증권처분손익이 없을 경우 단기투자자산처분손익을 선택하면 된다. 그리고 처분시 수수료를 수수료비용으로 처리하시면 안되고 처분손익에 가감해야 한다.

[5] (차) 보통예금   93,000   (대) 단기매매증권   120,000
     단기매매증권처분손 27,000

   ☞ 단기매매증권은 공정가액으로 평가하므로 공정가액이 기말장부가액이 된다.

[6] (차) 현   금   50,000   (대) 배당금수익   50,000

   ☞ 투자회사의 주식배당 수령은 별도의 회계처리를 하지 않는다.

[7] (차) 보통예금   90,000   (대) 받을어음(서울상회) 100,000
     매출채권처분손실(영) 10,000

[8] (차) 보통예금   99,000   (대) 받을어음(서울상사) 100,000
     수수료비용(판)   1,000

[9] (차) 외상매입금((주)서울) 100,000   (대) 받을어음((주)아산)   80,000
                                      보통예금   20,000

[10] (차) 대손충당금(외상)   100,000   (대) 외상매출금((주)두정) 1,000,000
     대손상각비(판)   900,000

   ☞ 대손충당금을 우선 상계하고 부족분은 대손상각비로 비용처리 한다.

[11]　(차)　부도어음과수표((주)아산)　100,000　(대)　받을어음((주)아산)　100,000
　　　☞ 받을어음은 당좌자산이며 **부도어음과수표는 기타비유동자산**임.

[12]　(차)　현　　금　100,000　(대)　대손충당금(외상매출금)　100,000

[13]　(차)　기타의대손상각비　1,000,000　(대)　단기대여금((주)대마)　1,000,000
　　　　　(영업외비용)

[14]　(차)　보통예금　95,000　(대)　외상매출금((주)서울)　100,000
　　　　　매출할인(상품매출)　5,000

[15]　(차)　보통예금　118,000　(대)　받을어음(서울상회)　120,000
　　　　　매출채권처분손실(영)　2,000
　　　☞ 할인액 : 120,000원 × 10% × 2개월 / 12개월 = 2,000원

[16]　－ 출장비 가지급시
　　　(차)　가지급금(홍길동)　100,000　(대)　현　　금　100,000
　　　－ 정산시
　　　(차)　여비교통비(제)　80,000　(대)　가지급금(홍길동)　100,000
　　　　　현　　금　20,000

[17]　(차)　선급금((주)서울)　300,000　(대)　현　　금　300,000

[18]　(차)　소 모 품　500,000　(대)　소모품비(제)　500,000

[19]　(차)　수선비(제)　50,000　(대)　원재료(타계정대체)　50,000

[20]　(차)　원재료　335,000　(대)　현　　금　335,000

[21]　(차)　재고자산감모손실(영)　120,000　(대)　상품(타계정대체)　120,000
　　　☞ 감모손실 = 단위당 취득가액 × 감모수량 = 12,000원 × 10개

[22]　(차)　투자부동산　10,500,000　(대)　현　　금　1,500,000
　　　　　　　　　　　　　　　미지급금((주)개발)　9,000,000

[23]　(차)　미수금((주)제주)　110,000　(대)　투자부동산　100,000
　　　　　　　　　　　　　　　투자자산처분익　10,000

[24]　(차)　차량운반구　2,050,000　(대)　미지급금(현대자동차)　2,000,000
　　　　　　　　　　　　　　　현　　금　50,000

[25]	(차)	건설중인자산	200,000	(대)	보통예금		200,000
[26]	(차)	토　지	11,000,000	(대)	보통예금		10,000,000
					현　금		1,000,000

☞ 건물이 있는 부지를 구입하고 **즉시 철거시 철거비용과 건물구입대금은 토지의 취득원가**로 처리한다.

[27]	(차)	감가상각누계액(건물)	8,000,000	(대)	건　물	10,000,000
		유형자산처분손실	5,000,000		현　금	3,000,000

☞ 사용중인 건물의 철거비용은 당기 비용화 한다.

[28]	(차)	토　지	10,100,000	(대)	보통예금	10,078,000
					예수금	22,000
[29]	(차)	개발비	1,000,000	(대)	보통예금	1,000,000
[30]	(차)	임차보증금(한성)	3,000,000	(대)	당좌예금	3,000,000
[31]	(차)	현　금	100,000	(대)	선수금	100,000

☞ 상품권 회수(재화 인도)시 수익으로 인식한다.

[32]	(차)	교육훈련비(제)	500,000	(대)	예수금	22,000
					보통예금	478,000
[33]	(차)	퇴직연금운용자산 (㈜국민증권)	150,000	(대)	이자수익	150,000
[34]	(차)	퇴직급여(제)	1,000,000	(대)	현　금	1,500,000
		퇴직급여(판)	500,000			
[35]	(차)	접대비(판)	100,000	(대)	미지급금(신한카드)	100,000
[36]	(차)	임금(제)	13,000	(대)	예수금	850
		급여(판)	12,000		현　금	24,150
[37]	(차)	예수금	850	(대)	현　금	1,150
		복리후생비(제)	170			
		복리후생비(판)	130			

☞ 국민연금과 건강보험료는 사업주와 종업원이 50:50으로 부담한다.

[38]	(차)	현　금	5,000,000	(대)	임대보증금((주)수원)	15,000,000
		미수금((주)수원)	10,000,000			
[39]	(차)	가수금	10,000	(대)	미수금((주)아산)	10,000

133

[40] (차) 퇴직급여충당부채   800,000   (대) 예 수 금   10,000
     퇴직급여(판)   200,000   보통예금   990,000

[41] (차) 당좌예금   9,300   (대) 사채   10,000
     사채할인발행차금   700
   ☞ **사채의 발행가액은 사채발행비를 차감**한 금액으로 한다. 따라서 본 문제는 할인발행에 해당한다.

[42] (차) 이월이익잉여금   15,000,000   (대) 미지급배당금   10,000,000
          미교부주식배당금   4,000,000
          이익준비금   1,000,000

[43] (차) 미지급배당금   10,000,000   (대) 예 수 금   1,540,000
          현 금   8,460,000

[44] (차) 미교부주식배당금   4,000,000   (대) 자 본 금   4,000,000
     주식발행초과금   150,000   현 금   150,000
   ☞ **신주발행비(주식할인발행차금)는 주식발행초과금이 있는 경우에 먼저 상계**한다.

[45] (차) 미지급배당금   3,000,000   (대) 현 금   3,000,000
   ☞ 주주총회 결의시 :
     (차) 중간배당금(이익잉여금) 3,000,000   (대) 미지급배당금 3,000,000

[46] (차) 당좌예금   4,850,000   (대) 자 본 금   5,000,000
     주식할인발행차금   150,000

[47] (차) 자 본 금   5,000,000   (대) 보통예금   4,000,000
          감자차익   1,000,000

[48] (차) 기계장치   7,000,000   (대) 자 본 금   5,000,000
          주식발행초과금   2,000,000

[49] (차) 보통예금   1,200,000   (대) 배당금수익   1,200,000

[50] (차) 보통예금   11,000,000   (대) 자기주식   10,000,000
          자기주식처분손실   300,000
          자기주식처분이익   700,000
   ☞ **자본조정을 우선 상계하고 잔액은 자본잉여금으로 계상**한다.(반대의 경우도 마찬가지이다.)

[51] (차) 복리후생비(제)   100,000   (대) 현 금   100,000

[52] (차) 여비교통비(판)   2,000,000   (대) 미지급금((신한카드)   2,000,000
   ☞ 항공료가 확정되었으므로 확정경비인 여비교통비로 처리해야 한다.

[53] (차) 수선비(제)   50,000   (대) 현   금   50,000

[54] (차) 세금과공과(판)   10,000   (대) 현   금   10,000

[55] (차) 기 부 금   100,000   (대) 현   금   100,000

[56] (차) 수도광열비(판)   350,000   (대) 보통예금   1,090,000
            가스수도료(제)   740,000

[57] (차) 단기차입금(LA은행)   1,100,000   (대) 현   금   1,200,000
            외환차손   100,000

[58] (차) 세금과공과(판)   10,000   (대) 보통예금   10,000
      ☞ 간주임대료에 대한 부가가치세는 부담하는 자의 비용(세금과공과)으로 처리한다.

[59] (차) 세금과공과(제)   57,000   (대) 현   금   93,000
            세금과공과(판)   36,000

[60] (차) 재해손실   1,000,000   (대) 제품(타계정대체)   1,000,000

[61] (차) 미수금(국민화재)   1,300,000   (대) 보험차익(보험금수익)   1,300,000
      ☞ 재해발생과 보험금확정은 별개의 거래로 보아 총액법으로 회계처리한다.

[62] (차) 세금과공과(판)   100,000   (대) 현   금   150,000
            수수료비용(판)   50,000

[63] (차) 전기오류수정손실(영)   1,000,000   (대) 받을어음((주)수원)   1,000,000
      ☞ 전기에 대손처리하여야 했으나, 당기에 발견된 것은 오류수정사항으로서 중대하지 않는 오류는 당기
        영업외손익으로 회계처리한다.

[64] (차) 부가세예수금   10,000   (대) 부가세대급금   8,000
                                              미지급세금   2,000

[65] (차) 보통예금   100,000   (대) 단기차입금(국민은행)   100,000
      ☞ 예금(자산)의 (-) 금액은 은행으로부터 차입한 것이다.

[66] (차) 가 수 금   100,000   (대) 선수금((주)인천)   30,000
                                              외상매출금((주)인천)   70,000

[67] (차) 단기대여금   100,000   (대) 외화환산이익   100,000
      ☞ 외화환산이익 : $1,000 × (1,100원 – 1,000원) = 100,000원

135

[68] (차) 선수수익   400,000   (대) (수입)임대료   400,000

    ☞ 9월1일 회계처리
      (차) 현   금   600,000   (대) 선수수익   600,000
      당기 수익(임대료) = 600,000 × 4개월/6개월 = 400,000원

[69] (차) 장기차입금(국민은행)   500,000   (대) 유동성장기부채(국민은행)   500,000

[70] (차) 단기매매증권평가손실   400,000   (대) 단기매매증권평가이익   100,000
                                             단기매매증권   300,000

    ☞ <u>단기매매증권평가익과 평가손은 원칙적으로 상계하지 않는 것이 원칙</u>이다.
      (주)일성 : 100주 × (16,000원 – 15,000원) = 100,000원 평가익
      (주)이성 : 200주 × (18,000원 – 20,000원) = –400,000원 평가손

[71] (차) 미수수익((주)서울)   900,000   (대) 이자수익   900,000
    ☞ 당기 이자수익 : 10,000,000 × 12% × 9개월/12개월 = 900,000원

[72] (차) 대손상각비(판)   200,000   (대) 대손충당금(외상)   50,000
                                             대손충당금(받을)   150,000
       기타의대손상각비(영)   100,000   대손충당금(미수금)   100,000
    ☞ 대손충당금(외상) : 10,000,000 × 1% – 50,000 = 50,000원
      대손충당금(받을) : 20,000,000 × 1% – 50,000 = 150,000원
      대손충당금(미수) : 25,000,000 × 1% – 150,000 = 100,000원

[73] (차) 퇴직급여(제)   5,000,000   (대) 퇴직급여충당부채   16,000,000
       퇴직급여(판)   11,000,000
    ☞ 퇴직급여부채충당부채 당기 설정금액은 보충법으로 회계처리 한다.

[74] (차) 무형자산상각비(판)   1,200,000   (대) 영업권   1,200,000
    ☞ <u>무형자산상각비 = 취득가액 / 내용연수 = 미상각잔액(장부가액) / 잔여내용년수</u>
      = 3,600,000 / 3년 = 1,200,000원

[75] (차) 보험료(제)   300,000   (대) 현금과부족   1,000,000
       선급비용   700,000

[76] (차) 법인세등   4,600,000   (대) 선납세금   1,000,000
                                    미지급세금   3,600,000

[77] (차) 감가상각누계액(기계)   1,400,000   (대) 기계장치   3,000,000
       기계장치   1,600,000
    ☞ <u>동종자산간의 교환</u>시 기계장치(신)의 <u>취득가액은 제공한 자산의 장부가액으로 처리</u>한다.

원가회계

로그인 에센스 전산회계 1급

원가회계는 전산회계1급부터 전산세무1급까지 매 시험마다 10점으로 배점되어 있습니다.

원가회계는 기본개념만 아셔도 높은 점수를 얻을 수 있습니다. 그리고 이것이 합격의 밑바탕이 됩니다. 원가의 기본개념에 집중적으로 공부하셔야 합니다. 그리고 제시된 해답처럼 그림이나 도표를 그려서 이해하시기 바랍니다. 여기에 제시된 계산문제만 이해하셔도 10점을 다 얻을 수 있습니다.

제1절   원가회계의 기초개념

1. 원가의 분류

(1) 원가의 행태(모양)

변동원가	**(순수)** **변동비**	조업도의 변동에 따라 총원가 비례하여 증감하는 원가 **(예) 직접재료비, 직접노무비**
	준변동비 (혼합원가)	**변동비와 고정비** 성격을 모두 가지고 있는 원가 (예) 전화요금, 전기료 등
고정원가	**(순수)** **고정비**	조업도의 변화에 관계없이 총원가 일정하게 발생하는 원가 (예) 감가상각비, 임차료, 건물보험료 등
	준고정비 (계단원가)	관련범위를 벗어나면 원가총액이 일정액만큼 증가 또는 감소하는 원가

〈변동비〉

〈준변동비(혼합원가)〉

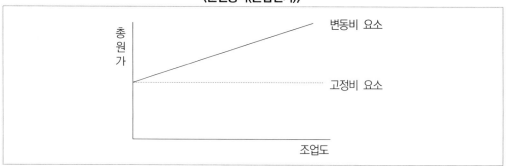

〈고정비〉

〈준고정비(계단원가)〉

(2) 추적가능성

직접원가	어떤 원가를 특정원가대상(제품)에 대해 **직접 추적**할 수 있는 원가 (예) 직접재료비, 직접노무비
간접원가	어떤 원가가 특정원가대상(제품)과 관련을 맺고 있다 하더라도 그 원가대상에 직접 대응 시킬 수 없는 원가 (예) 제조간접비-공장장 급여, 회계팀 인건비 등

(3) 제조활동과의 관련성

제조원가 (공장에서 발생)	직접재료비	특정제품에 직접적으로 추적할 수 있는 원재료 사용액
	직접노무비	특정제품에 직접적으로 추적할 수 있는 노동력의사용액
	제조간접비	직접재료비와 직접노무비를 제외한 모든 제조원가 **(변동제조간접비, 고정제조간접비)** (예) 간접재료비, 간접노무비, 간접경비
비제조원가 (기간비용)		기업의 제조활동과 관련 없이 발생하는 원가(예) 판매비와 관리비

〈기본원가와 가공원가〉

	제조원가 3요소 (총제조원가)	
기초원가 (기본원가)	직접재료비	
	직접노무비	가공원가(전환원가)*1
	제조간접비	

*1. 직접경비는 가공원가에 포함된다.

(4) 의사결정관련성 여부

관련원가	의사결정 대안간에 차이가 나는 원가로서 의사결정에 필요한 원가 ☞ **기회비용 : 여러 대안 중 어느 하나를 선택하고 다른 것을 포기한 결과 포기된 대안의 화폐적 가치(최대이익 또는 최소비용)**
매몰원가	과거의 의사결정으로 인하여 이미 발생한 원가로서 대안간에 차이가 발생하지 않는 원가 → **과거원가로서 현재 혹은 미래의 의사결정과 관련이 없는 비관련원가**

제2절　원가의 흐름

1. 제조기업의 원가 흐름 요약

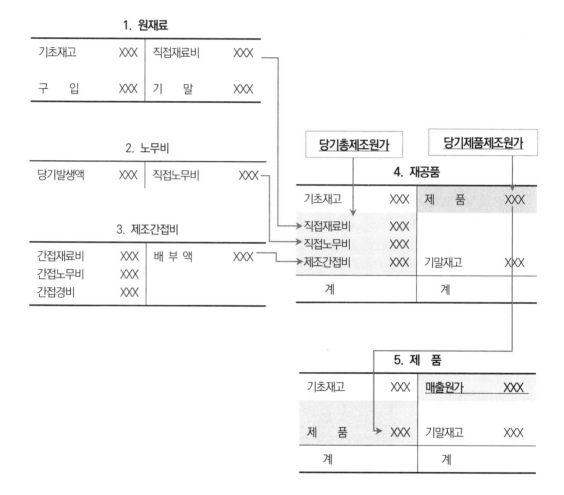

당기총제조원가 = 직접재료비 + 직접노무비 + 제조간접비
당기제품제조원가 = 기초재공품원가 + 당기총제조원가 - 기말재공품원가

〈노무비(경비) 발생액〉

노무비(경비)당기발생액 = ① 당기지급액 − ② 전기미지급액 − ③ 당기선급액 + ④ 당기미지급액
+ ⑤ 전기선급액

① 당기지급액	(차) 노 무 비(경비) ② 미지급비용(전기) ③ 선급비용(당기)	XXX XXX XXX	(대) 현　　　금	XXX
당기발생미지급분	(차) 노 무 비(경비)	XXX	(대) ④ 미지급비용(당기)	XXX
전기선급분	(차) 노 무 비(경비)	XXX	(대) ⑤ 선급비용(전기)	XXX

2. 제조원가명세서 및 손익계산서

제조원가명세서		손익계산서	
Ⅰ. 직접재료비	XXX	Ⅰ. 매출액	XXX
1. 기초원재료 재고액　XXX		Ⅱ. 매출원가	XXX
2. 당기원재료 매입액　XXX		1. 기초제품재고액　XXX	
3. 기말원재료 재고액　(XXX)		2. 당기제품제조원가　XXX	
Ⅱ. 직접노무비	XXX	3. 기말제품재고액　(XXX)	
Ⅲ. 제조간접비	XXX	Ⅲ. 매출총이익	XXX
Ⅳ. 당기총제조원가	XXX	Ⅳ. 판매비와관리비	XXX
Ⅴ. 기초재공품재고액	XXX	Ⅴ. 영업이익	XXX
Ⅵ. 합계	XXX	・	・
Ⅶ. 기말재공품재고액	(XXX)	・	・
Ⅷ. 당기제품제조원가	XXX	Ⅵ. 당기순이익	XXX

제조원가명세서(당기제품제조원가) : 원재료 + 재공품 T계정

손익계산서(매출원가) : 제품 T계정

연/습/문/제

O,X

01. 직접원가란 특정제품의 제조에만 소비되어 특정제품에 직접 추적하여 부과할 수 있는 원가이다.
( )

02. 제조원가명세서에서는 재공품과 제품계정의 변동사항이 나타난다. ( )

03. 관련범위 내에서 조업도가 감소함에 따라 총 변동비는 증가한다. ( )

04. 관련범위 내에서 조업도가 증가함에 따라 총 고정비는 일정하다.

05. 관련범위 내에서 조업도가 증가하더라도 단위당 고정비는 감소한다. ( )

06. 기회비용은 특정대안을 채택할 때 포기해야 하는 대안이 여러 개일 경우 이들 대안들의 효익 중 가장 작은 것이다. ( )

07. 준고정원가(계단원가)는 조업도와 무관하게 총원가가 일정하게 유지되다가, 일정조업도 이후 총원가가 증가한 후에 다시 일정하게 유지된다. ( )

08. 매몰원가는 과거의 의사결정의 결과로 이미 발생된 원가로서 현재의 의사결정에는 아무런 영향을 미치지 못하는 미래원가이다. ( )

09. 판매활동과 일반관리활동에서 발생하는 원가로서 제조활동과 직접적인 관련이 없는 원가를 비제조원가라 한다. ( )

10. 관련원가는 특정의사결정과 직접적으로 관련이 있는 원가로서 고려중인 대안들 간의 차이가 있는 과거원가이다. ( )

11. 제조원가명세서의 당기제품제조원가는 손익계산서의 당기제품제조원가에 계상된다. ( )

12. 손익계산서의 기말재공품의 원가는 재무상태표의 재공품계정으로 계상된다 ( )

13. 기초재공품액이 기말재공품액보다 더 큰 경우 당기총제조원가가 당기제품제조원가보다 크다. (   )

14. 기간원가란 제품생산과 관련없이 발생된 원가로써 발생된 기간에 비용으로 처리되는 원가를 말한다.
(   )

15. 기말재공품재고를 잘못 계산하여 수정할 경우 당기제품제조원가가 직접적으로 영향을 미친다.(   )

 주관식

01. 전력비에 대한 자료가 다음과 같다. 당월의 전력비 소비액은 얼마인가?

> - 당월지급액   5,000원
> - 당월선급액   3,000원
> - 전월미지급액   1,000원
> - 당월미지급액   4,000원
> - 전월선급액   2,000원

02. 다음의 자료에서 당기총제조원가를 구하시오?

> ㉠ 당기에 직접재료를 5,000,000원에 구입하였다.
> ㉡ 당기에 발생한 직접노무원가는 3,000,000원이다.
> ㉢ 제조간접원가는 2,000,000원이 발생하였다.
> ㉣ 기초원재료재고는 1,000,000원이고 기말원재료재고는 2,000,000원이다.

03. 아래 자료에 의하여 기본원가를 계산하시오.

> - 직 접 재 료 비 : 200,000원
> - 변동제조간접비 : 400,000원
> - 직 접 노 무 비 : 300,000원
> - 고정제조간접비 : 500,000원

04. 3번의 자료를 이용하여 가공원가를 구하시오.

05. 다음 자료를 이용하여 매출원가를 계산하면 얼마인가?

• 기초재공품재고액 :	400,000원	• 기말재공품재고액 :	600,000원
• 기초제품재고액 :	300,000원	• 기말제품재고액 :	500,000원
• 당기총제조원가 :	800,000원		

06. 다음의 자료에 의하여 당기총제조원가를 구하시오.

• 기초원재료 :	40,000원	• 당기매입원재료 :	400,000원
• 기말원재료 :	140,000원	• 직접노무비 :	3,000,000원
• 제조간접비 : 직접노무비의 30%			

07. 다음 원가계산자료 중 당기에 소요된 제조간접비 금액은 얼마인가?

• 직접재료비 :	3,000,000원	• 직접노무비 :	2,000,000원
• 기초재공품 :	2,000,000원	• 기말재공품 :	2,000,000원
• 당기제품제조원가 :	10,000,000원		

08. (주)로그인의 기말재공품계정은 기초재공품에 비하여 400,000원 증가하였다. 또한, 재공품 공정에 투입한 직접재료비와 직접노무비, 제조간접비의 비율이 1:2:3이었다. (주)로그인의 당기제품제조원가가 800,000원이라면, 재공품에 투입한 직접노무비는 얼마인가?

09. 제품의 제조와 매출에 관련된 자료가 다음과 같은 경우, 영업이익률은 얼마인가?

• 매출액 :	1,000,000원	• 기초제품재고액 :	240,000원
• 기말제품재고액 :	300,000원	• 판매비와관리비 :	160,000원
• 당기총제조원가 :	500,000원	• 기초재공품 :	30,000원
• 기말재공품 :	30,000원		

10. 다음 자료에 의한 제조간접비를 구하시오.

• 기초원재료 :	100,000원	• 당기매입원재료 :	500,000원
• 기말원재료 :	200,000원	• 직접노무비 :	1,000,000원
• 기초재공품 :	1,000,000원	• 기말재공품 :	1,100,000원
• 당기제품제조원가 :	2,900,000원		

연/습/문/제 답안

🔑 O, X

1	2	3	4	5	6	7	8	9	10	11	12	13	14	15
○	×	×	○	○	×	○	×	○	×	○	×	×	○	○

[풀이-O,X]

02. <u>제조원가명세서는 원재료와 재공품계정의 변동사항</u>이 나타난다.

03. 조업도가 감소시 총변동비는 감소한다.

06. 기회비용은 특정대안을 채택할 때 포기해야 하는 대안이 여러 개일 경우 이들 <u>대안들의 효익 중 가장 큰 것</u>이다.

08. <u>매몰원가는 과거원가</u>이다.

10. 의사결정에 필요한 관련원가는 미래원가이다.

12. 기말재공품은 제조원가명세서에 나타난다.

13. 당기제품제조원가가 당기총제조원가보다 크다.

🔑 주관식

1	7,000원	**2**	9,000,000원	**3**	500,000원
4	1,200,000원	**5**	400,000원	**6**	4,200,000원
7	5,000,000원	**8**	400,000원	**9**	40%
10	1,600,000원				

[풀이-주관식]

01. 당월지급액 + 당월미지급액 - 당월선급액 + 전월선급액 - 전월미지급액

  5,000원 + 4,000원 - 3,000원 + 2,000원 - 1,000원 = 7,000원

02.

원재료			
기초	1,000,000	*직접재료비*	*4,000,000*
구입	5,000,000	기말	2,000,000
계	6,000,000	계	6,000,000

당기총제조원가
= 직접재료원가+직접노무원가+제조간접원가
=4,000,000 + 3,000,000+ 2,000,000
= 9,000,000원

03. 기본원가=직접재료비 + 직접노무비= 200,000+300,000=500,000원

04. 가공원가=직접노무비 + 제조간접비(변동 + 고정)=300,000+(400,000+500,000)=1,200,000원

05.

재공품			
기초	400,000	당기제품제조원가	600,000
당기총제조원가	800,000	기말	600,000
계	1,200,000	계	1,200,000

⇒

제 품			
기초	300,000	*매출원가*	*400,000*
당기제품제조원가	600,000	기말	500,000
계	900,000	계	900,000

06.

원재료			
기초재고	40,000	직접재료비	300,000
구입	400,000	기말재고	140,000
계	440,000	계	440,000

  당기총제조원가 : 300,000원 + 3,000,000원 + (3,000,000원×30%) = 4,200,000원

07.

재공품			
기초재고	2,000,000	당기제품제조원가	10,000,000
직접재료비	3,000,000		
직접노무비	2,000,000		
제조간접비	*5,000,000*	기말재고	2,000,000
계	12,000,000	계	12,000,000

08.

재공품

기초재고	0	당기제품제조원가	800,000
직접재료비	1A		
직접노무비	2A		
제조간접비	3A	기말재고	+400,000
계	6A	계	1,200,000

6A = 1,200,000원   따라서 A = 200,000원

직접노무비 = 2A = 400,000원

09.

재공품

기초	30,000	당기제품제조원가	500,000
당기총제조원가	500,000	기말	30,000
계	530,000	계	530,000

⇒

제 품

기초	240,000	매출원가	440,000
당기제품제조원가	500,000	기말	300,000
계	740,000	계	740,000

손익계산서

1.(순)매출액	1,000,000	100%
2.매출원가	440,000	44%
3.매출이익(1-2)	560,000	56%
4.판관비	160,000	16%
5.영업이익(3-4)	400,000	40%

영업이익율=영업이익/매출액

10.

원재료

기초재고	100,000	직접재료비	400,000
매입	500,000	기말재고	200,000
계	600,000	계	600,000

재공품

기초재고	1,000,000	당기제품제조원가	2,900,000
직접재료비	400,000		
직접노무비	1,000,000		
제조간접비(?)	1,600,000	기말재고	1,100,000
계	4,000,000	계	4,000,000

제3절 원가계산

1. 원가계산의 절차

원가계산이란 제품생산에 투입된 가치를 제품 단위당 배부, 계산, 집계하는 절차를 말한다.

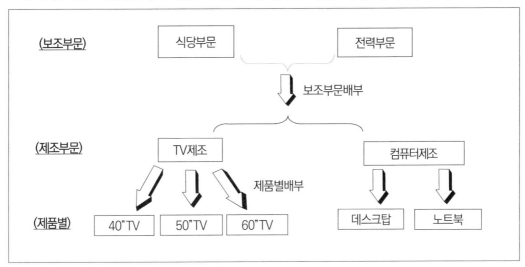

1. 요소별 원가계산	재료비, 노무비, 경비의 세가지 요소로 분류하여 집계
2. 부문별 원가계산	요소별로 파악된 원가를 발생장소인 부문별로 분류하여 집계
3. 제품별 원가계산	요소별, 부문별원가계산에서 집계한 원가를 각 제품별로 집계하는 절차

2. 원가계산의 종류 : 상이한 목적에 따라 상이한 원가가 사용

생산형태	원가계산의 범위	원가측정방법
개별원가계산	전부원가계산 (제품원가 : 제조원가)	**실제원가계산 (실제발생액)**
		정상원가계산 (제조간접비예정배부)
종합원가계산	변동원가계산 (제품원가 : **변동비 : 직접재료비＋직 접노무비＋변동제조간접비)**	표준원가계산 (직재, 직노, 제간 표준설정)

3. 부문별 원가계산

제1단계	부문직접비를 각 부문에 부과
제2단계	부문간접비를 일정한 배부기준*(인과관계기준)*에 따라 각 부문에 배부
제3단계	보조부문비를 일정한 배부기준*(인과관계기준)*에 따라 제조부문에 배부
제4단계	제조부문비를 각 제품에 부과

보조부문 ⟶ **제조부문** ⤳ **제 품**

제조부문을 통한 **간접적인 인과관계 형성**

(1) 부문간접비(공통원가)의 배부기준-인과관계기준

부문공통비	배부기준
건물감가상각비	**점유면적**
전력비	전력사용량
임차료, 재산세, 건물보험료	점유면적
수선유지비	수선작업시간

(2) 보조부문원가를 제조부문에 배분-인과관계기준

보조부문원가	배부기준
공장인사관리부문	종업원수
전력부문	전력사용량
용수부문	용수 소비량
식당부문	종업원수
구매부문	주문횟수/주문금액

4. 보조부문원가의 배분

1. 보조부문 상호간의 용역 수수 고려	1. 직접배분법	직접 제조부문에만 배부
	2. 단계배분법	보조부문원가를 **배분순서를 정하여** 그 순서에 따라 단계적으로 다른 보조부문과 제조부문에 배분하는 방법
	3. 상호배분법	보조부문 간의 **상호 관련성을 모두 고려**하여 다른 보조부문과 제조부문에 배부하는 방법
2. 원가행태에 의한 배분	1. 단일배분율	모든 보조부문의 원가를 하나의 기준에 따라 배분하는 방법
	2. 이중배분율	보조부문의 원가를 원가행태에 따라 고정비와 변동비로 분류하여 각각 다른 배부기준 적용 1. **변동비 : 실제사용량** 2. **고정비 : 최대사용가능량**

(1) 직접배분법

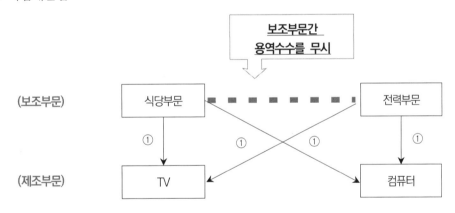

(2) 단계배분법 : 보조부문간의 배부순서를 정한다.

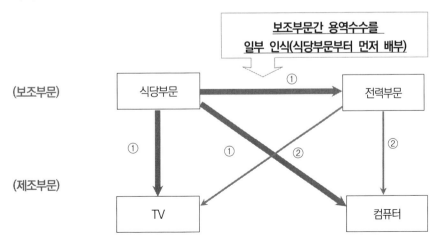

(3) 상호배분법

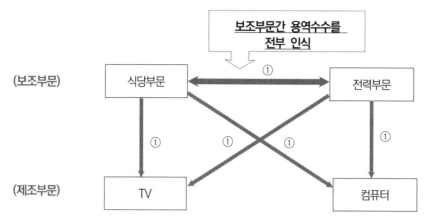

(4) 각 방법 비교

구　분	직접배분법	단계배분법	상호배분법
보조부문간 용역수수관계	전혀 인식하지 않음	일부만 인식	전부인식
장점	간편	–	정확
단점	부정확	–	복잡

연/습/문/제

O,X

01. 직접배부법과 상호배부법은 보조부문 상호간의 용역제공관계를 고려한다. ( )

02. 보조부문 배부방법에 따라 제품별 이익이 달라지나, 회사 총이익은 같다. ( )

03. 어떤 방법을 사용하더라도 보조부문비 총액은 모두 제조부문에 배부된다. ( )

04. 재산세는 과세물건(건축물)의 가액으로 과세되므로, 각 제품생산라인이 차지하는 연면적비율로 배부하는 것이 가장 합리적인 방법이다. ( )

05. 단계배분법은 보조부문의 배부순서에 따라 제품의 배부액은 동일하다. ( )

06. 일반적인 제조기업의 원가흐름은 부문별 원가계산 → 요소별 원가계산 → 제품별 원가계산 순으로 구성된다. ( )

07. 단계배부법은 보조부문 상호간의 용역수수를 일부 고려하는 방법이다. ( )

08. 보조부문원가의 배부의 정확성은 직접배부법 〉 단계배부법 〉 상호배부법 순으로 나타난다. ( )

09. 보조부문원가를 변동원가와 고정원가로 구분하여 각각 다른 배분기준을 적용하여 배분하는 방법이 이중배분율법이다. ( )

10. 보조부문 상호간의 용역수수관계가 중요하지 않는 경우에 가장 시간과 비용을 절약할 수 있는 원가배분 방법은 상호배분법이다. ( )

11. 이중배분율법에 직접배분법, 단계배분법, 상호배분법을 적용할 수 없다. ( )

12. 이중배분율법은 원가행태(변동비,고정비)에 따라 배부기준을 달리 적용한다. ( )

13. 정상원가계산은 직접재료비, 직접노무비, 제조간접비를 실제원가로 측정하는 방법이다. ( )

14. 단계배부법을 사용하는 경우 가장 먼저 배부되는 보조부문 원가는 다른 보조부문에도 배부될 수 있다.

(　　)

15. 제조간접비(공통비)의 배부기준을 정할 때 고려해야 되는 요소로서 다음 중 가장 합리적이고, 우선적으로 적용되어야 하는 요소는 인과관계이다.

(　　)

 주관식

01. 직접배부법을 이용하여 보조부문 제조간접비를 제조부문에 배부하고자 한다. 각 부문별 원가발생액과 보조부문의 용역공급이 다음과 같은 경우 전력부문에서 절단부문으로 배부될 제조간접비는 얼마인가?

구　분	보조부문		제조부문	
	전력부문	수선부문	조립부문	절단부문
자기부문원가(원)	300,000	300,000	200,000	300,000
전력부문 동력공급(kw)	–	150	300	150
수선부문 수선공급(시간)	24	–	24	24

02. 제조부문(조립,절단) 과 보조부문(식당, 전력)이 있다. 각 부문의 용역수수관계와 제조간접비 발생원가가 다음과 같다. 직접배부법에 의해 보조부문의 제조간접비를 배부한다면 절단부문의 총제조간접비를 구하시오.

	보조부문		제조부문		
	식당	전력	조립	절단	합　계
자기부문발생액	100,000원	300,000원	300,000원	200,000원	900,000원
[용역공급비율]					
식당	10%	20%	35%	35%	100%
전력	20%	30%	30%	20%	100%

03. 단계배부법을 이용하여 보조부문 제조간접비를 제조부문에 배부하고자 한다. 각 부문별 원가발생액과 보조부문의 용역공급이 다음과 같을 경우 수선부문에서 절단부문으로 배부될 제조간접비는 얼마인가? (단, 전력부문부터 배부한다고 가정함)

구 분	보조부문		제조부문	
	전력부문	수선부문	조립부문	절단부문
자기부문 제조간접비	200,000원	360,000원	200,000원	400,000원
전력부문 동력공급	–	20%	60%	20%
수선부문 수선공급	50%	–	10%	40%

연/습/문/제 답안

🔑 O,X

1	2	3	4	5	6	7	8	9	10	11	12	13	14	15
×	○	○	○	×	×	○	×	○	×	×	○	×	○	○

[풀이-O,X]

01. 직접배부법은 보조부문상호간의 용역제공관계를 무시한다.

05. 순서에 따라 배부액은 달라진다.

06. **요소별 원가계산 → 부문별 원가계산 → 제품별 원가계산**

08. 계산의 정확성은 직접배부법 〈 단계배부법 〈 상호배부법

10. **직접배분법이 가장 간단한 방법**이다.

11. 이중배분율법과 보조부문원가 배분방법은 같이 사용할 수 있다.

13. 정상원가는 직접재료비와 직접노무비는 실제원가로 **제조간접비는 예정(추정)배부하는 원가계산**이다.

🔑 주관식

1	100,000원	**2**	370,000원	**3**	320,000원

[풀이-주관식]

01.

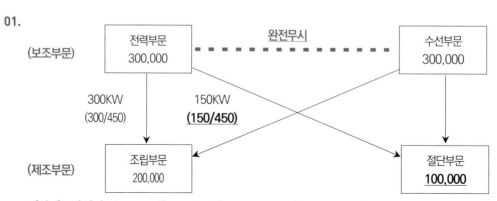

배부제조간접비 =300,000원 × 150kW/(300kW + 150kW) = 100,000원

02.

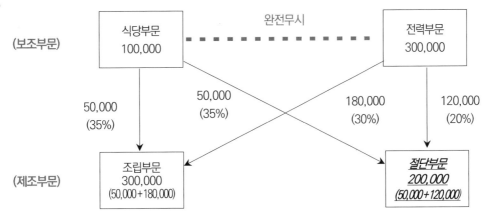

$$절단부문의\ 제조간접비=자체제조간접비+식당배부제조간접비+전력배부제조간접비$$
$$=200,000+50,000+120,000=370,000원$$

☞식당에서 식당으로의 용역공급을 자기부문 소비용역이라 하는데 배부시 고려할 필요가 없다.

03.

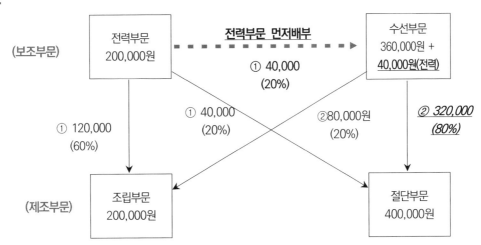

	보조부문		제조부문	
	전력	수선	조립	절단
배분전 원가	200,000	360,000	200,000	400,000
전력(20% : 60% : 20%)	(200,000)	40,000	120,000	40,000
수선(0 : 10% : 40%)	–	(400,000)	80,000	*320,000*
보조부문 배부후 원가			400,000	760,000

제4절 개별원가계산

1. 개별원가계산의 절차

① 개별작업에 대한 제조직접비(직접노무비, 직접재료비)를 직접부과
② 개별작업에 대한 제조간접비 집계
③ 제조간접비 배부기준율 설정
④ 배부기준율(공장전체,부문별)에 따라 제조간접비의 배분

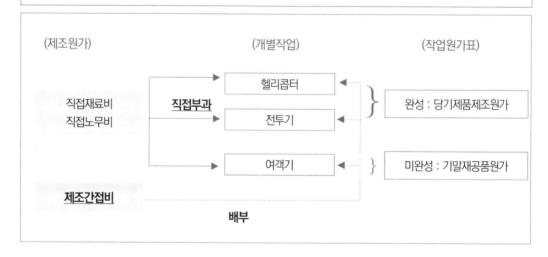

2. 제조간접비 배부방법

제조간접비 배부율 = 제조간접비 / 배부기준 합계
제조간접비 배부액 = 배부기준 × 제조간접비 배부율

(1) 공장전체 제조간접비 배부율

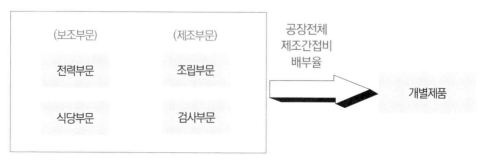

(2) 부문별 제조간접비 배부율

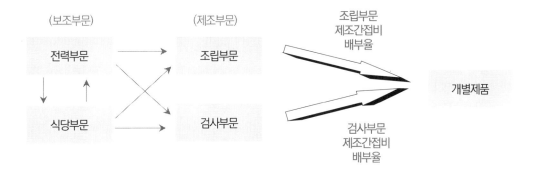

3. 실제개별원가계산 VS 정상개별원가계산

	실제개별원가계산	정상개별원가계산
직접재료비	실제발생액	실제발생액
직접노무비	실제발생액	실제발생액
제조간접비	**실제발생액** **(실제조업도×실제배부율)**	**예정배부액** **(실제조업도×예정배부율)**

(1) 실제개별원가계산

개별작업에 직접재료비와 직접노무비를 실제원가로 추적·부과하고 제조간접비를 실제배부율에 의하여 각 개별작업에 배부하는 원가계산방법이다.

> ① 제조간접비 실제배부율 = 실제제조간접비 합계/실제조업도
> ② 제조간접비 배부액 = 개별작업의 실제조업도 × 제조간접비 실제배부율

〈단점〉

① 실제제조간접비가 기말에 집계되므로 원가계산이 기말까지 지체되므로 **원가계산이 지연된다.**
② 조업도가 월별·계절별로 차이가 나면 **제품단위당 원가가 월별·계절별로 달라진다.**

(2) 정상개별원가계산

실제개별원가계산의 문제점(**①원가계산지연 ②제품단위당 원가 변동**)을 극복하고자 제조간접비를 **예정(추정)배부하는 원가계산**이다.

〈정상원가 계산절차〉

1. **기초에 예정배부율 산출**
   제조간접비 예정배부율＝제조간접비 예산액/예정조업도(기준조업도)
2. **기중에 실제 조업도에 따라 배부**
   ① **제조간접비 예정배부액＝개별작업의 실제조업도×제조간접비 예정배부율**
   ② 제조간접비 실제발생액 집계
   ③ 제조간접비 배부차이 집계
3. **기말에 제조간접비 배부차이를 조정**

〈과대배부와 과소배부〉

㉠ 과대배부 : 실제발생액 〈 예정배부액

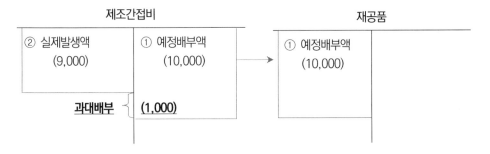

㉡ 과소배부 : 실제발생액 〉 예정배부액

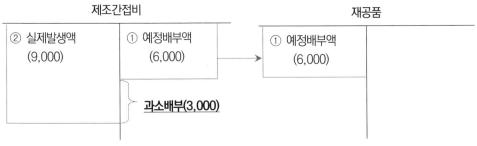

㉢ 제조간접비 배부차이 조정

무배분법	1. 매출원가조정법
	2. 영업외손익조정법
비례배분법	3. 총원가기준비례배분법 : 기말재공품, 기말제품, 매출원가의 기말잔액 비율에 따라 배분
	4. 원가요소별비례배분법 : 기말재공품, 기말제품, 매출원가에 포함된 제조간접비 비율에 따라 배분 → 가장 정확하다.

연/습/문/제

 O,X

01. 개별원가계산은 제품원가를 개별작업별로 구분하여 집계한 다음, 이를 그 작업의 생산량으로 나누어서 제품 단위당 원가를 계산한다. （　　）

02. 개별원가계산은 소품종 대량연속생산하는 업종에 적합하다. （　　）

03. 개별원가계산의 실제배부율과 예정배부율의 구분은 제조간접비와 관련된 문제이다. （　　）

04. 공장전체 제조간접비 배분율을 사용하는 것이 부문별 제조간접비 배분율 보다 더 정확하다. （　　）

05. 제조간접비 배부방법 중 예정배부법은 제조간접비 실제발생 총액이 집계되어야 하므로 원가계산시점이 지연되는 단점이 있다. （　　）

06. 제조간접비의 예정배부액이 실제발생액보다 큰 경우에는 과대배부로 불리한 차이를 가져온다.（　　）

07. 개별원가계산 작업원가표를 근거로 하여 원가계산을 한다. （　　）

08. 제조간접비의 예정배부액이 실제 발생액보다 작은 경우가 발생할 수 있으며, 이때에는 과소배부액이 발생한다. （　　）

09. 개별원가계산의 경우에는 제조간접비의 배분이 매우 중요하다. （　　）

10. 개별원가계산은 제품별로 손익분석 및 계산이 용이하다. （　　）

주관식

01. 다음 자료에 의해 작업지시서 No.1의 제조간접비 배부액(기계시간 기준)을 계산하시오.

	공장전체발생원가	**작업지시서 No.1**
직접재료비	1,000,000원	300,000원
직접노무비	2,000,000원	400,000원
기계시간	100시간	15시간
제조간접비	300,000원	( )

02. 1번자료를 활용하여 작업지시서 No.1의 제조간접비 배부액(직접노무비 기준)을 계산하시오.

03. 1번자료를 활용하여 작업지시서 No.1의 제조간접비 배부액(직접원가 기준)을 계산하시오.

04. 개별원가계산을 하고 있는 ㈜로그인의 4월의 제조지시서와 원가자료는 다음과 같다.

	제조지시서	
	#101	#102
생 산 량	1,000단위	1,000단위
직 접 노 동 시 간	500시간	400시간
직 접 재 료 비	1,500,000원	1,400,000원
직 접 노 무 비	2,800,000원	2,500,000원

4월의 실제 제조간접비 총액은 2,800,000원이고, 제조간접비는 직접노동시간당 3,000원의 배부율로 예정배부되며, 제조지시서 #101은 4월중 완성되었고, #102는 미완성상태이다. 다음을 계산하시오.

① 제품(완성품)의 제조원가

② 제품의 단위당 원가

③ 재공품의 가액

05. 제조간접비를 직접노동시간을 기준으로 하여 배부하고 있다. 다음 자료에 의하여 9월의 제조간접비 배부차이를 구하면?

• 제조간접비 예산 : 6,000,000원	• 예상직접노동시간 : 120,000시간
• 9월 직접노동시간 : 15,000시간	• 9월 실제 제조간접비 발생액 : 1,000,000원

06. (주)로그인은 제조간접비를 직접노무시간을 기준으로 배부하고 있다. 당해 제조간접비 배부차이는 100,000원이 과대배부되었다. 당기말 현재 실제제조간접비발생액은 500,000원이고, 실제직접노무시간이 20,000시간일 경우 예정배부율은 얼마인가?

07. 선박제조와 관련하여 5월 중에 발생한 원가자료는 다음과 같다. 각 선박별 당기총제조원가는 얼마인가?

	A선박	B선박	C선박	합 계
직접재료비	30,000원	30,000원	40,000원	100,000원
직접노무비	60,000원	40,000원	100,000원	200,000원

- 5월 중에 제조간접비 발생액은 300,000원이다. 회사는 직접노무비를 기준으로 제조간접비를 배부한다.

08. 한국전자는 제조간접비를 직접노무시간을 기준으로 예정배부하고 있다. 당해 연도 초의 예상직접노무시간은 10,500시간이다. 당기 말 현재 실제제조간접비 발생액이 2,000,000원이고 실제 직접노무시간이 11,000시간일 때 제조간접비 배부차이가 200,000원 과대배부된 경우 당해 연도초의 제조간접비 예산은 얼마였는가?

연/습/문/제 답안

🔑 O,X

1	2	3	4	5	6	7	8	9	10
○	×	○	×	×	×	○	○	○	○

[풀이-O,X]

02. 개별원가계산은 **다품종 소량주문생산하는 업종**에 적합하다.

04. 부문별 제조간접비 배분율을 사용하는 것이 공장전체 제조간접비 배분율 적용보다 더 정확하다.

05. **예정배부법**은 제조간접비를 예정배부하기 때문에 **원가계산이 빠르게 계산**된다.

06. 예정배부액〉실제배부액 → 과대배부 → 유리한 차이(영업이익 증가)

○━ 주관식

1	45,000원	2	60,000원	3	70,000원
4	〈해설참고〉	5	과소배부 250,000원	6	30원/직접노무시간
7	〈해설참고〉	8	2,100,000원		

[풀이-주관식]

01. 기계시간 기준

제조간접비 배부율 = 300,000원/100시간 = 3,000원/기계시간

제조간접비 배부액 = 15시간×3,000원/기계시간 = 45,000원

02. 직접노무비 기준

제조간접비 배부율 = 300,000원/2,000,000원 = 0.15원/직접노무비

제조간접비 배부액 = 400,000원×0.15원/직접노무비 = 60,000원

03. 직접원가 기준

공장 전체 직접원가 = 공장전체(직접재료비 + 직접노무비) = 1,000,000 + 2,000,000 = 3,000,000원

제조간접비 배부율 = 제조간접비/직접원가 = 300,000원/3,000,000원 = 0.1원/직접원가

제조간접비 배부액 = (300,000원 + 400,000원)×0.1원/직접원가 = 70,000원

04.

	제조지시서	
	#101(완성품)	#102(재공품)
생 산 량	1,000단위	1,000단위
직접노동시간	500시간	400시간
직접재료비	1,500,000원	1,400,000원
직접노무비	2,800,000원	2,500,000원
예정배부제조간접비	500시간×3,000원 =1,500,000원	400시간×3,000원 1,200,000원
제조원가(직재＋직노＋제간)	①5,800,000원	③5,100,000원
제품단위당원가	③5,800원(①/1,000단위)	

05. 제조간접비예정배부율= 6,000,000원/120,000시간 = 50원/직접노동시간

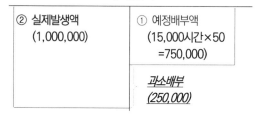

제조간접비

② 실제발생액 (1,000,000)	① 예정배부액 (15,000시간×50 =750,000)
	과소배부 *(250,000)*

06.

제조간접비

② 실제발생액 500,000원	① 예정배부액 600,000
과대배부 ┤	100,000원

예정배부액 = 실제발생액 + 과대배부액
= 600,000원

예정배부액(600,000)=예정배부율×실제조업도(20,000시간)

예정배부율=30 원/직접노무시간

07. 실제배부율(직접노무비)=300,000/200,000=1.5원/직접노무비

	A선박	B선박	C선박	합 계
직접재료비	30,000원	30,000원	40,000원	100,000원
직접노무비	60,000원(30%)	40,000원(20%)	100,000원(50%)	200,000원
제조간접비	*90,000원*	*60,000원*	*150,000원*	300,000원
총제조원가	*180,000원*	*130,000원*	*290,000원*	

08.

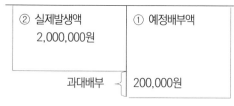

제조간접비

② 실제발생액 2,000,000원	① 예정배부액
과대배부 ┤	200,000원

예정배부액 = 실제발생액 + 과대배부액
= 2,200,000원

제조간접비 예정배부율 = 2,200,000원 ÷ 11,000 직접노무시간 = 200원

제조간접비 예산 = 10,500직접노무시간 × 200원/직접노무시간=2,100,000원

제5절 종합원가계산

1. 종합계산의 의의 및 절차

종합원가계산은 **공정별로 원가계산**을 하는데 흐름은 다음과 같다.

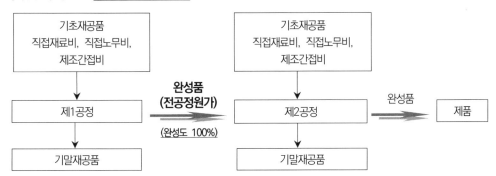

2. 종합원가계산의 종류

단순종합원가계산 (단일공정종합원가계산)	단일제품, 단일공정을 통하여 연속적으로 생산하는 형태의 원가계산방법. (예 : 얼음제조업)
공정별종합원가계산	동일 종류의 제품을 두 개 이상의 제조공정을 거쳐 연속적으로 대량생산하고 있는 경영에서 사용되는 원가계산방법(제지업, 제당업 등)
조별종합원가계산	제품의 종류마다 조를 설정하여 조별로 종합원가계산을 하는 방법(통조림제조, 자동차제조)
등급별종합원가계산	품질, 모양, 크기, 무게 등이 서로 다른 제품을 생산하는 기업에서 사용하는 원가계산방법.(예 : 양조업, 제화업, 정유업)

3. 종합원가계산의 절차

〈1단계〉 물량흐름파악

〈2단계〉 완성품환산량 계산

〈3단계〉 배분할 원가 요약(원가요소별로 기초재공품원가와 당기발생원가의 파악)

〈4단계〉 완성품환산량당 단위당 원가계산

〈5단계〉 완성품원가와 기말재공품원가 계산

4. 완성품환산량

완성품환산량이란 각 공정에서 수행한 총작업량을 완성품 기준으로 변형하는 경우에 환산되는 완성품의 수량을 의미한다. 즉 공정에서 수행한 작업량을 완성품 기준으로 변형한 가상적인 수치가 완성품 환산량이다.

> **완성품환산량＝수량 × 완성도(진척도)**
> 완성도는 원가요소별(주로 재료비, 가공비)로 파악되어야 함

재 공 품				완성도	완성품환산량
기초재공품	100개	완성품	250개	100%	250개(250개 × 100%)
당기투입	200개	기말재공품	50개	50%	25개(50개 × 50%)
계	300개	계	300개		275개

5. 원가흐름가정

(1) 평균법

재공품(평균법)

기초재공품	XXX	완성품	XXX
당기투입	XXX	기말재공품	XXX
계	XXX	계	XXX

**기초재공품원가＋
당기투입원가를 평균화**

(2) 선입선출법

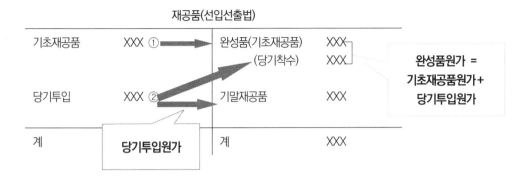

재공품(선입선출법)

기초재공품	XXX ① →	완성품(기초재공품)	XXX
		(당기착수)	XXX
당기투입	XXX ②	기말재공품	XXX
계	당기투입원가	계	XXX

완성품원가 =
기초재공품원가+
당기투입원가

6. 완성품환산량계산(평균법, 선입선출법)

① 기초재공품 : 1,000개(가공비 진척도 40%)

② 당기투입량 : 7,000개

③ 기말재공품 : 2,000개(가공비진척도 25%)

④ **재료비는 공정초에 투입되고 가공비는 공정전반에 걸쳐 균등하게 발생**한다.

〈선입선출법과 평균법의 물량흐름〉

재료비와 가공비로 나누는 이유는 투입시점이 다르기 때문에 구분한다.

① 평균법 : 기초재공품은 당기에 착수한 것으로 가정한다.

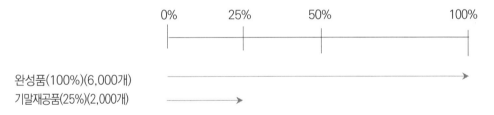

완성품(100%)(6,000개)

기말재공품(25%)(2,000개)

② 평균법에 의한 완성품환산량

〈1단계〉 물량흐름파악				〈2단계〉 완성품환산량 계산	
평균법				재료비	가공비
기초재공품	1,000(40%)	완성품	6,000(100%)	6,000	6,000
당기투입	7,000	기말재공품	2,000(25%)	2,000	500
계	8,000	계	8,000	**8,000**	**6,500**

③ 선입선출법 : **완성품을 기초재공품과 당기투입 완성분으로 나누어 계산한다.**

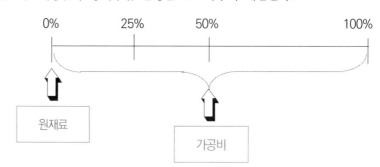

∴ 완성품

  – **기초재공품(60%)(1,000개)**   --------------------------------------➤

  – 당기투입완성(100%)(5,000개)   --------------------------------------➤

∴ 기말재공품(25%)(2,000개)   ----------------➤

④ 선입선출법에 의한 완성품환산량

〈1단계〉 물량흐름파악				〈2단계〉 완성품환산량 계산	
선입선출법				재료비	가공비
기초재공품	1,000(40%)	완성품	6,000		
		기초재공품	**1,000(60%)**	0	600
		당기투입분	**5,000(100%)**	5,000	5,000
당기투입	7,000	기말재공품	2,000(25%)	2,000	500
계	8,000	계	8,000	7,000	6,100
		평균법－선입선출법		1,000	400

선입선출법과 평균법의 수량차이는 **기초재공품의 완성품 환산량차**이다.

> **기초재공품의 완성품 환산량** : 재료비 1,000×100% = 1,000개
> 가공비 1,000× 40% = 400개

> **완성품환산량(평균법) = 완성품환산량(선입선출법) + 기초재공품의 완성품 환산량**

7. 공손 : 정상품에 비하여 품질이나 규격이 미달되는 불합격품

작업폐물(SCRAP)이란 투입된 원재료로부터 발생하는 찌꺼기나 조각을 말하며, 판매가치가 상대적으로 작은 것을 말한다. (예 :가죽가방 가공시 남는 가죽조각)

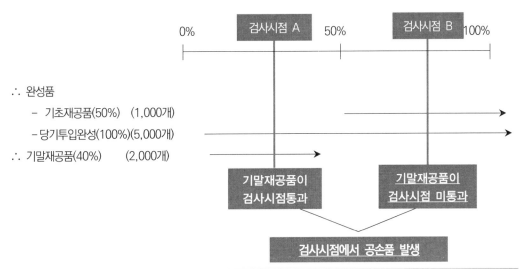

∴ 완성품
- 기초재공품(50%) (1,000개)
- 당기투입완성(100%)(5,000개)

∴ 기말재공품(40%) (2,000개)

정상공손원가	제조 원가	기말재공품이 **검사시점 통과**	완성품과 기말재공품에 배부
		기말재공품이 **검사시점 미통과**	완성품에만 배부
비정상공손원가	영업외비용		

8. 개별원가계산 VS 종합원가계산

구 분	개별(작업별)원가계산	종합(공정별)원가계산
적 용 생 산 형 태	**주문생산(다품종소량생산)**	**대량연속생산(소품종대량생산)**
업 종	조선업, 건설업, 항공기제조업	자동차, 전자제품, 정유업
원 가 계 산	**작업별원가계산** (제조지시서, 작업원가표)	**공정별원가계산** (제조원가보고서)
특 징	1. **정확한 원가계산** 2. 시간과 비용이 과대(직·간접비 구분) 3. **핵심과제 : 제조간접비 배부**	1. **지나친 단순화로 정확도가 떨어진다.** 2. 시간과 비용이 절약(투입시점에 따라 원가구분) 3. **핵심과제 : 완성품환산량**

연/습/문/제

 O,X

01. 종합원가계산의 핵심과제는 완성품환산량을 계산하는 것이다. ( )

02. 공손품이란 원재료를 가공하는 과정에서 발생하는 매각 또는 이용가치가 있는 폐물을 말한다.
( )

03. 종합원가계산은 원가를 직접비와 간접비로 구분하나, 개별원가계산은 재료비와 가공비로 구분한다.
( )

04. 개별원가계산은 다품종 소량주문생산, 종합원가계산은 동종의 유사제품을 대량생산하는 업종에 적합하다.
( )

05. 개별원가계산은 각 작업별로 원가를 집계하나 종합원가계산은 공정별로 원가를 집계한다.
( )

06. 개별원가계산은 건설업, 조선업에 적합하며 종합원가계산은 전자제품업, 정유업, 시멘트산업에 적합하다.
( )

07. 동종의 유사제품을 대량 생산하는 경우 개별원가계산을 적용한다. ( )

08. 선입선출법은 전기와 당기발생원가를 구분하지 않고 모두 당기발생원가로 가정하여 계산한다.
( )

09. 종합원가계산에서 재료비와 가공비의 완성도에 관계없이 완성품환산량의 완성도가 항상 가장 높은 것은 전공정원가이다. ( )

10. 종합원가계산에서 완성품환산량을 계산할 때 일반적으로 재료비와 가공비로 구분하여 원가요소별로 계산하는 가장 올바른 이유 투입시점이 다르기 때문이다. ( )

11. 기말재공품이 없는 경우 제조원가는 평균법과 동일하게 계산된다. ( )

12. 선입선출법은 전기의 성과를 고려하지 않으므로 계획과 통제 및 성과평가목적에는 부합하지 않는다.
( )

13. 종합원가계산은 제조지시서별로 개별원가계산표를 작성하며, 개별원가계산은 공정별로 제조원가보고서를 작성한다. ( )

14. 개별원가는 원가를 직접비와 간접비로 구분하여 시간과 비용이 과다 소요되나, 종합원가는 지나친 단순화로 정확도가 떨어진다. ( )

15. 기말재공품에 대하여 불량품 검사를 하였을 경우에 비정상공손원가는 기말재공품에도 배부하여야 한다.
( )

주관식

01. (주)로그인은 의한 종합원가계산을 하고 있다. 재료비는 공정시작 시점에서 전량투입되며, 가공원가는 공정 전반에 걸쳐 고르게 투입된다. 평균법에 의한 완성품(재료비, 가공비) 환산량을 구하시오.

- 기초재공품 : 100개(완성도 40%)
- 완 성 수 량 : 300개
- 착 수 수 량 : 400개
- 기말재공품 : 200개(완성도 20%)

02. 1번자료를 이용하여 선입선출법에 의한 완성품(재료비, 가공비) 환산량을 구하시오.

03. 재료비는 공정 초기에 모두 발생되고 가공비는 공정이 진행됨에 따라 균등하게 발생할 경우, 평균법에 의한 재료비의 완성품 환산량을 계산하시오.

- 기초 재공품 : 2,000개 (완성도 : 30%)
- 당기 완성품 수량 : 4,000개
- 기말재공품 : 1,000개 (완성도 : 40%)

04. 다음 자료를 이용하여 선입선출법과 평균법에 의한 재료비의 완성품환산량 차이는 얼마인가?

- 기초재공품 : 200개(완성도 40%)
- 완성품수량 : 2,600개
- 기말재공품 : 500개(완성도 40%)
- 원재료는 공정초에 전량 투입되고, 가공비는 공정전반에 걸쳐 균등하게 발생된다.

05. 4번의 자료를 이용하여 선입선출법과 평균법에 의한 가공비의 완성품환산량 차이는 얼마인가?

06. 다음 자료를 보고 선입선출법에 의한 가공비의 완성품환산량을 계산하면 얼마인가?

- 기초재공품 : 1,000단위 (완성도 : 60%)
- 기말재공품 : 2,000단위 (완성도 : 50%)
- 착　수　량 : 3,000단위　　　　　　• 완성품수량 : 2,000단위
- 원재료는 공정 초에 전량 투입되고, 가공비는 공정전반에 걸쳐 균등하게 발생한다.

07. 다음 자료를 보고 선입선출법에 의한 가공비의 완성품환산량을 계산하면 얼마인가?

- 기초재공품 : 1,000단위(완성도:60%)　　• 기말재공품 : 2,000단위(완성도:40%)
- 당기착수량 : 4,000단위　　　　　　　　• 완성품수량 : 3,000단위
- 직접재료비는 공정 50% 시점에서 전량 투입되고, 가공비는 공정전반에 걸쳐 균등하게 발생한다.

08. 5번자료를 평균법에 의한 가공비의 완성품환산량을 계산하면 얼마인가?

연/습/문/제 답안

O,X

1	2	3	4	5	6	7	8	9	10	11	12	13	14	15
○	×	×	○	○	○	×	×	○	○	×	×	×	○	×

[풀이-O,X]

02. 작업폐물에 대한 설명이다.

03. <u>개별원가는 원가를 직접비와 간접비</u>로 구분하나, <u>종합원가는 재료비와 가공비</u>로 구분한다.

07. 동종대량생산시 종합원가계산을 적용한다.

08. 선입선출법은 전기발생원가가 당기 완성품에 먼저 완성되었다고 보는 방법이다.

11. <u>기초재공품이 없는 경우 평균법과 선입선출법은 동일하게 계산</u>된다.

12. 선입선출법이 전기와 당기의 성과를 구분하여 고려한다.

13. <u>개별원가계산</u>은 제조지시서별로 <u>개별원가계산표를 작성</u>하며, <u>종합원가계산</u>은 공정별로 <u>제조원가보고서</u>를 작성한다.

15. <u>비정상공손원가는 영업외비용</u>으로 처리하기 때문에 기말재공품에 배부되지 않는다.

주관식

01	〈해설참고〉	02	〈해설참고〉	03	5,000개
04	200개	05	80개	06	2,400단위
07	3,200단위	08	3,800단위		

[풀이-주관식]

01. 평균법 : <u>기초재공품은 당기에 착수한 것으로 가정한다.</u>

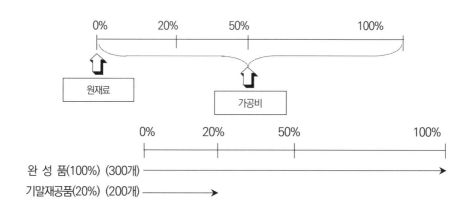

〈1단계〉 물량흐름파악				〈2단계〉 완성품환산량 계산	
평균법				재료비	가공비
기초재공품	100 (40%)	완성품	300 (100%)	**300**	**300**
당기투입	400	기말재공품	200 (20%)	**200**	**40**
계	500	계	500	**500**	**340**

02. 선입선출법 : <u>**완성품을 기초재공품과 당기투입 완성분으로 나누어 계산한다.**</u>

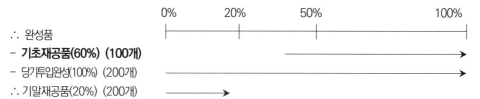

∴ 완성품
- **기초재공품(60%) (100개)**
- 당기투입완성(100%) (200개)
∴ 기말재공품(20%) (200개)

〈1단계〉 물량흐름파악				〈2단계〉 완성품환산량 계산	
선입선출법				재료비	가공비
기초재공품	**100 (40%)**	완성품	300		
		기초재공품	**100 (60%)**	0	60
		당기투입분	**200 (100%)**	200	200
당기투입	400	기말재공품	200 (20%)	200	40
계	500	계	500	**400**	**300**

03.

〈1단계〉 물량흐름파악(평균법)			〈2단계〉 완성품환산량 계산	
평균법			재료비	가공비
	완성품	4,000 (100%)	4,000	
	기말재공품	1,000 (40%)	1,000	
	계	5,000	*5,000*	

176

04. 선입선출법과 평균법에 의한 **완성품 환산량 차이는 기초재공품의 완성품 환산량 차이**가 된다.

기초재공품의 재료비 완성도는 100%이므로 200개×100%=200개(재료비 완성품 환산량 차이)

05. 기초재공품의 가공비 완성도는 40%이므로 200개×40%=80개(가공비 완성품 환산량 차이)

06.

〈1단계〉 물량흐름파악			〈2단계〉 완성품환산량 계산	
선입선출법			재료비	가공비
완 성 품				
−기초재공품	1,000 (40%)		0	400
−당기투입분	1,000 (100%)		1,000	1,000
기말재공품	2,000 (50%)		2,000	1,000
계	4,000		**3,000**	_2,400_

07. 〈물량흐름〉

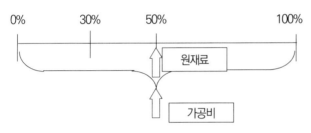

〈1단계〉 물량흐름파악(선입선출법)			〈2단계〉 완성품환산량 계산	
선입선출법			재료비	가공비
완성품	3,000			
−기초재공품	1,000 (40%)		0	400
−당기투입분	2,000 (100%)		2,000	2,000
기말재공품	2,000 (40%)		0	800
계	5,000		**2,000**	_3,200_

08. 기초재공품의 가공비 완성도는 60%이므로 1,000단위×60%=600단위

<u>가공비완성품환산량(평균법) = 가공비완성품환산량(선입선출법)+기초재공품의 완성품환산량</u>

= 3,200+600 = 3,800단위

부가가치세

제1절   부가가치세 기본개념

1. 조세의 분류

1. 조세부과주체	국세	국가가 국민에게 부과하는 조세 (예) 법인세, 소득세, 부가가치세 등
	지방세	지방자치단체가 국민에게 부과하는 조세 (예) 취득세, 재산세, 자동차세 등
2. 사용용도지정	목적세	조세의 용도가 특별히 지정되어 있는 조세 (예) 농어촌특별세, 교육세 등
	보통세	조세의 용도가 특별히 지정되어 있지 않는 조세 (예) 대부분의 조세
3. 담세자와 납세의무자가 동일한지 여부	직접세	조세를 부담하는 자(담세자)와 납부하는 자(납세자)가 동일한 조세 (예) 법인세, 소득세, 상속세, 증여세 등
	간접세	조세를 부담하는 자와 조세를 납부하는 자가 동일하지 아니한 조세 (예) 부가가치세, 개별소비세, 주세 등
4. 납세의무자의 인적사항 고려여부	인세	납세의무자의 담세능력(인적사항)을 고려하여 부과하는 조세 (예) 법인세, 소득세 등
	물세	납세의무자의 담세능력을 고려하지 않고 수익 또는 재산 그 자체에 대하여 부과하는 조세 (예) 부가가치세, 재산세, 자동차세

2. 부가가치세

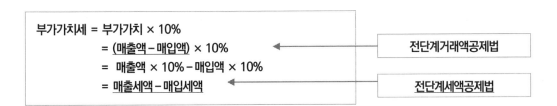

부가가치 = 매출액 - 매입액

부가가치세 = 부가가치 × 10%
            = (매출액 - 매입액) × 10% ← 전단계거래액공제법
            = 매출액 × 10% - 매입액 × 10%
            = 매출세액 - 매입세액 ← 전단계세액공제법

3. 부가가치의 흐름(전단계세액공제법)

	사업자(납세의무자)		≠	소비자
	맥주회사	주류상	호프집	(담세자)
부가가치	10,000	**5,000**	3,000	**18,000(소비)**
공급가액	10,000	**15,000**	18,000	
매출세액(A)	1,000*	**1,500***	1,800*	
매입액(B)	0	**1,000**	1,500	
납부세액(A - B)	1,000	**500**	300	**1,800(부담)**

            납부   납부   납부

(사업장 관할세무서장)

* 공급자가 공급받는 자로부터 거래징수하고 세금계산서를 교부

[주류상의 회계처리]

① 맥주 구입시	(차)	상 품	10,000	(대)	현 금	11,000
		부가세대급금	1,000			
		(매입세액)				
② 맥주 판매시	(차)	현 금	16,500	(대)	상품매출	15,000
					부가세예수금	1,500
					(매출세액)	
③ 부가가치세 납부시	(차)	부가세예수금	1,500	(대)	부가세대급금	1,000
					현 금	500

4. 현행 부가가치세의 특징

1. 일반소비세	특정재화는 개별소비세
2. 소비형부가가치세	소비지출에 과세
3. 전단계세액공제법	납부세액 = 매출세액 − 매입세액
4. 간접세	**납세의무자와 담세자(소비자)가 불일치**
5. 소비지국과세원칙	영세율제도
6. 면세제도	부가가치세의 역진성 완화목적
7. 다단계거래세	모든 거래의 단계마다 과세됨

5. 납세의무자–사업자

☞ ① 사업적 & ② 독립성(인적, 물적) & ③ **영리목적유무 불구**

유 형		구 분 기 준	부가가치세계산구조	증빙발급
부가가치세법	일반 과세자	① 법인사업자 ② 개인사업자	매출세액 − 매입세액	**세금계산서**
	간이 과세자	개인사업자로서 직전 1역년의 공급대가가 8,000만원에 미달하는 자	공급대가[*1] ×부가가치율 ×10%	세금계산서[*2] 또는 영수증
소득세법	면세 사업자	부가가치세법상 사업자가 아니고 소득세법(법인세법)상 사업자임.	납세의무 없음	**계산서**

*1. 공급대가 = 공급가액 + 부가가치세액
*2. 직전연도 공급대가 합계액의 4,800만원이상의 간이과세자는 세금계산서를 발급해야 한다.

6. 납세지 : 사업장별 과세원칙

(1) 사업장의 범위 : <u>업종별 특성을 이해하세요.</u>

광 업	광업사무소의 소재지
제 조 업	**최종제품을 완성하는 장소**
건 설 업 · 운 수 업 과	① 법인 : **당해 법인의 등기부상 소재지**
부 동 산 매 매 업	② 개인 : **업무를 총괄하는 장소**
부 동 산 임 대 업	**당해 부동산의 등기부상의 소재지**
무 인 자 동 판 매 기 를 통 한 사 업	그 사업에 관한 **업무를 총괄하는 장소**
비 거 주 자 · 외 국 법 인	국내사업장

(2) 특수한경우의 사업장여부

직 매 장	**사업장에 해당**
하 치 장	**사업장에 해당하지 않음**
임시사업장	기존사업장에 포함

〈사업장별과세원칙의 예외〉 주사업장 총괄납부, 사업자단위과세제도

구 분	주사업장총괄납부	사업자단위과세
주사업장 또는 사업자단위과세사업장	– 법인 : 본점 또는 지점 – 개인 : 주사무소	– 법인 : 본점 – 개인 : 주사무소
효 력	– **총괄납부**	– **총괄신고 · 납부** – **사업자등록, 세금계산서발급, 결정 등**
	– **판매목적 타사업장 반출에 대한 공급의제 배제**	
신청 및 포기	– 계속사업자의 경우 과세기간 개시 20일전(승인사항이 아니다)	

7. 과세기간

		과세기간		신고납부기한
제1기	1월 1일 – 6월 30일	예정 : 1월 1일 – 3월 31일		4월 25일
		확정 : 4월 1일 – 6월 30일		7월 25일
제2기	7월 1일 – 12월 31일	예정 : 7월 1일 – 9월 30일		10월 25일
		확정 : 10월 1일 – 12월 31일		익년 1월 25일
기타	• 신규사업자 : 사업개시일 ~ 당해 과세기간의 종료일 • 폐업자 : 당해 과세기간 개시일 ~ **폐업일**		• 간이과세자 : 1.1~12.31(1기)	

8. 사업자등록

1. 신청기한	사업장마다 **사업개시일로부터 20일 이내**에 사업자등록을 신청 다만, 신규로 사업을 개시하는 자는 **사업개시일전이라도 사업자등록 신청을 할 수 있으며**, 원칙적으로 신청일로 부터 2일 이내 발급해야 한다.
2. 사업개시일	1. 제조업 : 제조장별로 재화의 제조를 개시하는 날 2. 광업 : 사업장별로 광물의 채취 · 채광을 개시하는 날 3. 기타 : 재화 또는 용역의 공급을 개시하는 날
3. 정정사유	**상호변경, 상속으로 명의 변경시 등** **(증여자는 폐업사유이고, 수증자는 신규사업등록사항임.)**

제2절 과세거래

1. 과세거래

구 분	납세의무자	과세 · 면세구분	부가가치세 과세여부
재화 · 용역의 공급	사 업 자	과세 재화 · 용역	○
		면세 재화 · 용역	×
재화의 수입	사업자 또는 **개인**	과세 재화	○
		면세 재화	×

2. 과세대상

1. 재화의 공급	계약상 또는 법률상의 모든 원인에 의하여 재화를 인도/양도하는 것
	[제외] 1. 재화를 **담보를 제공**하거나 2. **소정 법률에 의한 경매, 공매** 3. **조세의 물납** 4. 소정법률에 의한 수용시 받는 대가 5. **사업장 전체를 포괄양도**하는 것
2. 용역의 공급	계약상 또는 법률상의 모든 원인에 의하여 역무를 제공하거나 재화 · 시설물 또는 권리를 사용하게 하는 것
3. 재화의 수입	외국으로부터 우리나라에 도착된 물품 등

3. 재화의 무상공급(간주공급)

1. 자가공급	1. 면세전용
	2. 비영업용소형승용차와 그 유지를 위한 재화
	3. 직매장반출 → **세금계산서 발행**(예외 : 주사업장총괄납부 등)
2. 개인적공급	사업과 직접 관련 없이 자기가 사용 · 소비하는 경우 → **작업복, 직장체육비, 직장문화(연예)비와 10만원이하 경조사와 10만원이하 명절 · 기념일 관련재화는 제외**
3. 사업상증여	자기의 고객이나 불특정다수에게 증여하는 경우 → **견본품, 광고선전물은 제외**
4. 폐업시 잔존재화	사업자가 사업을 폐지하는 때에 잔존재화

☞ **용역의 무상공급은 과세대상에서 제외 다만, 특수관계자간 부동산무상임대는 과세**

4. 재화와 용역의 공급시기

(1) 재화

일반적기준	1. 재화의 이동이 필요한 경우 : **재화가 인도되는 때** 2. 재화의 이동이 필요하지 아니한 경우 : 재화가 이용가능하게 되는 때 3. 이외의 경우는 재화의 공급이 확정되는 때
거래형태별 공급시기	1. 현금판매, 외상판매, 단기할부판매 : 재화가 인도되거나 이용가능하게 되는 때 **2. 장기할부판매, 완성도기준지급, 중간지급조건부, 계속적 공급 : 대가의 각 부분을 받기로 때** **3. 수출재화 : 수출재화의 선적일**

(2) 용역

일반적 기준	역무가 제공되거나 재화, 시설물 또는 권리가 사용되는 때
거래형태별 공급시기	1. 통상적인 경우 : 역무의 제공이 완료되는 때 2. 완성도기준지급, 중간지급, 장기할부 또는 기타 조건부 용역공급 : 대가의 각 부분을 받기로 한 때 3. 이외 : 역무의 제공이 완료되고 그 공급가액이 확정되는 때 **4. 간주임대료 : 예정신고기간 또는 과세기간의 종료일**

5. 공급시기 특례

폐업시	**폐업일**
세금계산서 선교부시 (선세금계산서)	재화 등의 공급시기가 도래하기 전에 **재화 등에 대한 대가의 전부 또는 일부를 받고 발급받은 대가에 대하여 세금계산서 등을 발급하는 경우에는 그 발급하는 때를 공급시기**로 한다.

6. 거래장소(공급장소)

재화	① 재화의 이동이 필요한 경우	재화의 이동이 개시되는 장소
	② 재화의 이동이 필요하지 아니한 경우	재화의 공급시기에 재화가 소재하는 장소
용역	① 원칙	역무가 제공되거나 재화·시설물 또는 권리가 사용되는 장소
	② 국내외에 걸쳐 용역이 제공되는 국제운송의 경우에 사업자가 비거주자 또는 외국법인일 때	여객이 탑승하거나 화물이 적재되는 장소
	③ 전자적 용역[1]	용역을 공급받는 자의 사업장 소재지·주소지 등

제3절   영세율과 면세

---

1. 영세율

1. 개 요	재화와 용역의 공급에 대하여 "0"의 세율을 적용하는 것 **완전면세제도** → 매출세액은 발생하지 아니하고 부담한 매입세액은 전액 환급받게 되므로 부가가치세 부담이 완전히 면제된다.
2. 취 지	1. **소비지국 과세원칙(국가간 이중과세방지)** 2. 수출산업의 지원·육성
3. 사업자	과세사업자(일반과세자, 간이과세자)
4. 대상거래	1. 수출하는 재화(일반수출, 내국신용장에 의한 공급등) 2. 국외에서 제공하는 용역(해외건설용역) 3. 선박, 항공기의 외국항행용역 등
5. 세금계산서	직수출의 경우 세금계산서 교부의무가 면제되지만, **내국신용장 또는 구매확인서에 의한 간접수출의 경우에는 재화의 공급자인 사업자가 수출업자에게 세금계산서를 교부**해야 한다.

2. 면세

1. 개 요	**부분면세제도** → 매출세액은 없고 매입세액은 환급받을 수 없다.
2. 취 지	소득대비 세부담의 역진성 완화
3. 사업자범위	면세사업자 → 부가가치세법상 사업자가 아님
4. 면세대상	1. 미가공식료품, 수돗물, 연탄 등 생활필수품(생수, 착화탄은 과세) 2. 여객운송용역 : 일반버스, 시내버스, 연안여객선, 지하철, **고속버스(우등 제외)** 　　－ 제외 : 택시, 항공기, 고속철도, 전세버스, 자동차대여사업 3. 주택과 이에 부수되는 토지의 임대용역 4. 의료보건용역(산후조리원, 가축 등에 대한 진료용역) 5. 교육용역(단,정부의 인허가를 받은 경우)(운전학원은 과세) 6. 도서 [도서대여 및 실내 도서 열람용역 포함], 신문(인터넷신문구독료 포함), 잡지, 통신등 → **광고는 과세** 7. 토지 8. 국민주택과 당해 주택의 건설용역 9. 금융·보험 용역

5. 기타	부동산의 공급(재화의 공급)		부동산의 임대(용역의 제공)
	1. **토지의 공급 : 면세**		1. 원칙 : 과세
	2. 건물의 공급 : 과세(예외 : 국민주택)		2. 예외 : 주택 및 부수토지의 임대는 면세

☞ 국민주택 : 국민주택기금으로부터 자금을 지원받아 건설되는 주거전용면적이 85㎡(약 25.7평) 이하인 주택

3. 면세 VS 영세율

구 분	내 용	
	면 세	영 세 율
기본원리	면세거래에 납세의무 면제 ① 매출세액 : 징수 없음(결국 "0") ② **매입세액 : 환급되지 않음**	일정 과세거래에 0%세율 적용 ① 매출세액 : 0 ② **매입세액 : 전액환급**
면세정도	**부분면세(불완전면세)**	**완전면세**
대상	기초생활필수품 등	수출 등 외화획득재화 · 용역의 공급
부가가치세법상 의무	부가가치세법상 각종 의무를 이행할 필요가 없으나 다음의 협력의무는 있다. – 매입처별세금계산서합계표제출 등	영세율 사업자는 부가가치세법상 사업자이므로 부가가치세법상 제반의무를 이행하여야 한다.
사업자여부	**부가가치세법상 사업자가 아님**	**부가가치세법상 사업자임**
취지	**세부담의 역진성 완화**	**국제적 이중과세의 방지 수출산업의 지원**

연/습/문/제

O,X

01. 부가가치세법의 특징으로서 전단계거래액공제법, 개별소비세, 국세, 일반소비세, 간접세, 소비지국과세 원칙이다. ( )

02. 운전면허학원의 시내연수, 우등고속버스 운행, 약국에서의 일반의약품에 해당하는 종합비타민 판매는 과세대상이다. ( )

03. 폐업한 사업자의 부가가치세 확정신고기한은 폐업한 날로 부터 25일까지이다. ( )

04. 외국으로 직수출하는 경우의 공급시기는 선적(기적)일이다. ( )

05. 사업장이 둘 이상인 사업자는 사업자 단위로 해당 사업자의 본점 또는 주사무소 관할 세무서장에게 등록을 신청할 수 있다. ( )

06. 과세의 대상이 되는 행위 또는 거래의 귀속이 명의일 뿐이고 사실상 귀속되는 자가 따로 있는 경우라 하더라도 명의자에 대하여 부가가치세법을 적용한다. ( )

07. 영리목적을 가지고 사업상 독립적으로 과세대상 재화를 공급하는 자만 납세의무가 있다. ( )

08. 보험상품 판매, 마을버스 운행, 인터넷신문 발행, 일반고속버스는 면세대상 거래이다. ( )

09. 담보제공, 조세의 물납과 사업을 포괄적으로 양도하는 경우는 재화의 공급으로 보지 않는다. ( )

10. 상품의 단순한 보관·관리만을 위한 장소로 설치신고를 한 장소인 하치장은 사업장에 해당한다. ( )

11. 부가가치세는 원칙적으로 사업장마다 신고 및 납부하여야 한다. ( )

12. 상품권 등을 현금 또는 외상으로 판매하고 그 상품권 등이 현물과 교환되는 경우 상품권 등을 현금 또는 외상으로 판매한 때가 공급시기이다 ( )

13. 반환조건부 판매, 동의조건부 판매의 경우 그 조건이 성취되어 판매가 확정되는 때가 공급시기이다. ( )

14. 재화 및 용역을 일시적·우발적으로 공급하는 자는 부가가치세법상 사업자에 해당하지 않는다. ( )

15. 상속 및 증여로 인한 사업자 명의 변경은 사업자 등록 정정사유에 해당한다. ( )

16. 영세율은 기초생활필수품에 부가세를 면제함으로써 저소득층에 대한 세부담의 역진성을 완화해준다. ( )

17. 홍길동은 일반과세사업자로 9월 1일에 사업을 시작하여 당일 사업자등록 신청을 하였다. 홍길동의 부가가치세법상 제2기 과세기간은 7월 1일~12월 31일이다, ( )

18. 부동산임대업에 있어서는 사업자가 법인인 경우에는 그 법인의 등기부상의 소재지가 사업장이다. ( )

19. 무인자동판매기에 의한 사업의 경우 사업장은 무인자동판매기의 설치장소이다. ( )

20. 상대방으로부터 인도받은 재화에 주요자재를 전혀 부담하지 아니하고 단순히 가공만 하여 주는 경우에는 용역의 공급에 해당한다. ( )

21. 용역의 무상공급의 경우(다만 특수관계자간 부동산 무상임대용역 제외) 과세대상에서 제외한다.( )

22. 자가공급은 면세전용, 비영업용소형승용차의 구입과 유지를 위한 재화, 판매목적 타사업장 반출로 분류한다. ( )

23. 무인판매기로 재화를 공급하는 경우에는 무인판매기에서 재화등을 공급시 공급시기에 해당한다. ( )

24. 임대보증금에 대한 간주임대료에 대해서는 예정신고기간 또는 과세기간의 종료일이 용역의 공급시기이다. ( )

25. 재화의 공급시기가 '대가의 각 부분을 받기로 한 때'가 적용될 수 있는 것은 장기할부판매, 완성도기준지급, 중간지급조건부, 계속적 공급이다. ( )

26. 영세율은 최종소비자에게 부가가치세의 부담을 경감시키기 위한 불완전면세제도다. ( )

27. 단순가공두부, 연탄과 무연탄, 시내버스운송용역, 의료보건 용역, 미가공식료품, 수돗물, 수집용 우표, 신문, 도서는 면세 대상이다.   (   )

28. 토지의 공급, 국민주택의 공급, 주거용 주택과 부수토지의 임대, 상가용주택의 임대는 면세대상이다.   (   )

29. 수출하는 재화뿐만 아니라 국외에서 제공하는 용역도 영세율이 적용된다.   (   )

30. 간주공급은 자가공급, 개인적공급, 사업상증여, 폐업시 잔존재화로 분류한다.   (   )

31. 위탁매매의 경우 위탁자가 수탁자에게 재화를 인도 하는 때가 공급시기에 해당한다.   (   )

32. 휴대폰을 판매하는 홍길동씨는 매입세액공제를 받고 구입한 상품인 휴대폰을 친구에게 무상(시가 50만 원)으로 공급시 과세대상이다.   (   )

33. 면세사업을 위하여 취득한 재화를 면세사업을 위하여 사용 또는 소비하는 경우에는 자가공급으로 보아 부가가치세가 과세된다.   (   )

34. 영세율은 부가가치세법상 사업자만이 적용받을 수 있고, 면세사업자인 상태에서 영세율을 적용받을 수 없다.   (   )

35. 면세대상이 되는 재화 또는 용역만을 공급하는 경우 부가가치세법상 사업자등록의무를 부담하지 아니하 여도 된다.   (   )

36. 영세율 적용을 받더라도 사업자등록, 세금계산서 발급 등 납세의무자로서의 의무를 이행하지 않으면 가산세 등 불이익이 발생한다.   (   )

37. 가공되지 아니한 식료품 및 미국에서 생산된 식용에 공하지 아니하는 농산물은 부가가치세를 면세한다.   (   )

38. 사업자등록번호는 사업장마다 관할 세무서장이 부여한다. 다만, 사업자 단위로 등록 신청을 한 경우에는 사업자 단위 과세 적용 사업장에 한 개의 등록번호를 부여한다.   (   )

39. 도서의 공급은 과세이고, 도서대여용역(실내도서 열람용역 포함)은 면세이다.   (   )

MEMO

연/습/문/제 답안

🔑 O,X

1	2	3	4	5	6	7	8	9	10	11	12	13	14	15
×	○	×	○	○	×	×	○	○	×	○	×	○	○	×

16	17	18	19	20	21	22	23	24	25	26	27	28	29	30
×	×	×	×	○	○	○	×	○	○	×	×	×	○	○

31	32	33	34	35	36	37	38	39
×	○	×	○	○	○	×	○	×

[풀이-O,X]

01. 부가가치세는 전단계세액공제법이다.

03. **폐업한 날이 속하는 달의 다음달 25일**까지 신고납부해야 한다.

06. 사실상 사업자가 납세의무가 있다.

07. 사업자는 **영리목적의 유무에 불구하고 판단**한다.

10. **하치장은 사업장이 아니다.**

12. 상품권을 교환하여 재화 등을 인도시 공급시기이다.

15. 증여로 인한 사업자 명의 변경은 기존사업장 폐업과 신규사업자등록사유이다.

16. 면세에 대한 설명이다.

17. 사업개시일(9.1)~12월 31일이 2기 과세기간이다.

18. 부동산임대업의 경우 당해 **부동산의 등기부상 소재지가 사업장**이다.

19. 무인자동판매기에 의한 사업의 사업장은 **사업에 관한 업무총괄장소**이다.

23. 무인판매기로 재화를 공급시 **무인판매기에서 현금을 인취하는 때가 공급시기**이다.

26. 영세율은 완전면세제도이다.

27. 수집용 우표는 과세대상이다.

28. 상가용주택의 임대는 과세대상이다.

31. 위탁매매의 경우 수탁자가 **고객에게 재화를 인도하는 때가 공급시기**에 해당한다.

33. 과세사업을 위하여 취득 후 면세사업을 위하여 사용시 간주공급에 해당한다.

37. **식용에 한하여 국외에서 생산된 농산물이 면세대상**이다.

39. **도서의 공급도 면세이다.**

제4절 과세표준

과세표준이란 납세의무자가 납부해야할 세액산출의 기초가 되는 과세대상의 수량 또는 가액을 말하는데, 부가가치세법상 과세사업자의 과세표준은 재화 또는 용역의 공급에 대한 공급가액으로 한다. **기업회계기준상의 매출액과 거의 일치한다.**

1. 공급유형별 과세표준

(1) 기본원칙

대원칙(과세표준) : 시가	
① 금전으로 대가를 받는 경우	그 대가
② 금전 외의 대가를 받는 경우	자기가 공급한 재화 또는 용역의 **시가**
③ 특수관계자간 거래	자기가 공급한 재화 또는 용역의 **시가**

(2) 과세표준계산에 포함되지 않는 항목/포함하는 항목

과세표준에 포함되지 않는 항목	① **매출에누리와 환입액, 매출할인** ② 구매받는 자에게 도달하기 전에 파손·훼손·멸실된 재화의 가액 ③ 재화 또는 용역의 공급과 직접 관련되지 않는 국고보조금과 공공보조금 ④ 반환조건부 용기대금·포장비용 ⑤ 용기·포장의 회수를 보장하기 위하여 받는 보증금 등 ⑥ 계약 등에 의하여 확정된 대가의 지연지급으로 인해 지급받는 연체이자
과세표준에 포함하는 항목	① 할부판매의 이자상당액 ② 대가의 일부분으로 받는 운송비, 포장비, 하역비, 운송보험료, 산재보험료 등
과세표준에서 공제하지 않는 것	① **대손금(대손세액공제사항임)** ② 판매장려금 ③ 하자보증금

2. 거래형태별 과세표준

외상판매 및 할부판매의 경우	공급한 재화의 총가액
장기할부판매, 완성도기준지급, 중간지급조건부, 계속적공급	**계약에 따라 받기로 한 대가의 각 부분**

3. 대가를 외국통화 등으로 받은 경우의 과세표준

공급시기 도래 전에	환가	그 환가한 금액
외화수령	미환가	**공급시기(선적일)**의 외국환거래법에 의한
공급시기 이후에 외국통화로 지급받은 경우		**기준환율 또는 재정환율**에 의하여 계산한 금액

4. 재화의 수입에 대한 과세표준

수입재화의 경우	관세의 과세가격＋관세＋개별소비세, 주세, 교통·에너지·환경세＋교육세, 농어촌특별세

5. 간주공급(무상공급)의 과세표준

원칙	**당해 재화의 시가**
판매목적 타사업장 반출	취득가액 또는 당해 취득가액에 일정액을 가산

6. 간주임대료의 과세표준

> 과세표준＝해당 기간의 임대보증금 × 정기예금 이자율 × 임대일수/365일(366일)

제5절   세금계산서

---

1. 세금계산서와 영수증의 종류

세 금 계산서	(일반적인)세금계산서 또는 전자세금계산서	사업자가 공급받는 자에게 발급
	수입세금계산서	세관장이 수입자에게 발급
영수증	신용카드매출전표(직불카드,선불카드포함)	사업자가 주로 일반 소비자에게 발급
	현금영수증	
	(일반적인)영수증	간이과세자 등이 발급

(1) 세금계산서 : 5년간 보관의무

필요적 기재사항 (누락시 사실과 다른 경우 효력 불인정)	① **공급하는 사업자의 등록번호와 성명 또는 명칭** ② **공급받는 자의 등록번호** ③ **공급가액과 부가가치세액** ④ **작성연월일**

(2) 전자세금계산서

① 발급의무자 : 법인사업자(무조건 발급) 및 개인사업자(일정규모이상)

〈전자세금계산서 발급의무 개인사업자〉

공급가액(과세+면세)기준년도	기준금액	발급의무기간
2023년	8천만원	2024. 7. 1~2025. 6.30

② 발급기한 : **다음달 10일까지 가능**

③ 전 송 : **발급일의 다음날**

④ 혜택 : **세금계산서 합계표 제출의무 및 보관의무 면제**

직전연도 공급가액 3억원 미만인 개인사업자에 대하여 전자세금계산서 발급세액공제 (발급건당 200원, 연간한도 100만원)가 적용된다.

(3) 매입자발행세금계산서

재화 등을 공급하고 거래시기에 세금계산서를 발급하지 않는 경우(**거래건당 공급대가가 5만원이상인 거래**) 그 재화 등을 공급받은 자는 관할세무서장의 확인을 받아 세금계산서를 발행할 수 있다. 과세기간의 종료일부터 6개월 이내 발급 신청할 수 있다.

2. 세금계산서의 발급시기

(1) 일반적인 발급시기

원 칙	재화 또는 용역의 공급시기에 발급	
특례	공급 시기 전 발급	- 공급시기가 도래하기 전에 대가의 전부 또는 일부를 받고서 이에 대한 세금계산서를 발급한 때에도 인정된다. - 재화 또는 용역의 공급시기 전에 세금계산서를 발급하고, 발급일로부터 7일 이내에 대가를 지급받은 경우에도 인정된다.
	공급 시기 후 발급	**월합계세금계산서는 재화 등의 공급일이 속하는 달의 다음달 10일까지 세금계산서를 발급할 수 있다.**

☞ 월합계세금계산서 발급예

	공급시기	발행일자(작성연월일)	발급기한
	1.1~1.31	1.31	2.10
1월	1.1~1.10	1.10	2.10
	1.11~1.20	1.20	2.10
	1.21~1.31	1.31	2.10
	1.11~2.10	1역월내(달력상 1달)에서만 가능하다.	

(2) 세금계산서의 수정발급

① 당초 공급한 재화가 환입된 경우 : 환입된날을 작성일자로 하여 발급
② 착오시 : 과세표준과 세액을 경정하여 통지하기 전까지 발급
③ 공급가액의 증감시 : 증감사유가 발생한 날에 세금계산서를 수정하여 발급

3. 세금계산서 발급의무 면제

> 1. 부가가치세법에서 규정한 영수증발급대상사업
>   ① **목욕, 이발, 미용업**
>   ② **여객운송업(전세버스운송사업은 제외)**
>   ③ **입장권을 발행하여 영위하는 사업**
> 2. 재화의 간주공급 : 직매장반출은 발급의무(다만, 주사업장총괄납부사업자, 사업자단위과세사업자는 발급 면제)
> 3. **간주임대료**
> 4. **영세율적용대상 재화, 용역: 다만, 국내수출분(내국신용장, 구매확인서 등)은 발급대상**

4. 세금계산서합계표 등의 제출

(1) (매출·매입) 세금계산합계표의 제출

전자세금계산서의 경우에는 제출의무가 면제된다.

(2) 현금매출명세서의 제출

사업서비스업 중 변호사, 공인회계사, 세무사 등 현금매출명세서를 제출하여야 한다.

5. 신용카드 매출전표(직불카드, 기명식 선불카드, 현금영수증 등 포함)

(1) 신용카드 매출전표 등 발행세액공제

- 직전연도 공급가액(10억원)이하 개인사업자만 해당됨

> 공제액 = MIN[①신용카드매출전표발행 금액 등의 1.3%, ② **연간 1,000만원**]

(2) 매입세액의 공제허용

<예제> 세금계산서 합계표

(주)백두의 1기 확정신고(4~6월)의 세금계산서 합계표(매출)를 조회한 결과이다.

1. 확정신고기간에 발급한 세금계산서의 매수와 공급가액은 얼마인가?

2. ㈜동우에 발급한 세금계산서의 매수와 공급가액은 얼마인가?

3. 영세율세금계산서를 발급한 거래처와 공급가액은 얼마인가?

해답

1. 27매, 338,486,000원

2. 4매, 12,240,000원

3. 한국소프트(주) 38,450,000원

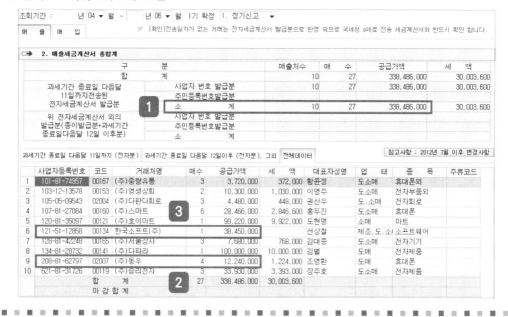

연/습/문/제

 O,X

01. 공급받는 자에게 도달하기 전에 파손되거나 훼손되거나 멸실한 재화의 가액은 재화의 과세표준에서 제외되나, 도달 후는 과세표준에 포함한다. ( )

02. 대손금은 과세표준에서 공제하지 않고 과세표준에 포함하였다가 대손세액으로 공제한다. ( )

03. 공급받는 자에게 신용카드매출전표 등을 발급한 경우 해당 재화 또는 용역에 대해서 세금계산서 발급의무가 면제된다. ( )

04. 부동산임대용역 중 간주임대료는 세금계산서 발급대상이다. ( )

05. 미용, 목욕탕업을 영위하는 자가 제공하는 용역은 세금계산서 발급의무가 면제된다. ( )

06. 공급받는 자의 상호 또는 성명은 세금계산서의 필요적 기재사항이다. ( )

07. 전자세금계산서를 발급한 사업자가 국세청장에게 전자세금계산서 발급명세를 전송한 경우에도 5년간 세금계산서를 보존해야 한다. ( )

08. 법인사업자와 당해연도의 공급가액의 합계액(과세+면세)이 1억원 이상인 개인사업자는 세금계산서를 발급하려면 전자세금계산서로 발급하여야 한다. ( )

09. 면세사업자는 세금계산서를 발급할 수 없고, 면세사업자는 계산서를 발급할 수 있다. ( )

10. 할부판매, 장기할부판매의 경우 이자상당액은 과세표준에 제외한다. ( )

11. 공급대가의 지급지연으로 인하여 받은 연체이자는 과세표준에 포함한다. ( )

12. 도매업은 사업자를 대상으로 하는 업종이므로 세금계산서 발급의무 면제에 해당하지 않는다. ( )

13. 사업자가 특수관계에 있는 자 외의 자와 당해 거래와 유사한 상황에서 계속적으로 거래한 가격 또는 제3자간에 일반적으로 거래된 가격을 시가라 한다. ( )

14. 3월 1일부터 3월 31일까지의 매출분에 대하여 3월 31일자로 세금계산서를 발급한 경우 월합계세금계산서의 발급기한은 4월 15일까지이다. ( )

15. 공급시기가 도래하기 전에 세금계산서를 발급하고 발급일로부터 7일 이내에 대가를 지급받는 경우에는 적법한 세금계산서를 발급한 것으로 본다. ( )

16. 위탁매매시 수탁자가 당해 재화를 직접 인도할 경우에는 수탁자가 위탁자 명의의 세금계산서를 발급한다. ( )

17. 공급시기(선적일) 이후 외국환 수령시 공급시기의 기준환율로 환산한 가액을 과세표준으로 한다. ( )

18. 특수관계인에게 용역을 공급하고 부당하게 낮은 대가를 받는 경우 자기가 공급한 용역의 시가를 과세표준으로 한다. ( )

19. 내국신용장 또는 구매확인서에 의하여 공급하는 재화는 영세율세금계산서를 발급해야 한다. ( )

20. 사업자가 재화 또는 용역을 공급하고 부가가치세법에 따른 과세표준에 세율을 적용하여 계산한 부가가치세를 그 공급받는 자로부터 징수하는 것을 통합징수라 한다. ( )

21. 당초 공급한 재화가 환입된 경우에는 당초 공급한 날을 작성일자에 기재하고, 당해 금액에 부의 표시를 하여 수정세금계산서를 발급하여야 한다. ( )

주관식

01. 다음 자료를 이용하여 부가가치세의 과세표준을 계산하면 얼마인가?

(단, 아래 금액에는 부가가치세가 포함되지 않았다)

- 총매출액 : 1,000,000원
- 매출할인 · 에누리 : 100,000원
- 공급대가의 지급지연에 따른 연체이자 : 200,000원
- 폐업시 잔존재화의 장부가액 : 300,000원(시가 400,000원)
- 대손금액 : 400,000원

02. 다음 중 부가가치세법상 일반과세사업자의 부가가치세 과세표준 금액은 얼마인가?

(모든 금액은 부가가치세 제외 금액임)

- 총매출액 : 10,000,000원(영세율 매출액 3,000,000원 포함)
- 매출할인및에누리액 : 400,000원 • 매입환출액 : 500,000원
- 대손금 : 600,000원 • 총매입액 : 700,000원

03. 다음 수출자료를 보고 부가가치세 과세표준을 구하시오.

- 3월 15일 홍콩의 HK사에 제품을 총 $10,000에 수출하기로 하고, 계약금으로 $2,000을 수령하여 동일자로 원화로 환전하였다.(환율 1,200/$)
- 4월 15일 제품을 인천항에서 선적하고 중도금으로 $1,000을 수령하였다.(환율 1,000/$)
- 4월 30일 잔금 $7,000을 수령하고 동 금액을 원화로 환전하였다.(환율 1,300/$)

연/습/문/제 답안

🔑 O,X

1	2	3	4	5	6	7	8	9	10	11	12	13	14	15
○	○	○	×	○	×	×	×	○	×	×	○	○	×	○

16	17	18	19	20	21
○	○	○	○	×	×

[풀이-O,X]

04. <u>간주임대료는 세금계산서 발급의무면제 대상</u>이다.

06. 공급받는자의 등록번호만 필요적 기재사항이다.

07. 전자세금계산서를 발급시 세금계산서 보관의무가 면제된다.

08. <u>직전년도 기준으로 판단</u>해야 한다.

10. <u>할부판매의 경우 이자상당액은 과세표준에 포함</u>한다.

11. 연체이자는 과세표준에서 제외한다.

14. <u>월합계세금계산서의 발급기한은 다음달 10일</u>까지이다.

20. 거래징수라 한다.

21. <u>환입된 날짜를 작성일자</u>로 한다.

◯⌐ 주관식

1	1,300,000원	2	9,600,000원	3	10,400,000원

[풀이-주관식]

01. 총매출액(1,000,000)-매출할인(100,000)+폐업시잔존재화(시가 400,000)

대손금은 과세표준에서 공제하지 않고, 연체이자는 과세표준에 해당하지 않음.

02. 총매출액(10,000,000)-매출할인(400,000)

03. 수출재화의 과세표준 = **선수금(환가한 금액)+외상매출금(선적일 환율)**

= ($2,000 × 1,200) + ($8,000 × 1,000) = 10,400,000원

제6절   납부세액의 계산

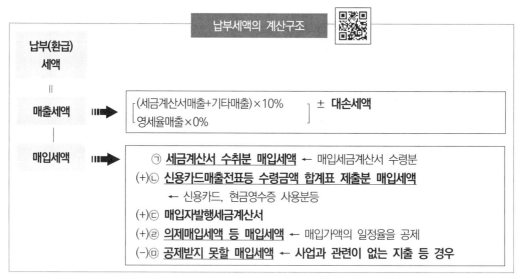

- 매출세액(100) 〉 매입세액(50) → 납부세액(50)   ■ 매출세액(100) 〈 매입세액(130) → 환급세액(30)

1. 대손세액공제

1. 대손사유	1. 파산, 강제집행, 사망, 실종 2. 회사정리인가 3. 부도발생일로 부터 **6월 이상 경과한 어음·수표 및 외상매출금**(중소기업의 외상 매출금으로서 부도발생일 이전의 것) 4. 소멸시효 완성채권 5. **회수기일이 6개월 이상 지난 채권 중 채권가액이 30만원 이하**
2. 공제시기	대손사유가 발생한 과세기간의 **확정신고시 공제** ☞ 대손기한 : 공급일로 부터 10년이 되는 날이 속하는 과세기간에 대한 확정신고기한까지
3. 공 제 액	대손금액(VAT포함) × 10/110

2. 매입세액 공제

1. 세금계산서 수취분	
2. 신용카드매출전표 등 수취	신용카드영수증, 현금영수증, 직불카드 등
3. 매입자발행세금계산서	
4. 의제매입세액	**면세농산물 등을 가공 후 과세재화로 판매시 일정액을 공제**

3. 매입세액 불공제(세금계산서 수취서)

사 유		내 역
협력의무 불이행	① 세금계산서 미수취 · 불명분 매입세액	
	② 매입처별세금계산합계표 미제출 · 불명분매입세액	
	③ 사업자등록 전 매입세액	공급시기가 속하는 과세기간이 끝난 후 20일 이내에 등록을 신청한 경우 등록신청일부터 공급시기가 속하는 과세기간 개시일(1.1 또는 7.1)까지 역산한 기간 내의 것은 제외한다
부가가치 미창출	④ **사업과 직접 관련 없는 지출**	
	⑤ **비영업용소형승용차 구입 · 유지 · 임차**	8인승 이하, 배기량 1,000cc 초과(1,000cc 이하 경차는 제외), 지프형승용차, 캠핑용자동차, 이륜자동차(125cc초과) 관련 세액
	⑥ **기업업무추진비(접대비) 및 이와 유사한 비용의 지출에 대한 매입세액**	
	⑦ **면세사업과 관련된 매입세액**	
	⑧ **토지관련 매입세액**	**토지의 취득 및 조성 등에 관련 매입세액**

매입세액공제 = 세금계산서 등에 의해 입증되는 총매입세액 – 불공제 매입세액

〈접대비 명칭 변경–세법〉

☞ 2023년 세법개정시 접대비의 명칭이 기업업무추진비(2024년부터 적용)로 변경되었습니다.
그러나 세법이 변경했다고 회계도 변경된다는 보장은 없습니다.
따라서 당분간 세법은 기업업무추진비, 회계에서 접대비로 불러도 같은 계정과목으로 생각하시면 됩니다.

제7절 신고 및 환급

1. 예정신고와 납부

1. 원 칙	법 인	신고의무 다만, 영세법인사업자 (직전과세기간 과세표준 1.5억미만)에 대하여는 고지징수
	개 인	고지납부
2. 고 지 납 부	대상자	예정고지세액이 **50만원 미만인 경우 징수안함** 고지금액 : 직전 과세기간에 대한 납부세액의 50%
	선택적 예정신고	1. 휴업/사업부진 등으로 인하여 직전과세기간 대비 공급가액 (또는 납부세액)이 1/3에 미달하는 자 2. 조기환급을 받고자 하는 자

2. 확정신고와 납부

사업자는 과세기간 종료 후 25일 이내에 사업장 관할세무서장에게 신고·납부하여야 한다.
① 예정신고 및 조기환급 신고시 기 신고한 부분은 확정신고대상에서 제외한다.
② 확정신고시는 가산세와 공제세액(신용카드매출전표 발행세액공제, 예정신고 미환급세액, 예정 고지세액)이 모두 신고대상에 포함된다.

3. 환급

1. 일반환급	확정신고기한 경과 후 **30일 이내에 환급** **(예정신고의 환급세액은 확정신고시 납부세액에서 차감)**	
2. 조기환급	대 상	**1. 영세율 적용 대상이 있을 때** **2. 사업설비를 신설, 취득, 확장, 증축(감가상각자산)** 3. 재무구조개선계획을 이행중인 사업자
	기 한	조기환급 신고기한(매월 또는 2개월 단위로 신고가능) 경과 후 **15일 이내에 환급**

조기환급기간		가능여부	신고기한	비 고
매월	1.1~1.31	○	2.25	
	2.1~2.28		3.25	
	3.1~3.31		4.25	
매2월	1.1~2.28	○	3.25	
	2.1~3.31	○	4.25	
	3.1~4.30	×	−	예정신고기간과 과세기간 최종3월(확정신고)기간이 겹쳐서는 안된다.
예정신고기간	1.1~3.31	○	4.25	
확정신고기간	4.1~6.30	○	7.25	

제8절   부가가치세 신고서

1. 사업자의 인적사항
2. 납부세액 및 그 계산근거
3. 공제세액 및 그 계산근거
4. 매출·매입처별 세금계산서 합계표 제출내용
5. 기타 참고사항

<예제> 부가가치세 신고서

㈜백두의 1기 부가가치세 확정신고서(4~6월)의 일부 내역이다. 다음 물음에 답하시오.

[신고서 1장]

				금 액(원)	세율	세 액(원)
❶ 신 고 내 용						
구 분				금 액(원)	세율	세 액(원)
과세 표준 및 매출 세액	과세	세 금 계 산 서 발 급 분	(1)	10,000,000	10/100	1,000,000
		매 입 자 발 행 세 금 계 산 서	(2)		10/100	
		신용카드 · 현금영수증 발행분	(3)	9,000,000	10/100	900,000
		기타(정규영수증 외 매출분)	(4)	8,000,000		800,000
	영세율	세 금 계 산 서 발 급 분	(5)	7,000,000	0/100	
		기 타	(6)	6,000,000	0/100	
	예 정 신 고 누 락 분		(7)	5,000,000		300,000
	대 손 세 액 가 감		(8)			
	합 계		(9)	45,000,000	㉮	3,000,000
매입 세액	세 금 계 산 서 수 취 분	일 반 매 입	(10)	5,000,000		400,000
		고 정 자 산 매 입	(11)	4,000,000		400,000
	예 정 신 고 누 락 분		(12)	3,000,000		300,000
	매 입 자 발 행 세 금 계 산 서		(13)			
	그 밖 의 공 제 매 입 세 액		(14)	2,000,000		200,000
	합 계(10)+(11)+(12)+(13)+(14)		(15)	14,000,000		1,300,000
	공 제 받 지 못 할 매 입 세 액		(16)	1,000,000		100,000
	차 감 계(15) − (16)		(17)	13,000,000	㉯	1,200,000
납부(환급)세액(매출세액㉮ − 매입세액㉯)					㉰	1,800,000
경감 · 공제 세액	그 밖 의 경 감 · 공 제 세 액		(18)			
	신 용 카 드 매 출 전 표 등 발 행 공 제 등		(19)			
	합 계		(20)		㉱	
예 정 신 고 미 환 급 세 액			(21)		㉲	
예 정 고 지 세 액			(22)		㉳	
매 입 자 납 부 특 례 기 납 부 세 액			(24)		㉴	
가 산 세 액 계			(25)		㉵	
차가감하여 납부할 세액(환급받을 세액)(㉰−㉱−㉲−㉳−㉴+㉵)				(26)		1,800,000
총괄납부사업자가 납부할 세액(환급받을 세액)						

[신고서 2장]

예정신고누락분명세	구 분				금 액	세율	세 액
	(7)매출	과세	세금계산서	(32)	3,000,000	10 / 100	300,000
			기 타	(33)		10 / 100	
		영세율	세금계산서	(34)	1,000,000	0 / 100	
			기 타	(35)	1,000,000	0 / 100	
		합 계		(36)			
	(12)매입	세 금 계 산 서		(37)	3,000,000		300,000
		그밖의 공제매입세액		(38)			
		합 계		(39)			

(14) 그 밖의 공제 매입세액 명세	구 분			금 액	세율	세 액
	신용카드매출전표등 수령명세서 제출분	일반 매입	(40)	1,500,000		150,000
		고정자산매입	(41)	500,000		50,000
	의 제 매 입 세 액		(42)		뒤쪽참조	
	재 활 용 폐 자 원 등 매 입 세 액		(43)		뒤쪽참조	
	과세사업전환 매입세액		(44)			
	재 고 매 입 세 액		(45)			
	변 제 대 손 세 액		(46)			
	외국인 관광객에 대한 환급세액		(47)			
	합 계		(48)			200,000

〈과세표준 및 매출세액〉

1. 확정신고기간시 영세율 세금계산서를 발행한 금액은 얼마인가?

2. 확정신고기간시 영세율과세표준(예정신고누락분 제외)은 얼마인가?

3. 세금계산서를 발급한 매출분 공급가액(예정신고누락분 제외)은 얼마인가?

4. 확정신고시 과세표준은 얼마인가?

5. 부가가치세 매출세액은 얼마인가?

〈예정신고누락분〉

6. 확정신고시 예정신고누락분 영세율세금계산서 매출액은 얼마인가?

〈매입세액〉

7. 신용카드 사용(현금영수증등 포함)에 따른 매입세액 공제는 얼마인가?

8. 고정자산을 매입한 공급가액은 얼마인가?

9. 공제받지못할 매입세액의 공급가액과 세액은 얼마인가?

〈납부세액 또는 환급세액〉

10. 부가가치세 신고서상 납부(환급)세액은 얼마인가?

해답

〈과세표준 및 매출세액〉

1. 7,000,000(5)

2. 13,000,000[7,000,000(5)+6,000,000(6)]

3. 17,000,000[10,000,000(1)+7,000,000(5)]

4. 45,000,000(9)

5. 3,000,000(9)

〈예정신고누락분〉

6. 1,000,000(34)

〈매입세액〉

7. 200,000[150,000(40)+50,000(41)]   8. 4,500,000 [4,000,000(11)+500,000(41)]

9. 공급가액 1,000,000(16), 세액 100,000(16)

〈납부세액 또는 환급세액〉

10. 1,800,000(26)

구 분				❸ 금 액(원)	세율	세 액(원)
❶ 신 고 내 용						
과세표준 및 매출세액	과세	세금계산서 발급분	(1)	*10,000,000*	10/100	1,000,000
		매입자발행세금계산서	(2)		10/100	
		신용카드·현금영수증 발행분	(3)	9,000,000	10/100	900,000
		기타(정규영수증 외 매출분)	(4)	8,000,000		800,000
	영세율	세금계산서 발급분	(5)	*7,000,000*	0/100	
		기 타 ❷	(6)	*6,000,000*	0/100	
	예 정 신 고 누 락 분		(7)	5,000,000		300,000
	대 손 세 액 가 감		(8)			
	합 계		(9)	*45,000,000* ❹ ㉮		❺ *3,000,000*
매입세액	세금계산서 수취분	일반매입	(10)	5,000,000		400,000
		고정자산 매입	(11)	*4,000,000* ❽		400,000
	예 정 신 고 누 락 분		(12)	3,000,000		300,000
	매입자발행세금계산서		(13)			
	그 밖 의 공 제 매 입 세 액		(14)	2,000,000		200,000
	합 계(10)+(11)+(12)+(13)+(14)		(15)	14,000,000	❾	1,300,000
	공제받지 못할 매입세액		(16)	*1,000,000*		*100,000*
	차 감 계(15)－(16)		(17)	13,000,000	㉯	1,200,000
납부(환급)세액(매출세액㉮－매입세액㉯)					㉰	1,800,000
경감·공제세액	그밖의경감·공제세액		(18)			
	신용카드매출전표 등 발행공제 등		(19)			
	합 계		(20)		㉱	
예 정 신 고 미 환 급 세 액			(21)		㉲	
예 정 고 지 세 액			(22)		㉳	
매입자 납부특례 기납부세액			(23)		㉴	
가 산 세 액 계			(25)		㉵	❿
차가감하여 납부할 세액(환급받을 세액)(㉰－㉱－㉲－㉳－㉴+㉵)			(26)			*1,800,000*
총괄납부사업자가 납부할 세액(환급받을 세액)						

			구 분		금 액	세율	세 액
예정신고 누 락 분 명 세	(7)매출	과 세	세금계산서	(32)	3,000,000	10 / 100	300,000
			기 타	(33) 6		10 / 100	
		영세율	세금계산서	(34)	1,000,000	0 / 100	
			기 타	(35)	1,000,000	0 / 100	
		합 계		(36)			
	(12)매입	세 금 계 산 서		(37)	3,000,000		300,000
		그밖의공제매입세액		(38)			
		합 계		(39)			

	구 분			금 액	세율	세 액
(14) 그 밖의 공제 매입세액 명 세	신용카드매출전표등 수령명세서 제출분	일반 매입	(40)	1,500,000		150,000
		고정자산매입	(41)	500,000		50,000
	의 제 매 입 세 액		(42) 8		뒤쪽참조	7
	재 활 용 폐 자 원 등 매 입 세 액		(43)		뒤쪽참조	
	과세사업전환 매입세액		(44)			
	재 고 매 입 세 액		(45)			
	변 제 대 손 세 액		(46)			
	외국인 관광객에 대한 환급세액		(47)			
	합 계		(48)			200,000

제9절　간이과세자

1. 판정방법	– 직전 1역년의 공급대가의 합계액이 **8,000만원 미만인 개인사업자**로서 각 사업장 매출액의 합계액으로 판정(**법인사업자는 간이과세적용 불가**) – **직전연도 공급대가 합계액이 4,800만원 이상인 부동산임대업 및 과세유흥장소는 적용배제**
2. 적용배제 업종	① 광업　　② 도매업　　③ 제조업 ④ 부동산매매업 및 일정한 부동산임대업 등
3. 세금계산서 발급의무	1 원칙 : 세금계산서 발급의무 2. 예외 : 영수증 발급 　① 간이과세자 중 신규사업자 및 직전연도 공급대가 합계액이 4,800만원 미만 　② 주로 사업자가 아닌 자에게 재화 등을 공급하는 사업자(소매업, 음식점업등) 　　다만 소매업, 음식점업, 숙박업 등은 공급받는 자가 요구하는 경우 세금계산서 발급의무
4. 신고 및 납부	**1기 : 1.1 ~ 12.31(1년간)** ☞ 예정부과제도 　① 예정부과기간 : 1.1~6.30 　② 고지징수 : 직전납부세액의 1/2을 고지징수(7/25), **50만원 미만은 소액부징수**
5. 과세유형변경	1역년의 공급대가가 기준금액(8,000만원)에 미달되거나 그 이상의 되는 해의 **다음해 7월 1일을 과세유형전환의 과세기간**으로 한다.

연/습/문/제

O,X

01. 도서제조(면세사업)용도에 사용할 재화를 구입하고 교부받은 세금계산서상 매입세액은 공제 대상 매입세액이다. ( )

02. 당해 과세기간 부가가치세 1기 예정신고시 누락된 상품매입 세금계산서상의 매입세액은 1기 확정신고시 공제대상이다. ( )

03. 대손세액공제는 예정신고시와 확정신고시 가능하다. ( )

04. 법인이 부가가치세가 과세되는 재화를 공급하고 신용카드매출전표를 발행한 경우 신용카드매출전표 등 발행세액공제를 받을 수 있다. ( )

05. 쌀을 판매하는 사업자의 건물 임차료 매입세액은 공제대상이다. ( )

06. 사업설비를 취득하였거나 과세표준에 영세율이 적용되는 경우에는 조기환급신고를 할 수 있다.( )

07. 예정신고기간에 대한 조기환급세액은 예정신고기한 경과후 15일내에 환급한다. ( )

08. 학원사업을 영위하는 면세사업자는 학원시설투자비에 대한 세금계산서를 수취하여도 매입세액을 공제받을 수 없다. ( )

09. 영세율이 적용되는 사업자의 경우에는 당해 영세율이 적용되는 공급분과 관련된 매입세액에 대해서만 조기에 환급받을 수 있다. ( )

10. 사업자등록신청일 15일 전에 과세사업용 컴퓨터구입(단, 주민등록번호기재분이다)에 따른 매입세액은 공제가 가능하다. ( )

11. 음식점사업자가 계산서를 받고 면세로 구입한 축산물은 의제매입세액 공제 대상이다. ( )

12. 기계부품 제조업자가 원재료를 매입하고 신용카드매출전표나 현금영수증 또는 제로페이영수증 등을 수취한 경우 매입세액공제대상이다. ( )

13. 개인사업자는 예정신고기간 종료 후 25일 이내에 부가가치세를 신고하여야 한다. ( )

14. 모든 법인사업자는 예정신고기간 종료 후 25일 이내에 예정고지된 금액을 납부하여야 한다. ( )

15. 과세기간별로 해당 과세기간에 대한 환급세액을 그 확정신고기한 경과 후 30일 이내에 사업자에게 환급하여 한다. ( )

16. 간이과세자는 직전 1역년의 공급대가가 8,000만원 미만인 법인사업자를 말한다. ( )

17. 간이과세자는 세금계산서를 발급할 수 없다. ( )

18. 직전 연도의 공급대가의 합계액이 7,000만원인 제조업을 운영하는 간이과세자 는 세금계산서를 발급해야 한다. ( )

19. 간이과세를 포기하는 경우 포기신고일이 속하는 달의 마지막 날로부터 25일 이내에 신고, 납부하여야 한다. ( )

20. 일반과세자가 간이과세자로 변경되는 경우에 그 변경되는 해의 간이과세자 과세기간은 1월 1일부터 12월 31일까지이다. ( )

21. 간이과세자가 일반과세자로 변경되는 경우에 그 변경되는 해의 간이과세자 과세기간은 1월 1일부터 12월 31일까지이다. ( )

주관식

01. 다음 자료에 의하면 부가가치세법상 공제받을 수 있는 매입세액공제액은 얼마인가?

- 2000cc인 비영업용소형승용자동차의 렌탈요금으로 세금계산서 수령 : 공급대가 110,000원
- 종업원 사고 치료비를 병원에서 신용카드로 결제 : 결제금액 220,000원
- 국내 항공기 이용 요금을 신용카드로 결제 : 결제금액 330,000원
- 토지관련 매입세액 : 100,000원

02. 도 · 소매업을 영위하는 일반과세사업자 (주)한국의 다음 자료에 의하여 부가가치세 납부세액을 계산하면 얼마인가?(단, 자료의 금액은 공급가액이다)

(1) 매출자료 : 세금계산서 발급분	500,000원
현금매출분(증빙없음)	400,000원
(2) 매입자료 : 현금매입분(증빙없음)	300,000원
계산서 매입분	200,000원

03. 다음 자료에 의하여 부가가치세법상 제조업을 영위하는 일반과세사업자가 납부 또는 환급해야 할 부가가치세액은?

- 전자세금계산서 교부에 의한 제품매출액 : 11,000,000원(공급대가)
- 지출증빙용 현금영수증에 의한 원재료 매입액 : 12,000,000원(부가세 별도)
- 신용카드에 의한 업무용 승용차(1,200CC) 구입 : 9,000,000원(부가세 별도)
- 현금영수증에 의한 접대관련 매입 : 8,000,000원(부가세 별도)

 분개연습

☞ 다음 거래를 보고 공급자가 발급한 증빙서류나 공급받는 자가 수취한 증빙서류(아래 참조)를 기재하시고, 공급가액과 부가가치세를 입력하시고 분개를 하시오.

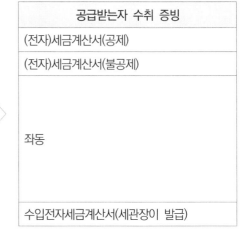

[1] 해외거래처인 히라가나사로부터 수입한 원재료(¥1,000,000)와 관련하여, 김포세관으로부터 수입전자세금계산서를 발급받아 동 부가가치세액 1,000,000원을 김포세관에 현금으로 완납하였다. 단, 부가가치세와 관련된 것만을 회계처리 하기로 한다.

    [증빙]   [공급가액]   [세액]
    [분개]

[2] 원재료 납품업체인 (주)대풍으로부터 Local L/C에 의해 수출용 제품생산에 사용될 원재료(1,000개, @50,000원)을 납품받고 영세율전자세금계산서를 발급받았다. 그리고 대금은 전액 당점발행 약속어음으로 지급하였다.
    [증빙]   [공급가액]   [세액]
    [분개]

[3] 개인인 김철수씨에게 제품을 3,300,000원(부가가치세 포함)에 현금으로 판매하고 현금영수증을 발급하여 주었다.
    [증빙]   [공급가액]   [세액]
    [분개]

[4] 공장의 원재료 매입처의 확장이전을 축하하기 위하여 양재화원에서 화분을 100,000원에 구입하여 전달하였다. 증빙으로 전자계산서를 수취하였으며, 대금은 외상으로 하였다.
    [증빙]   [공급가액]   [세액]
    [분개]

[5] 수출업체인 (주)세모에 Local L/C에 의해 제품(공급가액 20,000,000원)을 매출하고 영세율전자세금계산서를 발행하였다. 대금은 전액 외상으로 하였다.
    [증빙]   [공급가액]   [세액]
    [분개]

[6] 영국의 맨유상사에 제품(공급가액 40,000,000원)을 직수출하고 이미 수취한 계약금을 제외한 대금은 외상으로 하였다. 당사는 6월 20일 맨유상사와 제품수출 계약을 체결하면서 계약금 8,000,000원을 수취한 바 있다.
    [증빙]   [공급가액]   [세액]
    [분개]

[7] 회사 영업부에서 업무용으로 사용하는 법인소유의 소형승용차(1,500CC)가 고장이 발생하여 서울카센터에서 수리하고 전자세금계산서를 수취하였다. 차량수리비 220,000원(부가가치세 포함)은 전액 현금으로 지급하였다.(수익적지출로 회계 처리할 것)

[증빙]   [공급가액]   [세액]

[분개]

[8] 공장의 원자재 구입부서에서 매입거래처에 선물할 냉장고 1,000,000원(부가가치세 별도)를 삼성전자로부터 구입하여 제공하고 전자세금계산서를 수취하였다. 대금은 보통예금 계좌에서 이체하였다.

[증빙]   [공급가액]   [세액]

[분개]

[9] 생산직근무자들에게 선물을 주기 위하여 설악공장으로 부터 통조림을 구입하고 전자세금계산서 20,000,000원 (부가가치세 별도)를 발급받았다. 대금은 설악공장의 외상매출금 13,600,000원과 상계하고 잔액은 3개월 만기 약속어음으로 지급하였다.

[증빙]   [공급가액]   [세액]

[분개]

[10] 독도식당에서 영업부서의 회식을 하고 음식대금 880,000원(부가가치세 포함)을 법인카드인 국민카드로 결제하였다. (카드매입에 대한 부가가치세 매입세액 공제요건은 충족하였다.)

[증빙]   [공급가액]   [세액]

[분개]

[11] 취득가액 10,000,000원 (부가가치세 별도)인 비영업용(1,500CC)소형승용차를 (주)현대자동차에서 10개월 할부로 구입하고 최초 불입금 1,000,000원을 당좌수표로 발행하여 지급하였다.

[증빙]   [공급가액]   [세액]

[분개]

[12] 대표이사 윤광현의 자택에서 사용할 목적으로 (주)테크노에서 에어컨을 현금으로 700,000원(부가가치세 별도)에 구입하고 회사명의로 전자세금계산서를 수령하였다. 대금은 회사에서 현금으로 결제하였으며 대신 지급한 대금은 대표이사의 가지급금으로 처리한다.

[증빙]   [공급가액]   [세액]

[분개]

[13] 공장에서 원자재 매입거래처인 (주)쌍쌍부품의 체육대회에 증정할 전자제품 (주)선물센터에서 550,000원(부가가치세 포함)에 구입하고 전자세금계산서를 수취하였다. 대금은 보통예금계좌에서 이체하였다.

[증빙]   [공급가액]   [세액]
[분개]

[14] 매출거래처인 영웅상사의 행사에 보내기 위한 화환(면세)을 미화꽃집에서 80,000원에 현금으로 구입하고 전자계산서를 발급받았다.
[증빙]   [공급가액]   [세액]
[분개]

[15] 본사 사무실에서 사용할 책상을 (주)우림가구에서 구입하고 대금 1,650,000원(부가가치세 포함)은 현금으로 지급함과 동시에 현금영수증(지출증빙용)을 수취하였다.
[증빙]   [공급가액]   [세액]
[분개]

[16] 사내식당에서 사용할 쌀과 부식(채소류)을 (주)가락식품에서 구입하고 대금300,000원은 법인카드(BC카드)로 지급하였다. 사내식당은 야근하는 생산직 직원을 대상으로 무료로 운영되고 있다.
[증빙]   [공급가액]   [세액]
[분개]

[17] 컴퓨터 제품 1개를 개인 홍길동에게 소매로 판매하고 대금 550,000원(부가가치세 포함)을 현금으로 받았다. (단, 영수증은 발행해 주지 않았다.)
[증빙]   [공급가액]   [세액]
[분개]

[18] (주)한경으로부터 PC 40대(대당 700,000원, 부가가치세별도)를 외상으로 구입하고 전자세금계산서를 수취하였고, 해당 컴퓨터는 인근 대학에 기증하였다.(본 거래는 업무와 무관하다)
[증빙]   [공급가액]   [세액]
[분개]

[19] 생산부서 사원들에게 선물로 지급하기 위해 이천쌀 50포대를 유일정미소로부터 구입하고 현금으로 1,200,000원을 결제하면서 현금영수증(지출증빙용)을 교부받았다.

[증빙]   [공급가액]   [세액]

[분개]

[20] ㈜일진상사에 제품 300개(판매단가 @40,000원, 부가가치세 별도)를 외상으로 납품하면서 전자세금계산서를 발급하였다. 대금은 거래수량에 따라 공급가액 중 전체금액의 5%를 에누리해주기로 하고, 나머지 판매대금은 30일 후 받기로 하였다.

[증빙]   [공급가액]   [세액]

[분개]

[21] 다음은 영업팀에서 복리후생 목적으로 사용하고자 구입한 현금영수증이다.

㈜하나로푸드				
123 - 52 - 66527			김인수	
서울 송파구 문정동 101 - 2				
홈페이지 http://www.kacpta.or.kr				
현금(지출증빙)				
구매 20x1/12/10/17:06		거래번호 : 0026 - 0107		
상품명		**수량**		**금액**
커피, 음료수		5		22,000
		과세물품가액		20,000
		부 가 세		2,000
합 계				22,000
받은금액				30,000

[증빙]   [공급가액]   [세액]

[분개]

[22] 개인소비자인 김무소에게 제품을 770,000원(공급대가)에 매출하고, 대금은 현금으로 받고 간이영수증을 발급하여 주었다

[증빙]   [공급가액]   [세액]

[분개]

[23] 제조부 직원들의 단합을 위해 백두산한우고기(일반음식점)에서 회식을 하고 회식비 550,000원은 법인국민 체크카드로 결제하였다.(음식점은 매입세액공제요건을 갖추고 있고, 법인국민체크카드는 결제즉시 카드발급은 행 보통예금계좌에서 인출되었다)

[증빙]　　　　　　　　　　　[공급가액]　　　　　　　[세액]

[분개]

[24] 아래의 세금계산서를 보고 회계처리(공급자)하시오.

전자세금계산서(공급자 보관용)							승인번호		123000456089000	
공급자	사업자등록번호	112-81-21646	종사업장 번호		공급받는자	사업자등록번호	154-25-58855	종사업장 번호		
	상호(법인명)	㈜풍성	성명(대표자)	김철수		상호(법인명)	대성기업	성 명	노현진	
	사업장주소	서울 서초구 서초동 1321-6 서초동이타워				사업장주소	충남 공주시 검상동 135			
	업 태	제조업,도매업	종목	휴대폰부품,무역		업 태	제조업	종 목	전자제품	
	이 메 일					이메일				
작성일자		공급가액		세액		수정사유				
20x1.12.29		8,400,000		840,000						
비고										
월	일	품 목	규 격	수 량	단 가	공급가액	세 액	비 고		
12	29	휴대폰부품		2,000	4,200	8,400,000	840,000			
합계금액		현 금		수 표		어 음	외상미수금	이 금액을	영수 청구	함
9,240,000		1,240,000				5,500,000	2,500,000			

[증빙]　　　　　　　　　　　[공급가액]　　　　　　　[세액]

[분개]

[25] 영업부 건물의 임차보증금에 대한 간주임대료의 부가가치세를 건물소유주에게 보통예금 계좌에서 이체하였다. (임차계약시 간주임대료에 대한 부가가치세를 임차인부담으로 계약을 체결하였음. 간주임대료의 부가가치세 는 500,000원임)

① 임차인 : 간주임대료만 계약에 따라 임대인에게 지급하는 분개만 한다.

[분개]

② 임대인 : 부가가치세 신고서에 반영하여 신고하여야 한다.

[증빙]　　　　　　　　　　　[공급가액]　　　　　　　[세액]

[분개]

연/습/문/제 답안

⚷ O,X

1	2	3	4	5	6	7	8	9	10	11	12	13	14	15
×	○	×	×	×	○	○	○	×	○	○	○	×	×	○

16	17	18	19	20	21
×	×	○	○	×	×

[풀이-O,X]

01. 면세사업용에 대해서는 불공제이다.

03. <u>**대손세액공제는 확정신고시만 가능**</u>하다.

04. 신용카드매출전표 발행세액공제는 <u>**개인사업자만 대상**</u>이다.

05. 쌀판매는 면세이므로 임차료 매입세액은 불공제대상이다.

09. <u>**신고사업장 전체에 대해서 조기환급신고**</u>한다.

13. 개인사업자의 부가가치세 예정신고의무는 없다.

14. 법인사업자(<u>**영세법인사업자 제외**</u>)는 예정고지되지 않고 <u>**예정신고 및 납부의무가 있다.**</u>

16. <u>**법인은 간이과세자가 될 수 없다.**</u>

17. <u>**일정한 요건을 갖춘 간이과세자의 경우 세금계산서 발급 의무가 부여**</u>된다.

20. 간이과세자의 과세기간은 7.1일부터 12월 31일까지이다.

21. 간이과세자의 과세기간은 1.1일부터 6월 30일까지이다.

🔑 주관식

1	0원	**2**	90,000원	**3**	환급세액 200,000원

[풀이-주관식]

01. 모두 매입세액 불공제 대상이다. **여객운송업은 세금계산서 발급불가 업종**이다.

02. ① 매출세액 : (500,000원 + 400,000원) × 10% = 90,000원

② 매입세액 : **증빙 없는 현금매입분과 계산서 매입분은 매입세액불공제됨.**

③ 납부세액 : 90,000원 - 0 = 90,000원

03. 매출세액(1,000,000원) = 11,000,000원 × 10/110

매입세액(1,200,000원) = 12,000,000원 × 0.1

환급세액(200,000원) = 1,000,000원 - 1,200,000원

신용카드에 의한 승용차(1,200CC) 구입 및 접대관련 매입은 공제받지 못할 매입세액임.

🔑 분개연습

[1]	증빙	수입세금계산서	공급가액	10,000,000	세액	1,000,000
	(차) 부가세대급금	1,000,000	(대) 현 금	1,000,000		
	☞ 수입세금계산서의 공급가액(10,000,000원)은 세관장이 관세와 부가가치세를 징수하기 위한 금액에 불과하다.					

[2]	증빙	영세율세금계산서	공급가액	50,000,000	세액	0
	(차) 원 재 료	50,000,000	(대) 지급어음((주)대풍)	50,000,000		

[3]	증빙	현금영수증(과세)	공급가액	3,000,000	세액	300,000
	(차) 현 금	3,300,000	(대) 제품매출	3,000,000		
			부가세예수금	300,000		

[4]	증빙	계산서	공급가액	100,000	세액	0
	(차) 접 대 비(제)	100,000	(대) 미지급금(양재화원)	100,000		
	☞ 화분은 면세이므로 계산서를 수취하였고, 계산서에는 부가가치세가 없다.					

[5]	증빙	영세율세금계산서	공급가액	20,000,000	세액	0
	(차) 외상매출금((주)세모)	20,000,000	(대) 제품매출	20,000,000		

[6]	증빙	직수출	공급가액	40,000,000	세액	0
	(차) 선 수 금(맨유상사)	8,000,000	(대) 제품매출	40,000,000		
	외상매출금(맨유상사)	32,000,000				

[7]	증빙	세금계산서(불공제)	공급가액		200,000	세액	20,000
	(차)	차량유지비(판)	220,000	(대) 현　　금			220,000
	☞ 비영업용소형승용차 구입, 유지, 임차관련 매입세액은 불공제이다.						

[8]	증빙	세금계산서(불공제)	공급가액		1,000,000	세액	100,000
	(차)	접 대 비(제)	1,100,000	(대) 보통예금			1,100,000

[9]	증빙	세금계산서(공제)	공급가액		20,000,000	세액	2,000,000
	(차)	복리후생비(제)	20,000,000	(대) 외상매출금(설악공장)			13,600,000
		부가세대급금	2,000,000	미지급금(설악공장)			8,400,000

[10]	증빙	신용카드(과세)	공급가액		800,000	세액	80,000
	(차)	복리후생비(판)	800,000	(대) 미지급금(국민카드)			880,000
		부가세대급금	80,000				

[11]	증빙	세금계산서(불공제)	공급가액		10,000,000	세액	1,000,000
	(차)	차량운반구	11,000,000	(대) 당좌예금			1,000,000
				미지급금((주)현대자동차)			10,000,000

[12]	증빙	세금계산서(불공제)	공급가액		700,000	세액	70,000
	(차)	가지급금(윤광현)	770,000	(대) 현　　금			770,000
	☞ 법인과 개인은 별개의 인격체이다. 따라서 대표이사의 개인적용도로 사용한 자금은 세법상 업무무관가지급금에 해당되고, 사업과 무관한 지출에 해당한다.						

[13]	증빙	세금계산서(불공제)	공급가액		500,000	세액	50,000
	(차)	접 대 비(제)	550,000	(대) 보통예금			550,000

[14]	증빙	계산서	공급가액		80,000	세액	0
	(차)	접 대 비(판)	80,000	(대) 현　　금			80,000

[15]	증빙	현금영수증(과세)	공급가액		1,500,000	세액	150,000
	(차)	비　　품	1,500,000	(대) 현　　금			1,650,000
		부가세대급금	150,000				

[16]	증빙	카드영수증(면세)	공급가액		300,000	세액	0
	(차)	복리후생비(제)	300,000	(대) 미지급금(BC카드)			300,000

[17]	증빙	무증빙	공급가액		500,000	세액	50,000
	(차)	현　　금	550,000	(대) 제품매출			500,000
				부가세예수금			50,000

[18]	증빙	세금계산서(불공제)	공급가액		28,000,000	세액	2,800,000
	(차) 기 부 금		30,800,000	(대) 미지급금((주)한경)			30,800,000

[19]	증빙	현금영수증(면세)	공급가액		1,200,000	세액	0
	(차) 복리후생비(제)		1,200,000	(대) 현 금			1,200,000
	☞ 쌀은 미가공식료품으로 면세에 해당하므로, 부가가치세가 없다.						

[20]	증빙	세금계산서	공급가액		11,400,000	세액	1,140,000
	(차) 외상매출금		12,540,000	(대) 제품매출			11,400,000
				부가세예수금			1,140,000
	☞ 사전에누리 : 공급가액 = 300개 × 40,000원 × 95% = 11,400,000원						

[21]	증빙	현금영수증(과세)	공급가액		20,000	세액	2,000
	(차) 복리후생비(판)		20,000	(대) 현 금			22,000
	부가세대급금		2,000				

[22]	증빙	간이영수증(무증빙)	공급가액		700,000	세액	70,000
	(차) 현 금		770,000	(대) 제품매출			700,000
				부가세예수금			70,000
	☞ 간이영수증은 세법상 적격증빙에 해당하지 않습니다. 부가세법상 증빙은 세금계산서, 계산서, 신용카드(현금영수증포함)등이 해당됩니다.						

[23]	증빙	신용카드영수증(과세)	공급가액		500,000	세액	50,000
	(차) 복리후생비(제)		500,000	(대) 보통예금			550,000
	부가세대급금		50,000				
	☞ 체크카드는 세법상 신용카드영수증등에 해당합니다. 그러나 체크카드로 결제시 바로 통장에서 인출되는 것만 틀립니다.						

[24]	증빙	세금계산서	공급가액		8,400,000	세액	840,000
	(차) 현 금		1,240,000	(대) 제품매출			8,400,000
	받을어음(대성기업)		5,500,000	부가세예수금			840,000
	외상매출금(대성기업)		2,500,000				

[25]	① 임차인						
	(차) 세금과공과(판)		500,000	(대) 보통예금			500,000
	☞ 간주임대료의 부가가치세는 부담하는 자의 비용(세금과공과)으로 회계처리한다.						
	② 임대인 : 간주임대료에 대해서 세금계산서 발급이 면제된다.						

유형	무증빙	공급가액		5,000,000	세액	500,000
(차) 보통예금		500,000	(대) 부가세예수금			500,000

Part. 2

실무능력

〈전산회계 1급 실무 출제내역〉

1. 기초정보등록(관리)	10점	• 회사등록/신규거래처등록 및 수정 • 계정과목 및 적요 등록/수정 • 전기분재무제표 수정 **(제조원가명세서 → 손익계산서 → 잉여금처분계산서 → 재무상태표)** • 거래처별 초기이월
2. 일반전표입력	18점	일반전표입력 6문항
3. 매입매출전표입력	18점	매입매출전표 입력 6문항
4. 오류정정	6점	일반전표/매입매출전표 오류정정
5. 결산정리사항입력	9점	• 수동결산 : 12월 31일 기말수정분개 • 자동결산 : 재고자산, 대손상각비, 감가상각비등 입력
6. 장부조회	9점	각종장부 및 부가가치세신고서 조회
7. 고정자산등록	–	거의 출제되지 않고 있음
계	70점	

전산회계 1급 시험문제 중 전표입력(일반전표, 매입매출전표, 오류수정, 결산전표)의 점수 비중이 50점 이상으로 분개를 못하면 합격할 수 없습니다.

전산세무회계 프로그램 케이랩(KcLep교육형세무사랑) 설치 방법

1 http://license.kacpta.or.kr/ (한국세무사회자격시험 홈페이지)에서 설치파일을 다운로드하고 설치합니다.

2 설치가 완료되면, 바탕화면에 [아이콘] 단축아이콘을 확인할 수 있다.

3 바탕화면에서 [아이콘] 아이콘을 더블클릭하여 아래와 같이 프로그램을 실행한다.

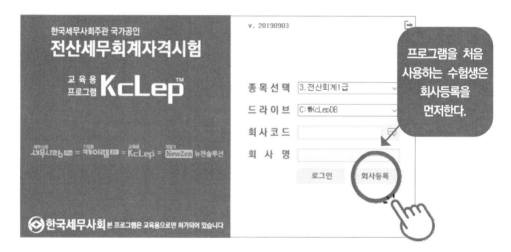

백데이타 다운로드 및 설치

1 도서출판 어울림 홈페이지(www.aubook.co.kr)에 접속한다.

2 홈페이지 첫화면 왼쪽의 '백데이타 다운로드' 빨간색 배너를 클릭한다.

3 여러 게시글 중 '로그인 전산회계1급 핵심요약 및 기출문제집' 백데이터를 선택하여 다운로드한다.

4 데이터를 다운받은 후 실행을 하면, [내컴퓨터 ➜ C:₩KcLepDB ➜ KcLep] 폴더 안에 4자리 숫자폴더로 저장된다.

5 회사등록메뉴 상단 F4(회사코드재생성)을 실행하면 실습회사코드가 생성된다.

> **이해가 안되시면 도서출판 어울림 홈페이지에 공지사항(81번)**
> **"로그인 케이렙 실습데이타 다운로드 및 회사코드 재생성 관련 동영상"을 참고해주십시오.**

Chapter 1

기초정보관리

로그인 에센스 전산회계 1급

〈주요 메뉴키 및 입력방법〉

또는 코드	[F2] 코드도움입니다.
종료	[ESC] 메뉴를 종료합니다.
삭제	[F5] 현재라인을 삭제합니다.
조회	[F12] 데이타를 조회합니다.

1. 항목을 입력 후 Enter키를 클릭하며 다음 항목으로 이동된다.

2. 항목간의 이동시 키보드의 방향키를 이용하면 된다.

제1절　회사등록

[회사등록]에 등록된 사항은 각종 재무제표 및 신고서에 반영되므로 정확하게 입력되어야 한다.

〈주요 입력항목〉

코드	장부를 작성할 회사에 대한 코드를 부여하며, 101~9999까지 사용이 가능
회사명	사업자등록증에 기재된 상호명을 입력한다.
구분	법인사업자의 경우는 "0", 개인사업자의 경우는 "1"을 선택한다.
회계연도	당해연도의 사업년도를 의미하며 개업일로부터 당해연도까지의 사업년도에 대한 기수, 회계기간을 입력한다.
사업자등록번호 법인등록번호	사업자등록증상의 사업자등록번호, 법인등록번호를 입력한다.
대표자명, 주민번호, 외국인여부	사업자등록증상의 대표자 성명과 대표자 주민번호, 대표자외국인여부를 입력한다.
사업장주소 본점주소	사업자등록증상의 주소를 입력한다. F2나 ⌶ 클릭하여 검색을 누른다. 우편번호 검색 상도로 13　　　　　　× Q 검색결과가 없습니다. 검색어를 아래와 같은 조합을 이용하시면 더욱 정확한 결과가 검색됩니다. '도로명+건물번호', '지역명+지번', '지역명+건물명(아파트명)', '사서함명+번호' 도로명 전체　　지역명 전체 06955 도로명　서울특별시 동작구 상도로 13 (흥원빌딩)　　　　영문보기 ｜ 지도 지번　　서울특별시 동작구 대방동 398-2
업태, 종목, 주업종코드	사업자등록상의 업태와 종목 그리고 주업종코드를 입력한다.
법인구분, 법인종류별 구분, 중소기업 여부	일반적으로 내국법인 그리고 중소기업을 선택한다.
설립연월일, 개업연월일	사업자등록증상의 개업연월일 등을 입력한다.
사업장관할세무서	사업자등록증상의 하단부에 표기된 해당 세무서를 코드로 등록한다. 세무서도움 전체　▼　동　◀── 1글자 이상 입력 세무서코드　세무서명 108　　　동작 135　　　동수원

 ☞ 전산회계2급(회사등록) 입력사항을 참고하십시오.

제2절	환경등록

회계프로그램을 유용하게 활용하기 위한 설정사항으로서 분개유형설정을 해줄 수 있다.

1. 기본계정설정

[매입매출전표]입력시 자동으로 표기해 주는 계정으로 401.상품매출/146.상품으로 설정되어 있으나, 전산회계 1급 시험의 경우 제조업이 시험범위이므로 404.제품매출/153.원재료로 수정하고 사용하면 분개시 해당 계정과목으로 자동반영된다.

	도소매업(전산회계2급)		제조업(전산회계1급)		
매출	매출	상품매출	**매출**	**제품매출(404)**	(차) 외상매출금
	매출채권	외상매출금	매출채권	외상매출금	**(대) 제품매출**
매입	매입	상품	**매입**	**원재료(153)**	**(차) 원 재 료**
	매입채무	외상매입금	매입채무	외상매입금	(대) 외상매입금

2. 신용카드기본계정설정

카드채권/카드채무에 대한 자동계정을 설정하는 것으로서, 기업이 제품을 매출하고 신용카드로 결제를 받았을 경우

(차) 외상매출금 　　　×××　　　　　　　　(대) 제품매출　　　×××

이므로, 카드채권을 **미수금에서 외상매출금으로 수정**해 주면 된다.
기업에서 카드채무는 대부분 미지급금이므로 수정하지 않는다.

[분개유형설정]

제3절   거래처 등록

제품을 외상거래나 기타채권, 채무에 관한 거래가 발생했을 때 외상매출금계정 등의 보조장부로서 거래처별 장부를 만들게 되는데, 이렇게 각 거래처별 장부를 만들기 위해서는 거래처를 등록하여야 한다.

1. 일반거래처-주요입력항목

코드	"00101~97999"의 범위 내에서 코드번호를 부여한다.
유형	매출 및 매입이 발생되는 거래처는 "동시"로 입력한다.
주민등록번호	**개인에게 세금계산서를 발행시 주민기재분에 "1.여"를 선택한다.** 1. 사업자등록번호 ___-__-_____ 📶 사업자등록상태조회 2. 주민 등록 번호 830208-2182630 주 민 기 재 분 여 0:부 1:여 ◀ 세금계산서 발행시 3. 대 표 자 성 명 김기수 4. 업 종 업태 종목

2. 금융기관-주요입력항목

코드	"98000~99599"의 범위 내에서 코드번호를 부여한다.
유형	1. 보통예금 2.당좌예금 3.정기적금 4.정기예금 5.기타 중 선택한다.
계좌번호	통장번호를 입력한다.
계좌개설은행/지점	조회하여 입력한다.

3. 신용카드-주요입력항목

코드	"99600~99999"의 범위 내에서 코드번호를 부여한다.
가맹점(카드)번호	매출가맹점인 경우에는 가맹점번호 매입인 경우 신용카드번호를 입력한다. → 우측 화면에 자동반영된다.
유형	매출가맹점인 경우에는 1.매출을 매입(구매)카드인 경우에는 2.매입을 선택한다.
카드종류(매입)	1.일반카드 2.복지카드 3.사업용카드 중 선택하여 입력한다.

 ☞ **전산회계2급(거래처등록) 입력사항을 참고하십시오.**

〈반드시 거래처코드를 입력해야 하는 계정과목〉

채권계정	채무계정
외상매출금	외상매입금
받을어음	지급어음
미수금	미지급금
선급금	선수금
대여금(단기, 장기)	차입금(단기, 장기), 유동성장기부채
가지급금	가수금(거래처를 알고 있을 경우 입력)
선급비용/미수수익	선수수익/미지급비용
임차보증금	임대보증금

제4절 계정과목 및 적요 등록

회사의 특성상 자주 사용하는 계정과목이나 적요가 필요한데, 계정과목이나 적요를 추가로 등록하거나 수정할 수 있다.

〈주요 입력항목〉

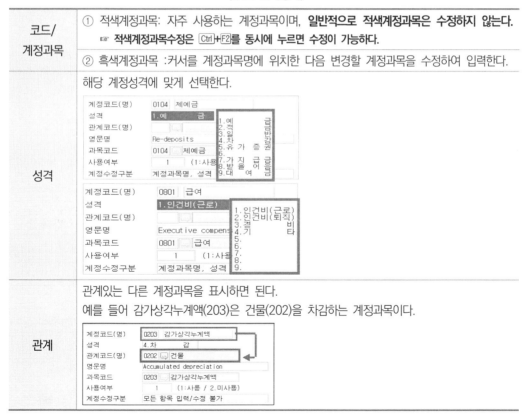

코드/ 계정과목	① 적색계정과목: 자주 사용하는 계정과목이며, **일반적으로 적색계정과목은 수정하지 않는다.** ☞ **적색계정과목수정**은 Ctrl+F2를 동시에 누르면 수정이 가능하다. ② 흑색계정과목 :커서를 계정과목명에 위치한 다음 변경할 계정과목을 수정하여 입력한다.

적요	적요는 현금적요와 대체적요, 고정적요가 있으며 수정하고자 하는 계정과목에서 커서를 우측 적요란으로 이동한 후 추가 등록할 내용으로 입력한다.(고정적요는 수정불가)

☞ **전산회계2급(계정과목 등록) 입력사항을 참고하십시오.**

\<예제\> 기초정보관리

다음은 (주)백두(3020)의 기초정보관리에 대한 자료이다. 각각의 요구 사항에 대해서 전산프로그램에 입력하시오
1. 사업자등록증을 보고 회사등록사항을 정정하시오.

사 업 자 등 록 증

(법인사업자용)

등록번호 : 128-81-42248

① 법인명(단체명) : (주)백두

② 대표자 : 홍길동(740102-1232624)

③ 개업년월일 : 2017년 2월 1일

④ 법인등록번호 : 110111-1754020

⑤ 사업장소재지 : 서울시 동작구 상도로 13

⑥ 본점소재지 : 상동

⑦ 사업의 종류 : (업태) 제조   (종목) 컴퓨터및주변기기

⑧ 교부사유

2017년 2월 1일

동 작 세 무 서 장

2. 다음의 거래처를 추가 등록하시오.
   ① 금융기관

코드	거래처명	유형	계좌번호	지점
98001	국민은행	당좌예금	123-456	천안 두정

② 신용카드

코드	거래처명	카드(가맹점)번호	유형
99710	삼성카드	5000	매출카드
99720	신한카드	9410-8523-0720-8300	매입카드(사업용카드)

3. 판매비와 관리비 855번의 계정과목을 "외부강사료"계정을 추가등록하세요.
   그리고 현금적요 "1. 영업직사원 강사료지급"를 등록하시오.

해답

1. 회사등록

① (업태) 제조, (종목) 컴퓨터및주변기기로 수정

② 관할세무서를 동작세무서로 수정

2. 거래처등록

① 금융기관

② 신용카드

㉠ 삼성카드

No	□	코드	거래처명	가맹점(카드)번호	유형
1	☑	99600	비씨카드	1000	매출
2	☑	99700	국민카드	1234-5678-1234-5678	매입
3	□	99710	삼성카드	5000	매출

1. 사업자등록번호 ___-__-_____
2. 가 맹 점 번 호 5000   직불, 기명식 선불전자지급수단 부
3. 카드버호(매입)

㉡ 신한카드

3	□	99710	삼성카드	5000	매출
4	■	99720	신한카드	9410-8523-0720-8300	매입
5	□				

3. 카드번호(매입) 9410-8523-0720-8300
4. 카드종류(매입) 3 3.사업용카드

3. 계정과목 및 적요등록

우측 계정코드란에 외부강사료를 입력하고 Enter↵을 치면 계정성격란에 3.경비를 선택한다. 성격란은 해당계정과목의 특성을 나타내는 것이므로 계정과목 성격에 맞게 선택하면 된다.

	코드/계정과목	성격	관계
0855	외 부 강 사 료	3.경 비	
0856	사 용 자설정계정과목		
0857	사 용 자설정계정과목		
0858	사 용 자설정계정과목		
0859	사 용 자설정계정과목		
0860	사 용 자설정계정과목		
0861	사 용 자설정계정과목		
0862	사 용 자설정계정과목		
0863	사 용 자설정계정과목		
0864	사 용 자설정계정과목		
0865	사 용 자설정계정과목		

계정코드(명) 0855 외부강사료
성격 3.경 비 외화 0.부
관계코드(명)
영문명 User setup accounts
과목코드 0855 외부강사료
계정사용여부 1 (1:여/2:부) 업무용차 여부 2
계정수정구분 계정과목명, 성격 입력/수정 가능
표준재무제표 124 36.기타

적요NO	현금적요
1	영업직사원 강사료지급

전기분 재무제표

제1절   전기분 재무상태표

전년도의 재무상태표를 입력하면 되는데, **재무상태표상의 재고자산 금액은 손익계산서 및 제조원가명세서의 재고자산금액으로 자동 반영**된다.

1. 제품, 상품의 기말재고액

① 상품계정 : **손익계산서 상품매출원가의 기말상품재고액으로 자동 반영**된다.
② 제품계정 : **손익계산서 제품매출원가의 기말제품재고액으로 자동 반영**된다.

2. 원재료, 재공품의 기말재고액

① 기말원재료재고액 : **제조원가명세서 기말원재료재고액으로 자동 반영**된다.
② 기말재공품재고액 : **제조원가명세서 기말재공품재고액으로 자동 반영**된다.

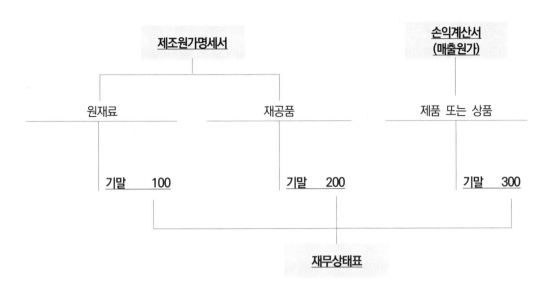

〈주요입력항목〉

코드/계정과목	코드란에 커서를 놓고 F2를 클릭하여 계정과목을 검색하여 입력하거나 계정코드란에 바로 계정과목명 2자리이상을 입력해서 검색하여 입력해도 된다. **대손충당금과 감가상각누계액 코드 = 해당 계정과목코드 + 1**
금액	금액을 입력시 컴마(,)없이 입력한다. **키보드 우측에 있는 숫자키 중 +키를 누르면"0" 이 세 개(000)입력된다.** 금액입력방법은 어디서나 동일한 방법으로 입력하면 된다.
기타	① 퇴직급여충당부채 등은 원가 귀속별로 입력한다. 퇴직급여충당부채(295) : 제 조 4,000,000 도 급 보 관 / 분 양 운 송 판 관 비 6,000,000 ② **하단의 자산/자본/부채 총계를 확인하고 대차차액이 "0"을 최종확인**

☞ **전산회계2급(전기분 재무상태표) 입력사항을 참고하십시오.**

제2절　전기분 원가명세서

　제조기업은 원가명세서를 반드시 작성하여야 하는데 **원가명세서에서 작성된 당기제품제조원가가 손익계산서의 매출원가(당기제품제조원가)를 구성한다.**

　또한 **재무상태표상의 원재료, 재공품 금액은 제조원가명세서상의 기말원재료재고액, 기말재공품 재고액에 자동반영된다.**

〈주요입력항목〉

F4 원가설정	**편집(Tab)** 을 클릭하여 제품매출원가 사용여부를 1.여로 선택, 확인한다. **매출원가 및 경비선택** | 사용여부	매출원가코드 및 계정과목		원가경비		화면
---	---	---	---	---	---
여	0455	제품매출원가	1	0500번대	제조
부	0452	도급공사매출원가	2	0600번대	도급
부	0457	보관매출원가	3	0650번대	보관
부	0453	분양공사매출원가	4	0700번대	분양
부	0458	운송매출원가	5	0750번대	운송	 [참고사항] 1. 편집(tab)을 선택하면 사용여부를 1.여 또는 0.부로 변경하실 수 있습니다. 2. 사용여부를 1.여로 입력 되어야만 매출원가코드를 변경하실 수 있습니다.
501.원재료비 **(Enter 클릭)**	**기초원재료 재고액과 당기원재료매입액을 입력하고, 기말 원재료 재고액은 전기 재무 상태표상의 원재료 재고액이 자동반영된다.** **원재료** 	기 초 원 재 료 재 고 액		3,000,000
당 기 원 재 료 매 입 액	+	150,000,000
매 입 환 출 및 에 누 리	−	
매 　 입 　 할 　 인	−	
타 계 정 에 서 대 체 액	+	
타 계 정 으 로 대 체 액		
원 재 료 평 가 손 실	+	
원 재 료 평 가 환 입	−	
기 말 원 재 료 재 고 액	−	20,000,000	← 재무상태표에서 자동반영 | 원 　 재 　 료 　 비	=	133,000,000	
기타	① 기말재공품재고액은 재무상태표에서 자동반영 	9.기말재공품재고액	2,000,000	 ② 당기제품제조원가를 최종 확인

☞ **전산회계1급 기본서 (전기분 원가명세서) 입력사항을 참고하십시오.**

제3절　전기분 손익계산서

〈주요입력항목〉

전기회계기간	전기 회계기간이 자동인식되어 입력되나, 오류인 경우 직접 입력한다.
455.제품매출원가 ([Enter] 클릭)	기초제품재고액과 당기제품제조원가를 입력하고, **기말제품재고액은 재무상태표의 제품재고액이 자동 반영**된다. 매출원가 기 초 제 품 재 고 액　30,000,000 당 기 제 품 제 조 원 가　＋　272,000,000 매 입 환 출 및 에 누 리　－ 매　　입　　할　　인　－ 타 계 정 에 서 대 체 액　＋ 타 계 정 으 로 대 체 액　－ 관　세　환　급　금　－ 제 품 평 가 손 실　＋ 제 품 평 가 손 실 환 입　－ 기 말 제 품 재 고 액　－　5,000,000　← 재무상태표에서 자동반영 매　　출　　원　　가　＝　297,000,000
기타	**당기순이익을 최종 확인**

☞ 전산회계2급(전기분 손익계산서) 입력사항을 참고하십시오.

제4절　전기분 잉여금(결손금)처분계산서

전기재무상태표상의 **미처분이익잉여금(이월이익잉여금)과 이익잉여금처분계산서상의 미처분이익잉여금과 동일한 금액**이다. 미처분이익잉여금의 당기순이익은 손익계산서의 당기순이익이 자동반영된다.

〈주요입력항목〉

[F6]불러오기	전기분 손익계산서의 당기순이익을 불러온다.
[F4]칸추가	추가하고자 하는 라인 아래에 커서를 위치하고 F4 칸추가 커서가 활성화시 클릭하시면 칸이 추가됩니다.
처분확정일자	주주총회에서 잉여금 처분일자를 입력한다.
기타	**미처분이익잉여금의 합계금액과 전기분재무상태표 이월이익잉여금이 일치여부 확인**

☞ 전산회계1급 기본서(전기분 잉여금처분계산서) 입력사항을 참고하십시오.

제5절 재무제표 상호 연관성

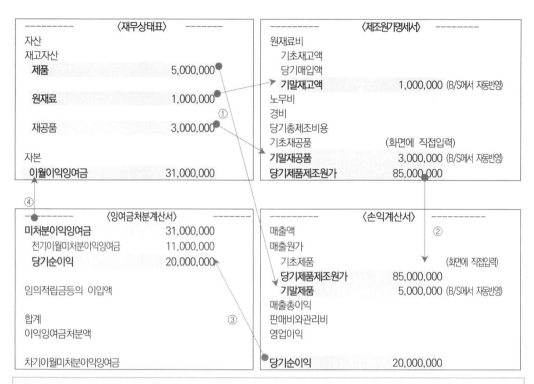

재무상태표상의 **기말원재료** ⇨ 제조원가명세서상의 **기말원재료**

재무상태표상의 **기말재공품** ⇨ 제조원가명세서상의 **기말재공품**

재무상태표상의 **기말제품** ⇨ 손익계산서상의 **기말제품**

제조원가명세서상의 **당기제품제조원가** ⇨ 손익계산서상의 **당기제품제조원가**

손익계산서상의 **당기순이익** ⇨ 잉여금처분계산서상의 **당기순이익**

잉여금처분계산서상의 **미처분이익잉여금** ⇨ 재무상태표상의 **이월이익잉여금**

[전기분 재무제표 수정 순서]

재무상태표(기말재고자산) → 제조원가명세서 → 손익계산서 → 잉여금처분계산서 → 재무상태표
☞ 최종적으로 재무상태표의 대차차액이 "0"가 되어야 한다.

1. 수익 또는 비용 누락/수정 (판매비와 관리비, 영업외손익)	1. 손익계산서 : 해당 계정 입력/ 수정 → 당기순이익 변경 2. 잉여금처분계산서 : 당기순이익 변경 → 미처분이익잉여금 변경 3. 재무상태표 : 이월이익잉여금 수정
2. 제조원가명세서 수정	1. 제조원가명세서 : 해당 계정 수정 → 당기제품제조원가 변경 2. 손익계산서 : 당기제품제조원가 수정 → 당기순이익변경 3. 잉여금처분계산서 : 당기순이익 변경 → 미처분이익잉여금 변경 4. 재무상태표 : 이월이익잉여금 수정
3. 재무상태표수정(재고자산)	1. 재무상태표 : 해당 재고자산 수정 2. 제조원가명세서 : 해당 계정 수정 → 당기제품제조원가 변경 3. 손익계산서 : 당기제품제조원가 수정 → 당기순이익변경 4. 잉여금처분계산서 : 당기순이익 변경 → 미처분이익잉여금 변경 5. 재무상태표 : 이월이익잉여금 수정
4. 재무상태표수정 (재고자산이외)	재무상태표 : 해당 계정 수정

제6절 거래처별 초기이월

채권·채무 등 거래처별관리가 필요한 재무상태표 항목에 대하여 [거래처원장]에 "전기이월"로 표기하면서 거래처별 전년도 데이터를 이월받기 위한 메뉴이다.

F4불러오기	전기분 재무상태표에서 데이터를 불러온다.
거래처/금액입력	좌측 계정과목을 클릭하고, 우측의 거래처코드를 선택한 후 F2를 클릭하여 거래처를 선택하고 금액을 입력한다.
차액	차액이 "0"가 되어야 정확하게 입력된 것이다. <table><tr><td>합 계</td><td>200,000</td></tr><tr><td>차 액</td><td>0</td></tr></table>

☞ 전산회계2급(거래처별 초기이월) 입력사항을 참고하십시오.

계정과목코드집(재무상태표-전산회계제1급/세무2급)

코드	계정과목	코드	계정과목	코드	계정과목	코드	계정과목	코드	계정과목
1. 당좌자산		**2. 재고자산**		**4. 유형자산**		**7. 유동부채**		**10. 자본잉여금**	
101	현금	146	상품	201	토지	251	외상매입금	341	주식발행초과금
102	당좌예금	150	제품	202	건물	252	지급어음	342	감자차익
103	보통예금	153	원재료	204	구축물	253	미지급금	343	자기주식처분이익
105	정기예금	162	부재료	206	기계장치	254	예수금	**11. 자본조정**	
106	정기적금	해당계정+1	매입환출및에누리	208	차량운반구	255	부가세예수금	381	주식할인발행차금
107	단기매매증권	해당계정+2	매입할인	210	공구와기구	257	가수금	383	자기주식
108	외상매출금	167	재공품	212	비품	259	선수금	387	미교부주식배당금
110	받을어음	168	미착품	해당계정+1	감가상각누계액	260	단기차입금	389	감자차손
114	단기대여금	**3. 투자자산**		214	건설중인자산	261	미지급세금	390	자기주식처분손실
116	미수수익	176	장기성예금	215	미착기계	262	미지급비용	**12. 이익잉여금**	
120	미수금	177	특정현금과예금	**5. 무형자산**		263	선수수익	351	이익준비금
해당계정+1	대손충당금	178	매도가능증권	218	영업권	264	유동성장기부채	356	사업확장적립금
122	소모품	179	장기대여금	219	특허권	**8. 비유동부채**		370	전기오류수정이익
123	매도가능증권	181	만기보유증권	226	개발비	291	사채	371	전기오류수정손실
131	선급금	183	투자부동산	227	소프트웨어	292	사채할인발행차금	372	중간배당금
133	선급비용	186	퇴직연금운용자산	**6. 기타비유동자산**		293	장기차입금	375	이월이익잉여금
134	가지급금	188	국민연금전환금	232	임차보증금	294	임대보증금	**13. 기타포괄손익**	
135	부가세대급금			233	전세권	295	퇴직급여충당부채	392	재평가차익
136	선납세금			246	부도어음과수표	305	외화장기차입금	394	매도가능증권평가이익
138	전도금					**9. 자본**		395	매도가능증권평가손실
						331	자본금	396	해외사업환산이익

계정과목 코드집(손익계산서-전산회계 제1급/세무2급)

코드	계정과목	코드	계정과목	코드	계정과목	코드	계정과목	코드	계정과목
1. 매출		**4. 판관비**		825	교 육 훈 련 비	**5. 영업외수익**		953	기 부 금
401	상 품 매 출	801	임 원 급 여	826	도 서 인 쇄 비	901	이 자 수 익	954	기타의대손상각비
404	제 품 매 출	802	직 원 급 여	828	포 장 비	903	배 당 금 수 익	955	외 화 환 산 손 실
해당계정+1	매출환입및에누리	803	상 여 금	829	사 무 용 품 비	904	임 대 료	956	매출채권처분손실
해당계정+2	매 출 할 인	805	잡 급	830	소 모 품 비	905	단기매출증권평가이익	957	단기매출증권평가손
2. 매출원가		806	퇴 직 급 여	831	수 수 료	906	단기매출증권처분이익	938	단기매출증권처분손
451	상품매출원가	811	복 리 후 생 비	833	광 고 선 전 비	907	외 환 차 익	959	재고자산감모손실
455	제품매출원가	812	여 비 교 통 비	834	판 매 촉 진 비	908	대손충당금환입	960	재고자산평가손실
3. 제조원가		813	접대비(기업업무추진비)	835	대 손 상 각 비	910	외 화 환 산 이 익	961	재 해 손 실
501	원 재 료 비	814	통 신 비	839	판 매 수 수 료	911	사 채 상 환 이 익	962	전기오류수정손실
504	임 금	815	수 도 광 열 비	840	무형고정자산상각	912	전기오류수정이익	963	투자증권손상차손
508	퇴 직 급 여	816	전 력 비	843	해 외 접 대 비	914	유형자산처분이익	968	사 채 상 환 손 실
515	가 스 수 도 료	817	세 금 과 공 과 금	851	대손충당금환입	915	매도가능증권처분이익	970	유형자산처분손실
516	전 력 비	818	감 가 상 각 비	852	판매비와관리부문배분	917	자 산 수 증 이 익	971	매도가능증권처분손실
518	감 가 상 각 비	819	임 차 료	제조원가+300=판관비		918	채 무 면 제 이 익	980	잡 손 실
533	외 주 가 공 비	820	수 선 비			919	보 험 차 익	**7. 법인세등**	
		821	보 험 료			930	잡 이 익	998	법 인 세 등
		822	차 량 유 지 비			**6. 영업외비용**			
		823	경상연구개발비			951	이 자 비 용		
		824	운 반 비			952	외 환 차 손		

| <예제> 전기분재무제표 |

1. 다음은 (주)소백(3004)의 전기분재무제표 등에 관한 자료이다. 각각의 요구 사항에 대하여 전산프로그램에 입력하시오

① 다음은 전기분 자료 중 원재료, 재공품, 제품의 재고내역이다. 주어진 자료로 수정추가입력하고 관련 재무제표를 수정하시오.

	기초재고	기말재고
원 재 료	3,000,000	22,500,000
재 공 품	8,000,000	1,000,000
제 품	25,000,000	5,000,000

② 전기분이익잉여금 처분내역이다. 추가 입력하시오.

- 사업확장적립금의 이입 : 4,000,000원
- 현 금 배 당 금 : 10,000,000원
- 주식배당금 : 2,000,000원
- 이익준비금 : 1,000,000원

③ 전기말 거래처별 채권, 채무는 다음과 같다. 주어진 자료에 한하여 추가 입력하시오.

채권, 채무	거래처	금 액
외 상 매 출 금	㈜세계	5,000,000원
	㈜서울	3,200,000원
임차보증금	㈜덕유상사	3,000,000원
	㈜지리전자	2,000,000원

2. ㈜영인(3011)의 전기에 다음의 회계처리를 누락하였다. 관련된 전기 재무제표를 모두 수정하시오.

〈누락된 회계처리〉

(차) 감가상각비(제)	2,000,000	(대) 감가상각누계액(기계)	2,000,000

해답

1. ㈜소백(3004)
   ① 전기분 재무제표 수정

			기초재고		기말재고	
			수정전	수정후	수정전	수정후
원	재	료	3,000,000	3,000,000	**20,000,000**	**22,500,000**
재	공	품	**5,000,000**	**8,000,000**	1,000,000	1,000,000
제		품	**30,000,000**	**25,000,000**	5,000,000	5,000,000

> **재무상태표(기말재고)** ⇨ **원가명세서** ⇨ **손익계산서** ⇨ **잉여금처계산서** ⇨ **재무상태표**

- 전기분 재무상태표의 원재료 22,500,000원으로 수정
- 전기분 제조원가명세서의 기말원재료가 22,500,000원인지 확인 후 기초재공품 금액을 8,000,000원으로 수정, 당기제품제조원가 272,500,000원을 확인
- 전기분 손익계산서의 기초제품재고액을 25,000,000원, 당기제품제조원가를 272,500,000원으로 수정 입력 후 당기순이익 15,480,000원을 확인
- 전기분 잉여금처분계산서의 당기순이익 15,480,000원으로 수정하고 미처분이익잉여금 60,000,000원을 확인한다.(또는 상단의 F6(불러오기)를 해도 된다.)
- 전기분 재무상태표 이월이익잉여금을 전기분 이익잉여금처분계산서의 미처분이익잉여금 60,000,000원으로 수정하여 일치시킴.
- 최종적으로 전기분 재무상태표의 대차차액이 없는 것을 확인하면 된다.

   ② 전기분이익잉여금처분계산서 입력
   - 사업확장적립금 이입액은 계정과목(356)을 입력 후 금액을 입력한다.

II. 임의적립금 등의 이입액					4,000,000
1. 사업확장적립금	0356	사업확장적립금	4,000,000		
2.					
합계 (I + II)					64,000,000
III. 이익잉여금처분액					13,000,000
1. 이익준비금	0351	이익준비금		1,000,000	
2. 재무구조개선적립금	0354	재무구조개선적립금			
3. 주식할인발행차금상각액	0381	주식할인발행차금			
4. 배당금				12,000,000	
가. 현금배당	0265	미지급배당금		10,000,000	
주당배당금(률)		보통주(원/%)			
		우선주(원/%)			
나. 주식배당	0387	미교부주식배당금		2,000,000	

   ③ 거래처별초기이월
   해당계정과목이 대차차액이 "0"까지 입력
2. ㈜영인(3011)
   재무제표수정순서 : 제조원가명세서→손익계산서→이익잉여금처분계산서→재무상태표
   전기분제조원가명세서 감가상각비 2,000,000원 추가입력
   - → 당기제품제조원가 274,000,000원으로 변경
   - → 전기분손익계산서 당기제품제조원가 274,000,000원으로 수정/당기순이익변경
   - → 전기분이익잉여금처분계산서 당기순이익 8,980,000원 수정
   - → 전기분재무상태표 이월이익잉여금 53,500,000원
     감가상각누계액(기계) 14,000,000원 수정

전표, 결산

제1절   일반전표입력

세금계산서(계산서, 카드영수증, 현금영수증 등 포함)등을 주고 받았으면 매입매출전표에, 그 이외의 모든 거래는 일반전표로 입력한다.

〈주요입력항목〉

월, 일	해당월일을 정확하게 입력해야 한다. 본 시험은 컴퓨터로 채점하기 때문에 월일을 잘 못입력하면 오답처리된다. 1일을 입력하고 Enter를 치면 다음칸으로 이동하거나 01일을 치면 다음 필드로 이동한다.
구분	하단의 메시지를 참고하여 선택한다.

⟨⟩ 구분을 입력하세요. 1.출금, 2.입금, 3.차변, 4.대변, 5.결산차변, 6.결산대변 |

	입금전표	현금이 수입된 거래	(차) 현금	××	(대) 매출	××
	출금전표	현금이 지출된 거래	(차) 복리후생비	××	(대) 현금	××
	대체전표	현금의 수입과 지출이 없는 거래	(차) 보통예금	××	(대) 이자수익	××
		현금이 일부 수반되는 거래	(차) 현금	××	(대) 매출	××
			외상매출금	××		

계정과목	• 계정과목 코드란에 계정과목 1글자이상(보통 2글자이상)을 입력하고 Enter를 치면, 계정코드도움 화면이 나타나고 해당계정과목을 선택한다. • **비용구분 : 500번대 제조경비, 800번대 판관비**
거래처	거래처코드에 거래처명 1글자이상(보통 2글자이상)을 입력하고 엔터를 치면 거래처코드도움 화면이 나타나고 해당거래처를 선택한다. 거래처코드를 입력하면 거래처명이 나타난다. 거래처코드가 입력되어야 거래처가 정상적으로 입력된 것이다.

적요	• 전표의 적요사항을 입력한다.(등록된 내용을 선택하거나 등록된 내용을 수정하여 선택할 수 있다.) • 전산회계1급 시험에서는 **적요입력을 생략하나, 특정거래(타계정대체 등)에 대해서는 적요번호를 선택**하여야 한다.
금액	차변 또는 대변에 금액을 입력한다.**(금액란에 "+"키를 입력하면 "000"이 입력된다)**
전표삽입기능	동일 전표사이에 <kbd>CF9 전표삽입</kbd> 클릭하여 원하는 계정만큼 삽입할 수 있다.
전표번호수정	전표번호는 자동생성되고 수정이 불가하나, 상단의 <kbd>SF2 번호수정</kbd> 클릭하면 수정이 가능하고, 한번 더 누르면 수정불가상태로 돌아간다.

---

example 예제 따라하기 **일반전표 입력**

[출금전표 입력]

"1월 14일 ㈜ 백두(3020)은 여비교통비(영업부서) 50,000원을 현금으로 지급하였다."

(차) 여비교통비(판관비)　　　　　50,000　　　(대) 현　　금　　　　50,000 → 출금전표

☞ **전산회계2급(일반전표입력) 입력사항을 참고하십시오.**

1. [전표입력]→[일반전표입력]를 클릭한다.
2. 해당 1월을 선택하고 일자를 입력한다.
3. "구분"에 "1"을 선택하면 [출금]이라는 글자가 나타나는데 이것은 출금전표를 선택한 것이다.
4. 코드란 "여비" 두글자를 입력하고 엔터를 치면 계정과목도움이 나타나고, **영업부서이므로 800번대 (판매관리비) 여비교통비**를 선택한다. **거래처코드는 원칙적으로 채권/채무계정에만** 입력한다.

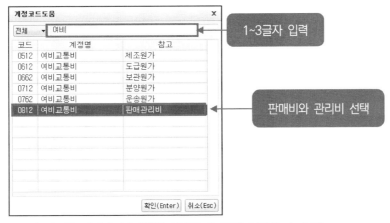

5. 등록된 적요를 선택하거나 "0"을 선택한 후 직접 입력할 수 있다.

6. 차변에 금액을 입력하고 엔터를 치면 라인이 변경되고 해당 거래가 입력이 완료된다.

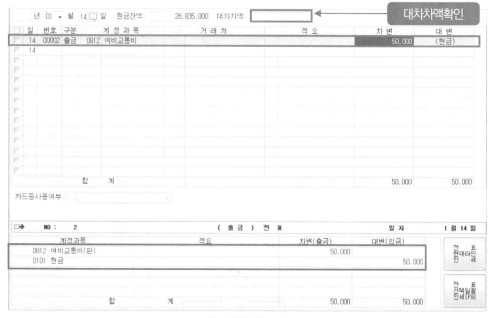

분개내용확인

7. 마우스로 해당전표를 클릭하면 입력한 전표를 확인할 수 있다.

[입금전표 입력]

"1월 15일 ㈜백두은 ㈜지리전자로 부터 외상매출금 17,000,000원을 현금으로 회수하였다."
(차) 현   금   17,000,000   (대) 외상매출금   17,000,000 → 입금전표
                                                                  (㈜지리전자)

☞ 전산회계2급(일반전표입력) 입력사항을 참고하십시오.

1. "구분"에 "2"을 선택하면 [입금]이라는 글자가 나타나는데 이것은 입금전표를 선택한 것이다.
2. 코드란 "외상" 두 글자를 입력하고 엔터를 치면 계정과목도움이 나타나고, 해당계정인 외상매출금 계정을 선택한다.
3. [코드]는 거래처코드를 의미하므로 **F2나 거래처명중 두글자를 입력**하면 해당 거래처가 나타나므로 해당 거래처를 선택하여 입력하면 된다.
4. 여기서 등록된 적요를 선택하거나 "0"을 선택한 후 직접 입력할 수 있다.
5. 대변에 금액을 입력한다.

6. 마우스로 해당전표를 클릭하면 입력한 전표를 확인할 수 있다.

일	번호	구분	계 정 과 목	거 래 처	적 요	차 변	대 변
15	00001	입금	0108 외상매출금	01101 (주)지리전자		(현금)	17,000,000
15							
		합 계				17,000,000	17,000,000

년 01 ▼ 월 15 일 현금잔액: 43,885,000 대차차액:

카드등사용여부

NO : 1 (입 금) 전 표 일 자 : 1 월 15 일

계정과목	적요	차변(출금)	대변(입금)
0108 외상매출금			17,000,000
0101 현금		17,000,000	
합 계		17,000,000	17,000,000

[대체전표입력]

"1월 16일 ㈜백두는 ㈜설악전기의 외상매입금 10,000,000원에 대하여 만기 3개월인 어음을 발행하여 지급하였다."

(차) 외상매입금   10,000,000   (대) 지급어음   10,000,000 → 대체전표
    (㈜설악전기)   (㈜설악전기)

☞ 전산회계2급(일반전표입력) 입력사항을 참고하십시오.

1. 해당 1월을 선택하고 일자를 입력한다.
2. "구분"에 "3"을 선택하면 [차변]이라는 글자가 나타나는데 이것은 대체전표 중 차변을 선택한 것이다.
3. 외상매입금 계정코드를 입력하고, 거래처코드와 차변에 금액을 입력한다.
4. 다음 라인 "구분"에 "4"을 선택하면 [대변]라는 글자가 나타나는데 이것은 대체전표 중 대변을 선택한 것이다.
5. 지급어음 계정코드를 입력하고, 거래처코드와 대변의 자동생성된 금액을 확인하여 수정내용이 있으면 수정한다. 거래처코드(2101)을 직접 입력해도 된다.

6. 마우스로 해당전표를 클릭하면 입력한 전표를 확인할 수 있다.

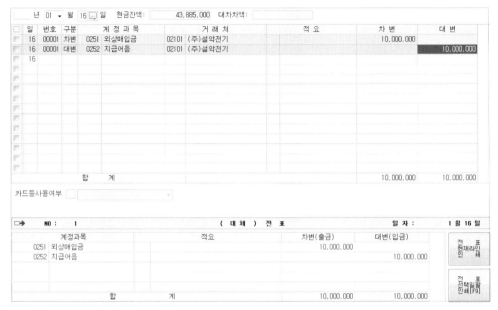

하단에 분개내용을 확인할 수 있다.

[신규거래처등록]

"1월 17일 ㈜백두의 영업사원들은 속리가든에서 회식을 하고 회식비 50,000원을 다음달 결제하기로 하다"

거래처를 신규등록하시오.

- 거래처코드 : 5101
- 대표자성명 : 이속리
- 업태 : 서비스
- 사업자등록번호 : 210-39-84214
- 사업장소재지 : 서울시 서초구 강남대로 475
- 종목 : 한식

☞ 전산회계2급(일반전표입력) 입력사항을 참고하십시오.

(차) 복리후생비(판관비)   50,000   (대) 미지급금(속리가든)   50,000

1. "구분"에 "3"을 선택하고 복리후생비 계정과목, 금액을 입력한다.
2. "구분"에 "4"를 선택하고 미지급금계정과목을 입력한다.

3. 거래처코드란에 "00000" 또는 "+"키를 누른 후 거래처명 "속리가든"을 입력하고, 엔터를 치면 거래처등록화면이 나오는데 거래처코드에 코드번호 5101을 입력한다.

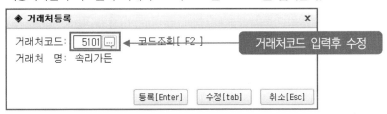

4. **수정을 클릭하고 화면 하단에 새로운 거래처의 상세내역을 등록할 수 있다.**

거래처 등록	
거래처코드: 05101	사업자등록번호: 210-39-84214 [사업자등록상태조회]
거래처명: 속리가든	주민등록번호: _____-_____ 주민등록기재분: 부 0:부 1:여
	대표자명: 이속리 업태: 서비스 종목: 한식
	우편번호,주소: 06541 서울특별시 서초구 강남대로 475
	(반포동)
	전화번호: ( ) -

5. 대변의 자동생성된 금액을 확인하여 수정내용이 있으면 수정한다.

6. 만약 거래처코드를 잘못 등록한 경우 [기초정보등록]/[거래처등록]에서 삭제하시고 다시 입력하셔야 합니다.

신규거래처 등록

입금/출금전표는 전표입력의 편리성으로 만들었기 때문에
모든 거래를 대체전표로 입력해도 무방합니다.

<예제> 일반전표입력 1(일반)

[입력시 유의사항]

- 일반적인 적요의 입력은 생략하지만, **타계정 대체거래는 적요번호를 선택하여 입력**한다.
- **채권·채무와 관련된 거래**는 별도의 요구가 없는 한 반드시 기 등록되어 있는 **거래처코드를 선택하는 방법**으로 거래처명을 입력한다.
- **제조경비는 500번대 계정코드를, 판매비와 관리비는 800번대 계정코드를 사용**한다.
- 회계처리시 계정과목은 별도제시가 없는 한 등록되어 있는 계정과목 중 가장 적절한 과목으로 한다.

☞ 타계정대체거래란?

제조기업에서의 원가흐름은 원재료 → 재공품 → 제품 → 제품매출원가로 이루어져 있는데, <u>원재료를 제조목적 이외로 사용하는 경우(소모품비, 수선비 등)와 제품을 판매 목적 이외로 사용하는 경우(접대비, 복리후생비 등)를 타계정 대체액</u>이라 하고 해당 재고자산의 적요란에 "8"(타계정으로 대체액)을 반드시 선택하여야 한다.

(주)한라(3002)의 거래내용은 다음과 같다. 다음 자료를 이용하여 일반전표를 입력하시오.

[1] 7월 05일   (주)청계의 외상매출금 1,000,000원이 대손처리요건이 충족되어 대손처리하다(대손충당금 잔액은 300,000원이라 가정한다).

[2] 7월 05일   서울전자㈜의 수식을 다음과 같이 단기보유목적으로 매입하고 대금은 보통예금계좌에서 송금하여 주었다(서울전자(주) 주식 100주, 1주당 20,000원, 증권회사 수수료 30,000원).

[3] 7월 05일   단기매매 목적으로 취득한 서울전자㈜의 주식 중 50주를 주당 23,000원에 매도하고, 증권거래세 등 50,000원이 차감된 금액이 당사 당좌예금 계좌에 입금되었다(취득시 주당 20,000원이다).

[4] 7월 05일   ㈜지리전자의 제품에 대한 외상매출금 10,000,000원을 약정기일보다 10일 빠르게 회수되어 2%를 할인해 주고 잔액은 현금으로 받아 즉시 당좌예금에 입금하다.

[5] 7월 10일 6월 30일 500,000원을 가지급하여 출장을 갔던 영업부 직원 이길수가 출장에서 돌아와 다음과 같이 출장비 사용명세서를 보고 받고 초과 금액은 현금으로 지급하였다.

사용내역	금 액
숙 박 비	300,000원
교 통 비	200,000원
개 인 식 대	50,000원
식 대(영업거래처)	100,000원
계	650,000원

[6] 7월 10일 (주)서울상사의 자금사정으로 외상매출금(1,000,000원)에 대하여 소비대차계약(상환예정일 : 1년이내, 연이자율 10%)으로 전환하기로 하다.

☞ 소비대차계약 : 당사자의 일방(대여자)이 금전 등의 소유권을 상대방(차입자)에게 이전할 것을 약정하고 상대방은 그것과 동종·동질·동량의 물건을 반환할 것을 약정함으로써 성립하는 계약이다. 대표적인 것이 금전소비대차계약이다.

[7] 7월 10일 원재료 매입처 (주)덕유상사의 외상매입금 중 1,000,000원에 대하여 약정기일 보다 빨리 지급함에 따라 50,000원을 할인 받고 잔액은 당좌예금으로 송금하여 주었다.

[8] 7월 10일 지난달에 구입하여 보관중인 원재료(원가 200,000원 시가 500,000원)를 공장의 소모품비로 사용하고자 대체하였다.(비용으로 처리할 것)

[9] 7월 10일 공장을 신축하기 위하여 건물이 세워져 있는 아산전기의 토지를 10,000,000원에 구입하고 대금은 당좌수표를 발행하여 지급하다. 또한 건물의 철거비용 500,000원과 토지 정지비용 300,000원을 현금지급하다

[10] 7월 15일 거래처 ㈜주성전자로부터 차입한 단기차입금의 이자비용 1,000,000원을 지급하면서 원천징수세액 154,000원을 차감한 금액을 현금으로 지급하였다.

[11] 7월 15일   인사과 박준범과 생산부 나영수 두 사원이 퇴사함에 따라 퇴직금 7,500,000원(박준범 4,000,000원, 나영수 3,500,000원의 퇴직금)을 현금으로 지급하였다(퇴직급여충당부채 잔액은 5,000,000원이라 가정하고, 부족분은 제조경비로 처리한다).

[12] 7월 15일   7월분 직원 급여가 당사 보통예금 계좌에서 종업원의 보통예금 계좌로 자동이체되었다.

성명	소속	급여	소득세	지방 소득세	국민연금	건강보험	공제계	차감지급액
정다래	관리부	1,000,000	30,000	3,000	10,000	15,000	58,000	942,000
김해영	생산부	1,500,000	45,000	4,500	20,000	22,500	92,000	1,408,000
합계		2,500,000	75,000	7,500	30,000	37,500	150,000	2,350,000

[13] 7월 15일   사채 액면 총액 5,000,000원, 상환기한 5년, 발행가액은 5,200,000원으로 발행하고 납입금은 보통예금입금하다. 그리고 사채발행비 300,000원은 현금지급하다.

[14] 7월 20일   6월 30일 이온조 사원이 입금한 가수금 1,000,000원의 내역을 확인한 결과 ㈜지리전자에 대한 거래로 300,000원은 제품을 매출하기로 하고 받은 계약금이며, 700,000원은 기존에 외상대금 중 일부를 회수한 것이다.

[15] 7월 20일   보통주식 10,000주(액면가액 5,000원)을 주당 6,000원에 신주를 발행하여 주식대금을 전액 보통예금으로 납입받았다.
또한 신주발행에 따른 각종 공과금 등 200,000원을 현금지급하였다.

해답

[1] (차) 대손충당금(외상)   300,000   (대) 외상매출금   1,000,000
      대손상각비판(판)   700,000   ((주)청계)

[2] (차) 단기매매증권   2,000,000   (대) 보통예금   2,030,000
      수수료비용(영)   30,000
  ☞ 단기매매증권 매입시 각종 수수료는 당기비용(수수료비용-영업외비용)으로 처리한다.

[3] (차) 당좌예금   1,100,000   (대) 단기매매증권   1,000,000
                         단기매매증권처분이익   100,000
                         (단기투자자산처분익)
  ☞ 처분손익=처분가액-장부가액=1,100,000원(수수료 차감 후)-1,000,000원=100,000원(처분이익)
  ☞ 단기투자자산은 단기매매증권, 단기대여금 등을 포함하는 상위 계정의 계정과목이다.

[4] (차) 당좌예금   9,800,000   (대) 외상매출금   10,000,000
      매출할인(제품매출)   200,000   ((주)지리전자)
  ☞ 매출할인은 상품매출차감 또는 제품매출 차감 항목인지 구분해서 입력해야 한다.

[5] (차) 여비교통비(판)   550,000   (대) 가지급금(이길수)   500,000
      접대비(판)   100,000   현   금   150,000

[6] (차) 단기대여금((주)서울상사)   1,000,000   (대) 외상매출금((주)서울상사)   1,000,000

[7] (차) 외상매입금   1,000,000   (대) 당좌예금   950,000
      ((주)덕유상사)   매입할인(원재료)   50,000
  ☞ 매입할인은 원재료를 차감하는 계정과목을 선택하셔야 합니다.

[8] (차) 소모품비(제)   200,000   (대) **원재료(8.타계정대체)**   200,000

[9] (차) 토   지   10,800,000   (대) 당좌예금   10,000,000
                         현   금   800,000
  ☞ 타인소유건물을 취득 후 즉시 철거시 철거비용과 건물(토지 포함) 취득비용은 토지취득원가로 회계처리한다.

[10] (차) 이자비용   1,000,000   (대) 현   금   846,000
                         예수금   154,000

[11] (차) 퇴직급여충당부채   5,000,000   (대) 현   금   7,500,000
       퇴직급여(제)   2,500,000
  ☞ 퇴직급여충당부채를 우선 상계하고 나머지는 당기 비용으로 인식한다.

[12] (차) 급   여(판)   1,000,000   (대) 보통예금   2,350,000
       임   금(제)   1,500,000   예수금   150,000

[13]	(차)	보 통 예 금	5,200,000	(대)	사 채	5,000,000
		사채할인발행차금	100,000		현 금	300,000

☞ 발행가액은 사채발행비를 차감한 후 4,900,000원이므로 할인발행에 해당한다.

[14]	(차)	가 수 금	1,000,000	(대)	선 수 금((주)지리전자)	300,000
		(이온조)			외상매출금(주)지리전자)	700,000

[15]	(차)	보 통 예 금	60,000,000	(대)	자 본 금	50,000,000
					주식발행초과금	9,800,000
					현 금	200,000

<예제> 일반전표입력 2(증빙 활용)

> **증빙이란 회계상 거래를 입증하기 위한 서류를 말합니다.**

(주)한라(3002)의 다음 자료를 이용하여 일반전표를 입력하시오.

[1]　8월 05일　　(주)설악전기로 부터 받아 보관중인 다음의 약속어음을 신한은행에서 할인하고 할인료 50,000원을 차감한 실수금을 당사 당좌예금계좌에 입금하였다. 본 거래는 매각 거래로 간주하여 회계처리하세요.

약 속 어 음

㈜한라　귀하　　　　　　　　　　　　　가나1234567890123

금　일백만원정　　　　　　　　　　　**1,000,000원**

위의 금액을 귀하 또는 귀하의 지시인에게 지급하겠습니다.

지급기일　20x1년 9월 10일　　　발행일　20x1년 6월 10일
지 급 지　국민은행　　　　　　　발행지
지급장소　사당지점　　　　　　　주 소　서울시 동작구 동작대로 37
　　　　　　　　　　　　　　　　발행인　㈜설악전기

[2] 8월 05일　거래처 (주)덕유상사로 부터 제품대금을 현금으로 받고, 입금표를 발행하여 주다.(단, 이 제품은 9월 중에 인도될 예정이다).

NO		입 금 표		(공급자용)
			㈜덕유상사 귀하	
공급자	사 업 자 등록번호	101-81-50103		
	상 호	㈜한라	성명	김윤대
	사 업 장 소 재 지	서울시 서초구 강남대로 475		
	업 태	제조,도·소매업	종목	문구
작성일		공급대가총액		전자제품
20x1.8.05.		₩1,000,000		
공 급 내 역				
월/일	품명	수량	단가	금액
8/05	계약금			1,000,000
합 계			₩1,000,000	
위 금액을 **영수**(청구)함				

[3] 8월 05일　(주)청계와 사무실 임대차계약을 맺고 임대보증금 5,000,000원 중 1,000,000원은 당좌수표로 받고, 나머지는 월말에 지급받기로 하다.

(사 무 실) 월 세 계 약 서					■임대인용 □임차인용 □사무소보관용	
부동산의 표시	소재지	서울 서초구 강남대로 475(반포동)				
	구조	철근콘크리트조	용도	사무실	면적	10㎡
월 세 보 증 금		금　5,000,000원정		**월세**　3,000,000원정		
제 1 조　위 부동산의 임대인과 임차인의 합의하에 아래와 같이 계약함. 제 2 조　위 부동산의 임대차에 있어 임차인은 보증금을 아래와 같이 지불키로 함.						
계약금		없음				
중도금		없음				
잔 금		보증금 중 1,000,000원정은 20x1년 8월 05일 중개업자 입회하에 지불하고, 잔액은 8월 31일에 지급하기로 함.				
제 3 조　위 부동산의 명도는 20x1년 8월 05일로 함. 제 4 조　임대차 기간은 20x1년 8월 05일로부터 (24)개월로 함. 제 5 조　**월세금액은 다음달 부터 매월(05)일에 지불**키로 하되 만약 기일 내에 지불치 못할 시에는 보증 금액에서 공제키로 함. **(국민은행, 계좌번호: 801210-**-0783***, 예금주: ㈜한라)**						
임대인	주 소	서울특별시 서초구 강남대로 475(반포동)				
	사업자등록번호	101-81-50103	전화번호	02-***-12**	성명	(주)한라 ㊞

[4] 8월 05일 영업부서 업무용 차량에 대한 교통법규 위반 과태료를 아래의 고지서로 현금 납부하다. 세금과공과금으로 처리하시오.

부과 내역	납입고지서 및 영수증(납부자용)		
단속일시 : 20x1.7.5. 단속지역 : 종로2가 단속장소 : 관철동 3-2	납부번호	560-00-06-62-288-139-2021-08-31	

납부자	㈜한라	실명번호	
주소	서울시 서초구 강남대로 475		

산출 근거	세목	납기 내 20x1. 8.31.	납기 후 20x1.9.30
	과태료	50,000원	60,000원

위 금액을 한국은행 국고(수납) 대리점인 은행 또는 우체국, 신용협동조합, 새마을금고, 상호저축은행에 납부하시기 바랍니다.

종로경찰서 (인)

위 금액을 정히 영수합니다.

20x1년 8월 05일

수납인

[5] 8월 05일 만기가 도래한 정기예금을 국민은행 보통예금으로 수령하고 은행으로부터 입금전표를 받았다.

입 금 전 표

(주)한라 귀하 · 계좌번호(정기예금): 1234-5678-1234 · 거래일자: 20x1. 8. 05.	
찾으신 거래내역	• 정기예금: 10,000,000원 • 이자소득: 1,000,000원 • 법 인 세: 140,000원 • 법인지방소득세 : 14,000원 • 수 령 액: 10,846,000원 • 송금계좌(보통예금): 국민은행 1234-567-8912345 (주)한라

항상 저희은행을 찾아주셔서 감사합니다.
계좌번호 및 거래내역을 확인하시기 바랍니다.
신한은행 서초 지점 (전화: 02-3660-****) 취급자: 홍길동

[6] 8월 10일 ㈜사성전자 주식에 대하여 다음과 같이 배당금 지급통지서를 수취하고 배당금을 보통
예금 계좌로 지급받았다.(지급통지서 수령일에 배당확정된 것으로 가정한다.)

(정기) 배당금 지급통지서   123

㈜한라   의 배당금 지급내역을 아래와 같이 통지합니다.

■ 주주명 :   님   ■ 주주번호 :   ○○○○○ * * * * * * * * * * * *

◆ 현금배당 및 세금내역

종 류	소유주식수	배당일수	현금배당률	A. 배 당 금 액	B. 원 천 징 수 세 액	
보통주	100	365	25%		소 득 세	0
우선주				1,000,000 원	지방소득세	0
					총 세 액	0
				실지급액(A-B)	1,000,000 원	

■ 배당금 지급기간 및 장소

1 차	지급기간 :	20x1 . 8. 10.	지급장소 :	귀사의 보통예금 계좌로 입금함.
2 차	지급기간 :		지급장소 :	

[7] 8월 10일 원재료 매입에 따른 택배요금을 우체국 현금으로 지급하고 영수증을 수취하다.

발행번호 : A2016014162706476041

우편요금 수령증

발행일자 : 20x1-08-10
배달일자 : 20x1-08-11
수취인명 : (주)한라
주   소 : 서울 서초구 강남대로 475

영수금액 : 100,000원
등기번호 : 7899608
수납내역
 - 수취부담 : 100,000원
 - 반 송 료 : 0원
 - 우표첨부 : 0원
 *수납대행 : 0원

서초우체국
20x1-08-10 14:23

올바른 우편번호 사용은 우편물을 빠르고 정확하게 받으실 수 있습
니다.

[8] 8월 10일 영업거래처와 식사를 하고 신용카드매출전표를 수령하다.

신용카드매출전표

가맹점명 : 속리가든 (02)123-1234
사업자번호 : 210-39-84214
대표자명 : 이속리
주 소 : 서울 서초구 반포대로 235

우리카드 　　　　　　　　　　신용승인
거래일시 　　20x1-08-10 오후 14:08:04
카드번호 　　　　1234-1234-****-56**
가맹점번호 　　　　　　　　　　45451124
매입사 : 국민카드(전자서명전표)
품명 : 식대

공급가액	**100,000원**
부가가치세	**10,000원**
합계금액	**110,000원**

해답

[1] (차) 당 좌 예 금 　　　　　　950,000 　(대) 받 을 어 음 　　　　　1,000,000
　　　　매출채권처분손실 　　　　50,000 　　　　((주)설악전기)
　　☞ 매출채권의 매각거래는 영업외거래로서 할인료는 매출채권처분손실로 회계처리한다.

[2] (차) 현 　　금 　　　　　1,000,000 　(대) 선 수 금((주)덕유상사) 　1,000,000

[3] (차) 현 　　금 　　　　　1,000,000 　(대) 임대보증금((주)청계) 　5,000,000
　　　　미 수 금((주)청계) 　　4,000,000
　　☞ 타인발행당좌수표를 수령시 현금으로 회계처리한다.

[4] (차) 세금과공과금(판) 　　　50,000 　(대) 현 　　금 　　　　　50,000

[5] (차) 보통예금 　　　　10,846,000 　(대) 정기예금 　　　　10,000,000
　　　　선납세금 　　　　　154,000 　　　　이자수익 　　　　1,000,000

[6] (차) 보 통 예 금 　　　　1,000,000 　(대) 배당금수익 　　　　1,000,000

[7] (차) 원재료 　　　　　　100,000 　(대) 현 　　금 　　　　　100,000

[8] (차) 접 대 비 (판) 　　　110,000 　(대) 미지급금(국민카드) 　110,000
　　☞ 신용카드매출전표를 수령했다고 무조건 매입매출전표에 입력하면 안된다. 접대관련 매입세액은 불공제이므
　　　로 일반전표에 입력한다.

| <예제> 일반전표입력 3(오류수정) |

(주)한라(3002)의 오류에 대하여 일반전표를 정정하시오.

[1] 9월 1일 경기상사에서 당사의 보통예금계좌로 송금한 5,000,000원을 전액 외상대금의 반제로 처리하였으나, 금일 현재 외상매출금을 초과한 금액은 선수금으로 확인되었다.(해당전 표를 수정하시오)

[2] 9월 2일 공장건물의 증축공사에 대하여 (주)현대건설에서 10,000,000원을 지급하고 수선비로 처리했으나, 그 중 3,000,000원은 건물의 가치가 증가한 자본적 지출에 해당한다.

해답

[1] 〈수정전〉
(차) 보 통 예 금   5,000,000   (대) 외상매출금   5,000,000
                                                      (경기상사)

☞ 거래처원장(경기상사)을 조회하여 외상매출금의 마이너스 금액(1,700,000원)은 선수금에 해당한다.
〈기간 9월1일~9월1일〉, 계정과목 108(외상매출금)

거래처분류		~			거 래 처	00111	경기상사		~	00111	경기상사	
코드	거 래 처		등록번호	대표자명	전월이월		차 변		대 변		잔 액	
00111	경기상사		107-39-99352	최경기	3,300,000				5,000,000		-1,700,000	

〈수정후〉
(차) 보 통 예 금   5,000,000   (대) 외상매출금(경기상사)   3,300,000
                                                      선 수 금(경기상사)   1,700,000

[2] 〈수정전〉
(차) 수 선 비(제)   10,000,000   (대) 당 좌 예 금   10,000,000

〈수정후〉
(차) 수 선 비(제)   7,000,000   (대) 당 좌 예 금   10,000,000
      건   물   3,000,000

제2절 매입매출전표입력

매입매출전표입력은 부가가치세와 관련된 거래를 입력하는 것을 말한다.

즉 회사가 세금계산서(계산서, 신용카드, 현금영수증 등)을 수수한 경우 매입매출전표에 입력한다.

[매출유형코드]

코드	유 형	내 용
11	**과세**	**세금계산서**를 발급한 경우 선택
12	**영세**	**영세율세금계산서(내국신용장,구매확인서)**를 교부한 경우
13	**면세**	면세재화를 공급하고 **계산서**를 교부한 경우 선택
14	**건별(무증빙)**	1. 과세재화를 공급하고 **일반영수증 또는 미발행**한 경우 선택 2. **간주공급 시 선택**
16	**수출**	**직수출** 등의 국외거래시 선택
17	**카과(카드과세)**	**과세재화**를 공급하고 **신용카드**로 결제받은 경우 선택
18	**카면(카드면세)**	**면세재화**를 공급하고 **신용카드**로 결제받은 경우 선택
22	**현과(현금과세)**	**과세재화**를 공급하고 **현금영수증**을 발행한 경우 선택

19.카영(카드영세)   20.면건(면세건별–무증빙)   21.전자

23.현면(현금면세)   24.현영(현금영세율)이 있다.

[매입유형코드]

코드	유 형	내 용
51	**과세**	**세금계산서**를 수취시, 불공제인 경우 54(불공)
52	**영세**	**영세율세금계산서**를 수취시
53	**면세**	**면세재화**를 공급받고 **계산서**를 교부받은 경우 선택
54	**불공**	**세금계산서**를 교부받았지만, **매입세액이 불공제**되는 경우
55	**수입**	재화의 수입 시 세관장이 발행한 **수입세금계산서** 입력시 선택
57	**카과(카드과세)**	**매입세액이 공제가능한 신용카드매출전표**를 교부받은 경우 선택
58	**카면(카드면세)**	**면세재화/용역을 구입하고 신용카드매출전표**를 교부받은 경우 선택
61.	**현과(현금과세)**	**매입세액이 공제가능한 현금영수증**을 교부받은 경우 선택

59.카영(카드영세) 60.면건(면세건별–무증빙), **62.현면(현금면세)**이 있다.

〈주요입력항목〉

월,일	해당월일을 정확하게 입력해야 한다. 본 시험은 컴퓨터로 채점하기 때문에 월일을 잘 못입력하면 오답처리된다. 1일을 입력하고 Enter를 치면 다음칸으로 이동하거나 01일을 치면 다음 필드로 이동한다.
유형	하단의 메시지를 참고하여 선택한다. 유형선택은 부가가치세 신고서에 자동 반영된다. 부 가 세 유 형 <table><tr><th colspan="3">매출</th><th></th><th></th><th colspan="3">매입</th></tr><tr><td>11.과세</td><td>과세매출</td><td>16.수출</td><td>수출</td><td>21.전자</td><td>전자화폐</td><td>51.과세</td><td>과세매입</td><td>55.금전</td><td>금전등록</td><td>61.현과</td><td>현금과세</td></tr><tr><td>12.영세</td><td>영세율</td><td>17.카과</td><td>카드과세</td><td>22.현과</td><td>현금과세</td><td>52.영세</td><td>영세율</td><td>57.카과</td><td>카드과세</td><td>62.현면</td><td>현금면세</td></tr><tr><td>13.면세</td><td>계산서</td><td>18.카면</td><td>카드면세</td><td>23.현면</td><td>현금면세</td><td>53.면세</td><td>계산서</td><td>58.카면</td><td>카드면세</td><td></td><td></td></tr><tr><td>14.건별</td><td>무증빙</td><td>19.카영</td><td>카드영세</td><td>24.현영</td><td>현금영세</td><td>54.불공</td><td>불공제</td><td>59.카영</td><td>카드영세</td><td></td><td></td></tr><tr><td>15.간이</td><td>간이과세</td><td>20.면건</td><td>무증빙</td><td></td><td></td><td>55.수입</td><td>수입분</td><td>60.면건</td><td>무증빙</td><td></td><td></td></tr></table>
품목	거래품목이 2개 이상인 경우에는 상단의 **F7 복수거래** 을 클릭하면 하단에 복수거래내 용을 입력할 수 있다. 복 수 거 래 내 용 (F7)　　　（입력가능갯수 : 100개） <table><tr><th></th><th>품목</th><th>규격</th><th>수량</th><th>단가</th><th>공급가액</th><th>부가세</th><th>합계</th><th>비고</th></tr><tr><td>1</td><td></td><td></td><td></td><td></td><td></td><td></td><td></td><td></td></tr><tr><td></td><td colspan="4">합 계</td><td></td><td></td><td></td><td></td></tr></table>
수량/단가	세금계산서 등의 수량 단가를 입력하면 공급가액이 자동계산된다.
공급가액/부가세	공급가액을 입력하면 자동으로 부가가치세가 반영된다.
전자	전자(세금)계산서여부를 입력한다. 전자인 경우 1.여를 선택하면 된다.
분개	<table><tr><td>1</td><td>현금</td><td>전액 현금거래(입금,출금)거래인 경우 선택</td></tr><tr><td>2</td><td>외상</td><td>전액 외상매출금, 외상매입금으로 분개시 선택</td></tr><tr><td>3</td><td>혼합</td><td>전액 현금과 외상거래 이외의 경우 선택</td></tr><tr><td>4</td><td>카드</td><td>카드거래일 경우 선택</td></tr><tr><td>0</td><td>분개없음</td><td>상단에 세금계산서 등을 입력하고, 분개는 일반전표에 입력시 선택</td></tr><tr><td>5</td><td>추가</td><td>환경설정에서 설정한다.</td></tr></table> **모든 거래를 혼합거래로 입력해도 무방하나, 카드 거래의 경우 카드를 선택해야 부가 가치세 신고서류에 정확하게 반영된다.**
영세율구분	– 12.영세, 16. 수출, 19.카영, 24. 현영을 입력시 선택한다. <table><tr><th>부가세(영세율)유형</th><th>코드</th><th>영세율매출내용</th></tr><tr><td>16. 수출 등</td><td>1</td><td>직접수출(대행수출포함)</td></tr><tr><td>12. 영세, 19.카영, 24.현영</td><td>3</td><td>내국신용장·구매확인서 등</td></tr><tr><td>16. 수출 등</td><td>6</td><td>국외에서 제공하는 용역</td></tr></table>
불공제사유	54.불공을 입력시 선택한다. <table><tr><th>번호</th><th>불공제사유</th></tr><tr><td>1</td><td>①필요적 기재사항 누락 등</td></tr><tr><td>2</td><td>②사업과 직접 관련 없는 지출</td></tr><tr><td>3</td><td>③비영업용 소형승용자동차 구입·유지 및 임차</td></tr><tr><td>4</td><td>④접대비 및 이와 유사한 비용 관련</td></tr><tr><td>5</td><td>⑤면세사업 관련</td></tr><tr><td>6</td><td>⑥토지의 자본적 지출 관련</td></tr><tr><td>7</td><td>⑦사업자등록 전 매입세액</td></tr><tr><td>8</td><td>⑧금거래계좌 미사용 관련 매입세액</td></tr><tr><td>9</td><td>③공통매입세액안분계산분</td></tr></table>

예제 따라하기 | **매입매출전표 입력**

[현금거래]

"2월 01일 ㈜ 백두(3020)은 ㈜지리전자에 컴퓨터부품(수량 10개, 단가 300,000원, 부가가치세별도)을 팔고 현금으로 받고 전자세금계산서를 발급하였다."

(차) 현   금   3,300,000   (대) 제품매출   3,000,000 -(분개 : 현금)
                                                              부가세예수금   300,000

1. 해당 월을 선택하고 일자를 입력한다.
2. 유형에 "11.과세"를 선택하고 품명입력한다.
3. 품목과 수량을 입력하면 공급가액에 부가세가 자동 입력된다.
4. 공급처를 입력하고, 전자세금계산서에 전자입력을 체크한다.
5. 분개유형은 "1.현금"을 선택하면 하단부에 자동분개된다.
   [환경등록]에서 설정한 매출계정인 〈제품매출〉이 자동 생성된다.

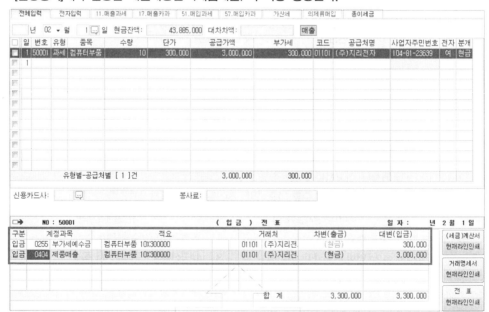

자동분개 : 분개확인

[외상거래]

"2월 02일 ㈜ 백두는 대한전자(거래처코드 1203, 사업자등록번호 108-81-59726 신규등록하세요)
에 컴퓨터부품(수량 10개, 단가 500,000원, 부가가치세별도)을 매입하고, 다음 달 말에 지급하기
로 하고 전자세금계산서를 수취하였다."

(차) 원 재 료	5,000,000	(대) 외상매입금	5,500,000 -(분개 : 외상)
부가세대급금	500,000		

1. 일자를 입력하고, 유형에 "51.과세"를 선택하고 품목과 수량을 입력하면 공급가액에 부가세가
   자동 입력된다.

2. 신규공급처를 등록한다. 신규공급처 일반전표입력과 동일하다.(+키 또는 00000을 입력하고 공
   급처명 입력하고, 공급처등록화면에서 공급처를 등록하면 된다.)

3. 전자세금계산서에 전자입력을 체크한다.

4. 분개유형은 "2.외상"을 선택하면 하단부에 자동분개된다.
   [환경등록]에서 설정한 매입계정인 〈원재료〉와 〈외상매입금〉이 자동 생성된다.

자동분개 : 분개확인

5. 하단의 분개내용을 보고, 수정할 계정과목이 있으면 수정하면 된다.

> **1.현금, 2.외상 거래에 대해서 모두 3.혼합으로 입력해도 무방하다.**

[혼합거래]

"2월 03일 ㈜백두는 ㈜지리전자에 컴퓨터 부품(수량 5개, 단가 1,000,000원, 부가가치세별도)을 판매하고, 부가가치세는 현금으로 받고, 200만원은 ㈜설악전기 발행 약속어음(만기 3개월)을 받고 나머지는 월말에 지급받기로 하고 전자세금계산서를 발급하였다."

(차) 현 금	500,000	(대) 제품매출	5,000,000	-(분개 : 혼합)
받을어음(설악전기)	2,000,000	부가세예수금	500,000	
외상매출금(지리전자)	3,000,000			

1. 일자를 입력하고, 유형에 "11.과세"를 선택하고 품목과 수량을 입력하면 공급가액에 부가세가 자동 입력된다.

2. 공급처를 입력하고, 전자세금계산서를 입력한다.

3. 분개유형은 "3.혼합"을 선택하면 하단 거래처에 부가세예수금계정과 제품매출계정은 자동으로 생성된다.

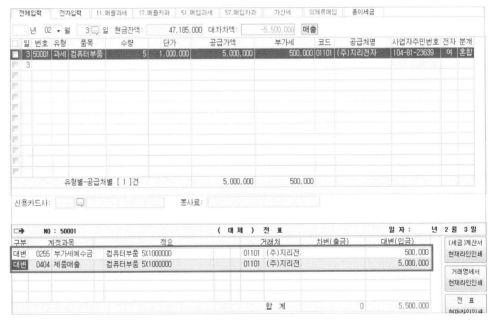

[환경등록]에서 설정한 매출계정인 〈제품매출〉이 자동 생성된다.

4. 하단부 [구분]에 "3.차변"을 입력하고, 계정과목과 금액을 입력하면 된다.

5. **받을어음(㈜설악전기발행분) 금액 2,000,000원을 입력하고 거래처를 2101.㈜설악전기를 입력한다.**(거래처코드 입력은 일반전표입력의 거래처입력과 동일하다.)

6. 외상매출금 3,000,000원을 입력하고 엔터를 치면 외상매출금에 거래처가 자동적으로 1101.㈜지리전자로 입력된다.

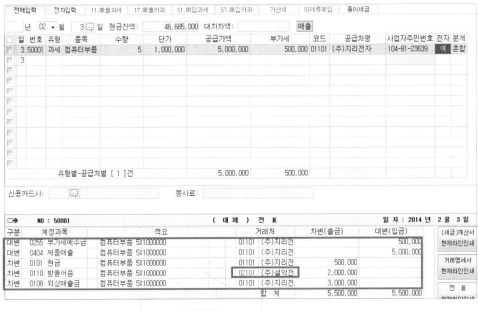

분개확인

[카드거래]

"2월 04일 영업직원들이 속리가든에서 회식을 하고 국민카드(공급대가 110,000원)로 결제하다."

(차) 복리후생비(판)	100,000	(대) 미지급금	110,000 -(분개 : 카드)
부가세대급금	10,000	(국민카드)	

1. 유형에 "57.카과"를 선택하고 품명을 입력한다.
2. 공급가액에 공급대가(부가가치세 포함. 110,000원)를 입력하면 자동적으로 공급가액(100,000원)과 부가세(10,000원)이 자동 생성된다.

> ※ 공급대가를 입력하면 공급가액과 부가세가 자동계산 입력되는 부가세 유형
>   – 매출유형 : 14.건별, 17.카과, 22.현과   – 매입유형 : 57.카과, 61.현과

3. 공급처코드를 입력하면 화면 중간에 신용카드사로 이동한다. 신용카드사에 국민카드를 입력한다.
4. 분개유형은 4.카드를 선택하면 하단에 부가세대급금과 미지급금(국민카드), 원재료계정이 자동으로 생성된다.
   [환경등록]에서 설정한 매입계정인 〈원재료〉와 카드채무인 〈미지급금〉계정이 자동 생성된다.
5. 원재료를 복리후생비(판관비)로 수정한다.

분개 및 카드거래처
확인

분개유형을 혼합으로 선택하여 입력하면 반드시 <u>미지급금의 거래처를 국민카드</u>로 수정해주어야 한다.

| <예제> 매입매출전표입력 1(일반) |

(주)한라(3002)의 거래내용은 다음과 같다. 다음 자료를 이용하여 매입매출전표를 입력하시오.

[입력시 유의사항]

- 일반적인 적요의 입력은 생략하지만, **타계정 대체거래는 적요번호를 선택하여 입력한다.**
- 별도의 요구가 없는 한 **반드시 기 등록되어 있는 거래처코드를 선택하는 방법으로 거래처명을 입력한다.**
- **제조경비는 500번대 계정코드를, 판매비와 관리비는 800번대 계정코드**를 사용한다.
- 회계처리시 계정과목은 별도제시가 없는 한 등록되어 있는 계정과목 중 가장 적절한 과목으로 한다.
- 입력화면 하단의 분개까지 처리하고, **전자세금계산서 및 전자계산서는 전자입력으로 반영한다.**

처음 입력하시는 분께서는 분개유형 선택시 혼합으로 선택해도 무방합니다.

[1] 7월 05일 　제품제조에 사용하던 기계장치(취득가액 2,500,000원, 양도시점의 감가상각누계액 800,000원)를 영종무역(주)에 1,900,000원(부가가치세 별도)에 처분하고 전자세금계산서를 교부하였다. 대금 중 1,000,000원은 어음으로 받고, 나머지 금액은 보통예금통장으로 받았다.

[2] 7월 05일 　(주)설악전기에 외상 판매하였던 제품 중 10개(1개당 공급가액 50,000원)가 불량품으로 판명되어 반품됨에 따라 수정전자세금계산서를 발행하였다. 대금은 외상매출금과 상계정리하기로 하였다.

[3] 7월 05일 　수출전문업체인 영종무역(주)에 내국신용장(Local L/C)에 의해 제품을 매출하고 영세율전자세금계산서(공급가액 15,000,000원)를 발행하였다. 대금은 전액 ㈜덕유상사가 발행한 약속어음을 배서양도받았다.

[4] 7월 05일 　컴퓨터 제품 1세트를 개인 이주몽에게 소매로 판매하고 대금 1,100,000원(부가가치세 포함)을 현금으로 받았다(단, 영수증은 발행해 주지 않았다).

[5] 7월 10일 　미국소재의 'APPLE사'와 수출계약과 동시에 US$10,000의 제품을 선적하고 대금은 5개월 후에 받기로 하였으며, 선적일의 기준환율은 920원/$이다.

[6] 7월 10일 　최주몽에게 제품인 컴퓨터 1대를 3,300,000원(부가가치세 포함)에 판매하고 비씨카드로 결제 받았다(거래처 신규 등록할 것, 거래처코드번호 : 1213, 주민등록번호 : 740102-1232624).

[7] 7월 10일 　(주)덕유상사로 부터 원재료(수량 500개, @20,000원, 부가가치세 별도)를 매입하고 전자세금계산서를 수취하였으며, 대금 중 5,000,000원은 당좌수표를 발행하여 지급하고 잔액은 어음을 발행하여 지급하였다.

[8] 7월 10일 　거래처인 (주)삼선전자의 대리점 오픈 행사에 보내기 위한 화환(면세)을 "아름다운꽃집"에서 180,000원에 현금으로 구입하고 전자계산서를 교부받았다.

[9] 7월 15일 상무이사인 김기영의 자택에 에어콘을 하이마트로 부터 2,500,000원(부가가치세 별도)에 구입하고 대금은 다음달에 지급하기로 하였다. 구매시 공급받는 자를 당사로 하여 전자세 금계산서를 수령하였다.

[10] 7월 15일 원재료를 수입하였는데 울산세관으로부터 수입전자세금계산서(공급가액 1,000,000원 부가가치세 100,000원)를 발급받았다. 부가가치세(100,000원)와 통관수수료(30,000)원을 현금으로 납부하였다(부가가치세와 통관수수료에 대해서만 회계처리하시오).

[11] 7월 15일 사내식당에서 사용할 쌀과 부식(채소류)을 속리가든에서 구입하고 대금 300,000원은 법인카드(국민카드)로 지급하였다. 사내식당은 야근하는 생산직 직원을 대상으로 무료로 운영되고 있다.

[12] 7월 15일 본사 영업부에서 사용할 집기비품을 (주)덕유상사에서 구입하고 대금은 2,200,000원(부가가치세 포함)은 현금으로 지급함과 동시에 현금영수증(지출증빙용)으로 받았다.

해답

[1]

유형	공급가액	세액	공급처	전자	분개
11.과세	1,900,000	190,000	영종무역(주)	여	혼합

(차)	감가상각누계액(기계)	800,000	(대) 기 계 장 치	2,500,000
	미 수 금	1,000,000	유형자산처분이익	200,000
	보 통 예 금	1,090,000	부가세예수금	190,000

[2]

유형	공급가액	세액	공급처	전자	분개
11.과세	−500,000	−50,000	(주)설악전기	여	외상

(차)	외상매출금	−550,000	(대) 제 품 매 출	−500,000
			부가세예수금	−50,000

[3]

유형	공급가액	세액	공급처	전자	분개
12.영세(3)	15,000,000	0	영종무역(주)	여	혼합

(차)	받을어음((주)덕유상사)	15,000,000	(대) 제 품 매 출	15,000,000

[4]

유형	공급가액	세액	공급처	전자	분개
14.건별	1,000,000	100,000	이주몽	–	현금
(차) 현 금	1,100,000	(대) 제 품 매 출			1,000,000
		부가세예수금			100,000

[5]

유형	공급가액	세액	공급처	전자	분개
16.수출(1)	9,200,000	0	APPLE	–	외상
(차) 외상매출금	9,200,000	(대) 제 품 매 출			9,200,000

[6]

유형	공급가액	세액	공급처	전자	분개
17.카과	3,000,000	300,000	최주몽 (거래처등록)	–	카드
(차) 외상매출금 (비씨카드)	3,300,000	(대) 제 품 매 출			3,000,000
		부가세예수금			300,000

[7]

유형	공급가액	세액	공급처	전자	분개
51.과세	10,000,000	1,000,000	(주)덕유상사	여	혼합
(차) 원 재 료	10,000,000	(대) 당 좌 예 금			5,000,000
부가세대급금	1,000,000	지 급 어 음			6,000,000

[8]

유형	공급가액	세액	공급처	전자	분개
53.면세	180,000	0	아름다운꽃집	여	현금
(차) 접 대 비(판)	180,000	(대) 현 금			180,000

[9]

유형	공급가액	세액	공급처	전자	분개
54.불공(2)	2,500,000	250,000	하이마트	여	혼합
(차) 가 지 급 금(김기영)	2,750,000	(대) 미 지 급 금(하이마트)			2,750,000

[10]

유형	공급가액	세액	공급처	전자	분개
55.수입	1,000,000	100,000	울산세관	여	혼합
(차) 부가세대급금	100,000	(대) 현 금			130,000
원 재 료	30,000				

[11]

유형	공급가액	세액	공급처	전자	분개
58.카면	300,000	0	속리가든	–	카드
(차) 복리후생비(제)	300,000	(대) 미 지 급 금(국민카드)			300,000

☞ 쌀과 부식은 면세재화에 해당되고, 신용카드영수증을 수취하였으므로 "카드면세"를 선택한다.

[12]

유형	공급가액	세액	공급처	전자	분개
61.현과	2,000,000	200,000	(주)덕유상사	–	현금
(차) 비 품	2,000,000	(대) 현 금			2,200,000
부가세대급금	200,000				

<예제> 매입매출전표입력 2(증빙활용)

(주)한라(3002)의 거래내용은 다음과 같다. 다음 자료를 이용하여 매입매출전표를 입력하시오.

[1] 8월 05일　　(주)세계에 제품인 오디오를 판매하고 전자세금계산서를 발급하였다.

(적 색)

전자세금계산서					(공급자 보관용)		승인번호	20160108-41000042-55746692	

공급자	등록번호	101-81-50103				공급받는자	등록번호	125-34-12324	
	상호	(주)한라	성 명(대표자)	김윤대			상호	(주)세계	성 명(대표자)	이세계
	사업장주소	서울 서초구 강남대로 475					사업장주소	서울 서대문구 증가로 100	
	업태	제조,도·소매업	종사업장번호				업태	도·소매업	종사업장번호
	종목	전자제품					종목	전자제품	
	E-Mail	kyc@nate.com					E-Mail	kim@naver.com	

작성일자	20x1.8.05.	공급가액	1,000,000	세액	100,000

월	일	품목명	규격	수량	단가	공급가액	세액	비고
8	5	오디오				1,000,000	100,000	

합계금액	현금	수표	어음	외상미수금	이 금액을	● 영수 함 ○ 청구
1,100,000	100,000	200,000	300,000	500,000		

[2] 8월 05일　　개인인 김기수에게 제품인 컴퓨터를 판매하고 신용카드 매출전표를 발급하였다.

```
           카드매출전표
- - - - - - - - - - - - - - - - - - - -
카드종류: 비씨카드
회원번호: 2124-3152-****-4**5
거래일시: 20x1.8.05:05:16
거래유형: 신용승인
매   출:  200,000원
부 가 세:   20,000원
합   계:  220,000원
결제방법: 일시불
승인번호: 12985996
은행확인: 신한은행
- - - - - - - - - - - - - - - - - - - -
- - - - - - - - - - - - - - - - - - - -
가맹점명: (주)한라
        - 이 하 생 략 -
```

[3] 8월 05일　　경기상사로부터 사무용 책상을 외상구입하고 발급받은 전자세금계산서이다.
　　　　　　　　자산으로 처리하시오.

(청 색)

전자세금계산서			(공급받는자 보관용)		승인번호	20160108-41000042-55746692	

공급자	등록번호	107-39-99352			공급받는자	등록번호	101-81-50103		
	상호	경기상사	성명 (대표자)	최경기		상호	(주)한라	성명 (대표자)	김윤대
	사업장 주소	서울 서초구 효령로 100				사업장 주소	서울 서초구 강남대로 475		
	업태	도·소매업	종사업장번호			업태	제조,도·소매업	종사업장번호	
	종목	전자제품				종목	전자제품		
	E-Mail	woo@nate.com				E-Mail	kyc@nate.com		

작성일자	20x1.8.05	공급가액	300,000	세액	30,000

월	일	품목명	규격	수량	단가	공급가액	세액	비고
8	5	책상				300,000	30,000	

합계금액	현금	수표	어음	외상미수금	이 금액을	○ 영수	함
330,000				330,000		● 청구	

[4] 8월 05일　　신입사원인 경리사원에게 회계기초실무교육을 실시하고 계산서를 수취하고 현금으로
　　　　　　　　지급하다.

(청 색)

계산서			(공급받는자 보관용)		승인번호		

공급자	등록번호	129-81-68902			공급받는자	등록번호	101-81-50103		
	상호	(주)경리교육	성 명 (대표자)	김경리		상호	(주)한라	성 명 (대표자)	김윤대
	사업장 주소	서울시 강남구 역삼로 404				사업장 주소	서울 서초구 강남대로 475		
	업태	서비스	종사업장번호			업태	제조,도·소매업	종사업장번호	
	종목	교육				종목	전자제품		
	E-Mail					E-Mail			

작성일자	20x1.8.05.	공급가액	400,000	비고	

월	일	품목명	규격	수량	단가	공급가액	비고
8	05	경리기초교육				400,000	

합계금액	현금	수표	어음	외상미수금	이 금액을	● 영수	함
400,000	400,000					○ 청구	

[5] 8월 05일   원재료를 수입하고 김해세관으로부터 전자수입세금계산서를 수취하고 부가가치세는 현금으로 지급하다.(미착품에 대한 회계처리는 생략한다.)

(청 색)

전자수입세금계산서		(공급받는자 보관용)		승인번호		20160108-41000042-55746692	

<table>
<tr><td rowspan="6">공급자</td><td>등록번호</td><td colspan="3">603-42-33561</td><td rowspan="6">공급받는자</td><td>등록번호</td><td colspan="3">101-81-50103</td></tr>
<tr><td>상호</td><td>김해세관</td><td>성명
(대표자)</td><td>김세관</td><td>상호</td><td>(주)한라</td><td>성명
(대표자)</td><td>김윤대</td></tr>
<tr><td>사업장
주소</td><td colspan="3">부산 강서구 공항진입로 108</td><td>사업장
주소</td><td colspan="3">서울 서초구 강남대로 475</td></tr>
<tr><td>업태</td><td>관공서</td><td colspan="2">종사업장번호</td><td>업태</td><td>제조,도 · 소매업</td><td colspan="2">종사업장번호</td></tr>
<tr><td>종목</td><td></td><td colspan="2"></td><td>종목</td><td colspan="3">전자제품</td></tr>
<tr><td>E-Mail</td><td colspan="3">tax@nate.com</td><td>E-Mail</td><td colspan="3">kyc@nate.com</td></tr>
</table>

작성일자	20x1.8.05		공급가액	5,000,000		세액		500,000	
월	일	품목명	규격	수량	단가	공급가액	세액	비고	
8	05	전자부품				5,000,000	500,000		

합계금액	현금	수표	어음	외상미수금	이 금액을	● 영수	함
500,000	500,000					○ 청구	

[6] 8월 10일   신입사원에게 업무용으로 지급할 노트북을 구입하고 현금영수증을 수취하다. 자산으로 처리하시오.

```
          ** 현금영수증 **
            (지출증빙용)
사업자등록번호 : 133-81-12320 이명성
사업자명      : (주)왕명
단말기ID      : 24453232(tel:02-229-****)
가맹점주소    : 서울시 서대문구 충정로 70
               (미근동)

현금영수증 회원번호
  101-81-50103    (주)한라
승인번호      : 45457878(PK)
거래일시      : 20x1년 8월 10일

공 급 금 액                    600,000원
부가세금액                      60,000원
총 합 계                       660,000원

휴대전화, 카드번호 등록
http://현금영수증.kr
국세청문의(126)
38036925-GCA10106-3870-U490
    <<<<<<이용해 주셔서 감사합니다.>>>>>>
```

해답

[1]

유형	공급가액	세액	공급처	전자	분개
11(과세)	1,000,000	100,000	㈜세계	여	혼합

(차) 현 금	300,000	(대) 제 품 매 출	1,000,000
받을어음	300,000	부가세예수금	100,000
외상매출금	500,000		

[2]

유형	공급가액	세액	공급처	전자	분개
17(카과)	200,000	20,000	김기수		카드

(차) 외상매출금	220,000	(대) 제 품 매 출	200,000
(비씨카드)		부가세예수금	20,000

[3]

유형	공급가액	세액	공급처	전자	분개
51(과세)	300,000	300,000	경기상사	여	혼합

(차) 비 품	300,000	(대) 미 지 급 금	330,000
부가세대급금	30,000		

[4]

유형	공급가액	세액	공급처	전자	분개
53(면세)	400,000	0	㈜경리교육	–	현금

(차) 교육훈련비(판)	400,000	(대) 현 금	400,000

[5]

유형	공급가액	세액	공급처	전자	분개
55(수입)	5,000,000	500,000	김해세관	전자	현금

(차) 부가세대급금	500,000	(대) 현 금	500,000

[6]

유형	공급가액	세액	공급처	전자	분개
61(현과)	600,000	60,000	㈜왕명		현금

(차) 비 품	600,000	(대) 현 금	660,000
부가세대급금	60,000		

<예제> 매입매출전표입력 3(오류수정)

(주)한라(3002)의 거래내용은 다음과 같다. 다음의 오류를 수정하시오.

[1] 8월 30일 　 ㈜덕유상사로 부터 공장직원 체육대회와 관련하여 구매한 경품금액 1,000,000(공급가액)이 부가가치세를 포함한 면세 매입으로 회계처리하였다.[해당 거래를 과세매입(전자세금계산서 수취)으로 정정하시오]

[2] 8월 30일 　 (주)상선전자에 대한 제품매출의 단가는 1,100원이 아니라 1,250원으로 밝혀졌다. 수량 및 받을어음 금액은 동일하다. 수량은 1,000개, 받을어음 금액은 1,000,000원임.

해답

[1] 〈수정전〉

유형	공급가액	세액	공급처	전자	분개
53(면세)	1,000,000		(주)덕유상사	–	현금

(차) 복리후생비(제)	1,000,000	(대) 현　금			1,000,000

☞ 과세유형변경시 하단의 분개가 자동변경되므로, 하단분개를 메모하셔야 합니다.

〈수정후〉

유형	공급가액	세액	공급처	전자	분개
51(과세)	1,000,000	100,000	(주)덕유상사	여	현금

(차) 복리후생비(제)	1,000,000	(대) 현　금			1,100,000
부가세대급금	100,000				

[2] 〈수정전〉 수량 : 1,000, 단가 : 1,100

유형	공급가액	세액	공급처	전자	분개
11(과세)	1,100,000	110,000	(주)상선전자	여	혼합

(차) 현　금	210,000	(대) 제품매출			1,100,000
받을어음	1,000,000	부가세예수금			110,000

〈수정후〉 수량 : 1,000, 단가 : 1,250

유형	공급가액	세액	공급처	전자	분개
11(과세)	1,250,000	125,000	(주)상선전자	여	혼합

(차) 현　금	375,000	(대) 제품매출			1,250,000
받을어음	1,000,000	부가세예수금			125,000

제3절 고정자산등록

고정자산(유·무형자산)에 대한 감가상각비를 계산하고자 한다면 고정자산등록메뉴에서 고정자산을 등록하여야 한다.

〈주요입력항목〉

자산계정과목	계정코드를 입력하거나 ⊡를 클릭하여 해당코드를 선택한다.
자산코드, 취득년월일	주어진대로 입력한다.
상각방법	정액법/정률법중 하나를 선택한다.
기초가액	자산의 **취득원가를 입력한다. 당기에 신규 취득한 자산은 기초가액에 입력하지 않고 [4.당기중 취득 및 당기증가(+)]란에 입력**하여야 한다.
전기말상각누계액	자산의 전기말 감가상각누계액을 입력한다.
전기말장부가액	자동반영된다.(즉 기초가액 – 전기말상각누계액이다)
내용연수	해당내용년수를 입력하면 상각율은 자동반영된다.
상각범위액	자동계산된다.
회사계상액	자동 계산도나, **[사용자수정]을 클릭하면 회사계상상각비를 수정할 수 있다.**
경비구분	제조경비는 500번대, 판매비와 관리비는 800번대를 선택한다.
업종	업종을 클릭하여 해당 업종코드를 입력한다.

<예제> 고정자산등록

(주)백두(3020)의 고정자산내역이다. 이에 대한 고정자산등록을 하시오.

계정 과목	코드	자산명	취득가액	취득일	감가상각 누계액	내용 년수	상각방법	업종 코드
기계장치	102	기계A	15,000,000	2019.1.1	2,200,000	5	정률법	13

☞ 전산회계1급 기본서(고정자산등록) 입력사항을 참고하십시오.

해답

자산계정과목 : 0206 □ 기계장치　　　　미상각분 감가상각계산

	자산코드/명	취득년월일	상각방법
□	000102 기계A	2019-01-01	정률법

기본등록사항　　추가등록사항

1. 기초가액　　　　　 / 성실 기초가액　　　　　　　15,000,000 /
2. 전기말상각누계액(-) / 성실 전기말상각누계액　　　 2,200,000 /
3. 전기말장부가액　　 / 성실 전기말장부가액　　　　 12,800,000 /
4. 당기중 취득 및 당기증가(+)
5. 당기감소(일부양도 · 매각 · 폐기)(-)
　　전기말상각누계액(당기감소분)(+)
6. 전기말자본적지출액누계(+)(정액법만)
7. 당기자본적지출액(즉시상각분)(+)
8. 전기말부인누계액(+) (정률만 상각대상에 가산)
9. 전기말의제상각누계액(-)
10. 상각대상금액　　　　　　　　　　　　　　　 12,800,000
11. 내용연수/상각률(월수)　　　　　　　5 □ 0.451 (12)
　　성실경과내용연수/차감연수(성실상각률)　　/ (　　) 기준내용년수도움표
12. 상각범위액(한도액)(10X상각율)　　　　　　　 5,772,800
13. 회사계상액(12)-(7)　　　　　　　　　　　　　5,772,800 사용자수정
14. 경비구분　　　　　　　　　　　　　　1.500번대/제조
15. 당기말감가상각누계액　　　　　　　　　　　　7,972,800
16. 당기말장부가액　　　　　　　　　　　　　　　7,027,200
17. 당기의제상각비
18. 전체양도일자　　　　　　　　　　　　　 ----.--.--
19. 전체폐기일자　　　　　　　　　　　　　　----.--.--
20. 업종　　　　　　　　　　　　　　　　 13 □ 제조업

제4절 결산 및 재무제표 작성

1. 결산자료 입력

수동결산 (12월 31일 일반전표입력)	1. **퇴직급여충당부채환입(판)과 대손충당금 환입(판), 재고자산 비정상감모손실(영·비)**은 반드시 수동결산으로 입력한다. 2. 문제에서 결차, 결대로 입력하라고 제시했으면 반드시 결차, 결대를 사용하여 수동결산을 입력한다.
자동결산 (결산자료입력)	1. 재고자산의 기말재고액(상품, 제품, 원재료, 재공품) 2. 유무형자산의 상각비 3. 퇴직급여충당부채 당기 전입액 4. 채권에 대한 대손상각비(보충법) 5. 법인세계상(맨 마지막에 입력한다.) ☞ ② ③ ④ ⑤는 수동결산도 가능하다.
순서	수동결산→ 자동결산

◆ 자동결산입력방법

〈주요입력 항목〉

기간	1월부터 12월까지 기간을 선택한다.
F4 (원가설정)	제품매출원가를 선택한다. 전산회계1급 프로그램에 자동 세팅되어 있으나 세팅되어 있지 않으면 사용여부에 "여"로 체크한다. 매출원가 및 경비선택 	사용여부	매출원가코드 및 계정과목	원가경비	화면
---	---	---	---
여	0455 제품매출원가	1 0500번대	제조
부	0452 도급공사매출원가	2 0600번대	도급
부	0457 보관매출원가	3 0650번대	보관
부	0453 분양공사매출원가	4 0700번대	분양
부	0458 운송매출원가	5 0750번대	운송	
F7 (감가상각)	㉠ 고정자산 등록된 자산에 한해서 감가상각비가 자동계산 되어 진다. 　　하단의 결산반영을 클릭하면 자동적으로 결산반영금액에 입력된다. ㉡ 추가설정액에 금액을 직접 입력하여 결산반영해도 된다. | 코드	계정과목명	경비구분	고정자산등록 감가상각비	감가상각비 감가상각비X(조회기간월수/내용월수)	결산반영금액
---	---	---	---	---	---
020600	기계장치	제조	5,772,800	5,772,800	5,772,800
	감가상각비(제조)합계		5,772,800	5,772,800	5,772,800	

	㉠ 대손율을 입력하면 자동적으로 추가설정액이 계산되어 진다.

F8 (대손상각)

㉠ 대손율을 입력하면 자동적으로 추가설정액이 계산되어 진다.
㉡ 추가설정액에 금액을 직접 입력하여 결산반영해도 된다.

대손상각

대손율(%) : 5.00 ← **수정 입력**

코드	계정과목명	금액	설정전 충당금 잔액			추가설정액(결산반영) [(금액x대손율)-설정전충당금잔액]	유형
			코드	계정과목명	금액		
0108	외상매출금	164,020,000	0109	대손충당금	630,000	7,571,000	판관
0110	받을어음	34,000,000	0111	대손충당금	350,000	1,350,000	판관
0114	단기대여금	10,000,000	0115	대손충당금		500,000	영업외
0120	미수금	5,000,000	0121	대손충당금		250,000	영업외
0131	선급금	12,500,000	0132	대손충당금		625,000	영업외
	대손상각비 합계					8,921,000	판관
	기타의 대손상각비					1,375,000	영업외

새로불러오기 결산반영 취소(Esc)

Ctrl F8 (퇴직충당)

퇴직급여추계액을 원가귀속별(제조경비,판관비)로 입력하면 자동적으로 추가설정액이 계산되어 진다. 하단의 결산반영을 클릭하면 자동적으로 결산반영금액에 입력된다.

퇴직충당부채

코드	계정과목명	퇴직급여추계액	설정전 잔액				추가설정액(결산반영) (퇴직급여추계액-설정전잔액)	유형
			기초금액	당기증가	당기감소	잔액		
0508	퇴직급여	10,000,000	4,000,000			4,000,000	6,000,000	제조
0806	퇴직급여	10,000,000	6,000,000			6,000,000	4,000,000	판관

원가귀속별로 입력

**직접입력항목
(기말재고자산,
선납세금 등)**

대손상각비, (감가)상각비, 퇴직급여충당부채는 결산반영금액에 직접 입력해도 된다.

㉠ 기말재고자산입력
　상품, 원재료, 재공품, 제품의 기말재고액을 입력한다.
㉡ 법인세등 설정
선납세금을 결산반영금액에 입력하고 추가계상액을 입력하면 된다.

0998	9. 법인세등		1,000,000	1,000,000
0136	1). 선납세금	300,000		
0998	2). 추가계상액		1,000,000	1,000,000

F3 (전표추가)

㉠ 결산분개를 자동으로 반영합니다.
㉡ 12/31일 일반전표를 조회하면 결산분개가 반영된 것을 확인

2019 년 12 ∨ 월 31 ☐ 일변경현금잔액: 16,191,000 대차차액: **결산**

☐ 일	번호	구분	계 정 과 목	거 래 처	적 요	차 변	대 변
☐ 31	00005	결대	0522 차량유지비		8 제조원가로 대체		1,400,000
☐ 31	00005	결대	0525 교육훈련비		8 제조원가로 대체		750,000
☐ 31	00005	결대	0526 도서인쇄비		8 제조원가로 대체		850,000

자동결산 수정

일반전표 입력 상단의 SF5 일괄삭제및기타 ∨ 를 삭제하고 결산자료입력에서 다시 입력 후 F3 (전표추가)를 하면 된다.

대손상각비를 결산에 반영 후 기중의 매출채권의 금액을 수정해서는 안 된다.
즉 전산회계시험에서 결산을 최종적으로 입력 후 전표입력에서 매출채권 및 대손충당금을 수정하면 추가 설정 대손상각비 금액이 변하므로 다시 추가 설정해야 한다.

2. 재무제표 확정

> **제조원가명세서 → 손익계산서 → 잉여금처분계산서 → 재무상태표**
> ☞ 각 재무제표를 조회 후 Esc(종료)로 **종료하면 확정된다.**

(1) 제조원가명세서 → 손익계산서 조회 후 종료하면 자동 확정된다.

(2) 이익잉여금처분계산서

손익계산서를 확정하면 이익잉여금처분계산서에 당기순이익이 자동반영된다. **당기/전기** 처분확정일(주주총회일)을 입력하고 이익잉여금 처분액(처분예정액)을 해당란에 입력한다.

그리고 상단의 F6(전표추가)를 클릭하면 12월 31일 일반전표에 반영한다.

당기처분예정일: 년 월 일 전기처분확정일: 년 월 일		< F4 삽입 >	
과목	계정과목명	제 7(당)기 2019년01월01일~2019년12월31일 제 7기(당기) 금액	제 6(전)기 2018년01월01일~2018년12월31일 제 6기(전기) 금액
Ⅰ.미처리결손금		114,702,500	-55,500,000
1.전기이월미처분이익잉여금		55,500,000	44,520,000
2.회계변경의 누적효과	0369 회계변경의누적효과		
3.전기오류수정이익	0370 전기오류수정이익		
4.전기오류수정손실	0371 전기오류수정손실		
5.중간배당금	0372 중간배당금		
6.당기순손실		170,202,500	-10,980,000

(3) 재무상태표 : [재무상태표]를 조회한 후 Esc(종료)로 종료한 후 재무상태표를 확정한다.

> **전산회계 1급 시험에서는 결산자료만 입력하고,**
> **별도 언급이 없으면 재무제표를 확정하실 필요가 없습니다.**

<예제> 결산자료입력

(주)태백(3003)의 거래내용은 다음과 같다. 다음 자료를 이용하여 결산을 완료하시오.

〈수동결산〉

[1]　본사 건물 중 일부를 임대해 주고 있는데, 11월 1일에 건물임대에 대한 1년분 임대료(월 500,000원)를 현금으로 받고 전액 수익으로 계상하였다.

[2]　10월 1일에 상품창고에 도난 위험이 있어 ㈜한국보험에 손해보험을 가입하고 6개월분 보험료 600,000원을 전액 비용 처리하였다. 월할 계산하시오.

[3]　기말 현재까지 발생한 생산직 직원 급여(지급기일 익년도 1월 10일)가 미지급된 금액이 1,000,000원이 있다.

[4]　기말 현재 발생된 정기예금에 대한 이자미수액은 150,000원이다.

[5]　기밀 현재 현금잔액에 대한 실사결과 장부가액은 800,000원인데 실제 보유한 현금은 150,000원이다. 과부족원인을 조사한 결과 해외출장경비(영업사원)가 150,000원이 있었고, 공장에서 원재료에 대한 계약금 450,000원(대한전자)이 회계처리가 누락되었고, 나머지 금액은 거래내역을 확인할 수 없었다.

[6]　보통예금 중에는 외화예금 12,000,000원(미화 $10,000)이 있다. 기말 현재 환율은 1,150원/$이다.

[7]　결산시 단기매매증권을 다음과 같이 평가하였다.

피투자회사	주식수	장부가액	주당공정가액
삼미전자	100주	1,500,000원	18,000원
이소프트	100주	2,300,000원	17,000원

〈자동결산〉

[8] 기말재고자산의 내역은 다음과 같다.

  – 원재료 : 12,000,000원   – 재공품 : 18,000,000원   – 제 품 : 25,000,000원

[9] 퇴직급여충당부채를 다음과 같이 설정한다.

  – 생산직사원 : 20,000,000원   – 사무직사원 : 25,000,000원

[10] 감가상각대상자산은 다음과 같다. 감가상각비를 결산에 반영하시오.

계정과목	취득년월일	취득원가	전기말 감가상각누계액	내용연수	상각방법	상각율
본사건물	2020.09.20	20,000,000	2,500,000	20	정액법	0.05
기계장치	2019.01.25	15,000,000	7,800,000	5	정률법	0.451

[11] 기말 매출채권(외상매출금, 받을어음) 잔액에 대하여 1%의 대손충당금을 보충적으로 설정한다.

[12] 당기 법인세 추산액은 5,200,000원이다(단 기납부한 중간예납세액 및 원천징수세액 300,000원이 있다)

> **해답**

> **결산자료입력문제는 먼저 수동결산항목, 자동결산항목을 먼저 체크하고, 수동결산항목을 먼저 입력하고,
> 최종적으로 자동결산항목을 입력한다.**

〈수동결산〉 일반전표입력(12/31)

[1] (차) 임 대 료　　　　　　5,000,000　(대) 선수수익　　　　　　5,000,000
　　☞ **차기수익 : 500,000원 × 10개월 = 5,000,000원**

[2] (차) 선급비용　　　　　　300,000　(대) 보 험 료(판)　　　　300,000
　　☞ **차기비용 : 600,000원 × 3개월/6개월 = 300,000원**

[3] (차) 임　　금(제)　　　　1,000,000　(대) 미지급비용　　　　1,000,000

[4] (차) 미수수익　　　　　　150,000　(대) 이자수익　　　　　　150,000

[5] (차) 여비교통비(판)　　　　150,000　(대) 현　　금　　　　　　650,000
　　　 선 급 금(대한전자)　　450,000
　　　 잡 손 실　　　　　　　50,000

[6] (차) 외화환산손실　　　　500,000　(대) 보통예금　　　　　　500,000
　　☞ **외화환산손실 : $10,000×1,150원－12,000,000 = △500,000원**

[7] (차) 단기매매증권평가손실　600,000　(대) 단기매매증권평가이익　　300,000
　　　 (단기투자자산평가손실)　　　　　 (단기투자자산평가이익)
　　　　　　　　　　　　　　　　　　　 단기매매증권　　　　　300,000
　　☞ 단기매매증권평가손익계정이 없으면 단기투자자산평가손익계정을 선택하시면 됩니다. 단기투자자산
　　　 은 단기매매증권을 포함합니다.

〈자동결산〉

[8] 기말재고자산 입력
　 － 원재료 12,000,000원 입력

0501	원재료비		170,030,000	158,030,000
0153	① 기초 원재료 재고액		20,000,000	20,000,000
0153	② 당기 원재료 매입액		150,030,000	150,030,000
0153	⑩ 기말 원재료 재고액		12,000,000	12,000,000

- 재공품 18,000,000원, 제품 25,000,000원 입력

0455	8)당기 총제조비용		314,805,000		302,805,000
0169	① 기초 재공품 재고액		1,000,000		1,000,000
0169	⑩ 기말 재공품 재고액			18,000,000	18,000,000
	9)당기완성품제조원가		315,805,000		285,805,000
	⑩ 기말 재고액			25,000,000	25,000,000
	3. 매출총이익		147,395,000	55,000,000	202,395,000
	4. 판매비와 일반관리비		115,827,500		115,827,500

[9] 퇴직급여충당부채

- 생산직사원 20,000,000원 입력

	3)노 무 비		61,500,000	20,000,000	81,500,000
	1). 임금 외		61,500,000		61,500,000
0504	임금		61,500,000		61,500,000
0508	2). 퇴직급여(전입액)			20,000,000	20,000,000
0550	3). 퇴직연금충당금전입액				
	7)경 비		83,275,000		83,275,000

- 사무직사원 25,000,000원 입력

	4. 판매비와 일반관리비		115,827,500	25,000,000	140,827,500
	1). 급여 외		61,000,000		61,000,000
0801	급여		61,000,000		61,000,000
0806	2). 퇴직급여(전입액)			25,000,000	25,000,000
0850	3). 퇴직연금충당금전입액				

[12월 31일자 일반전표에 입력해도 됩니다.]

(차) 퇴직급여(제) 　　20,000,000　　 (대) 퇴직금여충당부채 　45,000,000
　　퇴직급여(판) 　　25,000,000

[10] 감가상각비

[감가상각비 계산] – 고정자산을 등록해서 감가상각비를 산출해도 무방합니다.

건물감가상각비 : 20,000,000원/20년 = 1,000,000원

기계장치감가상각비 : (15,000,000원 – 7,800,000원) × 0.451 = 3,247,200원

- 제조경비(기계장치) 감가상각비 3,247,200원 입력

0518	2). 일반감가상각비			3,247,200	3,247,200
0202	건물				
0206	기계장치			3,247,200	3,247,200
0208	차량운반구				
0212	비품				
0455	8)당기 총제조비용		314,805,000		326,052,200

- 판관비(건물) 감가상각비 1,000,000원 입력

	4. 판매비와 일반관리비		115,827,500	26,000,000	141,827,500
	1). 급여 외		61,000,000		61,000,000
0801	급여		61,000,000		61,000,000
0806	2). 퇴직급여(전입액)			25,000,000	25,000,000
0850	3). 퇴직연금충당금전입액				
0818	4). 감가상각비			1,000,000	1,000,000
0202	건물			1,000,000	1,000,000
0206	기계장치				
0208	차량운반구				
0212	비품				

[12월 31일자 일반전표에 입력해도 됩니다.]

(차)	감가상각비(제)	3,247,200	(대)	감가상각누계액(기계)	3,247,200
	감가상각비(판)	1,000,000		감가상각누계액(건물)	1,000,000

[11] 대손충당금

상단의 F8(대손상각)을 클릭하여 추가설정액에 장기외상매출금, 단기대여금, 미수금의 추가설정액을 "0"으로 수정하고, 하단의 결산반영을 클릭하여 반영한다.

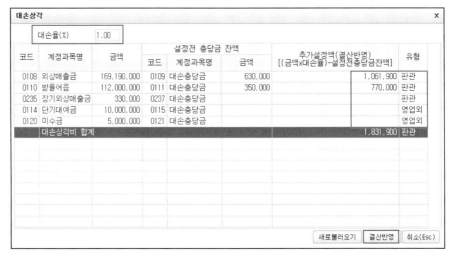

[12월 31일자 일반전표에 입력해도 됩니다.]

(차)	대손상각비(판)	1,831,900	(대)	대손충당금(외상)	1,061,900
				대손충당금(받을)	770,000

[12] 법인세등 입력

0998	9. 법인세등			5,200,000	5,200,000
0136	1). 선납세금	300,000		300,000	300,000
0998	2). 추가계상액			4,900,000	4,900,000
	10. 당기순이익		44,347,500	-1,279,100	43,068,400
	11. 주당이익				

[12월 31일자 일반전표에 입력해도 됩니다.]

(차)	법인세등	5,200,000	(대)	선납세금	300,000
				미지급세금	4,900,000

최종적으로 상단 메뉴에서 F3(전표추가)를 클릭하여 자동결산을 끝낸다.
자동결산항목(재고자산 제외)도 일반전표로 입력이 가능합니다.

제5절	장부관리(장부조회)

1. 장부조회

거래처원장	거래처의 채권·채무관리을 위한 장부로서 전표입력시 채권·채무에 입력한 거래처를 기준으로 작성된다. 즉 **거래처 코드를 입력하여야만 거래처원장으로 조회**할 수 있다. 거래처원장은 잔액, 내용, 총괄로 구성되어 있다.
거래처별 계정과목별원장	**거래처별계정과목별원장은 한 거래처의 모든 거래가 계정과목별로 나타난다.**
계정별원장	각 계정(현금계정제외)의 거래내역을 일자별로 기록한 장부이다. 조회하고자하는 계정과목을 1개 또는 여러 개를 설정할 수 있고, 기간도 일자별로 설정할 수 있다.
현금출납장	현금출납장은 현금의 입·출금 내역과 **현금의 장부상 시재액(현재 잔액)을 제공**한다.
일계표(월계표)	일자별 또는 월간별로 각 계정별 대체전표 및 현금전표의 내역을 조회할 수 있다.
분개장	분개장은 일자별로 전계정에 대한 분개내역을 조회할 수 있다. **시험에는 출제되지 않습니다.**
총계정원장	총계정원장은 [전표입력]에 입력된 자료에 의하여 계정과목별로 집계현황을 보여준다. [월별]탭을 클릭하면 **계정과목별로 월별 잔액 및 증감내역**을 알 수 있다. [일별]탭을 클릭하면 계정과목별로 일자별로 잔액 및 증감내역을 알 수 있다.
매입매출장	[매입매출전표]에 입력된 전표를 조회하며, 매입매출전표 입력시 유형을 선택하였으면, **매입매출장에서는 이러한 유형별로 집계된다.**
세금계산서 현황	세금계산서(계산서)의 발행 현황을 알 수 있다.

2. 재무제표 조회

합계잔액 시산표	합계잔액시산표는 각 계정별로 차변과 대변의 합계와 잔액을 표시한다. 조회하고자 하는 월을 입력하면 **해당 월까지 잔액(누계잔액)**이 조회된다.할 수 있다. 거래처원장은 잔액, 내용, 총괄로 구성되어 있다.
재무상태표, 손익계산서	**전기말과 현재 기준월과의 계정과목의 증감을 비교시**에는 재무상태표, 손익계산서를 조회한다. 〈조회기간-1월〉 （표 아래 참조） 상단의 [과목별]은 계정과목별로 출력되고 [제출용]은 외부에 공시하는 재무제표로 나타난다. （표 아래 참조）

〈조회기간-1월〉

	당 기	전 기
손익계산서	2024.1.1.~2024.1.31	2023.1.1.~2023.12.31
재무상태표	2024.1.31. 현재	2023.12.31. 현재

과목별	제출용
현금, 보통예금, 당좌예금	**현금 및 현금성자산**
외상매출금, 받을어음	매출채권

3. 부가가치세 조회

신고서	부가가치세 신고서는 [부가가치]/[부가가치세신고서] 메뉴를 클릭하여 해당 **신고기간을 입력하면 신고서 화면이 조회**된다.
세금계산서 합계표	매입매출전표에 입력한 세금계산서(매출/매입)을 매출처별세금계산서합계표, 매입처별세금계산서합계표로 집계한다.

4. 문제유형에 따라 조회해야 하는 장부

조회문제는 하나의 장부에 답이 있는게 아니라, 여러 가지 장부를 조회하여 해답을 찾을 수 있습니다.

1. **계정과목에 대한 월별잔액 및 증감 비교문제**	**총계정원장**
2. **기간을 주고 <u>현금거래액 또는 대체거래액</u>**	**월계표/일계표**
3. 채권/채무거래중 **거래처별** 잔액비교	**거래처원장**
4. **일정시점을 주고 계정과목별금액(B/S계정 : 누계, I/S계정 : 1월~해당월) 비교**	**합계잔액시산표**
5. **계정과목 상세 현황 내역**	**계정별원장**
6. **현금의 입출금내역**	**현금출납장**
7. **전기와 비교시**	**재무상태표/손익계산서**
8. **매입매출전표 유형별 집계**(카드매출금액 등)	**매입매출장**
9. 세금계산서 관련(전자세금계산서 등)	**(세금)계산서합계표/(세금)계산서현황**
10. **부가가치세 신고관련** (과세표준, 매출세액, 매입세액, 불공제매입세액 등)	**부가가치세 신고서**

조회문제는 무조건 풀어야 합니다.
전산회계1급 시험에서 낙방하시는 수험생(60점대) 대부분이 시간이 모자라 조회문제를 못풀었다는 이야기를 많이 들었습니다.
조회문제는 수험생의 회계/세법 실력과 상관없으나 전산회계1급 시험에 합격하기 위해서는 반드시 푸셔야 합니다.
즉 실기문제를 먼저 풀고, 객관식 문제를 나중에 푸는 것을 권합니다.
조회문제는 일반적으로 일반전표입력과 매입매출전표입력에 영향을 받지 않는 기간에 주어지나, 수험생 여러분들은 조회문제를 실기문제 맨 마지막에 푸시기를 권합니다.

| <예제> 장부조회 |

조회문제는 무조건 풀어야 합니다.

전산회계1급 시험에서 낙방하시는 수험생(60점대) 대부분이 시간이 모자라 조회문제를 못풀었다는 이야기를 많이 들었습니다.
조회문제는 수험생의 회계/세법 실력과 상관없으나 전산회계1급 시험에 합격하기 위해서는 반드시 푸셔야 합니다.
즉 실기문제를 먼저 풀고, 객관식 문제를 나중에 푸는 것을 권합니다.
조회문제는 일반적으로 일반전표입력과 매입매출전표입력에 영향을 받지 않는 기간에 주어지나, 수험생 여러분들은 조회문제를 실기문제 맨 마지막에 푸시기를 권합니다.

(주)태백(3003)에 대하여 다음 사항을 조회하시오.

1. 2월 16일에서 2월 28일 사이의 외상매입금 상환액은 얼마인가?

2. 1월 한달간 외상매출금 회수한 금액은 얼마인가?

3. 1월 한달간 현금으로 지급된 판매비와 관리비는 얼마인가?

4. 4월 1일에서 4월 20일까지 판매비와관리비 중 대체거래 지출액은 얼마인가?

5. 5월 동안 발생된 판매비와관리비 중에서 발생금액이 가장 큰 계정과목은 무엇이며 발생금액은 얼마인가?

6. 3월부터 5월까지 원재료 매입액은 얼마인가?

7. 2월부터 3월까지 제품매출액은 얼마인가?

8. 4월30일 현재 현금및현금성자산액은 얼마인가?

9. 3월말 현재 외상매출금 잔액이 가장 많은 거래처코드와 금액은?

10. "(주)상선전자"의 1월말 외상매입금 잔액은 얼마인가?

11. 1월부터 3월까지의 기간 중 외상매출금잔액이 가장 많은 달은 몇월이며, 그 달의 외상매출금 잔액은 얼마인가?

12. 1월부터 3월까지의 기간 중 외상매출금을 가장 많이 회수한 달은 몇 월이며, 그 달의 외상매출금 회수액은 얼마인가?

13. 상반기 중 보통예금의 잔고가 전월대비 가장 많이 감소한 달은 몇 월이며, 그 감소한 금액은 얼마인가?

14. 1월부터 3월까지의 현금입금액은 얼마인가?

15. 2월말 현재 전기말과 대비해서 재고자산의 증가액은 얼마인가?

16. 2월말 현재 제품매출은 전기와 대비하여 얼마나 증가하였는가?

17. 3월말 현재 외상매출금의 장부가액은 얼마인가?

18. 1월에서 3월까지 수취한 매입세금계산서의 매수와 공급가액은 얼마인가?

19. 부가가치세 제1기 예정과세기간(1월~3월)에 (주)대마에 발급한 세금계산서의 공급대가는 얼마인가?

20. 1월에서 3월까지 세금계산서의 매입·매출거래처 중에서 매출과 매입이 동시에 발생한 거래처의 개수는 몇 개이며, 거래처명은?

21. 제1기 확정신고기간(4~6월)
   ① 공제받시 못할 매입세액은?
   ② 세금계산서 수취분 일반매입가액(VAT제외)은?
   ③ 과세표준은?
   ④ 납부할(또는 환급받을) 부가가치세는 얼마인가?

22. 제1기 예정신고기간(1~3월)
   ① 신용카드 사용에 따른 매입세액공제액은 얼마인가?
   ② 고정자산을 매입한 공급가액은 얼마인가?
   ③ 면세수입금액은 얼마인가?

해답

1. 총계정원장(일별, 2월16일~2월28일)/계정별원장/일계표[1,000,000원]

월별	일별						
기 간	년 02 월 16 일 ~	년 02 월 28 일					
계정과목 0251	외상매입금	~ 0251	외상매입금				
코드	계 정 과 목		일자	차 변	대 변	잔 액	
0251	외상매입금		[전월이월]	10,000,000	13,000,000	3,000,000	
			/02	1,000,000	16,500,000	18,500,000	
			합 계	11,000,000	29,500,000		

2. 총계정원장(월, 1월)/계정별원장/월계표[34,000,000원]

월별	일별					

기   간 [ ]년 [01]월 [01]일 ~ [ ]년 [01]월 [31]일
계정과목 [0108] [외상매출금] ~ [0108] [외상매출금]

□ 코드	계 정 과 목	일자	차 변	대 변	잔 액
□ 0108	외상매출금	[전기이월]	13,700,000		13,700,000
		/01	177,010,000	34,000,000	156,710,000
		합 계	190,710,000	34,000,000	

3. 월계표(1월)/일계표[32,950,000원]

일계표	월계표						

조회기간 : [ ]년 [1]월 [01]일 ~ [ ].년 [1]월 [31]일

	차 변		계정과목	대 변		
계	대체	현금		현금	대체	계
34,770,000	1,820,000	32,950,000	10.판 매 비및일반관리비			
11,000,000	1,000,000	10,000,000	급 여			
3,050,000	50,000	3,000,000	복 리 후 생 비			
5,050,000		5,050,000	여 비 교 통 비			

4. 일계표(4월1일~20일)[165,000원]

일계표	월계표						

조회기간 : [ ]년 [4]월 [01]일 ~ [ ]년 [4]월 [20]일

	차 변		계정과목	대 변		
계	대체	현금		현금	대체	계
15,565,000	165,000	15,400,000	7.판 매 비및일반관리비			
10,000,000		10,000,000	급 여			
3,000,000		3,000,000	복 리 후 생 비			
315,000	165,000	150,000	접 대 비			

5. 월계표(5월)[급여 10,000,000원]

일계표	월계표						

조회기간 : [ ]년 [05]월 ~ [ ]년 [05]월

	차 변		계정과목	대 변		
계	대체	현금		현금	대체	계
15,750,000		15,750,000	6.판 매 비및일반관리비			
10,000,000		10,000,000	급 여			
3,000,000		3,000,000	복 리 후 생 비			
150,000		150,000	접 대 비			

6. 월계표(3월~5월)/계정별원장/총계정원장[125,030,000원]

일계표	월계표						

조회기간 : [ ]년 [03]월 ~ [ ]년 [05]월

	차 변		계정과목	대 변		
계	대체	현금		현금	대체	계
125,030,000	25,000,000	100,030,000	<재 고 자 산>			
125,030,000	25,000,000	100,030,000	원 재 료			
6,739,091	2,830,000	3,909,091	2.비 유 동 자 산			

7. 월계표(2월~3월)/계정별원장/총계정원장[270,500,000원]

일계표	월계표						

조회기간 : [ ]년 [02]월 ~ [ ]년 [03]월

	차 변		계정과목	대 변		
계	대체	현금		현금	대체	계
			9.매 출	158,000,000	112,500,000	270,500,000
			제 품 매 출	158,000,000	112,500,000	270,500,000
41,025,000	10,200,000	30,825,000	10.제 조 원 가			

8. 합계잔액시산표-제출용[272,440,200원]/재무상태표-제출용

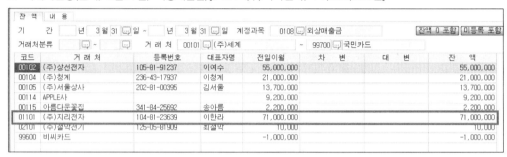

9. 거래처원장(잔액, 3월31일, 외상매출금)[1101-(주)지리전자, 71,000,000원]

10. 거래처원장(잔액, 1월31일, 외상매입금, ㈜상선전자)[3,000,000원]

11. 총계정원장(1월~3월, 외상매출금)/계정별원장[3월, 171,110,000원]

12. 총계정원장(1월~3월, 외상매출금)/계정별원장[1월, 34,000,000원]

13. 총계정원장(1월~6월, 보통예금)/계정별원장

   [1월, 1,700,000 – 4,380,000 = △2,680,000원]

14. 월계표(1~3월)/현금출납장[252,800,000원]

☞ 월계표의 금월소계는 1~3월 누계로서 대변에 현금소계 금액은 다음과 같이 회계처리한 것의 누계금액이다.

(차) 현　금　　　　　　　　252,800,000　　　(대) 보통예금　　　　750,000

　　외상매출금　　　　　　17,000,000　　　　　　등등

10,000,000	10,000,000		선　　급　　금				
4,050,909	3,760,000	290,909	부 가 세 대 급 금				
150,200,000	50,100,000	100,100,000	<재　고　자　산>			250,000	250,000
			매　입　할　인			50,000	50,000
798,945,000	541,920,000	257,025,000	금월소계	252,800,000		541,920,000	794,720,000
46,681,000		46,681,000	금월잔고/전월잔고	50,906,000			50,906,000
845,626,000	541,920,000	303,706,000	합계	303,706,000		541,920,000	845,626,000

15. 재무상태표(2월)[24,950,000원] = 당기 2월말(50,950,0000) - 전기말(26,000,000)

관리용　제출용　표준용

과　목	제 5(당)기 2015년1월1일 ~ 2015년2월28일 금액	제 4(전)기 2014년1월1일 ~ 2014년12월31일 금액
선급금	12,500,000	2,500,000
부가세대급금	2,510,000	
② 재고자산	50,950,000	26,000,000
상품	-50,000	

16. 손익계산서(2월)[298,480,000원]

= 당기 1~2월말(424,000,0000) - 전기 1.1 ~12.31(125,520,000)

기간 : 2015 년 02 ▼ 월

관리용　제출용　포괄손익　표준용

과　목	제 5(당)기 2015년1월1일 ~ 2015년2월28일 금액	제 4(전)기 2014년1월1일 ~ 2014년12월31일 금액
Ⅰ.매출액	423,800,000	125,520,000
매출할인	200,000	
제품매출	424,000,000	125,520,000
Ⅱ.매출원가		25,000,000
상품매출원가		

17. 재무상태표(3월)/합계잔액시산표[170,480,000원]

기간 : 2015 년 03 ▼ 월

관리용　제출용　표준용

과　목	제 5(당)기 2015년1월1일 ~ 2015년3월31일 금액		제 4(전)기 2014년1월1일 ~ 2014년12월31일 금액	
보통예금		78,936,200		21,616,200
단기매매증권		4,000,000		2,000,000
외상매출금	171,110,000		13,700,000	
대손충당금	630,000	170,480,000	200,000	13,500,000
받을어음	111,000,000		5,000,000	
대손충당금	350,000	110,650,000	350,000	4,650,000
단기대여금		10,000,000		
미수금		5,000,000		1,000,000
선급금		12,500,000		2,500,000

18. 세금계산서합계표(1~3월, 매입)-전체데이타[10매, 156,100,000원]

조회기간 : ___ 년 01 ▼ 월 ~ ___ 년 03 ▼ 월 1기 예정 1. 정기신고 ▼

매 출 매 입   ※ [확인]전송일자가 없는 거래는 전자세금계산서 발급분으로 반영 되므로 국세청 e세로 전송 세금계산서와 반드시 확인 합니다.

2. 매입세금계산서 총합계

구 분		매입처수	매 수	공급가액	세 액
합 계		5	10	156,100,000	4,110,000
과세기간 종료일 다음달 11일까지 전송된 전자세금계산서 발급받은분	사업자 번호 발급받은분	5	10	156,100,000	4,110,000
	주민등록번호발급받은분				
	소 계	5	10	156,100,000	4,110,000
위 전자세금계산서 외의 발급받은분(종이발급분+과세기간 종료일다음달 12일 이후분)	사업자 번호 발급받은분				
	주민등록번호발급받은분				
	소 계				

과세기간 종료일 다음달 11일까지 (전자분) 과세기간 종료일 다음달 12일이후 (전자분), 그외 전체데이터   참고사항 : 2012년 7월 이후 변경사항

	사업자등록번호	코드	거래처명	매수	공급가액	세 액	대표자성명	업 태	종 목	주류코드
1	108-81-59725	01203	대한전자	2	20,000,000	500,000	박대한			
2	112-81-60125	00103	(주)덕유상사	4	122,500,000	2,250,000	김상우			
3	120-23-34671	00106	(주)대마	1	100,000	10,000	김기호			
4	125-05-81909	02101	(주)설악전기	1	10,000,000	1,000,000	최설악			
5	505-21-21994	00112	(주)드림세상	2	3,500,000	350,000	이드림			

19. 세금계산서 합계표/세금계산서현황(1~3월, 전체데이타) [165,000,000원]

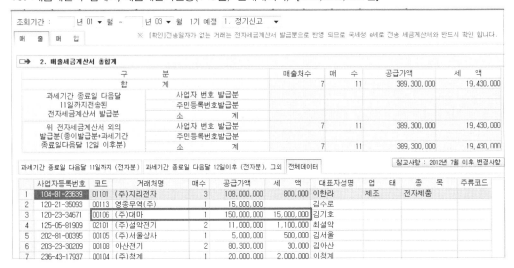

조회기간 : ___ 년 01 ▼ 월 ~ ___ 년 03 ▼ 월 1기 예정 1. 정기신고 ▼

매 출 매 입   ※ [확인]전송일자가 없는 거래는 전자세금계산서 발급분으로 반영 되므로 국세청 e세로 전송 세금계산서와 반드시 확인 합니다.

2. 매출세금계산서 총합계

구 분		매출처수	매 수	공급가액	세 액
합 계		7	11	389,300,000	19,430,000
과세기간 종료일 다음달 11일까지전송된 전자세금계산서 발급분	사업자 번호 발급분				
	주민등록번호발급분				
	소 계				
위 전자세금계산서 외의 발급분(종이발급분+과세기간 종료일다음달 12일 이후분)	사업자 번호 발급분	7	11	389,300,000	19,430,000
	주민등록번호발급분				
	소 계	7	11	389,300,000	19,430,000

과세기간 종료일 다음달 11일까지 (전자분) 과세기간 종료일 다음달 12일이후 (전자분), 그외 전체데이터   참고사항 : 2012년 7월 이후 변경사항

	사업자등록번호	코드	거래처명	매수	공급가액	세 액	대표자성명	업 태	종 목	주류코드
1	104-81-23639	01101	(주)지리전자	3	108,000,000	800,000	이한라	제조	전자제품	
2	120-21-35093	00113	영종무역(주)	1	15,000,000		김수로			
3	120-23-34671	00106	(주)대마	1	150,000,000	15,000,000	김기호			
4	125-05-81909	02101	(주)설악전기	2	11,000,000	1,100,000	최설악			
5	202-81-00395	00105	(주)서울상사	1	5,000,000	500,000	김서울			
6	203-23-30209	00108	아산전기	2	80,300,000	30,000	김아산			
7	236-43-17937	00104	(주)청계	1	20,000,000	2,000,000	이청계			

20. 세금계산서현황(매입,매출)에서 거래처를 비교 [2개, ㈜대마, ㈜설악전기]
   [세금계산서현황-1~3월, 구분 : 매입, 유형 : 세금계산서]

조회기간 : ___ 년 01 월 01 📅일 ~ ___ 년 03 월 31 📅일

구 분 : 2 1.매출 2.매입 유형 : 1.세금계산서 ▼ 거래처 : 00101 📅 (주)세계 ~ 99700 📅 국민카드

전 체 전자발행(11일이내) 전자발행(11일이후),종이발행

코드	거래처명	사업자번호	건수	합계 공급가액	부가세	건수	1월 공급가액	부가세	건수	2월 공급가액	
00103	(주)덕유상사	112-81-60125	4	122,500,000	2,250,000				1	10,000,000	1,00
00106	(주)대마	120-23-34671	1	100,000	10,000				1	100,000	10,0
00112	(주)드림세상	505-21-21994	2	3,500,000	350,000						
01203	대한전자	108-81-59725	2	20,000,000	500,000				1	5,000,000	50,0
02101	(주)설악전기	125-05-81909	1	10,000,000	1,000,000	1	10,000,000	1,000,000			

[세금계산서현황—1~3월, 구분 : 매출, 유형 : 세금계산서]

조회기간: 년 01 월 01 일 ~ 년 03 월 31 일
구 분 : 1 1.매출 2.매입 유형 : 1.세금계산서 거래처 00101 (주)세계 ~ 99700 국민카드
전 체 전자발행(11일이내) 전자발행(11일이후),종이발행

코드	거래처명	사업자번호	건수	합계 공급가액	부가세	건수	1월 공급가액	부가세	건수	2월 공급가액	
00104	(주)청계	236-43-17937	1	20,000,000	2,000,000	1	20,000,000	2,000,000			
00105	(주)서울상사	202-81-00395	1	5,000,000	500,000				1	5,000,000	500,0
00106	(주)대마	120-23-34671	1	150,000,000	15,000,000				1	150,000,000	15,00
00108	아산전기	203-23-30209	2	80,300,000	30,000				1	80,000,000	
00113	영종무역(주)	120-21-35093	1	15,000,000							
01101	(주)지리전자	104-81-23639	3	108,000,000	800,000	1	100,000,000		2	8,000,000	800,0
02101	(주)설악전기	125-05-81909	2	11,000,000	1,100,000	1	10,000,000	1,000,000			

21. 부가가치세 확정신고서(4월 ~ 6월)

① 공제받지 못할 매입세액 : 1,015,000원

② 세금계산서 수취분 일반매입가액 : 13,440,910원

③ 과세표준 : 1,800,000원

④ 납부할(또는 환급받을) 부가가치세 : 환급세액 240,000원

	구분		금액	세율	세액
과세표준및매출세액	과세	세금계산서발급분 1	-200,000	10/100	-20,000
		매입자발행세금계산서 2		10/100	
		신용카드·현금영수증발행분 3		10/100	
		기타(정규영수증외매출분) 4	2,000,000		200,000
	영세	세금계산서발급분 5		0/100	
		기타 6		0/100	
	예정신고누락분 7				
	대손세액가감 8				
	합계 9		1,800,000	㉮	180,000
매입세액	세금계산서수취분	일반매입 10	13,440,910		1,344,091
		수출기업수입분납부유예 10			
		고정자산매입 11	909,090		90,909
	예정신고누락분 12				
	매입자발행세금계산서 13				
	그 밖의 공제매입세액 14				
	합계(10)-(10-1)+(11)+(12)+(13)+(14) 15		14,350,000		1,435,000
	공제받지못할매입세액 16		10,150,000		1,015,000
	차감계 (15-16) 17		4,200,000	㉯	420,000
납부(환급)세액(매출세액㉮-매입세액㉯)				㉰	-240,000
경감공제세액	그 밖의 경감·공제세액 18				
	신용카드매출전표등 발행공제등 19				
	세액 합계 20			㉱	
예정신고미환급세액 21				㉲	
예정고지세액 22				㉳	
사업양수자의 대리납부 기납부세액 23				㉴	
매입자 납부특례 기납부세액 24				㉵	
신용카드업자의 대리납부 기납부세액 25				㉶	
가산세액계 26				㉷	
차감.가감하여 납부할세액(환급받을세액)(㉰-㉱-㉲-㉳-㉴-㉵-㉶+㉷) 27					-240,000
총괄납부사업자가 납부할 세액(환급받을 세액)					

22. 부가가치세 예정신고서(1월 ~ 3월)

① 신용카드 사용에 따른 매입세액공제액 : 90,909원

② 고정자산을 매입한 공급가액 : 5,409,091원

    11.세금계산서(고정자산매입분) 4,500,000+ 42.신용매출전표수령/고정 909,091

		구분		정기신고금액					구분		금액	세율	세액
				금액	세율	세액			7.매출(예정신고누락분)				
과세표준및매출세액	과세	세금계산서발급분	1	194,300,000	10/100	19,430,000	예정누락분	과세	세금계산서	33		10/100	
		매입자발행세금계산서	2		10/100				기타	34		10/100	
		신용카드·현금영수증발행분	3	52,000,000	10/100	5,200,000		영세	세금계산서	35		0/100	
		기타(정규영수증외매출분)	4						기타	36		0/100	
	영세	세금계산서발급분	5	195,000,000	0/100				합계	37			
		기타	6	9,200,000	0/100			12.매입(예정신고누락분)				
	예정신고누락분		7				예정누락분		세금계산서	38			
	대손세액가감		8						그 밖의 공제매입세액	39			
	합계		9	450,500,000	㉮	24,630,000			합계	40			
매입세액	세금계산서수취분	일반매입	10	151,600,000		3,660,000			신용카드매출 일반매입				
		수출기업수입분납부유예	10						수령금액합계 고정매입				
		고정자산매입	11	4,500,000		450,000			의제매입세액				
	예정신고누락분		12						재활용폐자원등매입세액				
	매입자발행세금계산서		13						과세사업전환매입세액				
	그 밖의 공제매입세액		14	909,091		90,909			재고매입세액				
	합계(10)-(10-1)+(11)+(12)+(13)+(14)		15	157,009,091		4,200,909			변제대손세액				
	공제받지못할매입세액		16	1,500,000		150,000			외국인관광객에대한환급/				
	차감계 (15-16)		17	155,509,091	㉯	4,050,909			합계				
납부(환급)세액(매출세액㉮-매입세액㉯)					㉰	20,579,091		14.그 밖의 공제매입세액				
경감공제세액	그 밖의 경감·공제세액		18						신용카드매출 일반매입	41			
	신용카드매출전표등 발행공제등		19	57,200,000					수령금액합계표 고정매입	42	909,091		90,909
	세액 합계		20		㉱				의제매입세액	43		뒤쪽	
예정신고미환급세액			21		㉲				재활용폐자원등매입세액	44		뒤쪽	
예정고지세액			22		㉳				과세사업전환매입세액	45			
사업양수자의 대리납부 기납부세액			23		㉴				재고매입세액	46			
매입자 납부특례 기납부세액			24		㉵				변제대손세액	47			
신용카드업자의 대리납부 기납부세액			25		㉶				외국인관광객에대한환급세액	48			
가산세액계			26		㉷				합계	49	909,091		90,909
차감.가감하여 납부할세액(환급받을세액)(㉰-㉱-㉲-㉳-㉴-㉵-㉶-㉷+㉸)			27	20,579,091									
총괄납부사업자가 납부할 세액(환급받을 세액)													

③ 면세수입금액(상단의 F4과표명세클릭) : 1,000,000원

과세표준명세

신고구분 : 1 (1.예정 2.확정 3.영세율 조기환급 4.기한후과세표준)
국세환급금계좌신고 ⋯   은행   지점
계좌번호 :
폐업일자 : ____-__-__   폐업사유 :   ∨

과세표준명세			
업태	종목	코드	금액
28 제조,도.소매	전자제품		450,500,000
29			
30			
31 수입금액제외			
32 합계			450,500,000

면세사업수입금액			
업태	종목	코드	금액
80 제조,도.소매	전자제품		1,000,000
81			
82 수입금액제외			
83 합계			1,000,000
계산서발급 및 수취명세	84.계산서발급금액		1,000,000
	85.계산서수취금액		250,000

제주대리인정보
성명   사업자번호 ___-__-_____   전화번호
신고년월일   04-27   핸드폰
e-Mail

Part. 3

기출문제

〈전산회계 1급 출제내역〉

이론	1. 재무회계	16점	객관식 8문항
	2. 원가회계	10점	객관식 5문항
	3. 부가가치세	4점	객관식 2문항
실무	1. 기초정보관리	10점	• 전기분 재무제표 수정 **(제조원가명세서 → 손익계산서 → 잉여금처분계산서 →** **재무상태표)** • 거래처별 초기이월 등
	2. 일반전표입력	18점	일반전표입력 6문항
	3. 매입매출전표입력	18점	매입매출전표 입력 6문항
	4. 오류정정	6점	일반전표/매입매출전표 오류정정
	5. 결산정리사항입력	9점	• 수동결산 : 12월 31일 기말수정분개 • 자동결산 : 재고자산, 대손상각비, 감가상각비등 입력
	6. 장부조회	9점	각종장부 및 부가가치세신고서 조회
계		100점	

전산회계 1급 시험문제 중 전표입력(일반전표, 매입매출전표, 오류수정, 결산전표)의 점수 비중이 50점 이상으로 분개를 못하면 합격할 수 없습니다.

20**년 **월 **일 시행
제**회 전산세무회계자격시험

A형

종목 및 등급 :
전산회계 1급
-제한시간:60분
-페이지수:12p

▶시험시작 전 문제를 풀지 말것◀

① USB 수령	· 감독관으로부터 시험에 필요한 응시종목별 기초백데이타 설치용 USB를 지급받는다. · USB 꼬리표가 **본인 응시종목**인지 확인하고, **뒷면에 수험정보**를 정확히 기재한다.
② USB 설치	(1) USB를 컴퓨터에 정확히 꽂은 후, 인식된 해당 USB드라이브로 이동한다. (2) USB드라이브에서 기초백데이타설치프로그램인 'Tax.exe' 파일을 실행시킨다. (3) 설치시작 화면에서 [설치]버튼을 클릭하고, 설치가 완료되면 [확인]버튼 클릭한다. [주의] USB는 처음 설치이후, **시험 중 수험자 임의로 절대 재설치(초기화)하지 말 것.**
③ 수험정보입력	· [수험번호(8자리)] -[성명]을 정확히 입력한다. * 처음 입력한 수험정보는 이후 절대 수정이 불가하니 정확히 입력할 것.
④ 시험지 수령	· 시험지가 본인의 응시종목(급수)인지 여부와 문제유형(A또는B)을 확인한다. · 문제유형(A또는B)을 프로그램에 입력한다. · 시험지의 총 페이지수를 확인한다. · 급수와 페이지수를 확인하지 않은 것에 대한 책임은 수험자에게 있음.
⑤ 시험시작	· 감독관이 불러주는 '**감독관확인번호**'를 정확히 입력하고, 시험에 응시한다.
(시험을 마치면) ⑥ USB 저장	(1) **이론문제**의 답은 메인화면에서 **이론문제 답안작성** 을 클릭하여 입력한다. (2) **실무문제**의 답은 문항별 요구사항을 수험자가 파악하여 각 메뉴에 입력한다. (3) 이론과 실무문제의 **답을 모두입력한 후** **답안저장(USB로 저장)** 을 클릭하여 저장한다. (4) **저장완료** 메시지를 확인한다.
⑦ USB제출	· 답안이 수록된 USB메모리를 빼서, 〈감독관〉에게 제출 후 조용히 퇴실한다.

▶ 본 자격시험은 전산프로그램을 이용한 자격시험입니다. 컴퓨터의 사양에 따라 전산진행속도가
  느려질 수도 있으므로 전산프로그램의 진행속도를 고려하여 입력해주시기 바랍니다.
▶ 수험번호나 성명 등을 잘못 입력했거나, 답안을 USB에 저장하지 않음으로써 발생하는 일체의
  불이익과 책임은 수험자 본인에게 있습니다.
▶ 타인의 답안을 자신의 답안으로 부정 복사한 경우 해당 관련자는 모두 불합격 처리됩니다.
▶ 타인 및 본인의 답안을 복사하거나 외부로 반출하는 행위는 모두 부정행위 처리됩니다.
▶ PC, 프로그램 등 조작미숙으로 시험이 불가능하다고 판단될 경우 불합격처리 될 수 있습니다.
▶ **시험 진행 중에는 자격검정(KcLep)프로그램을 제외한 일체의 다른 프로그램을 사용할 수 없습니다.**
  (예시. 인터넷, 메모장, 윈도우 계산기 등

이론문제 답안작성 을 한번도 클릭하지 않으면 **답안저장(USB로 저장)** 을 클릭해도 답안이 저장되지 않습니다.

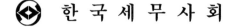
한국세무사회

제111회 전산회계1급

합격율	시험년월
%	2023.12

다음 문제를 보고 알맞은 것을 골라 　이론문제 답안작성　 **메뉴에 입력하시오.(객관식 문항당 2점)**

─── 〈 기 본 전 제 〉 ───

문제에서 한국채택국제회계기준을 적용하도록 하는 전제조건이 없는 경우, 일반기업회계기준을 적용한다.

　　　　　이 론

다음 문제를 보고 알맞은 것을 골라　이론문제 답안작성　메뉴에 입력하시오. (객관식 문항당 2점)

─── 〈 기 본 전 제 〉 ───

문제에서 한국채택국제회계기준을 적용하도록 하는 전제조건이 없는 경우, 일반기업회계기준을 적용한다.

01. 다음 중 아래의 자료에서 설명하고 있는 재무정보의 질적특성에 해당하지 않는 것은?

재무정보가 정보이용자의 의사결정에 유용하게 활용되기 위해서는 그 정보가 의사결정의 목적과 관련이 있어야 한다.

① 예측가치　　　　　② 피드백가치　　　　　③ 적시성　　　　　④ 중립성

02. 다음 중 일반기업회계기준에 따른 재무상태표의 표시에 관한 설명으로 가장 적절하지 않은 것은?

① 비유동자산은 당좌자산, 유형자산, 무형자산으로 구분된다.
② 단기차입금은 유동부채로 분류된다.
③ 자산과 부채는 유동성배열법에 따라 작성된다.
④ 재고자산은 유동자산에 포함된다.

03. 다음은 재고자산 단가 결정방법에 대한 설명이다. 어느 방법에 대한 설명인가?

> • 실제의 물량 흐름에 대한 원가흐름의 가정이 대체로 유사하다.
> • 현재의 수익과 과거의 원가가 대응하여 수익 · 비용 대응의 원칙에 부적합하다.
> • 물가 상승 시 이익이 과대 계상된다.

① 개별법   ② 선입선출법   ③ 후입선출법   ④ 총평균법

04. 다음 중 현금및현금성자산에 해당하는 항목의 총합계액은 얼마인가?

• 선일자수표	500,000원	• 배당금지급통지서	500,000원
• 타인발행수표	500,000원	• 만기 6개월 양도성예금증서	300,000원

① 1,000,000원   ② 1,300,000원   ③ 1,500,000원   ④ 1,800,000원

05. 다음 중 자본에 대한 설명으로 옳지 않은 것은?

① 자본금은 발행주식수에 액면가액을 곱한 금액이다.
② 주식발행초과금과 감자차익은 자본잉여금이다.
③ 자본조정에는 주식할인발행차금, 감자차손 등이 있다.
④ 주식배당과 무상증자는 순자산의 증가가 발생한다.

06. 다음 중 손익계산서에 나타나는 계정과목으로만 짝지어진 것은?

가. 대손상각비	나. 현금	다. 기부금
라. 퇴직급여	마. 이자수익	바. 외상매출금

① 가, 나   ② 가, 다   ③ 나, 바   ④ 다, 바

07. 다음은 12월 말 결산법인인 ㈜한국의 기계장치 관련 자료이다. ㈜한국이 20x1년 12월 31일 에 계상할 감가상각비는 얼마인가? (단, 월할 상각할 것)

• 취득일 : 20x0년 7월 1일	• 상각방법 : 정률법	• 내용연수 : 5년
• 상각률 : 45%	• 취득원가 : 10,000,000원	• 잔존가치 : 500,000원

① 4,500,000원   ② 3,487,500원   ③ 2,475,000원   ④ 2,250,000원

08. 다음 중 손익계산서상 표시되는 매출원가를 증가시키는 영향을 주지 않는 것은?

① 판매 이외 목적으로 사용된 재고자산의 타계정대체액

② 재고자산의 시가가 장부금액 이하로 하락하여 발생한 재고자산평가손실

③ 정상적으로 발생한 재고자산감모손실

④ 원재료 구입 시 지급한 운반비

09. 다음 중 원가에 대한 설명으로 가장 옳지 않은 것은?

① 기초원가이면서 가공원가에 해당하는 원가는 직접노무원가이다.

② 직접원가란 특정 제품의 생산에 직접적으로 사용되어 명확하게 추적할 수 있는 원가이다.

③ 변동원가는 생산량이 증가할 때마다 단위당 원가도 증가하는 원가이다.

④ 매몰원가는 과거에 발생하여 현재 의사결정에 영향을 미치지 않는 원가를 말한다.

10. 다음 중 개별원가계산의 적용이 가능한 업종은 무엇인가?

① 제분업   ② 정유업   ③ 건설업   ④ 식품가공업

11. 다음 중 공손 등에 대한 설명으로 옳지 않은 것은?

① 공손은 생산과정에서 발생하는 원재료의 찌꺼기를 말한다.

② 정상공손은 효율적인 생산과정에서 발생하는 공손을 말한다.

③ 비정상공손원가는 영업외비용으로 처리한다.

④ 정상공손은 원가에 포함한다.

12. ㈜서울은 직접노무시간을 기준으로 제조간접원가를 배부하고 있다. 당해연도 초의 예상 직접
노무시간은 50,000시간이고, 제조간접원가 예상액은 2,500,000원이었다. 6월의 제조간접
가 실제 발생액은 300,000원이고, 실제 직접노무시간이 5,000시간인 경우, 6월의 제조간
접원가 배부차이는 얼마인가?

① 과대배부 40,000원   ② 과소배부 40,000원

③ 과대배부 50,000원   ④ 과소배부 50,000원

13. 다음 중 부가가치세법상 세부담의 역진성을 완화하기 위한 목적으로 도입한 제도는 무엇인가?

① 영세율제도   ② 사업자단위과세제도

③ 면세제도   ④ 대손세액공제제도

14. 다음 중 부가가치세법상 '재화의 공급으로 보지 않는 특례'에 해당하지 않는 것은?

① 담보의 제공　　　② 제품의 외상판매　　　③ 조세의 물납　　　④ 법률에 따른 수용

15. 다음 중 부가가치세법상 과세표준에 포함하지 않는 것은?

① 할부판매 시의 이자상당액　　　② 개별소비세

③ 매출할인액　　　④ 대가의 일부로 받는 운송비

■ 실 무

예은상사㈜(3111)는 사무용가구의 제조·도소매업 및 부동산임대업을 영위하는 중소기업으로 당기 회계기간은 20x1.1.1.~20x1.12.31.이다. 전산세무회계 수험용 프로그램을 이용하여 다음 물음에 답하시오.

〈 기 본 전 제 〉

• 문제에서 한국채택국제회계기준을 적용하도록 하는 전제조건이 없는 경우, 일반기업회계기준을 적용하여 회계처리한다.

• 문제의 풀이와 답안작성은 제시된 문제의 순서대로 진행한다.

문제 1 다음은 [기초정보관리] 및 [전기분재무제표]에 대한 자료이다. 각각의 요구사항에 대하여 답하시오. (10점)

[1] 다음 자료를 이용하여 아래의 계정과목에 대한 적요를 추가로 등록하시오. (3점)

• 계정과목 : 831. 수수료비용	• 현금적요 : (적요NO. 8) 결제 대행 수수료

[2] 당사는 여유자금 활용을 위하여 아래와 같이 신규 계좌를 개설하였다. [거래처등록] 메뉴를 이용하여 해당 사항을 추가로 입력하시오. (3점)

• 코드번호 : 98005	• 거래처명 : 수협은행	• 계좌번호 : 110-146-980558	• 유형 : 정기적금

[3] 다음의 자료를 토대로 각 계정과목의 거래처별 초기이월 금액을 올바르게 정정하시오. (4점)

계정과목	거래처명	수정 전 금액	수정 후 금액
지급어음	천일상사	9,300,000원	6,500,000원
	모닝상사	5,900,000원	8,700,000원
미지급금	대명㈜	8,000,000원	4,500,000원
	㈜한울	4,400,000원	7,900,000원

문제 2 **[일반전표입력] 메뉴를 이용하여 다음의 거래 자료를 입력하시오(일반전표입력의 모든 거래는 부가가치세를 고려하지 말 것). (18점)**

─── 〈입력 시 유의사항〉 ───

• 일반적인 적요의 입력은 생략하지만, 타계정 대체거래는 적요번호를 선택하여 입력한다.
• 채권·채무와 관련된 거래는 별도의 요구가 없는 한 반드시 기등록된 거래처코드를 선택하는 방법으로 거래처명을 입력한다.
• 제조경비는 500번대 계정코드를, 판매비와관리비는 800번대 계정코드를 사용한다.
• 회계처리 시 계정과목은 별도의 제시가 없는 한 등록된 계정과목 중 가장 적절한 과목으로 한다.

[1] 07월 10일 회사는 6월에 관리부 직원의 급여를 지급하면서 원천징수한 근로소득세 20,000원과 지방소득세 2,000원을 보통예금 계좌에서 이체하여 납부하였다. (3점)

[2] 07월 16일 ㈜홍명으로부터 원재료를 구입하기로 계약하고, 계약금 1,000,000원은 당좌수표를 발행하여 지급하였다. (3점)

[3] 08월 10일 비씨카드 7월분 결제대금 2,000,000원이 보통예금 계좌에서 인출되었다. 단, 회사는 신용카드 사용대금을 미지급금으로 처리하고 있다. (3점)

[4] 08월 20일 영업부 김시성 과장이 대구세계가구박람회 참가를 위한 출장에서 복귀하여 아래의 지출결의서와 출장비 600,000원(출장비 인출 시 전도금으로 회계처리함) 중 잔액을 현금으로 반납하였다. (3점)

<u>지출결의서</u>

• 왕복항공권 350,000원 　　　　　　　　　　　• 식대 30,000원

---

[5] 09월 12일 제조공장의 기계장치를 우리기계에 처분하고 매각대금으로 받은 약속어음 8,000,000원의 만기가 도래하여 우리기계가 발행한 당좌수표로 회수하였다. (3점)

[6] 10월 28일 중국의 'lailai co. ltd'에 대한 제품 수출 외상매출금 30,000달러(선적일 기준환 율 : ₩1,300/$)를 회수하여 즉시 원화 보통예금 계좌로 입금하였다(단, 입금일의 기준환율은 ₩1,380/$이다). (3점)

문제 3 [매입매출전표입력] 메뉴를 이용하여 다음의 거래 자료를 입력하시오. (18점)

〈입력 시 유의사항〉

- 일반적인 적요의 입력은 생략하지만, 타계정 대체거래는 적요번호를 선택하여 입력한다.
- 채권 · 채무와 관련된 거래는 별도의 요구가 없는 한 반드시 기등록된 거래처코드를 선택하는 방법으로 거래처명을 입력한다.
- 제조경비는 500번대 계정코드를, 판매비와관리비는 800번대 계정코드를 사용한다.
- 회계처리 시 계정과목은 별도의 제시가 없는 한 등록된 계정과목 중 가장 적절한 과목으로 한다.
- 입력화면 하단의 분개까지 처리하고, 전자세금계산서 및 전자계산서는 전자입력으로 반영한다.

[1] 07월 06일 ㈜아이닉스에 제품을 판매하고 다음과 같이 전자세금계산서를 발급하였으며, 대금은 한 달 뒤에 받기로 하였다. (3점)

	전자세금계산서				승인번호		20230706-121221589148		
공급자	등록번호	142-81-05759	종사업장번호		공급받는자	등록번호	214-87-00556	종사업장번호	
	상호(법인명)	예은상사㈜	성명	한태양		상호(법인명)	㈜아이닉스	성명	이소방
	사업장주소	경기도 고양시 덕양구 통일로 101				사업장주소	서울시 용산구 한남대로 12		
	업태	제조도소매	종목	사무용가구		업태	도매 외	종목	의약외품 외
	이메일					이메일			
						이메일			

작성일자	공급가액	세액	수정사유	비고
20x1/07/06	23,000,000	2,300,000	해당 없음	

월	일	품목	규격	수량	단가	공급가액	세액	비고
7	6	사무용책상 등		1,000	23,000	23,000,000	2,300,000	

합계금액	현금	수표	어음	외상미수금	위 금액을 (청구) 함
25,300,000				25,300,000	

[2] 08월 10일 원재료 매입 거래처에 접대목적으로 당사의 제품(원가 300,000원)을 무상으로 제공하였다. 단, 해당 제품의 시가는 500,000원이다. (3점)

[3] 09월 16일 팔팔물산에 제품을 9,000,000원(부가가치세 별도)에 판매하고 전자세금계산서를 발급하였으며, 대금으로 팔팔물산이 발행한 당좌수표를 받았다. (3점)

[4] 09월 26일 회사 건물에 부착할 간판을 잘나가광고에서 주문 제작하였다. 대금 5,500,000원(부가가치세 포함)은 보통예금 계좌에서 송금하고 전자세금계산서를 발급받았다(단, 비품으로 처리할 것). (3점)

[5] 10월 15일 메타가구에서 원재료(50단위, @50,000원, 부가가치세 별도)를 매입하고 아래의 전자세금계산서를 발급받았다. 대금 중 1,000,000원은 ㈜은성가구로부터 제품 판매대금으로 받아 보관 중인 ㈜은성가구 발행 약속어음을 배서양도하고 잔액은 1개월 뒤에 지급하기로 하였다.(3점)

전자세금계산서				승인번호		20231015-154215452154		
공급자	등록번호	305-81-13428	종사업장번호		공급받는자	등록번호	142-81-05759	종사업장번호
	상호(법인명)	메타가구	성명	윤은영		상호(법인명)	예은상사㈜	성명	한태양
	사업장주소	전북 김제시 금산면 청도7길 9				사업장주소	경기도 고양시 덕양구 통일로 101	
	업태	제조	종목	가구		업태	제조도소매	종목	사무용가구
	이메일					이메일		
						이메일		

작성일자	공급가액	세액	수정사유	비고
20x1/10/15	2,500,000	250,000	해당 없음	

월	일	품목	규격	수량	단가	공급가액	세액	비고
10	15	원재료	PC-5	50	50,000	2,500,000	250,000	

합계금액	현금	수표	어음	외상미수금	위 금액을 (청구) 함
2,750,000			1,000,000	1,750,000	

[6] 12월 20일 대표이사 한태양은 본인 자녀의 대학교 입학 축하 선물로 니캉전자에서 디지털카메라를 3,800,000원(부가가치세 별도)에 구매하면서 당사 명의로 전자세금계산서를 발급받고, 대금은 보통예금 계좌에서 지급하였다(단, 대표이사 한태양의 가지급금으로 회계처리할 것). (3점)

문제 4 [일반전표입력] 및 [매입매출전표입력] 메뉴에 입력된 내용 중 다음과 같은 오류가 발견되었다. 입력된 내용을 확인하여 정정하시오. (6점)

[1] 08월 17일 사거리주유소에서 영업부가 사용하는 비영업용 소형승용차(800cc, 매입세액공제 가능 차량)에 경유를 주유하고 유류대 44,000원를 비씨카드(법인카드)로 결제한 건에 대하여 회계담당자는 매입세액을 공제받지 못하는 것으로 판단하였으며, 이를 매입매출전표에 카드면세로 입력하였다. (3점)

[2] 11월 12일 매출거래처 직원의 결혼축하금으로 현금 500,000원을 지급한 것으로 회계처리하였으나 이는 당사의 공장 제조부 직원의 결혼축하금인 것으로 밝혀졌다. (3점)

문제 5 결산정리사항은 다음과 같다. 관련 메뉴를 이용하여 결산을 완료하시오. (9점)

[1] 제2기 부가가치세 확정신고기간에 대한 부가세예수금은 49,387,500원, 부가세대급금은 34,046,000원이다. 부가가치세를 정리하는 회계처리를 하시오(단, 불러온 자료는 무시하고, 납부세액은 미지급세금, 환급세액은 미수금으로 회계처리할 것). (3점)

[2] 20x1년 7월 1일 제조부 공장의 화재보험료 1년분(20x1년 7월 1일~20x2년 6월 30일) 7,200,000원을 전액 납부하고 즉시 비용으로 회계처리하였다. 이에 대한 기간 미경과분 보험료를 월할계산하여 결산정리분개를 하시오. (3점)

[3] 다음은 20x1년 4월 15일 제조부에서 사용하기 위하여 취득한 화물차에 대한 자료이다. 아래 주어진 자료에 대해서만 감가상각을 하시오. (3점)

취득일	취득원가	자산코드/명	잔존가치	내용연수	상각방법
20x1.04.15.	30,000,000원	[101]/포터	0원	5	정액법

문제 6 다음 사항을 조회하여 알맞은 답안을 ▨▨▨ 이론문제 답안작성 ▨▨▨ **메뉴에 입력하시오. (9점)**

[1] 4월(4월 1일~4월 30일)의 외상매출금 회수액은 얼마인가? (3점)

[2] 상반기(1월~6월) 중 제품매출액이 가장 많은 월(月)과 가장 작은 월(月)의 차액은 얼마인가? 단, 양수로 표시할 것) (3점)

[3] 20x1년 제1기 부가가치세 확정신고기간(4월~6월)에 세금계산서를 받은 고정자산매입세액은 얼마인가? (3점)

**이론과 실무문제의 답을 모두 입력한 후 「답안저장(USB로 저장)」을 클릭하여 저장하고,
USB메모리를 제출하시기 바랍니다.**

제111회 전산회계1급 답안 및 해설

이 론

1	2	3	4	5	6	7	8	9	10	11	12	13	14	15
④	①	②	①	④	②	②	①	③	③	①	④	③	②	③

01. 회계정보의 질적 특성 중 목적 적합성에 관련된 설명이며, **예측가치, 피드백가치, 적시성이 이에 해당**한다. 중립성은 표현의 충실성, 검증가능성과 함께 신뢰성에 해당하는 질적 특성이다.

02. 당좌자산은 유동자산으로 구분된다.

03. 원가흐름 가정 중 선입선출법은 먼저 입고된 자산이 먼저 출고된 것으로 가정하여 입고 일자가 빠른 원가를 출고 수량에 먼저 적용한다. **선입선출법은 실제 물량 흐름에 대한 원가흐름의 가정이 유사하다는 장점**이 있으나, **수익·비용 대응의 원칙에 부적합**하고, 물가 상승 시 이익이 과대 계상되는 단점이 있다.

04. 현금및현금성자산 = 배당금지급통지서(500,000) + 타인발행수표(500,000) = 1,000,000원

05. 주식배당 회계처리 : (차) 이익잉여금　　　　　　　　XX　　 (대) 자본금　　　　　　　　　　XX
무상증자회계처리 : (차) 자본잉여금 또는 이익잉여금 XX　　 (대) 자본금　　　　　　　　　　XX
주식배당과 무상증자는 순자산의 증가가 발생하지 않는다.

06. 대손상각비, 기부금, 퇴직급여, 이자수익이 손익계산서에 나타나는 계정과목이다. 현금, 외상매출금은 재무상태표에 나타나는 자산 계정과목이다.

07. 20x0년 12월 31일 감가상각비=취득원가(10,000,000)×상각률(45%)×6/12 = 2,250,000원
20x1년 12월 31일 감가상각비=[취득원가(10,000,000) － 감가상각누계액(2,250,000)]
　　　　　　　　　　　　　　　×상각률(45%) = 3,487,500원

08. 기업의 정상적인 영업활동의 결과로써 재고자산은 제조와 판매를 통해 매출원가로 대체된다. 그러나 **재고자산이 외부 판매 이외의 용도로 사용될 경우 '타계정대체'라 하며 이때는 매출원가가 변동하지** 않는다.

09. 변동원가는 생산량이 증가할 경우 총원가는 증가하지만, **단위당 변동원가는 일정**하다.

10. 정유업, 제분업, 식품가공업은 종합원가계산의 적용이 가능한 업종으로 개별원가계산은 적합하지 않다.

11. **생산과정에서 나오는 원재료의 찌꺼기는 작업폐물**이다.

12. 예정배부율=제조간접원가 예상액(2,500,000)/예상 직접노무시간(50,000) = 50원/시간
예정배부액=실제 직접노무시간(5,000시간)×예정배부율(50원) = 250,000원
배부차이 = 예정배부액(250,000) － 실제발생액(300,000) = △50,000원(과소배부)

14. 제품의 외상판매는 재화의 공급에 해당한다.

〈재화의 공급으로 보지 않는 특례〉

- 사업의 양도(사업양수 시 양수자 대리납부의 경우 재화의 공급으로 인정)

- 담보의 제공 · 조세의 물납 · 법률에 따른 공매 · 경매

- 법률에 따른 수용 · 신탁재산의 이전

15. **매출할인액은 과세표준에서 제외**한다.

실 무

문제 1   기초정보관리

[1] [계정과목및적요등록]

 • 831.수수료비용>현금적요 NO.8, 결제 대행 수수료

[2] [거래처등록]>[금융기관] 탭>

 • 거래처코드 : 98005　　　　　　• 거래처명 : 수협은행

 • 유형 : 3.정기적금　　　　　　 • 계좌번호 : 110-146-980558

[3] [거래처별초기이월]

 • 지급어음> · 천일상사 9,300,000원→6,500,000원으로 수정

　　　　　　 · 모닝상사 5,900,000원→8,700,000원으로 수정

 • 미지급금> · 대명㈜ 8,000,000원→4,500,000원으로 수정

　　　　　　 · ㈜한울 4,400,000원→7,900,000원으로 수정

문제 2   일반전표입력

[1]	(차)	예수금	22,000	(대)	보통예금	22,000
[2]	(차)	선급금(㈜홍명)	1,000,000	(대)	당좌예금	1,000,000
[3]	(차)	미지급금(비씨카드)	2,000,000	(대)	보통예금	2,000,000
[4]	(차)	여비교통비(판)	380,000	(대)	전도금	600,000
		현금	220,000			

[5]　(차)　현금　　　　　　　　　　8,000,000　(대)　미수금(우리기계)　　8,000,000

　　　〈기계장치 처분시 - 어음수령(7/01)〉

　　　(차)　미수금　　　　　　　　8,000,000　(대)　기계장치　　　　　　8,000,000

[6]　(차)　보통예금　　　　　　　　41,400,000　(대)　외상매출금(lailai co. ltd.)　39,000,000

　　　　　　　　　　　　　　　　　　　　　　　　外환차익　　　　　　　2,400,000

　　　☞ 외환차손익(자산) = [회수가액(1,380) - 장부가액(1,300)] ×$30,000= 2,400,000원(차익)

문제 3 ┃ 매입매출전표입력

문항	일자	유형	공급가액	부가세	거래처	전자
[1]	7/06	11.과세	23,000,000	2,300,000	㈜아이닉스	여
분개유형		(차) 외상매출금	25,300,000 (대) 부가세예수금			2,300,000
외상(혼합)			제품매출			23,000,000
문항	일자	유형	공급가액	부가세	거래처	전자
[2]	8/10	14.건별	500,000	50,000	없음	부
분개유형		(차) 접대비(제)	350,000 (대) 부가세예수금			50,000
혼합			제품(8.타계정대체)			300,000
문항	일자	유형	공급가액	부가세	거래처	전자
[3]	9/16	11.과세	9,000,000	900,000	팔팔물산	여
분개유형		(차) 현금	9,900,000 (대) 부가세예수금			900,000
현금(혼합)			제품매출			9,000,000
문항	일자	유형	공급가액	부가세	거래처	전자
[4]	9/26	51.과세	5,000,000	500,000	잘나가광고	여
분개유형		(차) 부가세대급금	500,000 (대) 보통예금			5,500,000
현금		비품	5,000,000			
문항	일자	유형	공급가액	부가세	거래처	전자
[5]	10/15	51.과세	2,500,000	250,000	메타가구	여
분개유형		(차) 부가세대급금	250,000 (대) 받을어음(㈜은성가구)			1,000,000
혼합		원재료	2,500,000 외상매입금			1,750,000
문항	일자	유형	공급가액	부가세	거래처	전자
[6]	12/20	54.불공	3,800,000	380,000	니캉전자	여
		불공제사유:② 사업과 직접 관련 없는 지출				
분개유형		(차) 가지급금(한태양)	4,180,000 (대) 보통예금			4,180,000
혼합						

문제 4 **오류수정**

[1] 매입매출전표 수정(8월 17일)

	유형	공급가액	부가세	거래처	신용
〈수정전〉	58.카면	44,000	-	사거리주유소	비씨카드
분개유형	(차) 차량유지비(판)		44,000 (대) 미지급금(비씨카드)		44,000
카드(혼합)					

	유형	공급가액	부가세	거래처	신용
〈수정후〉	57.카과	40,000	4,000	사거리주유소	비씨카드
분개유형	(차) 부가세대급금		4,000 (대) 미지급금(비씨카드)		44,000
카드(혼합)	차량유지비(판)	40,000			

[2] 일반전표입력 수정(11월 12일)
〈수정전〉
(차) 접대비(판)   500,000 (대) 현금   500,000
〈수정후〉
(차) 복리후생비(제)   500,000 (대) 현금   500,000

문제 5 **결산**

[1] 〈수동결산〉
(차) 부가세예수금   49,387,500   (대) 부가세대급금   34,046,000
                                    미지급세금   15,341,500

[2] 〈수동결산〉
(차) 선급비용   3,600,000   (대) 보험료(제)   3,600,000

[3] 〈수동/자동결산〉
감가상각비 = 취득가액(30,000,000)÷5년÷12개월×9개월=4,500,000원
(차) 감가상각비(제)   4,500,000   (대) 감가상각누계액   4,500,000
또는 [결산자료입력]>2. 매출원가 >2). 일반감가상각비>차량운반구 결산반영금액 입력>F3전표
추가

문제 6 **장부조회**

[1] 40,000,000원
- [계정별원장]>기간 : 4월 1일~4월 30일>계정과목 : 108.외상매출금 조회>대변 월계금액 확인

[2] 117,630,000원 = 6월 매출액(147,150,000) − 2월 매출액(29,520,000)
- [총계정원장]>[월별] 탭>기간 : 01월 01일~06월 30일>계정과목 : 404.제품매출 조회>대변 금액 확인

[3] 6,372,000원
- [부가가치세신고서]>기간 : 4월 1일~6월 30일>11.고정자산매입(세금계산서수취분) 세액란 금액 확인

제110회 전산회계1급

합격율	시험년월
30%	2023.10

이 론

01. 다음 중 재무상태표에 관한 설명으로 가장 옳은 것은?

① 일정 시점의 현재 기업이 보유하고 있는 자산과 부채 및 자본에 대한 정보를 제공하는 재무보고서이다.

② 일정 기간 동안의 기업의 수익과 비용에 대해 보고하는 보고서이다.

③ 일정 기간 동안의 현금의 유입과 유출에 대한 정보를 제공하는 보고서이다.

④ 기업의 자본변동에 관한 정보를 제공하는 재무보고서이다.

02. 다음 중 유동부채에 포함되지 않는 것은 무엇인가?

① 매입채무　　　② 단기차입금　　　③ 유동성장기부채　　　④ 임대보증금

03. 다음 중 무형자산과 관련된 설명으로 옳지 않은 것은?

① 연구프로젝트에서 발생한 지출이 연구단계와 개발단계로 구분할 수 없는 경우에는 모두 연구단계에서 발생한 것으로 본다.

② 내부적으로 창출한 브랜드, 고객목록과 같은 항목은 무형자산으로 인식할 수 있다.

③ 무형자산은 회사가 사용할 목적으로 보유하는 물리적 실체가 없는 자산이다.

④ 무형자산의 소비되는 행태를 신뢰성 있게 결정할 수 없을 경우 정액법으로 상각한다.

04. 다음 중 일반기업회계기준에 의한 수익 인식 시점에 대한 설명으로 옳지 않은 것은?

① 위탁판매의 경우에는 수탁자가 위탁품을 소비자에게 판매한 시점에 수익을 인식한다.

② 시용판매의 경우에는 상품 인도 시점에 수익을 인식한다.

③ 광고 제작 수수료의 경우에는 광고 제작의 진행률에 따라 수익을 인식한다.

④ 수강료의 경우에는 강의 시간에 걸쳐 수익으로 인식한다.

05. 재고자산의 단가 결정 방법 중 매출 시점에서 해당 재고자산의 실제 취득원가를 기록하여 매출원가로 대응시킴으로써 가장 정확하게 원가 흐름을 파악할 수 있는 재고자산의 단가 결정 방법은 무엇인가?

① 개별법   ② 선입선출법   ③ 후입선출법   ④ 총평균법

06. 다음 중 영업이익에 영향을 주는 거래로 옳은 것은?

① 거래처에 대한 대여금의 전기분 이자를 받았다.
② 창고에 보관하고 있던 상품이 화재로 인해 소실되었다.
③ 차입금에 대한 전기분 이자를 지급하였다.
④ 일용직 직원에 대한 수당을 지급하였다.

07. 다음의 거래를 적절하게 회계처리하였을 경우, 당기순이익의 증감액은 얼마인가? 단, 주어진 자료 외의 거래는 없다고 가정한다.

> • 매도가능증권 : 장부금액 5,000,000원, 결산일 공정가치 4,500,000원
> • 단기매매증권 : 장부금액 3,000,000원, 결산일 공정가치 3,300,000원
> • 투자부동산 : 장부금액 9,000,000원, 처분금액 8,800,000원

① 100,000원 감소   ② 100,000원 증가   ③ 400,000원 감소   ④ 400,000원 증가

08. ㈜수암골의 재무상태가 다음과 같다고 가정할 때, 기말자본은 얼마인가?

기초		기말		당기 중 추가출자	이익 배당액	총수익	총비용
자산	부채	부채	자본				
900,000원	500,000원	750,000원	( )	100,000원	50,000원	1,100,000원	900,000원

① 500,000원   ② 550,000원   ③ 600,000원   ④ 650,000원

09. 다음 중 원가회계에 대한 설명이 아닌 것은?

① 외부의 정보이용자들에게 유용한 정보를 제공하기 위한 정보이다.
② 원가통제에 필요한 정보를 제공하기 위함이다.
③ 제품원가계산을 위한 원가정보를 제공한다.
④ 경영계획수립과 통제를 위한 원가정보를 제공한다.

10. 다음 중 원가행태에 따라 변동원가와 고정원가로 분류할 때 이에 대한 설명으로 올바른 것은?

① 변동원가는 조업도가 증가할수록 총원가도 증가한다.
② 변동원가는 조업도가 증가할수록 단위당 원가도 증가한다.
③ 고정원가는 조업도가 증가할수록 총원가도 증가한다.
④ 고정원가는 조업도가 증가할수록 단위당 원가도 증가한다.

11. 다음 중 보조부문의 원가 배분에 대한 설명으로 옳지 않은 것은?

① 보조부문의 원가 배분방법으로는 직접배분법, 단계배분법 및 상호배분법이 있으며, 어떤 방법을 사용하더라도 전체 보조부문의 원가는 차이가 없다.
② 상호배분법을 사용할 경우, 부문간 상호수수를 고려하여 계산하기 때문에 어떤 배분방법보다 정확성이 높다고 할 수 있다.
③ 단계배분법을 사용할 경우, 배분순서를 어떻게 하더라도 각 보조부문에 배분되는 금액은 차이가 없다.
④ 직접배분법을 사용할 경우, 보조부문 원가 배분액의 계산은 쉬우나 부문간 상호수수에 대해서는 전혀 고려하지 않는다.

12. 다음 중 개별원가계산과 종합원가계산에 대한 설명으로 옳지 않은 것은?

① 개별원가계산은 작업지시서에 의한 원가계산을 한다.
② 개별원가계산은 주문형 소량 생산 방식에 적합하다.
③ 종합원가계산은 공정별 대량 생산 방식에 적합하다.
④ 종합원가계산은 여러 공정에 걸쳐 생산하는 경우 적용할 수 없다.

13. 다음 중 부가가치세법상 사업자등록 정정 사유가 아닌 것은?

① 상호를 변경하는 경우
② 사업장을 이전하는 경우
③ 사업의 종류에 변동이 있는 경우
④ 증여로 인하여 사업자의 명의가 변경되는 경우

14. 다음 중 부가가치세법상 영세율에 대한 설명으로 가장 옳지 않은 것은?

① 수출하는 재화에 대해서는 영세율이 적용된다.
② 영세율은 수출산업을 지원하는 효과가 있다.
③ 영세율을 적용하더라도 완전면세를 기대할 수 없다.
④ 영세율은 소비지국과세원칙이 구현되는 제도이다.

15. 다음 중 영수증 발급 대상 사업자가 될 수 없는 업종에 해당하는 것은?

① 소매업
② 도매업
③ 목욕, 이발, 미용업
④ 입장권을 발행하여 영위하는 사업

실 무

오영상사㈜(3110)는 가방 등의 제조·도소매업 및 부동산임대업을 영위하는 중소기업으로 당기 회계기간은 20x1.1.1.~20x1.12.31.이다. 전산세무회계 수험용 프로그램을 이용하여 다음 물음에 답하시오.

문제 1 다음은 [기초정보관리] 및 [전기분재무제표]에 대한 자료이다. 각각의 요구사항에 대하여 답하시오. (10점)

[1] 다음 자료를 이용하여 거래처등록의 [신용카드] 탭에 추가로 입력하시오. (3점)

• 코드 : 99850	• 거래처명 : 하나카드	• 카드종류 : 사업용카드
• 유형 : 매입	• 카드번호 : 5531-8440-0622-2804	

[2] [계정과목및적요등록] 메뉴에서 여비교통비(판매비및일반관리비) 계정에 아래의 적요를 추가로 등록하시오. (3점)

• 현금적요 6번 : 야근 시 퇴근택시비 지급
• 대체적요 3번 : 야근 시 퇴근택시비 정산 인출

[3] 전기분 손익계산서를 검토한 결과 다음과 같은 오류가 발견되었다. 전기분재무제표 중 관련 재무제표를 모두 적절하게 수정 또는 삭제 및 추가입력하시오. (4점)

공장 생산직 사원들에게 지급한 명절 선물 세트 1,000,000원이 회계 담당 직원의 실수로 인하여 본사 사무직 사원들에게 지급한 것으로 회계처리 되어 있음을 확인하다.

문제 2 **[일반전표입력]** 메뉴를 이용하여 다음의 거래 자료를 입력하시오(일반전표입력의 모든 거래는 부가가치세를 고려하지 말 것). (18점)

[1] 07월 04일 나노컴퓨터에 지급하여야 할 외상매입금 5,000,000원과 나노컴퓨터로부터 수취하여야 할 외상매출금 3,000,000원을 상계하여 처리하고, 잔액은 당좌수표를 발행하여 지급하였다. (3점)

[2] 09월 15일 투자 목적으로 보유 중인 단기매매증권(보통주 1,000주, 1주당 액면가액 5,000원, 1주당 장부가액 9,000원)에 대하여 1주당 1,000원씩의 현금배당이 보통예금 계좌로 입금되었으며, 주식배당 20주를 수령하였다. (3점)

[3] 10월 05일 제품을 판매하고 ㈜영춘으로부터 받은 받을어음 5,000,000원을 만기 이전에 주거래은행인 토스뱅크에 할인하고, 할인료 55,000원을 차감한 나머지 금액을 보통예금 계좌로 입금받았다. 단, 어음의 할인은 매각거래에 해당한다. (3점)

[4] 10월 30일 영업부에서 대한상공회의소 회비 500,000원을 보통예금 계좌에서 지급히고 납부영수증을 수취하였다. (3점)

[5] 12월 12일 자금 조달을 위하여 발행하였던 사채(액면금액 10,000,000원, 장부가액 10,000,000원)를 9,800,000원에 조기 상환하면서 보통예금 계좌에서 지급하였다. (3점)

[6] 12월 21일 보통예금 계좌를 확인한 결과, 결산이자 500,000원에서 원천징수세액 77,000원을 차감한 금액이 입금되었음을 확인하였다(단, 원천징수세액은 자산으로 처리할 것). (3점)

문제 3 **[매입매출전표입력]** 메뉴를 이용하여 다음의 거래 자료를 입력하시오. (18점)

[1] 07월 11일 성심상사에 제품을 판매하고 아래의 전자세금계산서를 발급하였다. (3점)

전자세금계산서					승인번호		20230711-1000000-00009329		
공급사	등록번호	124-87-05224	종사업장번호		공급받는자	등록번호	134-86-81692	종사업장번호	
	상호(법인명)	오영상사㈜	성명	김하현		상호(법인명)	성심상사	성명	황성심
	사업장주소	경기도 성남시 분당구 서판교로6번길 24				사업장주소	경기도 화성시 송산면 마도북로 40		
	업태	제조,도소매	종목	가방		업태	제조	종목	자동차특장
	이메일					이메일			
						이메일			

작성일자	공급가액	세액	수정사유	비고
20x1/07/11	3,000,000	300,000	해당 없음	

월	일	품목	규격	수량	단가	공급가액	세액	비고
07	11	제품				3,000,000	300,000	

합계금액	현금	수표	어음	외상미수금	위 금액을	(영수) 함
3,300,000	1,000,000			2,300,000		(청구)

[2] 08월 25일 본사 사무실로 사용하기 위하여 ㈜대관령으로부터 상가를 취득하고, 대금은 다음과 같이 지급하였다(단, 하나의 전표로 입력할 것). (3점)

- 총매매대금은 370,000,000원으로 토지분 매매가액 150,000,000원과 건물분 매매가액 220,000,000원(부가가치세 포함)이다.
- 총매매대금 중 계약금 37,000,000원은 계약일인 7월 25일에 미리 지급하였으며, 잔금은 8월 25일에 보통예금 계좌에서 이체하여 지급하였다.
- 건물분에 대하여 전자세금계산서를 잔금 지급일에 수취하였으며, 토지분에 대하여는 별도의 계산서를 발급받지 않았다.

[3] 09월 15일 총무부가 사용하기 위한 소모품을 골드팜㈜으로부터 총 385,000원에 구매하고 보통예금 계좌에서 이체하였으며, 지출증빙용 현금영수증을 발급받았다. 단, 소모품은 구입 즉시 비용으로 처리한다. (3점)

[4] 09월 30일 경하자동차㈜로부터 본사에서 업무용으로 사용할 승용차(5인승, 배기량 998cc, 개별소비세 과세 대상 아님)를 구입하고 아래의 전자세금계산서를 발급받았다. (3점)

전자세금계산서					승인번호		20230930-145982301203467			
공급자	등록번호	610-81-51299	종사업장번호		공급받는자	등록번호	124-87-05224	종사업장번호		
	상호(법인명)	경하자동차㈜	성명	정선달		상호(법인명)	오영상사㈜	성명	김하현	
	사업장주소	울산 중구 태화동 150				사업장주소	경기도 성남시 분당구 서판교로6번길 24			
	업태	제조,도소매	종목	자동차		업태	제조,도소매	종목	가방	
	이메일					이메일				
						이메일				

작성일자	공급가액	세액	수정사유	비고
20x1/09/30	15,000,000	1,500,000		

월	일	품목	규격	수량	단가	공급가액	세액	비고
09	30	승용차(배기량 998cc)		1		15,000,000	1,500,000	

합계금액	현금	수표	어음	외상미수금	위 금액을 (청구) 함
16,500,000				16,500,000	

[5] 10월 17일 미국에 소재한 MIRACLE사에서 원재료 8,000,000원(부가가치세 별도)을 수입하면서 인천 세관으로부터 수입전자세금계산서를 발급받고 부가가치세는 보통예금 계좌에서 지급하였다 (단, 재고자산에 대한 회계처리는 생략할 것). (3점))

[6] 10월 20일 개인 소비자에게 제품을 판매하고 현금 99,000원(부가가치세 포함)을 받았다. 단, 판매와 관련하여 어떠한 증빙도 발급하지 않았다. (3점)

문제 4 [일반전표입력] 및 [매입매출전표입력] 메뉴에 입력된 내용 중 다음과 같은 오류가 발견되었다. 입력된 내용을 확인하여 정정하시오. (6점)

[1] 08월 31일 운영자금 조달을 위해 개인으로부터 차입한 부채에 대한 이자비용 362,500원을 보통예금 계좌에서 이체하고 회계처리하였으나 해당 거래는 이자비용 500,000원에서 원천징수세액 137,500원을 차감하고 지급한 것으로 이에 대한 회계처리가 누락되었다(단, 원천징수세액은 부채로 처리하고, 하나의 전표로 입력할 것). (3점)

[2] 11월 30일 제품생산공장 출입문의 잠금장치를 수리하고 영포상회에 지급한 770,000원(부가가치세 포함)을 자본적지출로 회계처리하였으나 수익적지출로 처리하는 것이 옳은 것으로 판명되었다. (3점)

문제 5 결산정리사항은 다음과 같다. 관련 메뉴를 이용하여 결산을 완료하시오. (9점)

[1] 2월 11일에 소모품 3,000,000원을 구입하고 모두 자산으로 처리하였으며, 12월 31일 현재 창고에 남은 소모품은 500,000원으로 조사되었다. 부서별 소모품 사용 비율은 영업부 25%, 생산부 75%이며, 그 사용 비율에 따라 배부한다. (3점)

[2] 기중에 현금시재 잔액이 장부금액보다 부족한 것을 발견하고 현금과부족으로 계상하였던 235,000원 중 150,000원은 영업부 업무용 자동차의 유류대금을 지급한 것으로 확인되었으나 나머지는 결산일까지 그 원인이 파악되지 않아 당기의 비용으로 대체하다. (3점)

[3] 12월 31일 결산일 현재 재고자산의 기말재고액은 다음과 같다. (3점)

원재료	재공품	제품
• 장부수량 10,000개(단가 1,000원) • 실제수량 9,500개(단가 1,000원) • 단, 수량차이는 모두 정상적으로 발생한 것이다.	8,500,000원	13,450,000원

문제 6 다음 사항을 조회하여 알맞은 답안을   이론문제 답안작성   메뉴에 입력하시오. (9점)

[1] 20x1년 5월 말 외상매출금과 외상매입금의 차액은 얼마인가? (단, 양수로 기재할 것) (3점)

[2] 제1기 부가가치세 확정신고기간(4월~6월)의 영세율 적용 대상 매출액은 모두 얼마인가? (3점)

[3] 6월에 발생한 판매비와일반관리비 중 발생액이 가장 적은 계정과목과 그 금액은 얼마인가? (3점)

제110회 전산회계1급 답안 및 해설

이 론

1	2	3	4	5	6	7	8	9	10	11	12	13	14	15
①	④	②	②	①	④	②	④	①	①	③	④	④	③	②

01. ② **일정 기간 동안의 기업의 수익과 비용에 대해 보고하는 보고서**는 손익계산서이다.

③ **일정 기간 동안의 현금의 유입과 유출의 정보를 제공하는 보고서**는 현금흐름표이다.

④ 기업의 **자본변동에 관한 정보를 제공하는 재무보고서는 자본변동표**이다.

02. 임대보증금은 비유동부채에 해당한다.

03. **내부적으로 창출한 브랜드, 고객목록과 같은 항목은 무형자산으로 인식할 수 없다.**

04. 시용판매의 경우에는 **소비자가 매입의사를 표시하는 시점에 수익을 인식**한다.

05. 매출 시점에 실제 취득원가를 기록하여 매출원가로 대응시켜 **원가 흐름을 가장 정확하게 파악할 수 있는 재고자산의 단가 결정 방법은 개별법**이다.

06. **일용직 직원에 대한 수당은 잡급(판)으로 처리**한다. 이자수익은 영업외수익으로, 재해손실과 이자비용은 영업외비용으로 처리한다.

07. 매도가능증권의 평가손익→ 기타포괄손익누계액(자본)으로 회계처리

단기매매증권평가손익=공정가치(3,300,000) - 장부금액(3,000,000) = 300,000원(이익)

투자자산처분손익 = 처분금액(8,800,000) - 장부금액(9,000,000) = △200,000원(손실)

단기매매증권평가이익(300,000) - 투자자산처분손실(200,000) = 100,000원 이익증가

08. 당기순손익=총수익(1,100,000) - 총비용(900,000) = 200,000원(이익)

기초자본 = 기초자산(900,000) - 기초부채(500,000) = 400,000원

기말자본 = 기초자본(400,000) + 추가출자(100,0000 - 이익배당액(50,000)

    + 당기순이익(200,000) = 650,000원

09. **외부의 정보이용자들에게 유용한 정보를 제공하는 것은 재무회계의 목적**이다.

10. ② 변동원가는 조업도가 증가할수록 총원가는 증가하지만 단위당 원가는 일정하다.

③ 고정원가는 조업도가 증가할 때 총원가는 일정하다.

④ 고정원가는 조업도가 증가할 **단위당 원가는 감소**한다.

11. 단계배분법을 사용할 경우, **배부순서에 따라 각 보조부문에 배분되는 금액은 차이가 발생한다.**

12. **공정별 원가계산에 적합한 것이 종합원가계산**이다.

13. 증여로 인하여 사업자의 명의가 변경되는 경우는 폐업 사유에 해당한다.

증여자는 폐업, 수증자는 신규 사업자등록 사유이다.

14. **영세율은 완전면세제도**이다.

15. 도매업은 영수증을 발급할 수 있으나, **영수증 발급대상 사업자는 아니다.**

실 무

문제 1 기초정보관리

[1] [거래처등록]>[신용카드] 탭
   • 코드 : 99850   • 거래처명 : 하나카드   • 유형 : 2.매입
   • 카드번호 : 5531-8440-0622-2804   • 카드종류 : 3.사업용카드

[2] [계정과목및적요등록]
   812.여비교통비〉 · 현금적요 NO.6, 야근 시 퇴근택시비 지급
                  · 대체적요 NO.3, 야근 시 퇴근택시비 정산 인출

[3] [전기분 재무제표]
   1. [전기분원가명세서]> · 511.복리후생비 9,000,000원>10,000,000원
                        · 당기제품제조원가 94,200,000원>95,200,000원
   2. [전기분손익계산서]> · 당기제품제조원가 94,200,000원>95,200,000원
                        · 455.제품매출원가 131,550,000원>132,550,000원
                        · 811.복리후생비 30,000,000원>29,000,000원
                        · 당기순이익 61,390,000원 확인

   [전기분이익잉여금처분계산서]>미처분이익잉여금이나 이월이익잉여금에 변동이 없으므로
                        정정 불필요

   [전기분재무상태표]>당기순이익에 변동이 없으므로 정정 불필요

문제 2 일반전표입력

[1] (차) 외상매입금(나노컴퓨터)   5,000,000 (대) 외상매출금(나노컴퓨터)   3,000,000
                                              당좌예금   2,000,000

[2] (차) 보통예금   1,000,000 (대) 배당금수익   1,000,000
   ☞ 주식배당(투자자)의 경우 별도의 회계처리가 없습니다.

[3] (차) 보통예금　　　　　　　　　4,945,000　(대) 받을어음(㈜영춘)　　　　5,000,000
　　　　매출채권처분손실　　　　55,000

[4] (차) 세금과공과(판)　　　　　　500,000　(대) 보통예금　　　　　　　　500,000

[5] (차) 사채　　　　　　　　　10,000,000　(대) 보통예금　　　　　　　9,800,000
　　　　　　　　　　　　　　　　　　　　　　　사채상환이익　　　　　　200,000

　　☞ 상환손익(사채) = 상환가액(9,800,000) － 장부가액(10,000,000) = △200,000(이익)

[6] (차) 보통예금　　　　　　　　　423,000　(대) 이자수익　　　　　　　　500,000
　　　　선납세금　　　　　　　　　77,000

문제 3 | 매입매출전표입력

문항	일자	유형	공급가액	부가세	거래처	전자
[1]	7/11	11.과세	3,000,000	300,000	성심상사	여
분개유형		(차) 외상매출금	2,300,000	(대) 부가세예수금		300,000
혼합		현금	1,000,000	제품매출		3,000,000
문항	일자	유형	공급가액	부가세	거래처	전자
[2]	8/25	51.과세	200,000,000	20,000,000	㈜대관령	여
분개유형		(차) 부가세대급금	20,000,000	(대) 선급금		37,000,000
혼합		토지	150,000,000	보통예금		333,000,000
		건물	200,000,000			
문항	일자	유형	공급가액	부가세	거래처	전자
[3]	9/15	61.현과	350,000	35,000	골드팜㈜	-
분개유형		(차) 부가세대급금	35,000	(대) 보통예금		385,000
혼합		소모품비(판)	350,000			

☞ 소모품비가 과세 또는 면세 여부가 불명확하므로 유형을 62.현면으로 처리한 것도 정답 처리하였습니다.

문항	일자	유형	공급가액	부가세	거래처	전자
[4]	9/30	51.과세	15,000,000	1,500,000	경하자동차㈜	여
분개유형		(차) 부가세대급금	1,500,000	(대) 미지급금		16,500,000
혼합		차량운반구	15,000,000			

☞ 개별소비세 과세 대상 차량이 아닌 승용차(1,000CC 이하)는 매입세액 공제 대상이다

문항	일자	유형	공급가액	부가세	거래처	전자
[5]	10/17	55.수입	8,000,000	800,000	인천세관	여
분개유형		(차) 부가세대급금	800,000	(대) 보통예금		800,000
혼합						

문항	일자	유형	공급가액	부가세	거래처	전자
[6]	10/20	14.건별	90,000	9,000	–	–
분개유형		(차) 현금	99,000 (대) 부가세예수금			9,000
혼합(현금)			제품매출			90,000

문제 4   오류수정

[1]   8월 31일 일반전표수정

〈수정전〉

(차) 이자비용   362,500 (대) 보통예금   362,500

〈수정후〉

(차) 이자비용   500,000 (대) 보통예금   362,500

예수금   137,500

[2] 11월 30일 매입매출전표 수정

	유형	공급가액	부가세	거래처	전자
〈수정전〉	51.과세	700,000	70,000	영포상회	여
분개유형	(차) 부가세대급금	70,000 (대) 보통예금			770,000
혼합	건물	700,000			

	유형	공급가액	부가세	거래처	전자
〈수정후〉	51.과세	700,000	70,000	영포상회	여
분개유형	(차) 부가세대급금	70,000 (대) 보통예금			770,000
혼합	수선비(제)	700,000			

문제 5   결산

[1]   〈수동결산〉

(차) 소모품비(제)   1,875,000   (대) 소모품   2,500,000

소모품비(판)   625,000

• 소모품비(판) = (3,000,000원 - 500,000원) × 25% = 625,000원

• 소모품비(제) = (3,000,000원 - 500,000원) × 75% = 1,875,000원

[2]   〈수동결산〉

(차) 차량유지비(판)   150,000   (대) 현금과부족   235,000

잡손실   85,000

[3] 〈자동결산〉

　　　[결산자료입력]>기간 : 1월~12월>① 원재료 9,500,000원 입력

　　　　　　　　　　　　　　　　② 재공품 8,500,000원 입력

　　　　　　　　　　　　　　　　③ 제품 13,450,000원 입력>F3전표추가

　　• 원재료 : 9,500개×1,000원=9,500,000원(정상감모는 매출원가이다.)

문제 6 **장부조회**

[1] 40,465,000원=외상매출금(107,700,000)−외상매입금(67,235,000)

　　• [재무상태표]>기간 : 20x1년 05월 조회

[2] 48,450,000원　=12.영세(38,450,000)+16.수출(10,000,000)

　　1. [부가가치세신고서]>조회기간 : 20x1년 4월 1일~20x1년 6월 30일

　　　　　　　　　　　　>과세표준 및 매출세액

　　　　　　　　　　　　>영세>·세금계산서발급분 금액

　　　　　　　　　　　　　　　　·기타 금액

　　또는 2. [매입매출장]>조회기간 : 20x1년 04월 01일~20x1년 06월 30일

　　　　　　　　　　　　>구분 : 2.매출

　　　　　　　　　　　　>·유형 : 12.영세>⓪ 전체>분기계 합계 금액 확인

　　　　　　　　　　　　　·유형 : 16.수출>분기계 합계 금액 확인

[3] 도서인쇄비, 10,000원

　　• [일계표(월계표)]>[월계표] 탭>조회기간 : 20x1년 06월~20x1년 06월

제109회 전산회계1급

합격율	시험년월
33%	2023.08

█████ 이 론

01. 회계분야 중 재무회계에 대한 설명으로 적절한 것은?

① 관리자에게 경영활동에 필요한 재무정보를 제공한다.

② 국세청 등의 과세관청을 대상으로 회계정보를 작성한다.

③ 법인세, 소득세, 부가가치세 등의 세무 보고서 작성을 목적으로 한다.

④ 일반적으로 인정된 회계원칙에 따라 작성하며 주주, 투자자 등이 주된 정보이용자이다.

02. 유가증권 중 단기매매증권에 대한 설명으로 옳지 않은 것은?

① 시장성이 있어야 하고, 단기시세차익을 목적으로 하여야 한다.

② 단기매매증권은 당좌자산으로 분류된다.

③ 기말평가방법은 공정가액법이다.

④ 단기매매증권은 투자자산으로 분류된다.

03. 다음 중 재고자산의 평가에 대한 설명으로 옳지 않은 것은?

① 성격이 상이한 재고자산을 일괄 구입하는 경우에는 공정가치 비율에 따라 안분하여 취득원가를 결정한다.

② 재고자산의 취득원가에는 취득과정에서 발생한 할인, 에누리는 반영하지 않는다.

③ 저가법을 적용할 경우 시가가 취득원가보다 낮아지면 시가를 장부금액으로 한다.

④ 저가법을 적용할 경우 발생한 차액은 전부 매출원가로 회계처리한다.

04. 다음 중 유형자산의 자본적지출을 수익적지출로 잘못 처리했을 경우 당기의 자산과 자본에 미치는 영향으로 올바른 것은?

	자산	자본		자산	자본
①	과대	과소	②	과소	과소
③	과소	과대	④	과대	과대

05. ㈜재무는 자기주식 200주(1주당 액면가액 5,000원)를 1주당 7,000원에 매입하여 소각하였다. 소각일 현재 자본잉여금에 감차차익 200,000원을 계상하고 있는 경우 주식소각 후 재무상태표상에 계상되는 감자차손익은 얼마인가?

① 감자차손 200,000원　　　　② 감자차손 400,000원

③ 감자차익 200,000원　　　　④ 감자차익 400,000원

06. 다음 중 손익계산서에 대한 설명으로 옳지 않은 것은?

① 매출원가는 제품, 상품 등의 매출액에 대응되는 원가로서 판매된 제품이나 상품 등에 대한 제조원가 또는 매입원가이다.

② 영업외비용은 기업의 주된 영업활동이 아닌 활동으로부터 발생한 비용과 차손으로서 기부금, 잡손실 등이 이에 해당한다.

③ 손익계산서는 일정 기간의 기업의 경영성과에 대한 유용한 정보를 제공한다.

④ 수익과 비용은 각각 순액으로 보고하는 것을 원칙으로 한다.

07. ㈜서울은 ㈜제주와 제품 판매계약을 맺고 ㈜제주가 발행한 당좌수표 500,000원을 계약금으로 받아 아래와 같이 회계처리하였다. 다음 중 ㈜서울의 재무제표에 나타난 영향으로 옳은 것은?

(차) 당좌예금	500,000원	(대) 제품매출	500,000원

① 당좌자산 과소계상　　　　② 당좌자산 과대계상

③ 유동부채 과소계상　　　　④ 당기순이익 과소계상

08. ㈜한국상사의 20x1년 1월 1일 자본금은 50,000,000원(발행주식 수 10,000주, 1주당 액면금액 5,000원)이다. 20x1년 10월 1일 1주당 6,000원에 2,000주를 유상증자하였을 경우, 20x1년 기말 자본금은 얼마인가?

① 12,000,000원　　② 50,000,000원　　③ 60,000,000원　　④ 62,000,000원

09. 원가 및 비용의 분류항목 중 제조원가에 해당하는 것은 무엇인가?

① 생산공장의 전기요금   ② 영업용 사무실의 전기요금

③ 마케팅부의 교육연수비   ④ 생산공장 기계장치의 처분손실

10. 다음 중 보조부문 상호간의 용역수수관계를 고려하여 보조부문원가를 제조부문과 보조부문에 배분함으로써 보조부문간의 상호 서비스 제공을 완전히 반영하는 방법으로 옳은 것은?

① 직접배분법   ② 단계배분법   ③ 상호배분법   ④ 총배분법

11. 다음의 자료에 의한 당기직접재료원가는 얼마인가?

· 기초원재료	1,200,000원	· 기초재공품	200,000원
· 당기원재료매입액	900,000원	· 기말재공품	300,000원
· 기말원재료	850,000원	· 기초제품	400,000원
· 기말제품	500,000원	· 직접노무원가	500,000원

① 1,150,000원   ② 1,250,000원   ③ 1,350,000원   ④ 1,650,000원

12. ㈜성진은 직접원가를 기준으로 제조간접원가를 배부한다. 다음 자료에 의하여 계산한 제조지 시서 no.1의 제조간접원가 배부액은 얼마인가?

공장전체 발생원가	제조지시서 no.1
· 총생산수량 : 10,000개	· 총생산수량 : 5,200개
· 기계시간 : 24시간	· 기계시간 : 15시간
· 직접재료원가 : 800,000원	· 직접재료원가 : 400,000원
· 직접노무원가 : 200,000원	· 직접노무원가 : 150,000원
· 제조간접원가 : 500,000원	· 제조간접원가 : (?)원

① 250,000원   ② 260,000원   ③ 275,000원   ④ 312,500원

13. 다음 중 부가가치세법상 과세기간에 대한 설명으로 옳지 않은 것은?

① 간이과세자의 과세기간은 1월 1일부터 12월 31일까지이다.

② 사업자가 폐업하는 경우의 과세기간은 폐업일이 속하는 과세기간의 개시일부터 폐업일까지로 한다.

③ 일반과세자가 간이과세자로 변경되는 경우에 그 변경되는 해의 간이과세자 과세기간은 7월 1일부터 12월 31일까지이다.

④ 간이과세자가 일반과세자로 변경되는 경우에 그 변경되는 해의 간이과세자 과세기간은 1월 1일부터 12월 31일까지이다.

14. 다음 중 세금계산서의 필요적 기재사항에 해당하지 않는 것은?

① 공급연월일
② 공급하는 사업자의 등록번호와 성명 또는 명칭
③ 공급받는자의 등록번호
④ 공급가액과 부가가치세액

15. 다음 중 부가가치세법에 따른 재화 또는 용역의 공급시기에 대한 설명으로 적절하지 않은 것은?

① 위탁판매의 경우 수탁자가 공급한 때이다.
② 상품권의 경우 상품권이 판매되는 때이다.
③ 장기할부판매의 경우 대가의 각 부분을 받기로 한 때이다.
④ 내국물품을 외국으로 반출하는 경우 수출재화를 선적하는 때이다.

실 무

정민상사㈜(3109)는 전자제품의 제조 및 도·소매업을 영위하는 중소기업으로 당기 회계기간은 20x1.1.1. ~20x1.12.31.이다. 전산세무회계 수험용 프로그램을 이용하여 다음 물음에 답하시오.

문제 1 다음은 [기초정보관리] 및 [전기분재무제표]에 대한 자료이다. 각각의 요구사항에 대하여 답하시오. (10점)

[1] 다음 자료를 이용하여 [거래처등록] 메뉴에 등록하시오. (3점)

• 거래처코드 : 01230	• 거래처명 : 태형상사	• 유형 : 동시
• 사업자등록번호 : 107-36-25785	• 대표자 : 김상수	• 업태 : 도소매
• 종목 : 사무기기	• 사업장주소 : 서울시 동작구 여의대방로10가길 1(신대방동) ※ 주소 입력 시 우편번호 입력은 생략해도 무방함.	

[2] 정민상사㈜의 전기말 거래처별 채권 및 채무의 올바른 잔액은 다음과 같다. 주어진 자료를 검토하여 잘못된 부분은 오류를 정정하고, 누락된 부분은 추가하여 입력하시오. (3점)

채권 및 채무	거래처	금 액
받을어음	㈜원수	15,000,000원
	㈜케스터	2,000,000원
단기차입금	㈜이태백	10,000,000원
	㈜빛날통신	13,000,000원
	Champ사	12,000,000원

[3] 전기분 손익계산서를 검토한 결과 다음과 같은 오류가 발견되었다. 전기분재무제표 중 관련 재무제표를 모두 적절하게 수정 또는 삭제 및 추가입력하시오. (4점)

계정과목	오류내용
보험료	제조원가 1,000,000원을 판매비와관리비로 회계처리

문제 2 [일반전표입력] 메뉴를 이용하여 다음의 거래 자료를 입력하시오(일반전표입력의 모든 거래는 부가가치세를 고려하지 말 것). (18점)

[1] 08월 20일 인근 주민센터에 판매용 제품(원가 2,000,000원, 시가 3,500,000원)을 기부하였다. (3점)

[2] 09월 02일 대주주인 전마나 씨로부터 차입한 단기차입금 20,000,000원 중 15,000,000원은 보통예금 계좌에서 이체하여 상환하고, 나머지 금액은 면제받기로 하였다. (3점)

[3] 10월 19일 ㈜용인의 외상매입금 2,500,000원에 대해 타인이 발행한 당좌수표 1,500,000원과 ㈜수원에 제품을 판매하고 받은 ㈜수원 발행 약속어음 1,000,000원을 배서하여 지급하다. (3점)

[4] 11월 06일 전월분 고용보험료를 다음과 같이 현금으로 납부하다(단, 하나의 전표로 처리하고, 회사부담금은 보험료로 처리할 것). (3점)

고용보험 납부내역				
사원명	소속	직원부담금	회사부담금	합계
김정직	제조부	180,000원	221,000원	401,000원
이성실	마케팅부	90,000원	110,500원	200,500원
합계		270,000원	331,500원	601,500원

[5] 11월 11일 영업부 직원에 대한 확정기여형(DC) 퇴직연금 7,000,000원을 하나은행 보통예금 계좌에서 이체하여 납입하였다. 이 금액에는 연금운용에 대한 수수료 200,000원이 포함되어 있다. (3점)

[6] 12월 03일 일시보유목적으로 취득하였던 시장성 있는 ㈜세무의 주식 500주(1주당 장부금액 8,000원, 1주당 액면금액 5,000원, 1주당 처분금액 10,000원)를 처분하고 수수료 250,000원을 제외한 금액을 보통예금 계좌로 이체받았다. (3점)

문제 3 [매입매출전표입력] 메뉴를 이용하여 다음의 거래 자료를 입력하시오. (18점)

[1] 07월 28일 총무부 직원들의 야식으로 저팔계산업(일반과세자)에서 도시락을 주문하고, 하나카드로 결제하였다. (3점)

```
                    신용카드매출전표
가 맹 점 명  :  저팔계산업
사 업 자 번 호  :  127-10-12343
대 표 자 명  :  김돈육
주        소  :  서울 마포구 상암동 332
롯 데 카 드  :  신용승인
거 래 일 시  :  20x1-07-28 20:08:54
카 드 번 호  :  3256-6455-****-1324
유 효 기 간  :  12/24
가 맹 점 번 호  :  123412341
매    입    사  :  하나카드(전자서명전표)
        상품명              금액
      도시락세트          220,000
공 급 가 액  :    200,000
부 가 세 액  :     20,000
합        계  :    220,000
```

[2] 9월 03일 공장에서 사용하던 기계장치(취득가액 50,000,000원, 처분 시점까지의 감가상각누계액 38,000,000원)를 보람테크㈜에 처분하고 아래의 전자세금계산서를 발급하였다(당기의 감가상각비는 고려하지 말고 하나의 전표로 입력할 것). (3점)

전자세금계산서						승인번호			20230903-145654645-58811657		
공급자	등록번호	680-81-32549	종사업장번호			공급받는자	등록번호	110-81-02129		종사업장번호	
	상호(법인명)	정민상사㈜	성명	최정민			상호(법인명)	보람테크㈜		성명	김종대
	사업장주소	경기도 수원시 권선구 평동로79번길 45					사업장주소	경기도 안산시 단원구 광덕서로 100			
	업태	제조,도소매	종목	전자제품			업태	제조	종목	반도체	
	이메일						이메일				
							이메일				
작성일자		공급가액		세액		수정사유		비고			
20x1.09.03.		13,500,000		1,350,000		해당 없음					
월	일	품목	규격	수량		단가		공급가액	세액	비고	
09	03	기계장치 매각						13,500,000	1,350,000		
합계금액		현금		수표		어음		외상미수금		위 금액을 **(청구)** 함	
14,850,000		4,850,000						10,000,000			

[3] 09월 22일 마산상사로부터 원재료 5,500,000원(부가가치세 포함)을 구입하고 전자세금계산서를 발급받았다. 대금은 ㈜서울에 제품을 판매하고 받은 ㈜서울 발행 약속어음 2,000,000원을 배서하여 지급하고, 잔액은 외상으로 하다. (3점)

[4] 10월 31일 NICE Co.,Ltd의 해외수출을 위한 구매확인서에 따라 전자제품 100개(@700,000원)를 납품하고 영세율전자세금계산서를 발행하였다. 대금 중 50%는 보통예금 계좌로 입금받고 잔액은 1개월 후에 받기로 하다. (3점)

[5] 11월 04일 영업부 거래처의 직원에게 선물할 목적으로 선물세트를 외상으로 구입하고 아래와 같은 전자
세금계산서를 발급받았다. (3점)

전자세금계산서						승인번호		20231104-15454645-58811889		
공급자	등록번호	113-18-77299	종사업장번호			공급받는자	등록번호	680-81-32549	종사업장번호	
	상호(법인명)	손오공상사	성명	황범식			상호(법인명)	정민상사㈜	성명	최정민
	사업장주소	서울특별시 서초구 명달로 102					사업장주소	경기도 수원시 권선구 평동로79번길 45		
	업태	도매	종목	잡화류			업태	제조,도소매	종목	전자제품
	이메일						이메일			
							이메일			
작성일자		공급가액		세액		수정사유		비고		
20x1.11.04.		1,500,000		150,000		해당 없음				
월	일	품목	규격	수량	단가		공급가액	세액	비고	
11	04	선물세트		1	1,500,000		1,500,000	150,000		
합계금액		현금		수표		어음		외상미수금	위 금액을 **(청구)** 함	
1,650,000								1,650,000		

[6] 12월 05일 공장 신축 목적으로 취득한 토지의 토지정지 등을 위한 토목공사를 하고 ㈜만듬건
설로부터 아래의 전자세금계산서를 발급받았다. 대금 지급은 기지급한 계약금
5,500,000원을 제외하고 외상으로 하였다. (3점)

전자세금계산서						승인번호		20231205-15454645-58811886		
공급자	등록번호	105-81-23608	종사업장번호			공급받는자	등록번호	680-81-32549	종사업장번호	
	상호(법인명)	㈜만듬건설	성명	다만듬			상호(법인명)	정민상사㈜	성명	최정민
	사업장주소	서울특별시 동작구 여의대방로 24가길 28					사업장주소	경기도 수원시 권선구 평동로79번길 45		
	업태	건설	종목	토목공사			업태	제조,도소매	종목	전자제품
	이메일						이메일			
							이메일			
작성일자		공급가액		세액		수정사유		비고		
20x1.12.05.		50,000,000		5,000,000		해당 없음				
월	일	품목	규격	수량	단가		공급가액	세액	비고	
12	05	공장토지 토지정지 등			50,000,000		50,000,000	5,000,000		
합계금액		현금		수표		어음		외상미수금	위 금액을 **(청구)** 함	
55,000,000				5,500,000				49,500,000		

문제 4 [일반전표입력] 및 [매입매출전표입력] 메뉴에 입력된 내용 중 다음과 같은 오류가 발견되었다. 입력된 내용을 확인하여 정정하시오. (6점)

[1] 11월 10일 공장 에어컨 수리비로 가나상사에 보통예금 계좌에서 송금한 880,000원을 수선비로 회계처리 하였으나, 해당 수선비는 10월 10일 미지급금으로 회계처리한 것을 결제한 것이다. (3점)

[2] 12월 15일 당초 제품을 $10,000에 직수출하고 선적일 당시 환율 1,000원/$을 적용하여 제품매출 10,000,000원을 외상판매한 것으로 회계처리하였으나, 수출 관련 서류 검토 결과 직수출이 아니라 내국신용장에 의한 공급으로 ㈜강서기술에 전자영세율세금계산서를 발급한 외상매출인 것으로 확인되었다. (3점)

문제 5 결산정리사항은 다음과 같다. 관련 메뉴를 이용하여 결산을 완료하시오. (9점)

[1] 거래처 ㈜태명에 4월 1일 대여한 50,000,000원(상환회수일 2025년 3월 31일, 연 이자율 6%)에 대한 기간경과분 이자를 계상하다. 단, 이자는 월할 계산하고, 매년 3월 31일에 받기로 약정하였다. (3점)

[2] 제조공장의 창고 임차기간은 20x1.04.01.~20x2.03.31.으로 임차개시일에 임차료 3,600,000원을 전액 지급하고 즉시 당기 비용으로 처리하였다. 결산정리분개를 하시오. (3점)

[3] 당기 중 단기간 시세차익을 목적으로 시장성이 있는 유가증권을 75,000,000원에 취득하였다. 당기말 해당 유가증권의 시가는 73,000,000원이다. (3점)

문제 6 다음 사항을 조회하여 알맞은 답안을 [이론문제 답안작성] 메뉴에 입력하시오. (9점)

[1] 20x1년 상반기(1월~6월) 중 판매비및관리비의 급여 발생액이 가장 많은 월(月)과 가장 적은 월(月)의 차액은 얼마인가? (단, 양수로만 기재할 것) (3점)

[2] 일천상사에 대한 제품매출액은 3월 대비 4월에 얼마나 감소하였는가? (단, 음수로 입력하지 말 것) (3점)

[3] 20x1년 제1기 예정신고기간(1월~3월) 중 ㈜서산상사에 발행한 세금계산서의 총발행매수와 공급가액은 얼마인가? (3점)

제109회 전산회계1급 답안 및 해설

이 론

1	2	3	4	5	6	7	8	9	10	11	12	13	14	15
④	④	②	②	①	④	③	③	①	③	②	③	④	①	②

01. ① 원가관리회계의 목적이다.

    ② 세무회계의 정보이용자에 해당한다.

    ③ 세무회계의 목적이다.

02. 단기매매증권은 유동자산 중 당좌자산으로 분류된다.

03. 재고자산의 매입원가는 매입금액에 매입운임, 하역료 및 보험료 등 취득과정에서 정상적으로 발생한 부대비용을 가산한 금액이다. **매입과 관련된 할인, 에누리 및 기타 유사한 항목은 매입원가에서 차감**한다.

04. 자본적지출을 수익적지출로 잘못 처리하게 되면, **자산은 과소계상, 비용은 과대계상되므로 자본은 과소계상**하게 된다.

05. 감자차손 = [취득가액(7,000) – 액면가액(5,000)] × 200주 – 감자차익(200,000) = 200,000원

    기인식된 감자차익 200,000원을 상계하고 감자차손은 200,000원만 인식한다.

06. 수익과 비용은 각각 총액으로 보고하는 것을 원칙으로 한다.

07. 선수금을 제품매출로 인식함에 따라 **유동부채가 과소계상**된다.

    당좌자산의 금액은 차이가 없으나, **영업수익(제품매출)은 과대계상**하였으므로 당기순이익도 과대계상된다.

08. 기말자본금 = 주식수(10,000+2,000) × 액면가액(5,000) = 60,000,000원

09. ·판매비와관리비 : 영업용 사무실의 전기요금, 마케팅부의 교육연수비

    ·영업외손익 : 유형자산의 처분으로 인한 손익

11.

원재료

기초재고	1,200,000	**직접재료비**	**1,250,000**
구입	900,000	기말재고	850,000
계	2,100,000	계	2,100,000

12. 제조간접원가 배부율 = 제조간접원가(500,000) ÷ [직접재료원가(800,000) + 직접노무원가(200,000)]

               = 0.5원/직접원가

    no1. 제조간접원가배부액 = [직접재료원가(400,000) + 직접노무원가(150,000)] × 배부율(0.5)

                       = 275,000원

13. 간이과세자가 일반과세자로 변경(7.1.부터 일반과세자)되는 경우 : 그 변경되는 해의 1월 1일부터 6월 30일까지가 1기 과세기간(간이과세자)이 된다.

14. 공급연월일은 임의적 기재사항이며, **작성연월일이 필요적 기재사항**이다.

15. 상품권이 현물과 교환되어 **재화가 실제로 인도되는 때를 공급시기**로 본다.

실 무

문제 1   기초정보관리

[1] [거래처등록]

[일반거래처]> • 코드 : 01230   • 거래처명 : 태형상사   • 유형 : 3.동시
  • 사업자등록번호 : 107-36-25785   • 대표자성명 : 김상수   • 업태 : 도소매
  • 종목 : 사무기기 · 사업장주소 : 서울시 동작구 여의대방로10가길 1(신대방동)

[2] [거래처별 초기이월]

  • 받을어음>㈜원수 10,000,000원→15,000,000원으로 수정
  • 단기차입금>㈜이태백 10,000,000원 추가입력
  • 단기차입금>㈜빛날통신 3,000,000원→13,000,000원으로 수정

[3] [전기분 재무제표]

1. [전기분원가명세서]
  • 보험료(제) 1,000,000원 추가입력
  • 당기제품제조원가 93,000,000원→94,000,000원 금액 변경 확인

2. [전기분손익계산서]
  • 제품매출원가>당기제품제조원가 93,000,000원→94,000,000원으로 수정
  • 매출원가 금액 120,350,000원→121,350,000원 변경 확
  • 보험료(판) 3,000,000원→2,000,000원으로 수정
  • 당기순이익 356,150,000원 변동 없음.

3. 재무상태표, 잉여금처분계산서는 변동사항 없음.

문제 2   일반전표입력

[1] (차) 기부금   2,000,000   (대) 제품(타계정대체)   2,000,000

      ☞제품을 기부하였을 경우 해당 비용은 원가의 금액으로 한다.

[2] (차) 단기차입금(전마나)   20,000,000   (대) 보통예금   15,000,000

                                        채무면제이익   5,000,000

[3] (차) 외상매입금(㈜용인)   2,500,000   (대) 현금   1,500,000

                                        받을어음(㈜수원)   1,000,000

[4] (차) 예수금   270,000   (대) 현금   601,500

         보험료(제)   221,000

         보험료(판)   110,500

[5] (차) 퇴직급여(판)   6,800,000   (대) 보통예금   7,000,000

         수수료비용(판)   200,000

      ☞ 확정기여형 퇴직연금 납입액은 당기 비용(퇴직급여) 처리한다.

[6] (차) 보통예금   4,750,000   (대) 단기매매증권   4,000,000

                                        단기매매증권처분이익   750,000

     • 처분금액 = 처분가액(10,000×500주) – 처분수수료(250,000) = 4,750,000원

     • 장부금액 = 장부금액(8,000) × 500주 = 4,000,000원

     • 처분손익 = 처분금액(4,750,000) – 장부금액(4,000,000) = 750,000원(이익)

문제 3   매입매출전표입력

문항	일자	유형	공급가액	부가세	거래처	신용
[1]	7/28	57.카과	200,000	20,000	저팔계산업	하나카드
분개유형		(차) 부가세대급금	20,000	(대) 미지급금(하나카드)		220,000
카드(혼합)		복리후생비(판)	200,000			

문항	일자	유형	공급가액	부가세	거래처	전자
[2]	9/03	11.과세	13,500,000	1,350,000	보람테크㈜	여
분개유형		(차) 감가상각누계액(209)	38,000,000	(대) 부가세예수금		1,350,000
		현금	4,850,000	기계장치		50,000,000
혼합		미수금	10,000,000	유형자산처분이익		1,500,000

  · 처분손익= 처분가액(13,500,000) – 장부가액(50,000,000–38,000,000) = 1,500,000원(이익)

문항	일자	유형	공급가액	부가세	거래처	전자
[3]	9/22	51.과세	5,000,000	500,000	마산상사	여
분개유형		(차) 부가세대급금	500,000	(대) 받을어음(㈜서울)		2,000,000
혼합		원재료	5,000,000	외상매입금		3,500,000
문항	일자	유형	공급가액	부가세	거래처	전자
[4]	10/31	12.영세	70,000,000	–	NICE Co.,Ltd	여
		영세율구분:③내국신용장 · 구매확인서에 의하여 공급하는 재화				
분개유형		(차) 외상매출금	35,000,000	(대) 제품매출		70,000,000
혼합		보통예금	35,000,000			
문항	일자	유형	공급가액	부가세	거래처	전자
[5]	11/04	54.불공	1,500,000	150,000	손오공상사	여
		불공제사유:④접대비 및 이와 유사한 비용 관련				
분개유형		(차) 접대비(판)	1,650,000	(대) 미지급금		1,650,000
혼합						
문항	일자	유형	공급가액	부가세	거래처	전자
[6]	12/05	54.불공	50,000,000	5,000,000	㈜만듬건설	여
		불공제사유:⑥ 토지의 자본적 지출 관련				
분개유형		(차) 토지	55,000,000	(대) 선급금		5,500,000
혼합				미지급금		49,500,000

문제 4 오류수정

[1] 11월 10일 일반전표수정

⟨수정전⟩
(차) 수선비(제)   880,000   (대) 보통예금   880,000

⟨수정후⟩
(차) 미지급금(가나상사)   880,000   (대) 보통예금   880,000

[2] 12월 15일 매입매출전표 수정

	유형	공급가액	부가세	거래처	전자
⟨수정전⟩	16.수출	10,000,000	–	㈜강서기술	부
	영세율구분:①직수출(대행수출 포함)				
분개유형	(차) 외상매출금	10,000,000	(대) 제품매출		10,000,000
혼합					

	유형	공급가액	부가세	거래처	전자
〈수정후〉	12.영세	10,000,000	–	㈜강서기술	여
	영세율구분:③내국신용장·구매확인서에 의하여 공급하는 재화포함)				
분개유형	(차) 외상매출금	10,000,000	(대) 제품매출		10,000,000
혼합					

문제 5 결산

[1] 〈수동결산〉

(차) 미수수익   2,250,000   (대) 이자수익   2,250,000

☞미수수익= 대여금(50,000,000)×연이자율(6%)÷12개월×9개월(4.1~12.31)=2,250,000원

[2] 〈수동결산〉

(차) 선급비용   900,000   (대) 임차료(제)   900,000

☞선급비용= 임차료(3,600,000) ÷ 12개월×3개월(1.1~3.31) = 900,000원

[3] 〈수동결산〉

(차) 단기매매증권평가손실   2,000,000   (대) 단기매매증권   2,000,000

☞평가손익= 공정가액(73,000,000) – 장부가액(75,000,000) = △2,000,000원(손실)

문제 6 장부조회

[1] 3,000,000원 : 3월(8,400,000)－1월(5,400,000)
- [총계정원장]>기간 : 1월 1일~6월 30일>계정과목 : 801.급여 조회

[2] 8,140,000원 : 3월(13,000,000)－4월(4,860,000)

[거래처원장]
- 기간 : 3월 1일~3월 31일>계정과목 : 404.제품매출>거래처 : 일천상사 조회>대변합계
- 기간 : 4월 1일~4월 30일>계정과목 : 404.제품매출>거래처 : 일천상사 조회>대변합계

[3] 6매, 10,320,000원
- [세금계산서합계표]>매출>기간 : 1월~3월 조회

제108회 전산회계1급

합격율	시험년월
29%	2022.06

이 론

01. 자기주식을 취득가액보다 낮은 금액으로 처분한 경우, 다음 중 재무제표상 자기주식의 취득가액과 처분가액의 차액이 표기되는 항목으로 옳은 것은?

① 영업외비용   ② 자본잉여금
③ 기타포괄손익누계액   ④ 자본조정

02. ㈜전주는 ㈜천안에 제품을 판매하기로 약정하고, 계약금으로 제3자인 ㈜철원이 발행한 당좌수표 100,000원을 받았다. 다음 중 회계처리로 옳은 것은?

①	(차) 현금	100,000원	(대) 선수금	100,000원
②	(차) 당좌예금	100,000원	(대) 선수금	100,000원
③	(차) 현금	100,000원	(대) 제품매출	100,000원
④	(차) 당좌예금	100,000원	(대) 제품매출	100,000원

03. 다음 중 기말재고자산을 실제보다 과대계상한 경우 재무제표에 미치는 영향으로 잘못된 것은?

① 자산이 실제보다 과대계상된다.
② 자본총계가 실제보다 과소계상된다.
③ 매출총이익이 실제보다 과대계상된다.
④ 매출원가가 실제보다 과소계상된다.

04. 다음 중 일반기업회계기준상 무형자산의 상각에 관한 내용으로 옳지 않은 것은?

① 무형자산의 상각방법은 정액법, 체감잔액법 등 합리적인 방법을 적용할 수 있으며, 합리적인 방법을 정할 수 없는 경우에는 정액법을 적용한다.

② 내부적으로 창출한 영업권은 원가의 신뢰성 문제로 인하여 자산으로 인정되지 않는다.

③ 무형자산의 상각기간은 독점적·배타적인 권리를 부여하고 있는 관계 법령이나 계약에 정해진 경우에도 20년을 초과할 수 없다.

④ 무형자산의 잔존가치는 없는 것을 원칙으로 하나, 예외도 존재한다.

05. 다음 자료를 이용하여 단기투자자산의 합계액을 계산한 것으로 옳은 것은?

• 현금 5,000,000원	• 1년 만기 정기예금 3,000,000원	• 단기매매증권 4,000,000원
• 당좌예금 3,000,000원	• 우편환증서 50,000원	• 외상매출금 7,000,000원

① 7,000,000원　　　② 8,000,000원　　　③ 10,000,000원　　　④ 11,050,000원

06. 다음 중 비유동부채에 해당하는 것은 모두 몇 개인가?

가. 사채	나. 퇴직급여충당부채
다. 유동성장기부채	라. 선수금

① 1개　　　　　　② 2개　　　　　　③ 3개　　　　　　④ 4개

07. 일반기업회계기준에 근거하여 다음의 재고자산을 평가하는 경우 재고자산평가손익은 얼마인가?

상품명	기말재고수량	취득원가	추정판매가격 (순실현가능가치)
비누	100개	75,000원	65,000원
세제	200개	50,000원	70,000원

① 재고자산평가이익 3,000,000원　　　② 재고자산평가이익 4,000,000원
③ 재고자산평가손실 3,000,000원　　　④ 재고자산평가손실 1,000,000원

08. 다음 중 수익의 인식에 대한 설명으로 가장 옳은 것은?

① 시용판매의 경우 수익의 인식은 구매자의 구매의사 표시일이다.

② 예약판매계약의 경우 수익의 인식은 자산의 건설이 완료되어 소비자에게 인도한 시점이다.

③ 할부판매의 경우 수익의 인식은 항상 소비자로부터 대금을 회수하는 시점이다.

④ 위탁판매의 경우 수익의 인식은 위탁자가 수탁자에게 제품을 인도한 시점이다.

09. 당기의 원재료 매입액은 20억원이고, 기말 원재료 재고액이 기초 원재료 재고액보다 3억원이 감소한 경우, 당기의 원재료원가는 얼마인가?

① 17억원　　　　　② 20억원　　　　　③ 23억원　　　　　④ 25억원

10. 다음 중 제조원가명세서의 구성요소로 옳은 것을 모두 고른 것은?

가. 기초재공품재고액	나. 기말원재료재고액
다. 기말제품재고액	라. 당기제품제조원가
마. 당기총제조비용	

① 가, 나　　　　　② 가, 나, 라　　　　　③ 가, 나, 다, 라　　　　　④ 가, 나, 라, 마

11. 당사는 직접노무시간을 기준으로 제조간접원가를 배부하고 있다. 당기의 제조간접원가 실제 발생액은 500,000원이고, 예정배부율은 200원/직접노무시간이다. 당기의 실제 직접노무시간이 3,000시간일 경우, 다음 중 제조간접원가 배부차이로 옳은 것은?

① 100,000원 과대배부　　　　　② 100,000원 과소배부
③ 200,000원 과대배부　　　　　④ 200,000원 과소배부

12. 다음 중 종합원가계산에 대한 설명으로 옳지 않은 것은?

① 각 공정별로 원가가 집계되므로 원가에 대한 책임소재가 명확하다.
② 일반적으로 원가를 재료원가와 가공원가로 구분하여 원가계산을 한다.
③ 기말재공품이 존재하지 않는 경우 평균법과 선입선출법의 당기완성품원가는 일치한다.
④ 모든 제품 단위가 완성되는 시점을 별도로 파악하기가 어려우므로 인위적인 기간을 정하여 원가를 산정한다.

13. 다음 중 세금계산서 발급 의무가 면제되는 경우로 틀린 것은?

① 간주임대료　　　　　② 사업상 증여
③ 구매확인서에 의하여 공급하는 재화　　　　　④ 폐업시 잔존 재화

14. 다음 중 부가가치세법상 업종별 사업장의 범위로 맞지 않는 것은?

① 제조업은 최종제품을 완성하는 장소
② 사업장을 설치하지 않은 경우 사업자의 주소 또는 거소
③ 운수업은 개인인 경우 사업에 관한 업무를 총괄하는 장소
④ 부동산매매업은 법인의 경우 부동산의 등기부상 소재지

15. 다음 중 부가가치세에 대한 설명으로 옳지 않은 것은?

① 법률상 면세 대상으로 열거된 것을 제외한 모든 재화나 용역의 소비행위에 대하여 과세한다.

② 납세의무자는 개인사업자나 영리법인으로 한정되어 있다.

③ 매출세액에서 매입세액을 차감하여 납부(환급)세액을 계산한다.

④ 납세의무자는 재화 또는 용역을 공급하는 사업자이지만, 담세자는 최종소비자가 된다.

▮▮▮▮▮▮ 실 무

고성상사㈜(3108)는 가방 등의 제조 · 도소매업 및 부동산임대업을 영위하는 중소기업으로 당기 회계기간은 20x1.1.1.~20x1.12.31.이다. 전산세무회계 수험용 프로그램을 이용하여 다음 물음에 답하시오.

문제 1 다음은 기초정보관리와 전기분 재무제표에 대한 자료이다. 각각의 요구사항에 대하여 답하시오.(10점)

[1] [거래처등록] 메뉴를 이용하여 다음의 신규 거래처를 추가로 등록하시오. (3점)

• 거래처코드 : 3000	• 거래처명 : ㈜나우전자	• 대표자 : 김나우
• 사업자등록번호 : 108-81-13579	• 업태 : 제조	• 종목 : 전자제품
• 유형 : 동시	• 사업장주소 : 서울특별시 서초구 명달로 104(서초동)	
※ 주소 입력 시 우편번호 입력은 생략해도 무방함.		

[2] 다음 자료를 이용하여 [계정과목및적요등록]을 하시오. (3점)

• 계정과목 : 퇴직연금운용자산
• 대체적요 1. 제조 관련 임직원 확정급여형 퇴직연금부담금 납입

[3] 전기분 재무상태표 작성 시 기업은행의 단기차입금 20,000,000원을 신한은행의 장기차입금으로 잘못 분류하였다. [전기분재무상태표] 및 [거래처별초기이월]을 수정, 삭제 또는 추가입력하시오. (4점)

문제 2 다음 거래 자료를 일반전표입력 메뉴에 추가 입력하시오.(일반전표입력의 모든 거래는 부가
가치세를 고려하지 말 것)(18점)

[1] 08월 01일 미국은행으로부터 20x0년 10월 31일에 차입한 외화장기차입금 중 $30,000를
상환하기 위하여 보통예금 계좌에서 39,000,000원을 이체하여 지급하였다. 일자
별 적용환율은 아래와 같다. (3점)

20x0.10.31. (차입일)	20x0.12.31. (직전연도 종료일)	20x1.08.01. (상환일)
1,210/$	1,250/$	1,300/$

[2] 08월 12일 금융기관으로부터 매출거래처인 ㈜모모가방이 발행한 어음 50,000,000원이 부도
처리되었다는 통보를 받았다. (3점)

[3] 08월 23일 임시주주총회에서 6월 29일 결의하고 미지급한 중간배당금 10,000,000원에 대하여 원천징
수세액 1,540,000원을 제외한 금액을 보통예금 계좌에서 지급하였다. (3점)

[4] 08월 31일 제품의 제조공장에서 사용할 기계장치(공정가치 5,500,000원)를 대주주로부터 무상으로 받
았다. (3점)

[5] 09월 11일 단기매매차익을 목적으로 주권상장법인인 ㈜대호전자의 주식 2,000주를 1주당 2,000원(1
주당 액면금액 1,000원)에 취득하고, 증권거래수수료 10,000원을 포함한 대금을 모두 보통
예금 계좌에서 지급하였다. (3점)

[6] 09월 13일 ㈜다원의 외상매출금 4,000,000원 중 1,000,000원은 현금으로 받고, 나머지 잔액은 ㈜다
원이 발행한 약속어음으로 받았다. (3점)

문제 3 다음 거래 자료를 매입매출전표입력 메뉴에 입력하시오.(18점)

[1] 07월 13일 ㈜남양가방에 제품을 판매하고, 대금은 신용카드(비씨카드)로 결제받았다(단, 신용카드 판매액은 매출채권으로 처리할 것). (3점)

신용카드 매출전표

결제정보

카드종류	비씨카드	카드번호	1234-5050-4646-8525
거래종류	신용구매	거래일시	20x1-07-13
할부개월	0	승인번호	98465213

구매정보

주문번호	511-B	과세금액	5,000,000원
구매자명	㈜남양가방	비과세금액	0원
상품명	크로스백	부가세	500,000원
		합계금액	5,500,000원

이용상점정보

판매자상호	㈜남양가방
판매자 사업자등록번호	105-81-23608
판매자 주소	서울특별시 동작구 여의대방로 28

---

[2] 09월 05일 특별주문제작하여 매입한 기계장치가 완성되어 특수운송전문업체인 쾌속운송을 통해 기계장치를 인도받았다. 운송비 550,000원(부가가치세 포함)을 보통예금 계좌에서 이체하여 지급하고 쾌속운송으로부터 전자세금계산서를 수취하였다. (3점)

[3] 09월 06일 정도정밀로부터 제품임가공계약에 따른 제품을 납품받고 전자세금계산서를 수취하였다. 제품임가공비용은 10,000,000원(부가가치세 별도)이며, 전액 보통예금 계좌에서 이체하여 지급하였다(단, 제품임가공비용은 외주가공비 계정으로 처리할 것). (3점)

[4] 09월 25일 제조공장 인근 육군부대에 3D프린터기를 외상으로 구입하여 기증하였고, 아래와 같은 전자세금계산서를 발급받았다. (3점)

전자세금계산서

승인번호	20230925-15454645-58811889

<table>
<tr><td rowspan="6">공급자</td><td>등록
번호</td><td colspan="2">220-81-55976</td><td>종사업장
번호</td><td></td><td rowspan="6">공급받는자</td><td>등록
번호</td><td colspan="2">128-81-32658</td><td>종사업장
번호</td><td></td></tr>
<tr><td>상호
(법인명)</td><td colspan="2">㈜목포전자</td><td>성명</td><td>정찬호</td><td>상호
(법인명)</td><td colspan="2">고성상사㈜</td><td>성명</td><td>현정민</td></tr>
<tr><td>사업장
주소</td><td colspan="4">서울특별시 서초구 명달로 101</td><td>사업장
주소</td><td colspan="4">서울시 중구 창경궁로5다길 13-4</td></tr>
<tr><td>업태</td><td colspan="2">도소매</td><td>종목</td><td>전자제품</td><td>업태</td><td colspan="2">제조,도소매</td><td>종목</td><td>가방 등</td></tr>
<tr><td rowspan="2">이메일</td><td colspan="4" rowspan="2"></td><td>이메일</td><td colspan="4"></td></tr>
<tr><td>이메일</td><td colspan="4"></td></tr>
</table>

작성일자	공급가액	세액	수정사유	비고
20x1-09-25	3,500,000원	350,000원	해당 없음	

월	일	품목	규격	수량	단가	공급가액	세액	비고
09	25	3D 프린터		1	3,500,000원	3,500,000원	350,000원	

합계금액	현금	수표	어음	외상미수금	
3,850,000원				3,850,000원	위 금액을 (청구) 함

[5] 10월 06일 본사 영업부에서 사용할 복합기를 구입하고, 대금은 하나카드로 결제하였다. (3점)

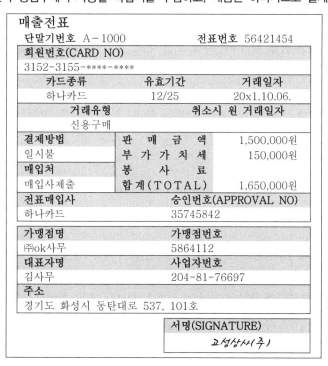

[6] 12월 01일 ㈜국민가죽으로부터 고급핸드백 가방 제품의 원재료인 양가죽을 매입하고, 아래의 전자세금계산서를 수취하였다. 부가가치세는 현금으로 지급하였으며, 나머지는 외상거래이다. (3점)

<table>
<tr><td colspan="4" style="text-align:center">전자세금계산서</td><td>승인번호</td><td colspan="3">20231201 - 15454645 - 58811886</td></tr>
</table>

	등록번호	204-81-35774	종사업장번호			등록번호	128-81-32658	종사업장번호	
공급자	상호(법인명)	㈜국민가죽	성명	김국민	공급받는자	상호(법인명)	고성상사㈜	성명	현정민
	사업장주소	경기도 안산시 단원구 석수로 555				사업장주소	서울시 중구 창경궁로5다길 13-4		
	업태	도소매	종목	가죽		업태	제조,도소매	종목	가방 등
	이메일					이메일			
						이메일			

작성일자	공급가액	세액	수정사유	비고
20x1-12-01	2,500,000원	250,000원	해당 없음	

월	일	품목	규격	수량	단가	공급가액	세액	비고
12	01	양가죽			2,500,000원	2,500,000원	250,000원	

합계금액	현금	수표	어음	외상미수금	
2,750,000원	250,000원			2,500,000원	위 금액을 (**청구**) 함

문제 4 **[일반전표입력]** 및 **[매입매출전표입력]** 메뉴에 입력된 내용 중 다음과 같은 오류가 발견되었다. 입력된 내용을 확인하여 수정 또는 삭제, 추가 입력하여 오류를 정정하시오. (6점)

[1] 07월 22일 제일자동차로부터 영업부의 업무용승용차(공급가액 15,000,000원, 부가가치세 별도)를 구입하여 대금은 전액 보통예금 계좌에서 지급하고 전자세금계산서를 받았다. 해당 업무용승용차의 배기량은 1,990cc이나 회계담당자는 990cc로 판단하여 부가가치세를 공제받는 것으로 회계처리하였다. (3점)

[2] 09월 15일 매출거래처 ㈜댕댕오디오의 파산선고로 인하여 외상매출금 3,000,000원을 회수불능으로 판단하고 전액 대손상각비로 대손처리하였으나, 9월 15일 파산선고 당시 외상매출금에 관한 대손충당금 잔액 1,500,000원이 남아있던 것으로 확인되었다. (3점)

문제 5 결산정리사항은 다음과 같다. 해당 메뉴에 입력하시오.(9점)

[1] 20x1년 9월 16일에 지급된 2,550,000원은 그 원인을 알 수 없어 가지급금으로 처리하였던바, 결산일 인 12월 31일에 2,500,000원은 하나무역의 외상매입금을 상환한 것으로 확인되었으며 나머지 금액은 그 원인을 알 수 없어 당기 비용(영업외비용)으로 처리하기로 하였다. (3점)

[2] 결산일 현재 필립전자에 대한 외화 단기대여금($30,000)의 잔액은 60,000,000원이다. 결산일 현재 기준환율은 $1당 2,200원이다(단, 외화 단기대여금도 단기대여금 계정과목을 사용할 것). (3점)

[3] 대손충당금은 결산일 현재 미수금(기타 채권은 제외)에 대하여만 1%를 설정한다. 보충법에 의하여 대손충당금 설정 회계처리를 하시오(단, 대손충당금 설정에 필요한 정보는 관련 데이터 를 조회하여 사용할 것). (3점)

문제 6 다음 사항을 조회하여 답안을 | 이론문제 답안작성 | 메뉴에 입력하시오.(9점)

[1] 당해연도 제1기 부가가치세 예정신고기간(1월~3월) 중 카드과세매출의 공급대가 합계액은 얼마인가? (3점)

[2] 20x1년 6월의 영업외비용 총지출액은 얼마인가? (3점)

[3] 20x1년 제1기 부가가치세 확정신고기간의 공제받지못할매입세액은 얼마인가? (3점)

제108회 전산회계1급 답안 및 해설

▌이 론

1	2	3	4	5	6	7	8	9	10	11	12	13	14	15
④	①	②	③	①	②	④	①	③	④	①	③	③	④	②

01. **자기주식처분손실은 자본조정 항목**이다.

02. **계약금은 선수금**으로 회계처리하고, **타인이 발행한 당좌수표를 수취한 경우에는 현금**으로 회계처리한다.

03. 기말재고자산을 실제보다 과대계상한 경우, **매출원가가 실제보다 과소계상**되고, **매출총이익 및 당기순이익은 과대계상**되어 **자본총계도 과대계상**된다.

04. 무형자산의 상각기간은 **독점적·배타적인 권리를 부여하고 있는 관계 법령이나 계약에 정해진 경우를 제외하고는 20년을 초과**할 수 없다.

05. 단기투자자산=1년 만기 정기예금(3,000,000)+단기매매증권(4,000,000) = 7,000,000원
  • 현금및현금성자산 : 현금, 당좌예금, 우편환증서
  • 매출채권 : 외상매출금

06. • 비유동부채 : 사채, 퇴직급여충당부채
  • 유동부채 : 유동성장기부채, 선수금

07. 재고자산은 저가법으로 평가한다. 따라서 세제의 평가이익은 인식하지 않는다.
  재고자산평가손실(비누)=[취득원가(75,000)-순실현가능가치(65,000)]×100개=1,000,000원

08. ② 예약판매계약 : 공사결과를 신뢰성 있게 추정할 수 있을 때에 **진행기준을 적용하여 공사수익을 인식**한다.
  ③ 할부판매 : 이자부분을 제외한 **판매가격에 해당하는 수익을 판매시점에 인식**한다.
  ④ 위탁판매 : **수탁자가 해당 재화를 제3자에게 판매한 시점에 수익을 인식**한다.

09. 기말원재료 재고액(0)이 기초원재료(3억) 보다 3억원이 감소하였다.

원재료

기초재고	3억	직접재료비	23억
구입	20억	기말재고	0
계	23억	계	23억

10. **원재료와 재공품 T계정이 제조원가명세서**를 구성한다.
  따라서 기초재공품재고액, 기말원재료재고액, 당기제품제조원가, 당기총제조비용은 제조원가명세서에서 확인할 수 있다.

11. 예정배부액 = 실제조업도(3,000시간) × 예정배부율(200) = 600,000원

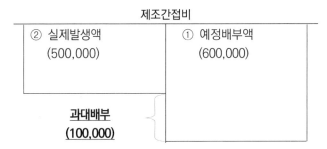

제조간접비

| ② 실제발생액 (500,000) | ① 예정배부액 (600,000) |

과대배부 (100,000)

12. **기초재공품이 존재하지 않는 경우에 평균법과 선입선출법의 당기완성품원가와 기말재공품원가가 일치**한다.

13. 구매확인서에 의하여 공급하는 재화는 영세율 적용 대상 거래로서 세금계산서 발급의무가 있다.

14. **부동산매매업은 법인의 경우 법인의 등기부상 소재지**

15. 사업자 또는 재화를 수입하는 자 중 어느 하나에 해당하는 자로서 개인, 법인(국가·지방자치단체와 지방자치단체조합을 포함한다), 법인격이 없는 사단·재단 또는 그 밖의 단체는 이 법에 따라 부가가치세를 납부할 의무가 있다.

실 무

문제 1 기초정보관리

[1] [거래처등록]
- 코드 : 3000 • 거래처명 : ㈜나우전자 • 유형 : 3.동시
- 사업자등록번호 : 108-81-13579 • 대표자성명 : 김나우
- 업종 : 업태 – 제조, 종목 – 전자제품 • 주소 : 서울특별시 서초구 명달로 104(서초동)

[2] [계정과목 및 적요 등록]

186. 퇴직연금운용자산> · 적요NO : 1 · 대체적요 : 제조 관련 임직원 확정급여형 퇴직연금부담금 납입

[3] [전기분재무상태표] 및 [거래처별초기이월]

1. [전기분재무상태표]
   - 260.단기차입금 20,000,000원 추가입력
   - 장기차입금 20,000,000원 → 0원으로 수정 또는 삭제

2. [거래처별초기이월]
   - 260.단기차입금 : 기업은행 20,000,000원 추가입력
   - 장기차입금 : 신한은행 20,000,000원 → 0원으로 수정 또는 삭제

문제 2 일반전표입력

[1] (차) 외화장기차입금(미국은행) 37,500,000 (대) 보통예금 39,000,000
        외환차손 1,500,000

☞ 외환차손익= 상환가액(39,000,000) − 장부가액($30,000×1,250) = 1,500,000(차손)

[2] (차) 부도어음과수표(㈜모모가방) 50,000,000 (대) 받을어음(㈜모모가방) 50,000,000

☞ 부도가 났다고 대손처리하면 안된다. 부도났다고 모든 매출채권이 회수가 불가능하지 않으므로 우선적으로 비유동자산으로 분류하고 추후 대손시 대손처리하면 된다.

[3] (차) 미지급배당금 10,000,000 (대) 보통예금 8,460,000
                                         예수금 1,540,000

☞ 결의시점 : (차) 중간배당금   10,000,000   (대) 미지급배당금   10,000,000

[4] (차) 기계장치 5,500,000 (대) 자산수증이익 5,500,000

[5] (차) 단기매매증권 4,000,000 (대) 보통예금 4,010,000
        수수료비용(984) 10,000

☞단기매매증권의 취득과 직접 관련된 거래원가는 영업외비용으로 처리한다.

[6] (차) 현금 1,000,000 (대) 외상매출금(㈜다원) 4,000,000
        받을어음(㈜다원) 3,000,000

문제 3 매입매출전표입력

문항	일자	유형	공급가액	부가세	거래처	신용
[1]	7/13	17.카과	5,000,000	500,000	㈜남양가방	비씨카드
분개유형		(차) 외상매출금	5,500,000 (대) 부가세예수금			500,000
카드(혼합)		(비씨카드)			제품매출	5,000,000

문항	일자	유형	공급가액	부가세	거래처	전자
[2]	9/05	51.과세	500,000	50,000	쾌속운송	여
분개유형		(차) 부가세대급금	50,000 (대) 보통예금			550,000
혼합		기계장치	500,000			

문항	일자	유형	공급가액	부가세	거래처	전자
[3]	9/06	51.과세	10,000,000	1,000,000	정도정밀	여
분개유형		(차) 부가세대급금	1,000,000 (대) 보통예금			11,000,000
혼합		외주가공비(제)	10,000,000			

문항	일자	유형	공급가액	부가세	거래처	전자
[4]	9/25	54.불공(②)	3,500,000	350,000	㈜목포전자	여
분개유형		(차) 기부금	3,850,000 (대) 미지급금			3,850,000
혼합						

· 국가 및 지방자치단체에 무상으로 공급하는 재화의 경우, 사업과 무관(기부금)하게 취득한 재화이면 매입세액을 공제하지 아니한다.

문항	일자	유형	공급가액	부가세	거래처	신용
[5]	10/06	57.카과	1,500,000	150,000	㈜ok사무	하나카드
분개유형		(차) 부가세대급금	150,000 (대) 미지급금(하나카드)			1,650,000
카드(혼합)		비품	1,500,000			

문항	일자	유형	공급가액	부가세	거래처	전자
[6]	12/01	51.과세	2,500,000	250,000	㈜국민가죽	여
분개유형		(차) 부가세대급금	250,000 (대) 현금			250,000
혼합		원재료	2,500,000	외상매입금		2,500,000

문제 4 오류수정

[1] 7월 22일 매입매출전표 수정

〈수정전〉	유형	공급가액	부가세	거래처	전자
	51.과세	15,000,000	1,500,000	제일자동차	여
분개유형	(차) 부가세대급금	1,500,000 (대) 보통예금			16,500,000
혼합	차량운반구	15,000,000			
〈수정후〉	유형	공급가액	부가세	거래처	전자
	54.불공(③)	15,000,000	1,500,000	제일자동차	여
분개유형	(차) 차량운반구	16,500,000 (대) 보통예금			16,500,000
혼합					

[2] 9월 15일 일반전표 수정
〈수정전〉
(차) 대손상각비　　　　　3,000,000　　(대) 외상매출금((주)댕댕오디오)　3,000,000
〈수정후〉
(차) 대손충당금(109)　　1,500,000　　(대) 외상매출금((주)댕댕오디오)　3,000,000
　　 대손상각비(판)　　　1,500,000

문제 5 결산

[1] 〈수동결산〉

(차) 외상매입금(하나무역)	2,500,000	(대) 가지급금	2,550,000
잡손실	50,000		

[2] 〈수동결산〉

(차) 단기대여금(필립전자)	6,000,000	(대) 외화환산이익	6,000,000

☞환산손익= 공정가액($30,000×2,200) - 장부가액(60,000,000)= 6,000,000원(이익)

[3] 〈수동/자동결산〉

(차) 기타의대손상각비	300,000	(대) 대손충당금(121)	300,000

☞ 대손충당금(미수금) : 미수금 잔액(40,000,000) ×1% - 대손충당금(121) 잔액(100,000) = 300,000원

[결산자료입력]>기간 : 1월~12월 >F8 대손상각>• 대손율(%) : 1.00 입력

• 미수금 외 채권 : 추가설정액 0원 입력>결산반영>F3 전표추가

문제 6 장부조회

[1] 1,330,000원

- [매입매출장]>기간 : 01월 01일~03월 31일>구분 : 2.매출>유형 : 17.카과

    >분기계 합계 금액 확인

[2] 131,000원

- [일계표/월계표]>[월계표]>조회기간 : 6월~6월>8.영업외비용 차변 계 확인

[3] 3,060,000원

- [부가가치세신고서]>기간 : 4월 1일~6월 30일>16.세액(공제받지못할매입세액) 금액 확인

제107회 전산회계1급

합격율	시험년월
33%	2022.04

■■■■■■■■■ **이 론**

01. 다음 중 재무제표에 대한 설명으로 가장 올바른 것은?

① 자산은 현재 사건의 결과로 기업이 통제하고 있고 미래경제적효익이 기업에 유입될 것으로 기대되는 자원이다.

② 부채는 과거 사건에 의하여 발생하였으며, 경제적효익이 기업으로부터 유출됨으로써 이행될 것으로 기대되는 미래의무이다.

③ 수익은 자산의 유입 또는 부채의 감소에 따라 자본의 증가를 초래하는 특정 회계기간 동안에 발생한 경제적효익의 증가로서 지분참여자에 대한 출연과 관련된 것은 제외한다.

④ 비용은 자산의 유출 또는 부채의 증가에 따라 자본의 감소를 초래하는 특정 회계기간 동안에 발생한 경제적효익의 감소로서 지분참여자에 대한 분배를 제외하며, 정상영업활동의 일환이나 그 이외의 활동에서 발생할 수 있는 차손은 포함하지 않는다.

02. 다음 중 기말재고자산의 수량 결정 방법으로 옳은 것을 모두 고른 것은?

가. 총평균법	나. 계속기록법	다. 선입선출법	라. 후입선출법	마. 실지재고조사법

① 가, 다   ② 나, 마   ③ 가, 나, 다   ④ 다, 라, 마

03. 기업이 보유하고 있는 수표 중 현금및현금성자산으로 분류되지 아니하는 것은?

① 선일자수표   ② 당좌수표   ③ 타인발행수표   ④ 자기앞수표

04. 다음 중 유형자산에 대한 설명으로 옳은 것은?

① 기업이 보유하고 있는 토지는 기업의 보유목적에 상관없이 모두 유형자산으로 분류된다.

② 유형자산의 취득 시 발생한 부대비용은 취득원가로 처리한다.

③ 유형자산을 취득한 후에 발생하는 모든 지출은 발생 시 당기 비용으로 처리한다.

④ 모든 유형자산은 감가상각을 한다.

05. 다음은 ㈜한국의 단기매매증권 관련 자료이다. ㈜한국의 당기 손익계산서에 반영되는 영업외손익의 금액은 얼마인가?

> • A사 주식의 취득원가는 500,000원이고, 기말공정가액은 700,000원이다.
> • B사 주식의 취득원가는 300,000원이고, 기말공정가액은 200,000원이다.
> • 당기 중 A사로부터 현금배당금 50,000원을 받았다.
> • 당기 초 250,000원에 취득한 C사 주식을 당기 중 300,000원에 처분하였다.

① 200,000원   ② 250,000원   ③ 300,000원   ④ 400,000원

06. 다음 중 사채의 발행과 관련한 내용으로 옳은 것은?

① 사채를 할인발행한 경우 매년 액면이자는 동일하다.
② 사채를 할증발행한 경우 매년 유효이자(시장이자)는 증가한다.
③ 사채발행 시 발행가액에서 사채발행비를 차감하지 않고 사채의 차감계정으로 처리한다.
④ 사채의 할인발행 또는 할증발행 시 발행차금의 상각액 또는 환입액은 매년 감소한다.

07. 다음 중 계정과목과 자본 항목의 분류가 올바르게 연결된 것은?

① 주식발행초과금 : 이익잉여금
② 자기주식처분손실 : 자본조정
③ 자기주식 : 자본잉여금
④ 매도가능증권평가손익 : 자본조정

08. 유형자산의 자본적지출을 수익적지출로 잘못 처리했을 경우, 당기의 당기순이익과 차기의 당기순이익에 미치는 영향으로 올바른 것은?

	당기 당기순이익	차기 당기순이익		당기 당기순이익	차기 당기순이익
①	과대	과소	②	과소	과소
③	과소	과대	④	과대	과대

09. 다음 중 매몰원가에 해당하지 않는 것은?

① 전기승용차 구입 결정을 함에 있어 사용하던 승용차 처분 시 기존 승용차의 취득원가
② 과거 의사결정으로 발생한 원가로 향후 의사결정을 통해 회수할 수 없는 취득원가
③ 사용하고 있던 기계장치의 폐기 여부를 결정할 때, 해당 기계장치의 취득원가
④ 공장의 원재료 운반용 화물차를 판매 제품의 배송용으로 전환하여 사용할지 여부를 결정할 때, 새로운 화물차의 취득가능금액

10. 다음 중 제조원가에 관한 설명으로 옳지 않은 것은?

① 간접원가는 제조과정에서 발생하는 원가이지만 특정 제품 또는 특정 부문에 직접 추적할 수 없는 원가를 의미한다.

② 조업도의 증감에 따라 총원가가 증감하는 원가를 변동원가라 하며, 직접재료원가와 직접노무원가가 여기에 속한다.

③ 고정원가는 관련범위 내에서 조업도가 증가할수록 단위당 고정원가가 감소한다.

④ 변동원가는 관련범위 내에서 조업도가 증가할수록 단위당 변동원가가 증가한다.

11. ㈜대한은 평균법에 의한 종합원가계산을 채택하고 있다. 재료원가는 공정 초기에 모두 투입되며, 가공원가는 공정 전반에 걸쳐 고르게 투입되는 경우 완성품환산량으로 맞는 것은?

• 기초재공품 : 100개(완성도 50%)	• 당기착수수량 : 2,000개
• 당기완성수량 : 1,800개	• 기말재공품 : 300개(완성도 70%)

	재료원가 완성품환산량	가공원가 완성품환산량		재료원가 완성품환산량	가공원가 완성품환산량
①	2,100개	2,010개	②	2,100개	2,100개
③	2,100개	1,960개	④	2,100개	1,950개

12. 다음은 제조기업의 원가 관련 자료이다. 매출원가 금액으로 옳은 것은?

• 당기총제조원가 1,500,000원	• 기초재공품재고액 500,000원
• 기초제품재고액 800,000원	• 기말재공품재고액 1,300,000원
• 기말제품재고액 300,000원	• 직접재료원가 700,000원

① 700,000원　　　② 800,000원　　　③ 1,200,000원　　　④ 2,000,000원

13. 다음 중 부가가치세법상 면세에 해당하지 않는 것은?

① 도서대여 용역

② 여성용 생리 처리 위생용품

③ 주무관청에 신고된 학원의 교육 용역

④ 개인택시운송사업의 여객운송 용역

14. 다음 중 부가가치세 신고와 납부에 대한 설명으로 옳지 않은 것은?

① 간이과세를 포기하는 경우 포기신고일이 속하는 달의 마지막 날로부터 25일 이내에 신고, 납부하여야 한다.

② 확정신고를 하는 경우 예정신고 시 신고한 과세표준은 제외하고 신고하여야 한다.

③ 신규로 사업을 시작하는 경우 사업개시일이 속하는 과세기간의 종료일로부터 25일 이내에 신고, 납부하여야 한다.

④ 폐업하는 경우 폐업일로부터 25일 이내에 신고, 납부하여야 한다.

15. 다음 중 부가가치세법상 법인사업자의 사업자등록 정정 사유가 아닌 것은?

① 사업의 종류에 변경이 있는 때   ② 상호를 변경하는 때

③ 주주가 변동되었을 때   ④ 사업장을 이전할 때

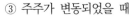 **실 무**

세무사랑㈜(3107)은 부동산임대업 및 전자제품의 제조·도소매업을 영위하는 중소기업으로 당기 회계기간은 20x1.1.1.~20x1.12.31.이다. 전산세무회계 수험용 프로그램을 이용하여 다음 물음에 답하시오.

문제 1 다음은 [기초정보관리] 및 [전기분재무제표]에 대한 자료이다. 각각의 요구사항에 대하여 답하시오. (10점)

[1] 다음 자료를 이용하여 [계정과목 및 적요등록] 메뉴에서 견본비(판매비및일반관리비) 계정과목의 현금적요를 추가로 등록하시오. (3점)

• 코드 : 842   • 계정과목 : 견본비
• 현금적요 : NO.2 전자제품 샘플 제작비 지급

[2] 세무사랑㈜의 기초 채권 및 채무의 올바른 잔액은 다음과 같다. 주어진 자료를 검토하여 잘못된 부분은 오류를 정정하고, 누락된 부분은 추가하여 입력하시오. (3점)

계정과목	거래처	금액
외상매출금	㈜홍금전기	30,000,000원
	㈜금강기업	10,000,000원
외상매입금	삼신산업	30,000,000원
	하나무역	26,000,000원
받을어음	㈜대호전자	25,000,000원

[3] 전기분 재무제표 중 아래의 계정과목에서 다음과 같은 오류를 발견하였다. 관련 재무제표를
적절하게 수정하시오. (4점)

계정과목	관련 부서	수정 전 잔액	수정 후 잔액
전력비	생산부	2,000,000원	4,200,000원
수도광열비	영업부	3,000,000원	1,100,000원

문제 2 다음의 거래 자료를 [일반전표입력] 메뉴를 이용하여 입력하시오(일반전표입력의 모든 거래는 부가가치세를 고려하지 말 것). (18점)

[1] 07월 03일 영업부 사무실로 사용하기 위하여 세무빌딩과 사무실 임대차계약을 체결하고, 보증금 6,000,000원 중 계약금 600,000원을 보통예금(우리은행) 계좌에서 이체하여 지급하였다. 잔금은 다음 달에 지급하기로 하였다. (3점)

[2] 08월 01일 하나카드의 7월분 매출대금 3,500,000원에서 가맹점수수료 2%를 차감한 금액이 당사의 보통예금 계좌로 입금되었다(단, 신용카드 매출대금은 외상매출금으로 처리하고 있다). (3점)

[3] 08월 16일 영업부 직원의 퇴직으로 인해 발생한 퇴직금은 8,800,000원이다. 당사는 모든 직원에 대해 전액 확정급여형(DB형) 퇴직연금에 가입하고 있으며, 현재 퇴직연금 운용자산의 잔액은 52,000,000원이다. 단, 퇴직급여충당부채와 퇴직연금충당부채는 설정하지 않았다. (3점)

[4] 08월 23일 나라은행으로부터 차입한 대출금 20,000,000원(대출기간 : 2021.01.01.~20x2.12.31.)을 조기 상환하기로 하고, 이자 200,000원과 함께 보통예금 계좌에서 이체하여 지급하다. (3점)

[5] 11월 05일 ㈜다원의 제품매출 외상대금 4,000,000원 중 3,000,000원은 동점 발행 약속어음으로 받고, 1,000,000원은 금전소비대차계약(1년 대여)으로 전환하였다. (3점)

[6] 11월 20일 사업용 중고트럭 취득과 관련된 취득세 400,000원을 현금으로 납부하였다. (3점)

문제 3 다음 거래 자료를 [매입매출전표입력] 메뉴에 입력하시오. (18점)

[1] 08월 17일 구매확인서에 의해 수출용 제품의 원재료를 ㈜직지상사로부터 매입하고 영세율전자세금계산서를 발급받았다. 매입대금 중 10,000,000원은 외상으로 하고, 나머지 금액은 당사가 발행한 3개월 만기 약속어음으로 지급하였다. (3점)

영세율전자세금계산서					승인번호		20230817-15454645-58811574		
공급자	등록번호	136-81-29187	종사업장번호		공급받는자	등록번호	123-81-95681	종사업장번호	
	상호(법인명)	㈜직지상사	성명	나인세		상호(법인명)	세무사랑㈜	성명	이진우
	사업장주소	서울특별시 동작구 여의대방로 35				사업장주소	울산광역시 중구 종가로 405-3		
	업태	도소매	종목	전자제품		업태	제조 외	종목	전자제품 외
	이메일					이메일			
						이메일			
작성일자		공급가액		세액		수정사유		비고	
20x1-08-17		15,000,000원		0원		해당 없음			
월	일	품목	규격	수량	단가		공급가액	세액	비고
08	17	원재료			15,000,000원		15,000,000원		
합계금액		현금		수표		어음		외상미수금	위 금액을 (청구) 함
15,000,000원						5,000,000원		10,000,000원	

[2] 08월 28일 제조부 직원들에게 지급할 작업복을 이진컴퍼니로부터 공급가액 1,000,000원(부가가치세 별도)에 외상으로 구입하고 종이세금계산서를 발급받았다. (3점)

[3] 09월 15일 우리카센타에서 공장용 화물트럭을 수리하고 수리대금 242,000원(부가가치세 포함)은 현금으로 결제하면서 지출증빙용 현금영수증을 받았다(단, 수리대금은 차량유지비로 처리할 것). (3점)

[4] 09월 27일 인사부가 사용할 직무역량 강화용 책을 ㈜대한도서에서 구입하면서 전자계산서를 수취하고 대금은 외상으로 하다. (3점)

전자계산서					승인번호		20230927-15454645-58811886		
공급자	등록번호	120-81-32052	종사업장번호		공급받는자	등록번호	123-81-95681	종사업장번호	
	상호(법인명)	㈜대한도서	성명	박대한		상호(법인명)	세무사랑㈜	성명	이진우
	사업장주소	인천시 남동구 서해2길				사업장주소	울산광역시 중구 종가로 405-3		
	업태	도소매	종목	도서		업태	제조	종목	전자제품
	이메일					이메일			
						이메일			

작성일자	공급가액	수정사유	비고
20x1-09-27	200,000원	해당 없음	

월	일	품목	규격	수량	단가	공급가액	비고
09	27	도서(직장생활 노하우 외)			200,000원	200,000원	

합계금액	현금	수표	어음	외상미수금	위 금액을 **(청구)** 함
200,000원				200,000원	

[5] 09월 30일 ㈜세무렌트로부터 영업부에서 거래처 방문용으로 사용하는 승용차(배기량 2,000cc, 5인승) 의 당월분 임차료에 대한 전자세금계산서를 수취하였다. 당월분 임차료는 다음 달에 결제될 예정이다. (3점)

전자세금계산서					승인번호		20230930-15454645-58811886		
공급자	등록번호	105-81-23608	종사업장번호		공급받는자	등록번호	123-81-95681	종사업장번호	
	상호(법인명)	㈜세무렌트	성명	왕임차		상호(법인명)	세무사랑㈜	성명	이진우
	사업장주소	서울시 강남구 강남대로 8				사업장주소	울산광역시 중구 종가로 405-3		
	업태	서비스	종목	임대		업태	제조	종목	전자제품
	이메일					이메일			
						이메일			

작성일자	공급가액	세액	수정사유	비고
20x1-09-30	700,000원	70,000원	해당 없음	

월	일	품목	규격	수량	단가	공급가액	세액	비고
09	30	차량렌트대금(5인승)	2,000cc	1	700,000원	700,000원	70,000원	

합계금액	현금	수표	어음	외상미수금	위 금액을 **(청구)** 함
770,000원				770,000원	

[6] 10월 15일 우리자동차㈜에 공급한 제품 중 일부가 불량으로 판정되어 반품 처리되었으며, 수정전자세금계산서를 발행하였다. 대금은 해당 매출 관련 외상매출금과 상계하여 처리하기로 하였다(단, 음수(−)로 회계처리할 것). (3점)

전자세금계산서				승인번호	20231015-58754645-58811367		
공급자	등록번호	123-81-95681	종사업장번호	공급받는자	등록번호	130-86-55834	종사업장번호
	상호(법인명)	세무사랑㈜	성명 이진우		상호(법인명)	우리자동차㈜	성명 신방자
	사업장주소	울산광역시 중구 종가로 405-3			사업장주소	서울특별시 강남구 논현로 340	
	업태	제조	종목 전자제품		업태	제조	종목 자동차(완성차)
	이메일				이메일		
					이메일		

작성일자	공급가액	세액	수정사유	비고
20x1-10-15	− 10,000,000원	− 1,000,000원	일부 반품	품질 불량으로 인한 반품

월	일	품목	규격	수량	단가	공급가액	세액	비고
10	15	제품				− 10,000,000원	− 1,000,000원	

합계금액	현금	수표	어음	외상미수금	위 금액을 (청구) 함
− 11,000,000원				− 11,000,000원	

문제 4 [일반전표입력] 및 [매입매출전표입력] 메뉴에 입력된 내용 중 다음과 같은 오류가 발견되었다. 입력된 내용을 확인하여 정정하시오. (6점)

[1] 07월 06일 ㈜상문의 외상매입금 3,000,000원을 보통예금 계좌에서 이체한 것이 아니라 제품을 판매하고 받은 상명상사 발행 약속어음 3,000,000원을 배서하여 지급한 것으로 밝혀졌다. (3점)

[2] 12월 13일 영업부 사무실의 전기요금 121,000원(공급대가)을 현금 지급한 것으로 일반전표에 회계처리하였으나, 이는 제조공장에서 발생한 전기요금으로 한국전력공사로부터 전자세금계산서를 수취한 것으로 확인되었다. (3점)

문제 5   결산정리사항은 다음과 같다. 해당 메뉴에 입력하시오. (9점)

[1] 결산일을 기준으로 대한은행의 장기차입금 50,000,000원에 대한 상환기일이 1년 이내에 도래할 것으로 확인되었다. (3점)

[2] 무형자산인 특허권(내용연수 5년, 정액법)의 전기 말 상각후잔액은 24,000,000원이다. 특허권은 20x0년 1월 10일에 취득하였으며, 매년 법정 상각범위액까지 무형자산상각비로 인식하고 있다. 특허권에 대한 당기분 무형자산상각비(판)를 계상하시오. (3점)

[3] 당기 법인세비용은 13,500,000원으로 산출되었다(단, 법인세 중간예납세액은 선납세금을 조회하여 처리할 것). (3점)

문제 6   다음 사항을 조회하여 답안을   이론문제 답안작성   메뉴에 입력하시오. (9점)

[1] 6월 30일 현재 현금및현금성자산의 전기말 현금및현금성자산 대비 증감액은 얼마인가? 단, 감소한 경우에도 음의 부호(-)를 제외하고 양수로만 입력하시오. (3점)

[2] 20x1년 제1기 부가가치세 확정신고기간(20x1.04.01.~20x1.06.30.)의 매출액 중 세금계산서발급분 공급가액의 합계액은 얼마인가? (3점)

[3] 6월(6월 1일~6월 30일) 중 지예상사에 대한 외상매입금 결제액은 얼마인가? (3점)

제107회 전산회계1급 답안 및 해설

이 론

1	2	3	4	5	6	7	8	9	10	11	12	13	14	15
③	②	①	②	①	①	②	③	④	④	①	③	④	④	③

01. ① 자산 : 자산은 **과거의 거래나 사건의 결과**로서 현재 기업실체에 의해 지배되고 미래에 경제적 효익을 창출할 것으로 기대되는 자원이다.

　　② 부채 : 부채는 과거의 거래나 사건의 결과로 현재 기업실체가 부담하고 있고 미래에 자원의 유출 또는 사용이 예상되는 의무이며, 기업실체가 **현재 시점에서 부담하는 경제적 의무**이다.

　　④ 비용은 차손을 포함한다.

02. 계속기록법과 실지재고조사법을 통해 기말재고자산의 수량을 결정한다.

03. **선일자수표는 받을어음 등으로 처리**한다.

04. ① 기업이 보유하고 있는 토지는 **보유목적에 따라 재고자산, 투자자산, 유형자산**으로 분류될 수 있다.

　　③ 유형자산을 취득한 후에 발생하는 비용은 성격에 따라 당기 비용 또는 자산의 취득가에 포함한다.

　　④ **토지와 건설중인자산은 감가상각을 하지 않는다.**

05. 단기매매증권(A)평가=기말공정가액(700,000)-취득원가(500,000) = 200,000원(이익)

　　단기매매증권(B)평가=기말공정가액(200,000)-취득원가(300,000) = △100,000원(손실)

　　단기매매증권(C)처분= 처분가액(300,000) - 취득원가(250,000) = 50,000원(이익)

　　배당금(A) 수익 = 50,000원(이익)

　　영업외손익 = 단기매매증권평가이익(200,000) - 단기매매증권평가손실(100,000)

　　　　　　　　+배당금수익(50,000)+단기매매증권처분이익(50,000)=200,000원(수익)

06. 사채의 **액면발행, 할인발행, 할증발행 여부와 관계없이 액면이자는 매년 동일**하다.

　　② **할증발행 시 사채상환할증금 제거로 유효이자는 매년 감소**한다.

　　③ **사채발행비는 사채발행가액에서 차감**한다.

　　④ **할인발행 또는 할증발행 시 발행차금의 상각액 및 환입액은 매년 증가**한다.

07. ① 주식발행초과금 : 자본잉여금

　　③ 자기주식 : 자본조정

　　④ 매도가능증권평가손익 : 기타포괄손익누계액

08. 자본적지출을 수익적지출로 잘못 처리했을 경우 당기 **비용은 과대계상되어** 당기의 당기순이익은 과소계상되고, 차기의 감가상각비는 과소계상되어 **차기의 당기순이익은 과대계상**된다.

09. 자산을 다른 용도로 사용하는 것은 기회원가에 해당한다. 대체 자산 취득 시 **기존 자산의 취득원가는 의사결정에 영향을 주지 않는 경우 매몰원가에 해당**한다.

10. 변동원가는 관련범위 내에서 조업도가 증가하면 변동원가 총액이 증가하고, **단위당 변동원가는 일정**하다.

11.

<1단계> 물량흐름파악(평균법)			<2단계> 완성품환산량 계산	
평균법			재료비	가공비
	완성품	1,800(100%)	1,800	1,800
	기말재공품	300(70%)	300	210
	계	2,100	**2,100**	**2,010**

12. 재공품과 제품 T계정을 합쳐서 풀면 쉽게 풀 수 있다.

재공품+제품

기초	500,000+800,000	매출원가	1,200,000
당기총제조원가	1,500,000	기말	1,300,000+300,000
계	2,800,000	계	2,800,000

13. 여객운송 용역 중 **택시 여객운송용역은 과세**된다.

14. 폐업하는 경우 **폐업일이 속한 달의 다음 달 25일 이내**에 납세지 관할 세무서장에게 신고하여야 한다.

  ☞ 간이과세자가 간이과세를 포기하는 경우 포기일이 속하는 달의 말일까지 간이과세를 포기하고 다음달 25일까지 간이과세기간에 대한 부가가치세를 신고·납부하여야 한다.

15. **법인사업자의 주주가 변동된 것은 사업자등록 정정 사유**가 아니다.

■■■■ 실 무

문제 1   기초정보관리

[1] [계정과목 및 적요등록]

  842. 견본비＞현금적요＞적요NO : 2, 전자제품 샘플 제작비 지급

[2] [거래처별초기이월]

- 외상매출금 : ㈜홍금전기 3,000,000원 → 30,000,000원으로 수정
- 외상매입금 : 하나무역 12,000,000원 → 26,000,000원으로 수정
- 받을어음 : ㈜대호전자 25,000,000원 추가 입력

[3] [전기분 재무제표]

> 원가명세서 ⇒ 손익계산서 ⇒ 잉여금처분계산서 ⇒ 재무상태표

1. [전기분원가명세서]
   - 전력비 수정 : 2,000,000원 → 4,200,000원
   - 당기제품제조원가 변경 확인 : 94,300,000원 → 96,500,000원
2. [전기분손익계산서]
   - 당기제품제조원가 수정 : 94,300,000원 → 96,500,000원
   - 제품매출원가 변경 확인 : 121,650,000원 → 123,850,000원
   - 수도광열비(판) 수정 : 3,000,000원 → 1,100,000원
   - 당기순이익 변경 확인 : 88,200,000원〉 → 87,900,000원
3. [전기분잉여금처분계산서]> · F6 불러오기
   - 당기순이익 변경 확인 88,200,000원 → 87,900,000원
   - 미처분이익잉여금 및 차기이월미처분이익잉여금 변경 확인 : 134,800,000원 → 134,500,000원
4. [전기분재무상태표]
   - 이월이익잉여금 수정 : 134,800,000원 → 134,500,000원
   - 대차 금액 일치 확인

문제 2 일반전표입력

[1] (차) 선급금(세무빌딩)   600,000   (대) 보통예금   600,000

[2] (차) 보통예금   3,430,000   (대) 외상매출금(하나카드)   3,500,000
     수수료비용(판)   70,000

☞ 카드 가맹점수수료는 영업거래에 해당하므로 판매비와 관리비로 처리해야 한다.

[3] (차) 퇴직급여(판)   8,800,000   (대) 퇴직연금운용자산   8,800,000

☞ 퇴직급여충당부채를 설정하지 않았으므로, 비용 처리하여야 한다.

[4] (차) 장기차입금(나라은행)   20,000,000   (대) 보통예금   20,200,000
     이자비용   200,000

☞ 장기차입금을 조기 상환시 해당 계정과목을 사용합니다.

[5] (차) 받을어음(㈜다원)   3,000,000   (대) 외상매출금(㈜다원)   4,000,000
      단기대여금(㈜다원)   1,000,000

[6] (차) 차량운반구   400,000   (대) 현금   400,000

문제 3 매입매출전표입력

문항	일자	유형	공급가액	부가세	거래처	전자
[1]	8/17	52.영세	15,000,000	–	㈜직지상사	여
분개유형		(차) 원재료		15,000,000 (대)	지급어음	5,000,000
혼합					외상매입금	10,000,000
문항	일자	유형	공급가액	부가세	거래처	전자
[2]	8/28	51.과세	1,000,000	100,000	이진컴퍼니	부
분개유형		(차) 부가세대급금		100,000 (대)	미지급금	1,100,000
혼합		복리후생비(제)		1,000,000		
문항	일자	유형	공급가액	부가세	거래처	전자
[3]	9/15	61.현과	220,000	22,000	우리카센타	–
분개유형		(차) 부가세대급금		22,000 (대)	현금	242,000
현금(혼합)		차량유지비(제)		220,000		
문항	일자	유형	공급가액	부가세	거래처	전자
[4]	9/27	53.면세	200,000	–	㈜대한도서	여
분개유형		(차) 도서인쇄비(판)		200,000 (대)	미지급금	200,000
혼합		(또는 교육훈련비(판))				
문항	일자	유형	공급가액	부가세	거래처	전자
[5]	9/30	54.불공(③)	700,000	70,000	㈜세무렌트	여
분개유형		(차) 임차료(판)		770,000 (대)	미지급금	770,000
혼합						
문항	일자	유형	공급가액	부가세	거래처	전자
[6]	10/15	11.과세	-10,000,000	-1,000,000	우리자동차㈜	여
분개유형		(차) 외상매출금		-11,000,000 (대)	부가세예수금	-1,000,000
					제품매출	-10,000,000
외상(혼합)					(또는 매출환입및에누리(405))	

문제 4 **오류수정**

[1] 7월 6일 일반전표 수정

〈수정전〉

(차) 외상매입금(㈜상문)　　　3,000,000　　（대) 보통예금　　　　　　　　3,000,000

〈수정후〉

(차) 외상매입금(㈜상문)　　　3,000,000　　（대) 받을어음(상명상사)　　　3,000,000

[2] 12월 13일 일반전표 삭제 후 매입매출전표 입력

〈수정전〉 일반전표입력 삭제

(차) 수도광열비(판)　　　　　　121,000　　（대) 현금　　　　　　　　　　121,000

〈수정후〉	유형	공급가액	부가세	거래처	전자
	51.과세	110,000	11,000	한국전력공사	여
분개유형	(차) 부가세대급금	11,000 (대) 현금			121,000
현금(혼합)	전력비(제)	110,000			

문제 5 **결산**

[1] 〈수동결산〉

(차) 장기차입금(대한은행)　　50,000,000　　（대) 유동성장기부채(대한은행)　50,000,000

[2] 〈수동/자동결산〉

(차) 무형자산상각비(판)　　　6,000,000　　（대) 특허권　　　　　　　　6,000,000

• 무형자산상각비 = 장부가액(24,000,000) ÷ 잔여내용연수(5년 −1년)＝6,000,000원

• [결산자료입력]

　기간 : 20x1년 01월~20x1년 12월>4. 판매비와 일반관리비 >6). 무형자산상각비

　　　>특허권 결산반영금액란>6,000,000원 입력>F3전표추가

[3] 〈수동/자동결산〉

(차) 법인세등　　　　　　　　13,500,000　　（대) 법인세등　　　　　　　　6,800,000

　　　　　　　　　　　　　　　　　　　　　　　　미지급세금　　　　　　　　6,700,000

[결산자료입력]

기간 : 20x1년 01월~20x1년 12월>9. 법인세등>• 1). 선납세금 6,800,000원 입력

　　　• 2). 추가계상액 6,700,000원 입력>F3전표추가

문제 6 장부조회

[1] 191,786,000원

> =6월 30일(284,609,000) - 전기말(92,823,000)

- [재무상태표]>기간 : 6월>[제출용] 탭

[2] [390,180,000원

> =과세 세금계산서 발급분 공급가액(351,730,000)+영세 세금계산서발급분 공급가액 (38,450,000)

- [부가가치세신고서]>기간 : 4월 1일~6월 30일 조회

[3] 40,000,000원

- [거래처원장]>기간 : 6월 1일~6월 30일>계정과목 : 251.외상매입금>지예상사 차변금액

제105회 전산회계1급

합격율	시험년월
51%	2022.12

이 론

01. 다음 중 회계상 거래가 아닌 것은?

① 사업을 위하여 10,000,000원을 추가로 출자하다.

② 지급기일이 도래한 약속어음 10,000,000원을 보통예금에서 이체하여 변제하다.

③ 성수기 재고 확보를 위하여 상품 30,000,000원을 추가 주문하기로 하다.

④ 화재가 발생하여 창고에 있던 재고자산 20,000,000원이 멸실되다.

02. 다음은 무엇에 대한 설명인가?

> 기업은 그 목적과 의무를 이행하기에 충분할 정도로 장기간 존속한다고 가정하는 것을 말한다. 즉,
> 기업은 경영활동을 청산하거나 중대하게 축소시킬 의도가 없을 뿐 아니라 청산이 요구되는 상황도
> 없다고 가정된다.

① 계속기업의 가정   ② 기업실체의 가정

③ 기간별보고의 가정   ④ 회계정보의 질적특성

03. 다음 중 일반기업회계기준에 따른 재고자산으로 분류되는 항목은?

① 회계법인의 업무용으로 구입한 컴퓨터

② 임대업을 운영하는 기업의 임대용으로 보유 중인 주택

③ 경영컨설팅을 전문으로 하는 회사에서 시세차익을 목적으로 보유하는 유가증권

④ 조선업을 운영하는 기업의 판매용으로 제조 중인 선박

04. 다음 중 유형자산의 취득원가에 관한 설명으로 가장 잘못된 것은?

① 유형자산은 최초에는 취득원가로 측정한다.

② 유형자산의 취득에 관한 운송비와 설치비용은 취득원가에 가산한다.

③ 사용 중인 건물을 새로운 건물로 신축하기 위하여 철거하는 경우에 기존건물의 장부가액은 새로운 건물의 취득원가에 가산한다.

④ 국·공채를 불가피하게 매입하는 경우에는 동 국·공채의 매입가액과 현재가치와의 차액을 유형자산의 취득원가에 가산한다.

05. 다음 중 무형자산의 상각에 대한 설명으로 바르지 않은 것은?

① 자산이 사용 가능한 때부터 상각을 시작한다.

② 일반적으로 상각기간은 최대 40년까지 가능하다.

③ 합리적인 상각방법을 정할 수 없을 때에는 정액법으로 상각한다.

④ 재무상태표상 표시 방법으로 취득원가에서 무형자산상각누계액을 직접 차감하여 표시하는 직접법과 취득원가에서 무형자산상각누계액을 차감하는 형식으로 표시하는 간접법 모두 허용된다.

06. 다음 중 주요장부로 구분할 수 있는 것은?

① 현금출납장   ② 분개장   ③ 정산표   ④ 합계잔액시산표

07. 다음의 자본항목 중 기타포괄손익누계액에 해당하는 것은?

① 매도가능증권평가손익   ② 감자차손

③ 자기주식   ④ 주식할인발행차금

08. 다음 자료를 이용하여 매출총이익을 계산하면 얼마인가?

• 순매출액	475,000원	• 기초상품재고액	100,000원
• 매입할인	5,000원	• 총매입액	200,000원
• 매입환출	5,000원	• 기말상품재고액	110,000원

① 300,000원   ② 295,000원   ③ 290,000원   ④ 280,000원

09. 다음 자료를 참고로 가공원가를 계산하면 얼마인가?

- 직접재료원가 1,000,000원
- 직접노무원가 1,600,000원
- 변동제조간접원가 600,000원(변동제조간접원가는 총제조간접원가의 30%이다.)

① 1,600,000원   ② 2,600,000원

③ 3,600,000원   ④ 4,300,000원

10. 다음 그래프의 원가행태에 해당하는 원가는 무엇인가?

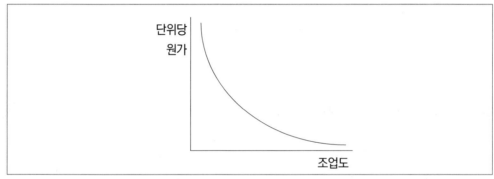

① 직접재료비   ② 공장 사무실의 전화요금

③ 기계장치 가동에 필요한 연료비   ④ 공장건물의 임차료

11. 다음 자료를 이용하여 평균법에 의한 가공원가 완성품 환산량을 계산하면 얼마인가? (단, 재료비는 공정 초기에 전량 투입되며, 가공비는 공정 전반에 걸쳐 균등하게 발생한다.)

- 기초재공품 수량 : 1,000개(완성도 20%)   • 당기 완성품 수량 : 8,000개
- 당기 착수량 : 10,000개   • 기말 재공품 수량 : 3,000개(완성도 60%)

① 8,000개   ② 9,000개   ③ 9,800개   ④ 10,000개

12. 다음 중 개별원가계산과 종합원가계산에 대한 설명으로 잘못된 것은?

① 종합원가계산은 동일 규격의 제품이 반복하여 생산되는 경우 사용된다.
② 종합원가계산은 각 작업별로 원가보고서를 작성한다.
③ 개별원가계산은 주문에 의해 각 제품을 별도로 제작, 판매하는 제조업에 사용된다.
④ 개별원가계산은 주문받은 개별 제품별로 작성된 작업원가표에 집계하여 원가를 계산한다.

13. 다음 중 부가가치세법상 납세의무자에 대한 설명으로 옳지 않은 것은?

① 영리목적을 추구하는 사업자만이 납세의무를 진다.
② 사업설비를 갖추고 계속·반복적으로 재화나 용역을 공급하는 자가 해당한다.
③ 인적·물적 독립성을 지닌 사업자가 해당한다.
④ 면세대상이 아닌 과세대상 재화·용역을 공급하는 자가 해당한다.

14. 다음 중 부가가치세법상 면세제도와 관련한 내용으로 옳은 것은?

① 건물이 없는 토지의 임대, 약사가 공급하는 일반의약품은 면세에 해당한다.
② 면세제도는 사업자의 세부담을 완화하기 위한 완전면세제도이다.
③ 면세를 포기하고자 하는 경우 포기일부터 1개월 이내에 사업자등록을 정정하여야 한다.
④ 면세포기를 신고한 사업자는 신고한 날부터 3년간은 면세를 적용받지 못한다.

15. 다음은 부가가치세법상 무엇에 대한 설명인가?

> 둘 이상의 사업장이 있는 사업자는 부가가치세를 주된 사업장에서 총괄하여 납부할 수 있다. 이는 사업자의 납세편의를 도모하고 사업장별로 납부세액과 환급세액이 발생하는 경우 자금부담을 완화시켜주기 위한 제도이다.

① 납세지   ② 사업자단위과세제도
③ 전단계세액공제법   ④ 주사업장총괄납부

실 무

㈜천안테크(3105)는 자동차부품을 제조하여 판매하는 중소기업이며, 당기의 회계기간은 20x1.1.1.~ 20x1.12.31.이다. 전산세무회계 수험용 프로그램을 이용하여 다음 물음에 답하시오.

문제 1 다음은 기초정보관리와 전기분 재무제표에 대한 자료이다. 각각의 요구사항에 대하여 답하시오.(10점)

[1] 전기분 재무상태표에서 토지의 가액이 11,000,000원 과소입력되어 있으며 건물의 가액은 11,000,000원 과대입력되어 있음을 확인하였다. 전기분 재무상태표를 수정하시오. (3점)

[2] 다음 자료를 이용하여 [계정과목및적요등록] 메뉴에서 계정과목을 등록하시오. (3점)

• 코드 : 824	• 계정과목 : 운반비	• 현금적요 : 4. 택배운송비 지급

[3] 거래처별 초기이월 채권과 채무잔액은 다음과 같다. 자료에 맞게 추가입력이나 정정 및 삭제하시오. (4점)

계정과목	거래처	금액	재무상태표 금액
외상매출금	㈜보령전자	10,200,000원	59,000,000원
	대전전자㈜	12,000,000원	
	평택전자㈜	36,800,000원	
지급어음	대덕전자부품㈜	10,000,000원	37,000,000원
	명성전자㈜	27,000,000원	

문제 2 다음 거래 자료를 일반전표입력 메뉴에 추가 입력하시오.(일반전표입력의 모든 거래는 부가가치세를 고려하지 말 것)(18점)

[1] 08월 16일 영업부 사무실의 파손된 유리창을 교체하고, 대금 2,800,000원은 당좌수표를 발행하여 지급하다(수익적 지출로 처리하시오). (3점)

[2] 09월 30일 ㈜창창기계산업에 9월 20일 제품을 판매하고 발생한 외상매출금 10,000,000원을 약정기일보다 10일 빠르게 회수하여 외상매출금의 3%를 할인해 주었다. 대금은 보통예금 계좌에 입금되었다. (3점)

[3] 10월 27일 주당 액면가액이 10,000원인 보통주 2,000주를 주당 13,000원에 발행하고, 신주납입대금은 신주 발행에 소요된 비용 400,000원을 차감한 잔액이 보통예금 계좌에 입금되었다(단, 하나의 전표로 처리하며 신주 발행 전 주식할인발행차금 잔액은 없는 것으로 한다). (3점)

[4] 10월 28일 수입한 원재료에 부과되는 관세 1,500,000원과 통관수수료 500,000원을 보통예금 계좌에서 이체하였다. (3점)

[5] 10월 29일 영업부에서 제품홍보물 제작비용 510,000원을 탱탱광고사에 국민카드(법인)로 결제하였다. (3점)

[6] 11월 30일 ㈜동행기업의 파산으로 인해 단기대여금 3,000,000원이 회수불능되어 대손처리를 하였다(단, 단기대여금에 대한 대손충당금 현재 잔액은 660,000원이다). (3점)

문제 3 다음 거래 자료를 매입매출전표입력 메뉴에 입력하시오.(18점)

[1] 07월 20일 원재료를 구입하면서 발생한 운반비 33,000원(부가가치세 포함)을 일반과세자인 상록택배에 보통예금 계좌에서 지급하고, 지출증빙용 현금영수증을 수취하였다. (3점)

[2] 09월 30일 ㈜청주자동차에 제품을 판매하고 다음의 전자세금계산서를 발급하였다. (3점)

전자세금계산서					승인번호		20220930 - 15454645 - 58811886		
공급자	등록번호	307-81-12347	종사업장번호		공급받는자	등록번호	126-87-10121	종사업장번호	
	상호(법인명)	㈜천안테크	성명	김도담		상호(법인명)	㈜청주자동차	성명	하민우
	사업장주소	충청남도 천안시 동남구 가마골1길 5				사업장주소	충청북도 청주시 중대로1번길 21-26		
	업태	제조도매	종목	자동차부품		업태	제조	종목	자동차
	이메일					이메일			
						이메일			
작성일자		공급가액		세액		수정사유	비고		
20x1-09-30		25,000,000원		2,500,000원		해당 없음			
월	일	품목	규격	수량	단가	공급가액	세액	비고	
09	30	자동차부품		10	2,500,000원	25,000,000원	2,500,000원		
합계금액		현금		수표		어음	외상미수금	위 금액을 **(청구)** 함	
27,500,000원						25,000,000	2,500,000		

[3] 11월 07일 싱가포르에 소재한 글로벌인더스트리와 $42,000에 직수출하기로 계약한 제품의 선적을 완료하였다. 수출대금은 5개월 후에 받기로 하였으며, 선적일의 기준환율은 1,200원/$이다 (단, 수출신고번호 입력은 생략한다). (3점)

[4] 12월 07일 제품 110,000원(부가가치세 포함)을 비사업자인 강태오에게 판매하고 현금을 수취하였으나 현금영수증을 발급하지 않았다. (3점)

[5] 12월 20일 생산부 직원들에게 간식으로 제공하기 위한 샌드위치를 커피프린스(일반과세자)에서 신용카드로 구매하였다. (3점)

단말기번호	14359661 08750002 040017		전표번호
카드종류	신한카드		008202
회원번호	9435-2802-7580-0500		
유효기간	거 래 일 시	취소시당초거래일	
2025/09	20x1/12/20 14:32		
거래유형	신용승인	품명	샌드위치
결제방법	일시불	금 액 AMOUNT	600 000
매장명		부가세 VAT	60 000
판매자		봉사료 S/C	
은행확인	신한카드		
대표자		합 계 TOTAL	660 000
알림/NOTICE	제출	승인번호	00360380
가맹점주소	서울 용산구 부흥로2가 15-2		
가맹점번호	104108086		
사업자등록번호	106-62-61190		
가맹점명	커피프린스		
문의전화/HELP TEL. TEL:1544-4700 (회원용)		서명/SIGNATURE	

[6] 12월 30일 영업부는 거래처의 20주년 창립기념일을 맞아 축하선물로 보내기 위한 집기비품을 두리상사로부터 2,200,000원(부가가치세 포함)에 구입하고 전자세금계산서를 발급받았으며, 대금은 보통예금 계좌에서 이체하여 지급하였다. (3점)

문제 4 **[일반전표입력] 및 [매입매출전표입력] 메뉴에 입력된 내용 중 다음과 같은 오류가 발견되었다. 입력된 내용을 확인하여 수정 또는 삭제, 추가 입력하여 오류를 정정하시오. (6점)**

[1] 12월 01일 임시 물류창고로 사용하기 위해 임대업자 나자비씨와 물류창고 임대차계약서를 작성하고 보증금 20,000,000원 전액을 보통예금 계좌에서 이체하였다. 이에 대해 임대보증금으로 회계처리하였다. (3점)

[2] 12월 09일 전의카센터에 생산부의 운반용 트럭의 수리비용 990,000원(부가가치세 포함)을 보통예금 계좌에서 지급하고 전자세금계산서를 발급받았으나, 일반전표로 회계처리하였다. (3점)

문제 5 **결산정리사항은 다음과 같다. 해당 메뉴에 입력하시오.(9점)**

[1] 부가가치세 제2기 확정신고기간에 대한 부가세예수금은 62,346,500원, 부가세대급금이 52,749,000원일 때 부가가치세를 정리하는 회계처리를 하시오. 단, 납부세액(또는 환급세액)은 미지급세금(또는 미수금)으로 회계처리하고, 불러온 자료는 무시한다. (3점)

[2] 단기차입금에는 거래처 아메리칸테크㈜에 대한 외화차입금 30,000,000원(미화 $30,000)이 계상되어 있다(회계기간 종료일 현재 기준환율 : 미화 1$당 1,100원). (3점)

[3] 당사가 단기시세차익을 목적으로 취득한 ㈜삼호산업 주식의 취득가액 및 기말 현재 공정가액은 다음과 같으며, 공정가액으로 평가하기로 한다. (3점)

주식명	20x1.04.25. 취득가액	20x1.12.31. 공정가액
㈜삼호산업	64,000,000원	49,000,000원

문제 6 다음 사항을 조회하여 답안을 　이론문제 답안작성　 메뉴에 입력하시오.(9점)

[1] 부가가치세 제1기 확정신고기간(4월~6월) 중 매입한 사업용 고정자산의 매입세액은 얼마인가? (3점)

[2] 2분기(4월~6월) 중 발생한 수수료비용(판매비및관리비)은 얼마인가? (3점)

[3] 6월 30일 현재 외상매출금 잔액이 가장 많은 거래처명과 금액은 얼마인가? (3점)

제105회 전산회계1급 답안 및 해설

■ 이 론

1	2	3	4	5	6	7	8	9	10	11	12	13	14	15
③	①	④	③	②	②	①	②	③	④	③	②	①	④	④

01. 추가주문하기로 한 것은 순자산 변동이 없으므로 회계상 거래가 아니다.

03. 재고자산은 **판매용으로 보유하는 자산을 의미**한다.

　① 업무용비품-유형자산, ② 임대용주택(임대업)-유형자산, ③시세차익목적- 투자자산

04. **새로운 건물을 신축하기 위하여 기존건물을 철거하는 경우 기존건물의 장부가액은 제거하여 유형자산처분손실**로 하고, 철거비용은 당기 비용처리 한다.

05. 특별한 경우를 제외하고는 **무형자산의 상각기간은 20년을 초과할 수 없다.**

06. 주요장부에는 **총계정원장과 분개장**이 있다.

07. **감자차손, 자기주식, 주식할인발행차금은 자본조정항목**에 해당한다.

08. 순매입=총매입(200,000) - 매입할인(5,000) - 매입환출(5,000) = 190,000원

상　품

기초상품	100,000	*매출원가*	*180,000*
순매입액	190,000	기말상품	110,000
계	290,000	계	290,000

매출총이익=순매출액(475,000) - 매출원가(180,000)=295,000원

09. 총제조간접원가=변동제조간접원가(600,000)÷0.3 = 2,000,000원

가공원가=직접노무원가(1,600,000)+총제조간접원가(2,000,000)=3,600,000원

10. 고정원가에 대한 그래프이다.

　① 변동원가, ② 준변동원가, ③ 변동원가에 해당한다.

11.

〈1단계〉 물량흐름파악(평균법)		〈2단계〉 완성품환산량 계산	
평균법		재료비	가공비
완성품	8,000(100%)		8,000
기말재공품	3,000(60%)		1,800
계	11,000		**9,800**

12. **종합원가계산은 각 공정별로 원가보고서를 작성**한다.

13. 부가가치세의 **납세의무는 사업목적이 영리인지 비영리인지 관계없이 발생**한다.

14. 면세제도는 부가가치세의 역진성완화를 위한 제도로 부분면세제도이며, 면세포기 시 지체없이 등록 신청하여야 한다. 나대지의 토지 임대와 일반의약품은 과세대상이다.

실 무

문제 1 기초정보관리

[1] [전기분재무상태표]

　　1.토지 : 20,000,000원 → 31,000,000원 수정입력

　　2.건물 : 150,000,000원 → 139,000,000원 수정입력

[2] [계정과목및적요등록]

　　824. 운반비 〉 현금적요란 〉 적요NO : 4, 택배운송비 지급

[3] [거래처별초기이월]

　　1.외상매출금 〉• ㈜보령전자 : 12,000,000원 → 10,200,000원으로 수정

　　　　　　　　• 평택전자㈜ : 3,680,000원 → 36,800,000원으로 수정

　　2.지급어음 〉• 대덕전자부품㈜ : 1,000,000원 → 10,000,000원으로 수정

　　　　　　　• 명성전자㈜ : 20,000,000원 → 27,000,000원으로 수정

문제 2 일반전표입력

[1]　(차) 수선비(판)　　　　　2,800,000　　(대) 당좌예금　　　　　　　　　2,800,000

[2]　(차) 보통예금　　　　　　9,700,000　　(대) 외상매출금(㈜창창기계산업) 10,000,000
　　　　　매출할인(406)　　　　 300,000

[3]　(차) 보통예금　　　　　 25,600,000　　(대) 자본금　　　　　　　　　20,000,000
　　　　　　　　　　　　　　　　　　　　　　　　주식발행초과금　　　　　 5,600,000

　　☞신주발행=발행가액(2,000주×13,000 - 400,000)-자본금(2,000주×10,000)=5,600,000원(할증)

[4]　(차) 원재료　　　　　　　2,000,000　　(대) 보통예금　　　　　　　　　2,000,000

　　☞원재료 수입시 관세와 통관수수료는 원재료의 취득 부대비용이다.

[5]　(차) 광고선전비(판)　　　　510,000　　(대) 미지급금(국민카드)　　　　510,000

[6]　(차) 대손충당금(115)　　　660,000　　(대) 단기대여금(㈜동행기업)　3,000,000
　　　　　기타의대손상각비　　2,340,000

문제 3 매입매출전표입력

문항	일자	유형	공급가액	부가세	거래처	전자
[1]	7/20	61.현과	30,000	3,000	상록택배	–
분개유형		(차) 부가세대급금		3,000 (대) 보통예금		33,000
혼합		원재료		30,000		
문항	일자	유형	공급가액	부가세	거래처	전자
[2]	9/30	11.과세	25,000,000	2,500,000	㈜청주자동차	여
분개유형		(차) 외상매출금		2,500,000 (대) 부가세예수금		2,500,000
혼합		받을어음	25,000,000	제품매출		25,000,000
문항	일자	유형	공급가액	부가세	거래처	전자
[3]	11/07	16.수출(①)	50,400,000	0	글로벌인더스트리	–
분개유형		☞과세표준=$42,000×선적일 기준환율(1,200/$)				
혼합		(차) 외상매출금	50,400,000 (대) 제품매출			50,400,000
문항	일자	유형	공급가액	부가세	거래처	전자
[4]	12/07	14.건별	100,000	10,000	강태오	–
분개유형		(차) 현금		110,000 (대) 부가세예수금		10,000
현금(혼합)				제품매출		100,000
문항	일자	유형	공급가액	부가세	거래처	신용
[5]	12/20	57.카과	600,000	60,000	커피프린스	신한카드
분개유형		(차) 부가세대급금		60,000 (대) 미지급금(신한카드)		660,000
카드(혼합)		복리후생비(제)		600,000		
문항	일자	유형	공급가액	부가세	거래처	전자
[6]	12/30	54.불공(④)	2,000,000	200,000	두리상사	여
분개유형		(차) 접대비(판)		2,200,000 (대) 보통예금		2,200,000
혼합						

문제 4 오류수정

[1] 〈수정전〉 12월 1일 일반전표

(차) 임대보증금(나자비)　20,000,000　　(대) 보통예금　20,000,000

〈수정후〉

(차) 임차보증금(나자비)　20,000,000　　(대) 보통예금　20,000,000

[2] 〈수정전〉 12월 1일 일반전표입력 삭제

(차) 차량유지비(판)	990,000	(대) 보통예금		990,000

수정후	유형	공급가액	부가세	거래처	전자
	51.과세	900,000	90,000	전의카센터	여
분개유형	(차) 부가세대급금	90,000	(대) 보통예금		990,000
혼합	차량유지비(제)	900,000			

문제 5 결산

[1] 〈수동결산〉

(차) 부가세예수금	62,346,500	(대) 부가세대급금		52,749,000
		미지급세금		9,597,500

[2] 〈수동결산〉

(차) 외화환산손실	3,000,000	(대) 단기차입금(아메리칸테크㈜)	3,000,000

☞환산손익(부채)=공정가액($30,000×1,100)−장부가액(30,000,000)=3,000,000원(손실)

[3] 〈수동결산〉

(차) 단기매매증권평가손실	15,000,000	(대) 단기매매증권	15,000,000

☞평가손익=공정가액(49,000,000)) − 장부가액(64,000,000) = △15,000,000원(손실)

문제 6 장부조회

[1] 2,500,000원
- [부가가치세신고서] 〉 조회기간 : 4월 1일~6월 30일 〉 고정자산매입(11)란의 세액 확인

[2] 1,200,000원
- [총계정원장(월별)] 〉 조회기간 : 4월 1일~6월 30일 〉 계정과목 : 831.수수료비용 조회

[3] 송도무역, 108,817,500원
- [거래처원장] 〉 조회기간 : 1월 1일~6월 30일 〉 계정과목 : 108.외상매출금 조회

제103회 전산회계1급

합격율	시험년월
38%	2022.08

이 론

01. 다음 중 일반기업회계기준에서 말하는 재무제표에 해당하는 것을 모두 고르면 몇 개인가?

- 재무상태표
- 손익계산서
- 합계잔액시산표
- 수입금액조정명세서
- 자본변동표
- 주석
- 현금흐름표
- 제조원가명세서
- 주주명부

① 5개　　　　② 4개　　　　③ 3개　　　　④ 2개

02. 다음 자료는 20x1년 12월 31일 현재 재무상태표의 각 계정의 잔액이다. 외상매입금은 얼마인가?

- 보통예금 : 300,000원
- 미지급금 : 150,000원
- 외상매출금 : 700,000원
- 자본금 : 300,000원
- 외상매입금 : ?
- 이익잉여금 : 100,000원

① 450,000원　　② 550,000원　　③ 750,000원　　④ 850,000원

03. 도소매업을 영위하는 ㈜미래가 기말 결산 시 영업활동에 사용 중인 차량에 대한 아래의 회계처리를 누락한 경우 재무상태표와 손익계산서에 미치는 영향을 설명한 것으로 옳은 것은?

(차) 감가상각비	1,000,000원	(대) 감가상각누계액	1,000,000원

① 재무상태표상 유동자산이 1,000,000원 과대표시 된다.
② 재무상태표상 비유동자산이 1,000,000원 과소표시 된다.
③ 손익계산서상 영업이익이 1,000,000원 과대표시 된다.
④ 손익계산서상 영업외수익이 1,000,000원 과대표시 된다.

04. 다음 중 기말 결산 시 원장의 잔액을 차기로 이월하는 방법을 통하여 장부를 마감하는 계정과목이 아닌 것은?

① 선수금　　　② 기부금　　　③ 개발비　　　④ 저장품

05. 다음 중 회계정보의 질적특성에 대한 설명으로 잘못된 것은?

① 회계정보의 질적특성이란 회계정보가 유용하기 위해 갖추어야 할 주요 속성을 말한다.

② 회계정보의 질적특성은 회계정보의 유용성의 판단기준이 된다.

③ 회계정보가 갖추어야 할 가장 중요한 질적특성은 목적적합성과 신뢰성이다.

④ 비교가능성은 목적적합성과 신뢰성보다 중요한 질적특성이다.

06. 다음 거래에 대한 회계처리 시 나타나는 거래요소의 결합관계를 아래의 보기에서 모두 고른 것은?

단기대여금 50,000원과 그에 대한 이자 1,000원을 현금으로 회수하다.

〈보기〉

| 가. 자산의 증가 | 나. 자산의 감소 | 다. 부채의 증가 |
| 라. 부채의 감소 | 마. 수익의 발생 | 바. 비용의 발생 |

① 가, 나, 바   ② 나, 다, 마

③ 나, 라, 바   ④ 가, 나, 마

07. 다음 중 자본에 대한 설명으로 가장 옳지 않은 것은?

① 자본은 기업의 자산에서 모든 부채를 차감한 후의 잔여지분을 의미한다.

② 잉여금은 자본거래에 따라 이익잉여금, 손익거래에 따라 자본잉여금으로 구분한다.

③ 주식의 발행금액 중 주권의 액면을 초과하여 발행한 금액을 주식발행초과금이라 한다.

④ 주식으로 배당하는 경우 발행주식의 액면금액을 배당액으로 하여 자본금의 증가와 이익잉여금의 감소로 회계처리한다.

08. 다음 중 일반기업회계기준에 의한 수익인식기준으로 가장 옳지 않은 것은?

① 상품권 판매 : 물품 등을 제공 또는 판매하여 상품권을 회수한 때 수익을 인식한다.

② 위탁판매 : 위탁자는 수탁자가 해당 재화를 제3자에게 판매한 시점에 수익을 인식한다.

③ 광고매체수수료 : 광고 또는 상업방송이 대중에게 전달될 때 수익을 인식한다.

④ 주문형 소프트웨어의 개발 수수료 : 소프트웨어 전달 시에 수익을 인식한다.

09. 원가 및 비용의 분류 중 제조원가에 해당하는 것은?

① 원재료 운반용 차량의 처분손실

② 영업용 차량의 처분손실

③ 생산부 건물 경비원의 인건비

④ 영업부 사무실의 소모품비

10. 다음 중 보조부문원가의 배분방법이 아닌 것은?

① 직접배분법   ② 비례배분법   ③ 상호배분법   ④ 단계배분법

11. 다음 자료를 이용하여 당기제품제조원가를 구하시오.

- 기초제품재고액 : 90,000원
- 당기총제조비용 : 1,220,000원
- 기말제품재고액 : 70,000원
- 매출원가 : 1,300,000원

① 1,280,000원   ② 1,400,000원   ③ 2,680,000원   ④ 2,860,000원

12. 다음 중 공손에 대한 설명으로 옳지 않은 것은?

① 공손품은 정상품에 비하여 품질이나 규격이 미달하는 불합격품을 말한다.
② 공손품은 원재료의 불량, 작업자의 부주의 등의 원인에 의해 발생한다.
③ 정상공손이란 효율적인 생산과정에서도 발생하는 공손을 말한다.
④ 정상 및 비정상 공손품의 원가는 발생한 기간의 손실로서 영업외비용으로 처리한다.

13. 다음 중 부가가치세에 대한 설명으로 잘못된 것은?

① 부가가치세 납부세액은 매출세액에서 매입세액을 뺀 금액으로 한다.
② 법인사업자는 부가가치세법상 전자세금계산서 의무발급 대상자이다.
③ 금전 외의 대가를 받은 경우 공급가액은 자기가 공급받은 재화 또는 용역의 시가로 한다.
④ 부가가치세는 납세의무자와 담세자가 다를 것을 예정하고 있는 세목에 해당한다.

14. 다음 중 부가가치세법에 따른 재화 또는 용역의 공급시기에 대한 설명으로 옳지 않은 것은?

① 현금판매, 외상판매의 경우 재화가 인도되거나 이용 가능하게 되는 때이다.
② 장기할부판매의 경우 대가의 각 부분을 받기로 한 때이다.
③ 반환조건부 판매의 경우 조건이 성취되거나 기한이 지나 판매가 확정되는 때이다.
④ 폐업 시 잔존재화의 경우 재화가 실제 사용하거나 판매되는 때이다.

15. 다음 중 부가가치세법상 납세지에 대한 설명으로 옳지 않은 것은?

① 사업자의 납세지는 각 사업장의 소재지로 한다.
② 제조업의 납세지는 최종제품을 완성하는 장소를 원칙으로 한다.
③ 광업의 납세지는 광구 내에 있는 광업사무소의 소재지를 원칙으로 한다.
④ 무인자동판매기를 통하여 재화를 공급하는 사업의 납세지는 무인자동판매기를 설치한 장소로 한다.

■■■■■ 실 무

㈜일진자동차(3103)는 자동차특장을 제조하여 판매하는 중소기업으로, 당기의 회계 20x1.1.1.~
20x1.12.31.이다. 전산세무회계 수험용 프로그램을 이용하여 다음 물음에 답하시오.

문제 1 다음은 [기초정보관리] 및 [전기분재무제표]에 대한 자료이다. 각각의 요구사항에 대하여
답하시오. (10점)

[1] 다음은 ㈜일진자동차의 사업자등록증이다. [회사등록] 메뉴에 입력된 내용을 검토하여 누락분은 추가입
력하고 잘못된 부분은 정정하시오(주소입력 시 우편번호는 입력하지 않아도 무방함). (3점)

🔵 국세청
nts.go.kr

사 업 자 등 록 증

(법인사업자)

등록번호 : 134-86-81692

법 인 명 (단 체 명) : ㈜일진자동차
대   표   자 : 김일진

개 업 연 월 일 : 2016년 05월 06일   법인등록번호 : 110111-1390212
사 업 장 소 재 지 : 경기도 화성시 송산면 마도북로 40

본 점 소 재 지 : 경기도 화성시 송산면 마도북로 40

사 업 의 종 류 :   업태 제조업   종목 자동차특장

발 급 사 유 : 신규

사업자 단위 과세 적용사업자 여부 : 여( ) 부(∨)
전자세금계산서 전용 전자우편주소 :

2016 년 05 월 04 일

화 성 세 무 서

🔵 국세청
National Tax Service

---

[2] 다음 자료를 이용하여 아래의 계정과목에 대한 적요를 추가로 등록하시오. (3점)

• 계정과목 : 831. 수수료비용   • 현금적요 : (적요NO. 8) 오픈마켓 결제대행 수수료

[3] 전기분 재무제표 중 아래의 계정과목에서 다음과 같은 오류를 발견하였다. 수정 후 잔액이 되도록 적절하게 관련 재무제표를 모두 수정하시오. (4점)

부서	계정과목	수정 전 잔액	수정 후 잔액
영업부	수도광열비	3,300,000원	2,750,000원
생산부	가스수도료	7,900,000원	8,450,000원

문제 2 다음의 거래 자료를 [일반전표입력] 메뉴를 이용하여 입력하시오(일반전표입력의 모든 거래는 부가가치세를 고려하지 말 것). (18점)

[1] 07월 30일 제품을 판매하고 ㈜초코로부터 받은 약속어음 5,000,000원을 만기가 도래하기 전에 보람은행에 할인하고, 할인료 30,000원을 차감한 후 보통예금 계좌로 입금되었다(단, 매각거래로 처리한다). (3점)

[2] 08월 10일 7월분 국민연금보험료를 현금으로 납부하였다. 납부한 총금액은 540,000원이며, 이 중 50%는 직원 부담분이고, 나머지 50%는 회사부담분(제조부문 직원분:180,000원, 관리부문 직원분:90,000원)이다. 단, 회사부담분은 세금과공과로 처리한다. (3점)

[3] 09월 26일 우리은행에 예치한 정기예금 50,000,000원의 만기일이 도래하여 정기예금 이자에 대한 원천징수세액을 차감한 후 보통예금 계좌로 입금되었다(단, 원천징수세액은 자산으로 처리 한다). (3점)

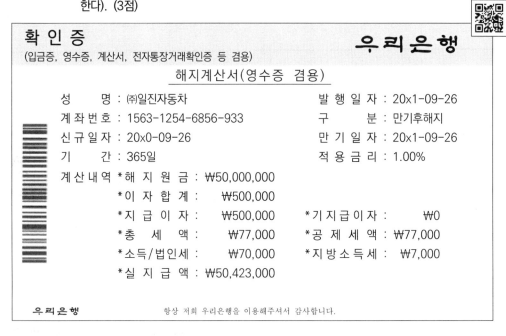

확 인 증
(입금증, 영수증, 계산서, 전자통장거래확인증 등 겸용)

우 리 은 행

해지계산서(영수증 겸용)

성   명 : ㈜일진자동차   발 행 일 자 : 20x1-09-26
계 좌 번 호 : 1563-1254-6856-933   구   분 : 만기후해지
신 규 일 자 : 20x0-09-26   만 기 일 자 : 20x1-09-26
기   간 : 365일   적 용 금 리 : 1.00%
계 산 내 역 * 해 지 원 금 : ₩50,000,000
            * 이 자 합 계 :   ₩500,000
            * 지 급 이 자 :   ₩500,000   * 기 지 급 이 자 :   ₩0
            * 총   세   액 :   ₩77,000   * 공 제 세 액 : ₩77,000
            * 소 득/법 인 세 :   ₩70,000   * 지 방 소 득 세 :   ₩7,000
            * 실 지 급 액 : ₩50,423,000

우 리 은 행   항상 저희 우리은행을 이용해주서서 감사합니다.

[4] 10월 26일 주당 발행가액 6,000원에 유상증자를 실시하여 신주 10,000주(주당 액면가액 5,000원)를 발행하였으며, 주금납입액은 보통예금 계좌에 입금되었다. 단, 증자 전 주식할인발행차금 계 정의 잔액은 1,000,000원이다. (3점)

[5] 10월 29일 아주중고로부터 매입한 원재료에 대한 매입운임 50,000원을 현금으로 지급하였다. (3점)

[6] 11월 08일 제조부문이 사용하고 있는 건물의 증축공사에서 발생한 인건비 15,000,000원을 보통예금 계좌에서 이체하여 지급하였다(단, 해당 비용은 자본적지출에 해당하며, 해당 인건비에 대해 원천징수를 하지 않는다고 가정한다). (3점)

문제 3 다음 자료를 이용하여 입력하시오.(6점)

[1] 09월 30일 제조부문이 사용하는 기계장치의 원상회복을 위한 수선을 하고 수선비 330,000원을 전액 하나카드로 결제하고 다음의 매출전표를 수취하였다(미지급금으로 회계처리 할 것). (3점)

매 출 전 표

단말기번호	11213692	전표번호	234568

카드종류		거래종류	결제방법
하나카드		신용구매	일시불
회원번호(Card No)		취소시 원거래일자	
4140-0202-3245-9959			
유효기간		거래일시	품명
20x2.12.31.		20x1.09.30.	기계수선
전표제출		금 액/AMOUNT	300,000
		부 가 세/VAT	30,000
전표매입사		봉 사 료/TIPS	
		합 계/TOTAL	330,000
거래번호		승인번호/(Approval No.) 98421147	

가 맹 점   ㈜다고쳐
대 표 자   김세무   TEL   031-628-8624
가맹점번호   3685062   사업자번호   204-19-76690
주   소   경기 성남시 수정구 고등동 525-5

서명(Signature)
㈜일진자동차

[2] 10월 11일 아재자동차로부터 원재료 운반용 화물자동차를 매입하고 전자세금계산서를 발급받았으며, 대금 중 3,300,000원은 보관 중인 ㈜삼진의 약속어음을 배서하여 지급하고, 잔액은 외상으로 하였다. (3점)

전자세금계산서					승인번호	20221011-1000000-00009329		
공급자	등록번호	519-15-00319	종사업장번호		공급받는자	등록번호	134-86-81692	종사업장번호	
	상호(법인명)	아재자동차	성명	김아재		상호(법인명)	㈜일진자동차	성명	김일진
	사업장주소					사업장주소	경기도 화성시 송산면 마도북로 40		
	업태	제조,도소매	종목	자동차, 부품		업태	제조	종목	자동차특장
	이메일					이메일			
						이메일			

작성일자	공급가액	세액	수정사유	비고
20x1-10-11	6,000,000원	600,000원	해당 없음	

월	일	품목	규격	수량	단가	공급가액	세액	비고
10	11	화물자동차				6,000,000원	600,000원	

합계금액	현금	수표	어음	외상미수금	위 금액을 (영수) 함 (청구)
6,600,000원			3,300,000원	3,300,000원	

[3] 10월 15일 미국에 소재한 ANGEL사로부터 수입한 원재료에 대하여 수입전자세금계산서(공급가액 5,000,000원, 부가가치세 500,000원)를 인천세관으로부터 발급받고, 이에 관한 부가가치세를 보통예금 계좌에서 이체하였다. (3점)

[4] 11월 04일 ㈜삼양안전으로부터 제조부문에서 사용할 안전용품을 구입하고 아래의 전자세금계산서를 발급받았다. 단, 안전용품은 소모품(자산) 계정을 사용하여 회계처리한다. (3점)

전자세금계산서					승인번호		20221104-1000000-00009331		
공급사	등록번호	109-81-33618	종사업장번호		공급받는자	등록번호	134-86-81692	종사업장번호	
	상호(법인명)	㈜삼양안전	성명	이수진		상호(법인명)	㈜일진자동차	성명	김일진
	사업장주소	경기도 의정부시 부자로 11				사업장주소	경기도 화성시 송산면 마도북로 40		
	업태	도소매	종목	목재		업태	제조	종목	자동차특장
	이메일					이메일			
						이메일			

작성일자	공급가액	세액	수정사유	비고
20x1-11-04	1,600,000원	160,000원	해당 없음	

월	일	품목	규격	수량	단가	공급가액	세액	비고
11	04	안전용품				1,600,000원	160,000원	

합계금액	현금	수표	어음	외상미수금	위 금액을 (영수) 함 (청구)
1,760,000원	300,000원			1,460,000원	

[5] 11월 14일 제조부문에서 사용하던 기계장치(취득원가 50,000,000원, 감가상각누계액 43,000,000원)를 인천상사에 5,000,000원(부가가치세 별도)에 매각하면서 전자세금계산서를 발급하였으며, 대금 중 부가가치세는 현금으로 받고, 나머지는 전액 인천상사가 발행한 약속어음으로 수령하였다. (3점)

[6] 11월 22일 매출처인 ㈜성남의 야유회에 증정할 물품으로 미래마트에서 음료수 550,000원(부가가치세 포함)을 구입하고 전자세금계산서를 발급받고, 대금은 보통예금 계좌에서 이체하여 지급하였다. (3점)

문제 4 [일반전표입력] 및 [매입매출전표입력] 메뉴에 입력된 내용 중 다음과 같은 오류가 발견되었다. 입력된 내용을 확인하여 삭제, 수정 또는 추가 입력하여 오류를 정정하시오. (6점)

[1] 07월 03일 ㈜한성전자의 부도로 미수금 잔액 10,000,000원이 회수불능되어 전액 대손 처리하였으나, 확인 결과 ㈜한성전자의 미수금이 아니라 ㈜성한전기의 미수금이며, 부도 시점에 미수금에 대한 대손충당금 잔액 1,000,000원이 있었던 것으로 확인된다. (3점)

[2] 11월 29일 일시 보유목적으로 시장성 있는 태평상사의 주식 100주를 주당 10,000원에 취득하면서 취득과정에서 발생한 수수료 10,000원도 취득원가로 회계처리 하였다. (3점)

문제 5 결산정리사항은 다음과 같다. 해당 메뉴에 입력하시오. (9점)

[1] 국민은행의 정기예금에 대한 기간경과분 이자수익을 인식하다(단, 월할로 계산할 것). (3점)

• 예금금액 : 60,000,000원	• 예금기간 : 2년(20x1.10.01.~20x3.09.30.)
• 연이자율 : 2%	• 이자지급일 : 연 1회(매년 9월 30일)

[2] 10월 05일 영업부문에서 사용할 소모품 500,000원을 구입하고 자산으로 회계처리 하였다. 결산일 현재 소모품 사용액은 350,000원이다. (3점)

[3] 결산일 현재 외상매출금 잔액의 1%에 대하여 대손이 예상된다. 보충법에 의하여 대손충당금 설정 회계처리를 하시오(단, 대손충당금 설정에 필요한 정보는 관련 데이터를 조회하여 사용할 것). (3점)

문제 6 다음의 결산정리사항을 입력하여 결산을 완료하시오.(12점)

[1] 제1기 부가가치세 확정신고기간(4월~6월) 중 매입세액을 공제받지 않은 공급가액은 얼마인가? (3점)

[2] 제1기 부가가치세 예정신고기간(1월~3월)과 확정신고기간(4월~6월)의 매출세금계산서 발급매수의 차이는 얼마인가? (단, 답이 음수인 경우에도 양수로 입력한다.) (3점)

[3] 4월(4월 1일~4월 30일) 중 외상매출금 회수액은 얼마인가? (3점)

제103회 전산회계1급 답안 및 해설

이 론

1	2	3	4	5	6	7	8	9	10	11	12	13	14	15
①	①	③	②	④	④	②	④	③	②	①	④	③	④	④

01. **재무상태표, 손익계산서, 현금흐름표, 자본변동표, 주석까지 재무제표에 포함**한다.

　수입금액조정명세서, 제조원가명세서, 합계잔액시산표, 주주명부는 재무제표에 포함하지 않는다.

02. 자산총계＝보통예금(300,000)＋외상매출금(700,000)＝1,000,000원

　부채총계＝자산총계(1,000,000) － 자본금(300,000) － 이익잉여금(100,000)＝600,000원

　부채총계(600,000)＝외상매입금(??)＋미지급금(150,000원)　∴외상매입금＝450,000원

03. 비용누락과 자산차감계정(감가상누계액)이 누락되었으므로 손익계산서상에 **영업이익이 과대표시**되고, 재무상태표상 **비유동자산이 과대표시**된다.

04. 재무상태표 계정인 선수금(부채), 개발비(자산), 저장품(자산)은 잔액을 차기이월하는 방법을 통하여 장부 마감을 하여야 하지만, 손익계산서 계정인 ②기부금은 집합손익 원장에 대체하는 방식으로 장부 마감을 하여야 한다. 즉 **재무상태표계정만 차기로 이월**된다.

05. 재무정보의 **비교가능성은 목적적합성과 신뢰성만큼 중요한 질적특성은 아니나**, 목적적합성과 신뢰성을 갖춘 정보가 기업실체간에 비교가능하거나 또는 기간별 비교가 가능할 경우 재무정보의 유용성이 제고될 수 있다.

06. (차) 현금(자산의 증가)　　　　　　51,000원　　　　(대) 단기대여금(자산의 감소)　　50,000원
　　　　　　　　　　　　　　　　　　　　　　　　　　이자수익(수익의 발생)　　　　 1,000원

07. 잉여금은 **자본거래에 따라 자본잉여금, 손익거래에 따라 이익잉여금으로 구분**한다.

08. **주문개발하는 소프트웨어의 대가로 수취하는 수수료는 진행률에 따라 수익을 인식**한다. 이때 진행률은 소프트웨어의 개발과 소프트웨어 인도 후 제공하는 지원용역을 모두 포함하여 결정한다.

09. 자산의 처분으로 인한 손익은 영업외손익으로 처리한다. 영업부 사무실의 소모품비는 판매관리비 항목이다.

10. 보조부문원가 배분방법은 직접배분법, 단계배분법, 상호배분법이다.

11.

제품			
기초제품	90,000	매출원가	1,300,000
당기제품제조원가	**1,280,000**	기말제품	70,000

12. **정상공손품의 원가는 제품 원가의 일부를 구성**한다.

13. 공급가액은 금전 외의 대가를 받는 경우 **자기가 공급한 재화 또는 용역의 시가**로 한다.

14. 폐업 시 잔존재화의 경우 공급시기는 **폐업하는 때**이다.

15. 무인자동판매기를 통하여 재화를 공급하는 사업의 납세지는 **사업에 관한 업무를 총괄하는 장소**로 한다.

실 무

기초정보관리

[1] [회사등록]

  1. 사업자등록번호 : 134-68-81692 → 134-86-81692

  2.사업장주소 : 경기도 화성시 송산면 봉가리 473-1 → 경기도 화성시 송산면 마도북로 40

  3. 업태 : 도소매 → 제조업

  4. 종목 : 자동차 → 자동차특장

  5. 개업연월일 : 2016년 5월 4일→2016년 5월 6일

[2] [계정과목및적요등록]

  831. 수수료비용 〉 현금적요No.8, 오픈마켓 결제대행 수수료

[3] [전기분 재무제표]

원가명세서 ⇒ 손익계산서 ⇒ 잉여금처분계산서 ⇒ 재무상태표

  1. [전기분원가명세서]

  ① 가스수도료 7,900,000원 → 8,450,000원으로 수정

  ② 당기제품제조원가 553,935,000원 → 554,485,000원 변경 확인

  2. [전기분손익계산서]

  ① 제품매출원가 〉 당기제품제조원가 553,935,000원 → 554,485,000원으로 수정

  ② 815.수도광열비 3,300,000원 → 2,750,000원으로 수정

  ③ 당기순이익 83,765,000원 → 83,765,000원 금액 확인

  3. [전기분잉여금처분계산서]

  ① 당기순이익 83,765,000원 확인

  ② 미처분이익잉여금 합계액 121,665,000원 확인

  4. [전기분재무상태표]

  이월이익잉여금 121,665,000원 확인, 대차 일치 여부 확인

문제 2   **일반전표입력**

[1]   (차) 보통예금   4,970,000   (대) 받을어음(㈜초코)   5,000,000
         매출채권처분손실   30,000

[2]   (차) 예수금   270,000   (대) 현금   540,000
         세금과공과(제)   180,000
         세금과공과(판)   90,000

[3]   (차) 보통예금   50,423,000   (대) 정기예금   50,000,000
         선납세금   77,000   이자수익   500,000

[4]   (차) 보통예금   60,000,000   (대) 자본금   50,000,000
                                           주식할인발행차금   1,000,000
                                           주식발행초과금   9,000,000

☞ 주식발행=발행가액(10,000주×6,000)-액면가액(10,000×5,000)=10,000,000원(할증발행)
    주식할인발행차금 잔액(1,000,000) 우선 상계 후 주식발행초과금 계상

[5]   (차) 원재료   50,000   (대) 현금   50,000

[6]   (차) 건물   15,000,000   (대) 보통예금   15,000,000

☞ 증축공사란 기존 건물의 면적을 늘리는 것을 의미하므로 자본적 지출에 해당하며 건물로 회계처리합니다.

문제 3   **매입매출전표입력**

문항	일자	유형	공급가액	부가세	거래처	신용
[1]	9/30	57.카과	300,000	30,000	㈜다고쳐	하나카드
분개유형		(차) 수선비(제)	300,000	(대) 미지급금		330,000
카드(혼합)		부가세대급금	30,000	(하나카드)		
문항	일자	유형	공급가액	부가세	거래처	전자
[2]	10/11	51.과세	6,000,000	600,000	아재자동차	여
분개유형		(차) 차량운반구	6,000,000	(대) 받을어음((주)삼진)		3,300,000
혼합		부가세대급금	600,000	미지급금		3,300,000
문항	일자	유형	공급가액	부가세	거래처	전자
[3]	10/15	55.수입	5,000,000	500,000	인천세관	여
분개유형		(차) 부가세대급금	500,000	(대) 보통예금		500,000
혼합						

문항	일자	유형	공급가액	부가세	거래처	전자
[4]	11/04	51.과세	1,600,000	160,000	㈜삼양안전	여
분개유형		(차) 소모품	1,600,000	(대) 미지급금		1,460,000
혼합		부가세대급금	160,000	현금		300,000

문항	일자	유형	공급가액	부가세	거래처	전자
[5]	11/14	11.과세	5,000,000	500,000	인천상사	여
분개유형		(차) 미수금	5,000,000	(대) 기계장치		50,000,000
		현금	500,000	부가세예수금		500,000
혼합		감가상각누계액	43,000,000			
		유형자산처분손실	2,000,000			

☞ 처분손익=처분가액(5,000,000)-장부가액(50,000,000-43,000,000)=△2,000,000원(손실)

문항	일자	유형	공급가액	부가세	거래처	전자
[6]	11/22	54.불공	500,000	50,000	미래마트	여
		불공제사유:④접대비 및 이와 유사한 비용 관련				
분개유형		(차) 접대비(판)	550,000	(대) 보통예금		550,000
혼합						

문제 4 오류수정

[1] 7월 3일 일반전표 수정

〈수정전〉 (차) 기타의대손상각비   10,000,000   (대) 미수금((주)한성전자)   10,000,000

〈수정후〉 (차) 대손충당금(121)   1,000,000   (대) 미수금((주)성한전기)   10,000,000
          기타의대손상각비   9,000,000

[2] 11월 29일 일반전표 수정

〈수정전〉 (차) 단기매매증권   1,010,000   (대) 현금   1,010,000

〈수정후〉 (차) 단기매매증권   1,000,000   (대) 현금   1,010,000
          수수료비용(영업외비용)   10,000

문제 5 **결산**

[1] 〈수동결산〉
(차) 미수수익 300,000 (대) 이자수익 300,000
☞ 미수수익=60,000,000원×2%(연이자율)×3/12 = 300,000원

[2] 〈수동결산〉
(차) 소모품비(판) 350,000 (대) 소모품 350,000

[3] 〈수동/자동결산〉
(차) 대손상각비(판) 1,251,560 (대) 대손충당금(109) 1,251,560
☞ 대손충당금(외상매출금) : 137,506,000원×1% − 123,500원 = 1,251,560원
　　또는 [결산자료입력] 〉 F8 대손상각 〉 대손율(%) 1% 입력 〉 결산반영 〉 F3 전표 추가

문제 6 **조회**

[1] 300,000원
• [매입매출장] 〉 조회기간 : 4월 1일~6월 30일 〉 구분 : 3.매입 〉 유형 : 54.불공, ⓪전체
• [부가가치세신고서] 〉 조회기간 : 4월 1일~6월 30일 〉 공제받지못할매입세액

[2] 3매
= 36매(4월~6월) − 33매(1월~3월)
• [세금계산서합계표] 〉 · 조회기간 : 1월~3월 　· 조회기간 : 4월~6월

[3] 40,000,000원
• [계정별원장] 〉 기간 : 4월 1일~4월 30일 〉 계정과목 : 108. 외상매출금 조회
　　　　　　　　　　　　　　　　　　　　〉 대변 합계금액 확인

제102회 전산회계1급

합격율	시험년월
35%	2022.06

이 론

01. 다음 중 거래의 8요소와 그 예시로 가장 적절하지 않은 것은?

① 자산증가/자본증가 : 회사의 설립을 위한 자본금 1,000만원을 보통예금에 입금하다.

② 자산증가/자산감소 : 마스크생산에 사용되는 원단 구입대금 3,000만원을 현금으로 지급하다.

③ 자산증가/부채증가 : 직원의 주택구입자금 1억원을 보통예금에서 이체하여 대여하다.

④ 부채감소/부채증가 : 약속어음을 발행하여 외상매입금을 지급하다.

02. 다음 자료를 이용하여 선입선출법에 따라 계산한 ㈜서울의 기말재고자산 금액은 얼마인가?

일자	적요	수량	단가
05월 06일	매입	200개	200원
09월 21일	매출	150개	500원
12월 12일	매입	100개	300원

① 30,000원 ② 35,000원 ③ 40,000원 ④ 45,000원

03. 다음 중 영업외비용으로 처리되는 계정과목은?

① 개발비 ② 경상연구개발비
③ 무형자산손상차손 ④ 소모품비

04. 다음 중 유형자산과 무형자산에 대한 설명으로 맞는 것은?

① 유형자산은 모두 감가상각을 해야 한다.
② 무형자산은 화폐성자산이다.
③ 무형자산은 미래 경제적 효익이 없다.
④ 무형자산은 물리적 실체가 없다.

05. 다음 거래를 모두 반영하였을 경우 나타날 결과에 대한 설명으로 옳지 않은 것은?

> • 2월 1일 : 시장성 있는 ㈜한국의 주식(액면금액 4,000원) 100주를 단기간 보유할 목적으로 주당 4,200원에 취득하였다. 취득과정에서 별도의 수수료 20,000원이 발생하였다.
> • 7월 1일 : ㈜한국의 주식 100주를 주당 4,300원에 처분하였다.

① 단기매매증권처분이익이 10,000원이 발생한다.
② 단기매매증권을 취득할 때 발생한 수수료는 자산처리 하지 않고, 비용처리 한다.
③ 당기순이익이 10,000원 증가한다.
④ 당기순이익이 10,000원 감소한다.

06. 다음 중 부채를 인식하는 요건에 대한 설명으로 옳지 않은 것은?

① 과거 사건이나 거래의 결과로 현재 의무가 존재한다.
② 당해 의무를 이행하기 위하여 자원이 유출될 가능성이 매우 높다.
③ 당해 의무의 이행에 사용되는 금액을 신뢰성 있게 추정할 수 있다.
④ 우발부채는 부채로 인식하지 않아 의무를 이행하기 위하여 자원이 유출될 가능성이 높은 경우에 도 주석으로 기재하지 않는다.

07. 재무상태표의 기본요소 중 하나인 자본에 대한 설명으로 잘못된 것은?

① 자본이란 기업실체의 자산에 대한 소유주의 잔여청구권이다.
② 배당금 수령이나 청산 시에 주주간의 권리가 상이한 경우 주주지분을 구분표시 할 수 있다.
③ 재무상태표상 자본의 총액은 자산 및 부채를 인식, 측정함에 따라 결정된다.
④ 재무상태표상 자본의 총액은 주식의 시가총액과 일치하는 것이 일반적이다.

08. 다음 자료를 이용하여 아래의 (가)를 계산하면 얼마인가?

• 영업부 종업원의 급여 50,000원	• 상거래채권의 대손상각비 20,000원
• 상거래채권 외의 대손상각비 50,000원	• 이자비용 20,000원
• 기부금 40,000원	

매출총이익 - (가   ) = 영업이익

① 70,000원   ② 90,000원   ③ 130,000원   ④ 140,000원

09. 다음 중 제조기업의 원가계산 산식으로 가장 옳은 것은?

① 당기제품제조원가 = 직접재료비 + 직접노무비 + 제조간접비
② 직접재료비 = 기초원재료재고액 + 당기원재료순매입액 - 기말원재료재고액
③ 당기총제조원가 = 기초재공품재고액 + 당기총제조원가 - 기말재공품재고액
④ 매출원가 = 기초제품재고액 - 당기제품제조원가 + 기말제품재고액

10. 다음 중 개별원가계산과 종합원가계산의 비교 내용으로 잘못된 것은?

① 종합원가계산은 소품종 대량생산의 경우에 주로 사용된다.
② 종합원가계산은 원가를 제조공정별로 집계한다.
③ 개별원가계산은 원가보고서를 개별작업별로 작성한다.
④ 개별원가계산이 사용되는 산업은 정유업, 화학업, 제지업 등이 대표적이다.

11. 다음 자료에 의하여 평균법에 따라 재료비와 가공비 각각의 완성품환산량을 구하시오.

• 기초재공품 100개(완성도 25%)	• 당기착수 400개
• 기말재공품 200개(완성도 50%)	• 당기완성 300개
• 재료는 공정 초기에 투입되며, 가공비는 공정 전반에 걸쳐 균등하게 발생한다.	

	재료비	가공비
①	475개	300개
②	475개	400개
③	500개	400개
④	500개	300개

12. 다음 중 보조부문의 원가를 배부하는 방법에 대한 설명으로 옳지 않은 것은?

① 상호배분법은 보조부문 상호 간의 용역제공 관계를 완전히 고려하여 배부하므로 사전에 배부금액을 결정하는 방법이다.

② 단계배분법은 보조부문 상호 간의 용역제공 관계에 대해 우선순위를 정하고 배부하는 방법이다.

③ 직접배분법은 보조부문 상호 간의 용역제공 관계를 무시하고 배부하는 방법이다.

④ 원가계산의 정확성은 상호배분법 〉 단계배분법 〉 직접배분법 순이다.

13. 다음 중 부가가치세법상 세금계산서 및 영수증 발급의무면제 대상이 아닌 것은? (단, 주사업장총괄납부 및 사업자단위과세 사업자가 아니다.)

① 용역의 국외공급

② 무인자동판매기를 이용한 재화의 공급

③ 다른 사업장에 판매목적으로 반출되어 공급으로 의제되는 재화

④ 부동산임대용역 중 간주임대료에 해당하는 부분

14. 다음 중 부가가치세법상 세금계산서의 필요적 기재사항에 해당하는 것은?

① 공급연월일   ② 공급받는자의 상호, 성명, 주소

③ 공급품목   ④ 공급받는자의 사업자등록번호

15. 다음 중 부가가치세법상 면세되는 용역이 아닌 것은?

① 은행법에 따른 은행 업무 및 금융용역

② 주무관청의 허가 또는 인가 등을 받은 교육용역

③ 철도건설법에 따른 고속철도에 의한 여객운송용역

④ 주택임대용역

■■■■■■■ **실 무**

㈜금왕전자(3102)는 전자제품을 제조하여 판매하는 중소기업으로, 당기의 회계기간은 20x1.1.1.~ 20x1.12.31.이다. 전산세무회계 수험용 프로그램을 이용하여 다음 물음에 답하시오.

문제 1 다음은 기초정보관리와 전기분 재무제표에 대한 자료이다. 각각의 요구사항에 대하여 답하시오.(10점)

[1] 다음의 자료를 이용하여 [거래처등록] 메뉴에서 신규거래처를 등록하시오(단, 주어진 자료 외의 다른 항목은 입력할 필요 없음). (3점)

- 거래처코드 : 7171
- 거래처명 : ㈜천천상사
- 대표자성명 : 이부천
- 유형 : 매출
- 사업자등록번호 : 129 – 86 – 78690
- 업태 : 도매
- 종목 : 전자제품
- 사업장 주소 : 인천광역시 계양구 경명대로 1077 로얄프라자 201호(계산동) (단, 주소 입력 시 우편번호 입력은 생략함.)

[2] ㈜금왕전자의 기초 채권 및 채무의 올바른 잔액은 다음과 같다. [거래처별초기이월] 자료를 검토하여 오류가 있으면 삭제 또는 수정, 추가 입력하여 올바르게 정정하시오. (3점)

계정과목	거래처	금액
외상매출금	㈜대전전자	3,000,000원
	㈜목포전자	2,000,000원
외상매입금	손오공상사	1,500,000원
	사오정산업	800,000원
받을어음	㈜대구전자	300,000원

[3] 전기분 손익계산서를 검토한 결과 다음과 같은 오류가 발견되었다. [전기분재무상태표], [전기분손익계산서], [전기분원가명세서], [전기분잉여금처분계산서] 중 관련된 부분을 수정하시오. (4점)

계정과목	틀린 내용	올바른 내용
소모품비	판매비와관리비로 2,000,000원을 과다계상함	제조원가로 2,000,000원을 추가 반영할 것

문제 2 다음 거래 자료를 일반전표입력 메뉴에 추가 입력하시오.(일반전표입력의 모든 거래는 부가
가치세를 고려하지 말 것)(18점)

[1] 07월 20일 회사가 보유하고 있던 매도가능증권(투자자산)을 다음과 같은 조건으로 처분하고 대금은 보통
예금으로 회수하였다(단, 전기의 기말평가는 일반기업회계기준에 따라 처리하였다). (3점)

취득가액	20x0년 말 공정가치	처분가액	비고
24,000,000원	28,000,000원	29,000,000원	시장성이 있다.

[2] 09월 26일 창고에 보관 중인 원재료 550,000원(원가)을 공장에서 사용 중인 기계장치의 수리를 위하여
사용하였다. (3점)

[3] 11월 04일 세금계산서를 발급할 수 없는 간이과세자인 일백토스트에서 공장 생산직 직원들의 간식용
토스트를 주문하였다. 대금은 현금으로 지급하고, 아래와 같은 영수증을 받았다(일반전표에
입력할 것). (3점)

일백토스트

사업자번호 121-15-12340   김일백
경기도 이천시 가좌로1번길   TEL : 031-400-1158
홈페이지 http://www.kacpta.or.kr

현금(지출증빙용)

구매 20x1/11/04/10:06   거래번호 : 150

상품명	단가	수량	금액
햄토스트	2,500원	4	10,000원
치즈토스트	2,000원	5	10,000원
		합계	20,000원
		받은금액	20,000원

[4] 11월 05일 전기에 대손이 확정되어 대손충당금과 상계처리하였던 ㈜대전전자의 외상매출금 500,000원
이 회수되어 당사의 보통예금 계좌에 입금되었다. (3점)

[5] 11월 08일 기계장치 구입으로 인하여 부가가치세 제2기 예정신고기간에 발생한 부가가치세 환급금 10,300,000원이 보통예금 계좌로 입금되었다. 부가가치세 제2기 예정신고기간의 부가가치세 환급금은 미수금으로 회계처리를 하였다. (3점)

[6] 11월 30일 해외거래처인 ACE에 수출(선적일 : 11월 1일)한 제품에 대한 외상매출금 $2,000를 회수하였다. 외화로 회수한 외상매출금은 즉시 원화로 환전하여 당사 보통예금 계좌에 입금하였다. (3점)

• 20x1년 11월 1일 환율 : 1,100원/$	• 20x1년 11월 30일 환율 : 1,150원/$

문제 3   다음 거래 자료를 매입매출전표입력 메뉴에 입력하시오.(18점)

[1] 10월 16일 ㈜한국마트에서 대표이사 신윤철이 업무와 무관하게 개인적으로 이용하기 위하여 노트북 1대를 2,500,000원(부가가치세 별도)에 외상으로 구매하고 전자세금계산서를 받았다. (단, 거래처를 입력할 것) (3점)

<table>
<tr><td colspan="6" style="text-align:center">전자세금계산서</td><td>승인번호</td><td colspan="4">20221016 - 15454645 - 58811886</td></tr>
<tr><td rowspan="6">공급자</td><td>등록
번호</td><td colspan="2">105-81-23608</td><td>종사업장
번호</td><td></td><td rowspan="6">공급받는자</td><td>등록
번호</td><td colspan="2">126-87-10121</td><td>종사업장
번호</td><td></td></tr>
<tr><td>상호
(법인명)</td><td colspan="2">㈜한국마트</td><td>성명</td><td>한만군</td><td>상호
(법인명)</td><td colspan="2">㈜금왕전자</td><td>성명</td><td>신윤철</td></tr>
<tr><td>사업장
주소</td><td colspan="4">서울특별시 동작구 여의대방로 28</td><td>사업장
주소</td><td colspan="4">경기도 이천시 가좌로1번길 21-26</td></tr>
<tr><td>업태</td><td colspan="2">도소매</td><td>종목</td><td>전자제품</td><td>업태</td><td colspan="2">제조,도소매</td><td>종목</td><td>전자제품</td></tr>
<tr><td rowspan="2">이메일</td><td colspan="4" rowspan="2"></td><td>이메일</td><td colspan="4"></td></tr>
<tr><td>이메일</td><td colspan="4"></td></tr>
<tr><td colspan="2" style="text-align:center">작성일자</td><td colspan="2" style="text-align:center">공급가액</td><td colspan="2" style="text-align:center">세액</td><td>수정사유</td><td colspan="4" style="text-align:center">비고</td></tr>
<tr><td colspan="2">20x1-10-16</td><td colspan="2">2,500,000원</td><td colspan="2">250,000원</td><td>해당 없음</td><td colspan="4"></td></tr>
<tr><td>월</td><td>일</td><td colspan="2" style="text-align:center">품목</td><td>규격</td><td>수량</td><td>단가</td><td>공급가액</td><td colspan="2">세액</td><td>비고</td></tr>
<tr><td>10</td><td>16</td><td colspan="2" style="text-align:center">노트북</td><td></td><td>1</td><td>2,500,000원</td><td>2,500,000원</td><td colspan="2">250,000원</td><td></td></tr>
<tr><td> </td><td></td><td colspan="2"></td><td></td><td></td><td></td><td></td><td colspan="2"></td><td></td></tr>
<tr><td colspan="2" style="text-align:center">합계금액</td><td colspan="2" style="text-align:center">현금</td><td colspan="2" style="text-align:center">수표</td><td>어음</td><td>외상미수금</td><td colspan="3" rowspan="2">위 금액을 (청구) 함</td></tr>
<tr><td colspan="2">2,750,000원</td><td colspan="2"></td><td colspan="2"></td><td></td><td>2,750,000원</td></tr>
</table>

[2] 10월 21일 ㈜송송유통에 제품을 판매하고 다음과 같이 전자세금계산서를 발급하였다. 판매대금 중 10,000,000원은 지주상사가 발행한 어음으로 받았고, 나머지는 다음 달에 받기로 하였다. (3점)

전자세금계산서					승인번호		20221021-15454645-58811886		
공급자	등록번호	126-87-10121	종사업장번호		공급받는자	등록번호	110-81-19066	종사업장번호	
	상호(법인명)	㈜금왕전자	성명	신윤철		상호(법인명)	㈜송송유통	성명	이송
	사업장주소	경기도 이천시 가좌로1번길 21-26				사업장주소	서울특별시 강남구 강남대로 30		
	업태	제조,도소매	종목	전자제품		업태	도소매	종목	전자제품
	이메일					이메일			
						이메일			

작성일자	공급가액	세액	수정사유	비고		
20x1-10-21	40,000,000원	4,000,000원	해당 없음			

월	일	품목	규격	수량	단가	공급가액	세액	비고
10	21	전자제품				40,000,000원	4,000,000원	

합계금액	현금	수표	어음	외상미수금	위 금액을 (청구) 함
44,000,000원			10,000,000원	34,000,000원	

[3] 11월 02일 ㈜이에스텍으로부터 공장 시설보호를 목적으로 CCTV 설치를 완료하고 전자세금계산서를 발급받았다. 대금총액 3,300,000원(부가가치세 포함) 중 현금으로 300,000원을 지급하였고, 나머지는 10회에 걸쳐 매달 말 균등 지급하기로 하였다(계정과목은 시설장치 과목을 사용할 것). (3점)

[4] 11월 27일 당사는 본사의 사옥을 신축할 목적으로 기존 건물이 있는 토지를 취득하고 즉시 건물을 철거한 후 ㈜철거로부터 전자세금계산서를 발급받았다. 구건물 철거 비용 33,000,000원(공급가액 30,000,000원, 세액 3,000,000원) 중 15,000,000원은 보통예금으로 지급하고, 나머지는 외상으로 하였다. (3점)

[5] 12월 01일 개인 소비자인 권지우씨에게 제품을 2,400,000원(부가가치세 별도)에 판매하고, 판매대금은 신용카드로 결제받았다. 단, 신용카드에 의한 판매는 매출채권으로 처리한다. (3점)

카드매출전표	
카드종류 :	국민카드
회원번호 :	2224 – 1222 – **** – 1345
거래일시 :	20x1.12.1. 16:05:16
거래유형 :	신용승인
매출액 :	2,400,000원
부가세액 :	240,000원
합계액 :	2,640,000원
결제방법 :	일시불
승인번호 :	71999995
은행확인 :	국민은행
가맹점명 :	㈜금왕전자
-이 하 생 략-	

[6] 12월 20일 미국 소재 법인 dongho와 8월 4일 직수출 계약을 체결한 제품 $5,000의 선적을 완료하고, 수출대금은 차후에 받기로 하였다. 직수출 계약일의 기준환율은 1,180원/$, 선일의 기준환율은 1,185원/$이다(수출신고번호 입력은 생략함). (3점)

문제 4 일반전표입력 및 매입매출전표입력 메뉴에 입력된 내용 중 다음과 같은 오류가 발견되었다. 입력된 내용을 확인하여 정정하시오.(6점)

[1] 08월 25일 제1기 확정신고기간의 부가가치세 납부세액과 가산세 162,750원을 보통예금으로 납부하고 일반전표에서 세금과공과(판)로 회계처리 하였다. 단, 6월 30일의 부가가치세 회계처리를 확인하고, 가산세는 세금과공과(판)로 처리하시오. (3점)

[2] 10월 17일 ㈜이플러스로부터 구매한 스피커의 대금 2,200,000원을 보통예금 계좌에서 이체하고 일반전표에서 상품으로 회계처리 하였으나, 사실은 영업부 사무실에서 업무용으로 사용할 목적으로 구입하고 지출증빙용 현금영수증을 발급받은 것으로 확인되었다. 회사는 이를 비품으로 처리하고 매입세액공제를 받으려고 한다. (3점)

문제 5   결산정리사항은 다음과 같다. 해당 메뉴에 입력하시오.(9점)

[1] 외상매입금 계정에는 중국에 소재한 거래처 상하이에 대한 외상매입금 2,200,000원($2,000)이 포함되어있다(결산일 현재 적용환율 : 1,120원/$). (3점)

[2] 7월 1일 전액 비용으로 회계처리한 보험료(제조부문 : 2,400,000원, 영업부문 : 1,500,000원)는 1년분(20x1.7.1.~20x2.6.30.) 보험료를 일시에 지급한 것으로, 보험료는 월할계산 한다. (3점)

[3] 9월 15일 가수금으로 처리한 2,550,000원에 대한 원인을 조사한 결과, 그 중 2,530,000원은 ㈜인천의 외상매출금을 회수한 것으로 밝혀졌다. 나머지 금액은 결산일 현재까지 그 차이의 원인을 알 수 없어 당기 수익(영업외수익)으로 처리하였다. (3점)

문제 6   다음 사항을 조회하여 답안을 [이론문제 답안작성] 메뉴에 입력하시오.(9점)

[1] 1분기(1월~3월) 중 제품매출이 가장 많은 달(月)과 가장 적은 달(月)의 차이는 얼마인가? (단, 음수로 입력하지 말 것) (3점)

[2] 부가가치세 제1기 예정신고기간(1월~3월) 중 신용카드로 매입한 사업용 고정자산의 공급가액은 얼마인가? (3점)

[3] 6월 중 한일상회에서 회수한 외상매출금은 얼마인가? (3점)

제102회 전산회계1급 답안 및 해설

이 론

1	2	3	4	5	6	7	8	9	10	11	12	13	14	15
③	③	③	④	③	④	④	①	②	④	③	①	③	④	③

01. (차) 대여금(자산증가) ×××원 (대) 보통예금(자산감소) ×××원

02. 기말재고수량=매입(300개)-매출(150개)=150개

기말재고금액(선입선출법)=[100개(12.12)×300원]+[50개(5.06)×200원] =40,000원

03. 무형자산손상차손은 영업외비용에 해당한다.

04. ① **유형자산 중 토지와 건설중인 자산은 감가상각을 하지 않는다.**

② **유형, 무형자산 모두 비화폐성 자산**이다.

③ 자산은 미래 경제적 효익이 있어야 한다.

05. 단기매매증권을 취득할 때 발생한 수수료는 비용(20,000원)으로 처리한다.

처분손익=[처분가액(4,300)-장부가액(4,200)]×100주=10,000원(처분이익)

당기비용(△20,000)+처분이익(10,000)=△10,000원(당기순이익 감소).

06. 우발부채는 부채로 인식하지 않지만, 의무를 이행하기 위하여 자원이 유출될 가능성이 아주 낮지 않은 한, 우발부채를 주석(재무제표)에 기재한다. 즉 **자원유출가능성이 높은 경우에는 주석에 기재한다.**

07. 재무상태표상의 **자본의 총액(장부상 자본총액)은 주식의 시가총액(시장거래가격)과는 일치하지 않는 것이 일반적**이다.

08. 판관비(가)=영업부 종웝원의 급여(50,000)+상거래채권의 대손상각비(20,000)=70,000원

09. ① 당기총제조원가 = 직접재료비 + 직접노무비 + 제조간접비

③ 당기제품제조원가 = 기초재공품재고액 + 당기총제조원가 - 기말재공품재고액

④ 매출원가 = 기초제품재고액 + 당기제품제조원가 - 기말제품재고액

10. 정유업, 화학업, 제지업은 종합원가계산이 사용되는 대표적인 산업이다.

11.

〈1단계〉 물량흐름파악(평균법)			〈2단계〉 완성품환산량 계산	
평균법			재료비	가공비
완성품	300(100%)		300	300
기말재공품	200(50%)		200	100
계	500		*500*	*400*

12. 보조부문의 원가를 배부하는 것은 사전에 결정하는 것은 예정배부율법에 해당한다.

13. **판매목적 타사업장 반출로서 공급의제되는 재화는 세금계산서를 발급**해야 한다.

15. 철도건설법에 따른 **고속철도(KTX 등)에 의한 여객운송용역**은 항공기에 의한 여객운송용역과 경쟁
관계에 있다는 점을 고려하여 과세대상으로 정하고 있다.

실 무

문제 1 기초정보관리

[1] [거래처등록]

    [일반거래처] 탭 〉• 거래처코드 : 7171　• 거래처명 : ㈜천천상사　• 유형 : 1.매출

                • 사업자등록번호 : 129-86-78690　• 대표자 : 이부천　• 업태 : 도매

                • 종목 : 전자제품　• 주소 : 인천광역시 계양구 경명대로 1077　로얄프라자 201호(계산동)

[2] 거래처별 초기이월

- 외상매출금 : ㈜목포전자 2,000,000원 추가입력
- 외상매입금 : 저팔계산업 1,200,000원 삭제
- 받을어음 : ㈜대구전자 600,000원 → 300,000원으로 수정

[3] 전기분 재무제표 수정

> 원가명세서⇒손익계산서⇒잉여금처분계산서⇒재무상태표

1. [전기분원가명세서]
   - 소모품비(530) 3,000,000원 → 5,000,000원으로 수정
   - 당기제품제조원가 305,180,000원 → 307,180,000원으로 변경 확인
2. [전기분손익계산서]
   - 소모품비(830) 10,000,000원 → 8,000,000원으로 수정
   - 당기제품제조원가 305,180,000원 → 307,180,000원으로 수정입력
   - 매출원가 332,530,000원 → 334,530,000원으로 변경 확인
   - 당기순이익 144,970,000원 확인
3. [전기분이익잉여금처분계산서] : 미처분이익잉여금 및 이월이익잉여금 변동 없으므로 수정 불필요
4. [전기분재무상태표] : 당기순이익은 변동이 없으므로 수정 불필요

문제 2 일반전표입력

[1]　(차) 보통예금　　　　　　29,000,000　(대) 매도가능증권(178)　　28,000,000

        매도가능증권평가이익　4,000,000　　　매도가능증권처분이익　　5,000,000

    ☞매도가능증권처분손익=처분가액(29,000,000) - 취득가액(24,000,000) = 5,000,000원(이익)

[2]　(차) 수선비(제)　　　　　　550,000　(대) 원재료(8.타계정대체)　　550,000

410

[3]	(차)	복리후생비(제)	20,000	(대)	현금	20,000

[4]	(차)	보통예금	500,000	(대)	대손충당금(109.외상매출금)	500,000

[5]	(차)	보통예금	10,300,000	(대)	미수금	10,300,000

[6]	(차)	보통예금	2,300,000	(대)	외상매출금(ACE)	2,200,000
					외환차익	100,000

☞외환차손익(자산)=[회수가액(1,150/$) – 장부가액(1,100/$)] × $2,000 = 100,000원(이익)

문제 3 매입매출전표입력

문항	일자	유형	공급가액	부가세	거래처	전자
[1]	10/16	54.불공(②)	2,500,000	250,000	㈜한국마트	여
분개유형		(차) 가지급금	2,750,000	(대) 미지급금		2,750,000
혼합		(대표이사 신윤철)		(㈜한국마트)		
문항	일자	유형	공급가액	부가세	거래처	전자
[2]	10/21	11.과세	40,000,000	4,000,000	㈜송송유통	여
분개유형		(차) 받을어음	10,000,000	(대) 제품매출		40,000,000
		(지주상사)		부가세예수금		4,000,000
혼합		외상매출금	34,000,000			
문항	일자	유형	공급가액	부가세	거래처	전자
[3]	11/02	51.과세	3,000,000	300,000	㈜이에스텍	여
분개유형		(차) 시설장치	3,000,000	(대) 미지급금		3,000,000
혼합		부가세대급금	300,000	현금		300,000
문항	일자	유형	공급가액	부가세	거래처	전자
[4]	11/27	54.불공(⑥)	30,000,000	3,000,000	㈜철거	여
분개유형		(차) 토지	33,000,000	(대) 보통예금		15,000,000
혼합				미지급금(㈜철거)		18,000,000
문항	일자	유형	공급가액	부가세	거래처	신용
[5]	12/01	17.카과	2,400,000	240,000	권지우	국민카드
분개유형		(차) 외상매출금	2,640,000	(대) 제품매출		2,400,000
카드(혼합)		**(국민카드)**		부가세예수금		240,000
문항	일자	유형	공급가액	부가세	거래처	전자
[6]	12/20	16.수출(①)	5,925,000	0	dongho	–
분개유형		(차) 외상매출금	5,925,000	(대) 제품매출		5,925,000
외상(혼합)		(dongho)				
☞제품매출=$5,000×1,185원/$(선적일 환율)=5,925,000원						

문제 4 오류수정

[1] 〈수정전〉(8월 25일 일반전표)

(차)	세금과공과(판)	22,759,840	(대)	보통예금	22,759,840

〈수정후〉

(차)	미지급세금	22,597,090	(대)	보통예금	22,759,840
	세금과공과(판)	162,750			

[2] 〈수정전〉 10월 17일 일반전표 삭제

(차)	상품	2,200,000	(대)	보통예금	2,200,000

수정후	유형	공급가액	부가세	거래처	전자
	61.현과	2,000,000	200,000	㈜이플러스	–
분개유형	(차) 비품	2,000,000	(대) 보통예금		2,200,000
혼합	부가세대급금	200,000			

문제 5 결산

[1] 〈수동결산〉

(차)	외화환산손실	40,000	(대)	외상매입금(상하이)	40,000

☞환산손익(부채)=공정가액($2,000×1,120원/$)−장부가액(2,200,000)=40,000원(손실)

[2] 〈수동결산〉

(차)	선급비용	1,950,000	(대)	보험료(제)	1,200,000
				보험료(판)	750,000

☞ 제조부문 : 2,400,000원×6/12＝1,200,000원, · 영업부문 : 1,500,000원×6/12＝750,000원

[3] 〈수동결산〉

(차)	가수금	2,550,000	(대)	외상매출금(㈜인천)	2,530,000
				잡이익	20,000

문제 6 장부조회

[1] 61,858,180원

= 3월 120,480,000원 - 2월 58,621,820원

• [총계정원장] 〉 조회기간 : 1월 1일~3월 31일 〉 계정과목 : 제품매출(404) 조회

[2] 3,500,000원

[부가가치세신고서] 〉 조회기간 : 1월 1일~3월 31일 조회 : 〉 14. 그밖의 공제매입세액 〉 42. 신용카드매출수령금액 합계표 : 고정매입 금액

[3] 10,000,000원

[거래처원장] 〉 조회기간 : 6월 1일~6월 30일 〉 계정과목 : 외상매출금(108) 〉 거래처 : 한일상회 조회

저자약력

■ **김영철 세무사**

- 고려대학교 공과대학 산업공학과
- 한국방송통신대학 경영대학원 회계 · 세무전공
- (전)POSCO 광양제철소 생산관리부
- (전)삼성 SDI 천안(사) 경리/관리과장
- (전)강원랜드 회계팀장
- (전)코스닥상장법인CFO(ERP. ISO추진팀장)
- (전)농업진흥청/농어촌공사/소상공인지원센타 세법 · 회계강사
- (전)두목넷 전산회계/전산세무/세무회계 강사
- (현)천안시 청소년재단 비상임감사

로그인 essence 전산회계 1급

6 판 발 행 : 2024년 1월 10일
저　　　자 : 김 영 철
발 행 인 : 허 병 관
발 행 처 : 도서출판 어울림
주　　　소 : 서울시 영등포구 양산로 57-5, 1301호 (양평동3가)
전　　　화 : 02-2232-8607, 8602
팩　　　스 : 02-2232-8608
등　　　록 : 제2-4071호
Homepage : http://www.aubook.co.kr

저자와의
협의하에
인지생략

ISBN　978-89-6239-908-0　13320　　　　　정 가 : 24,000 원

도서출판 어울림 발행도서는 정확하고 권위 있는 해설 및 정보의 제공을 목적으로 하고 있습니다. 그러나 항상 그 완전성이 보장되는 것은 아니기 때문에 적용결과에 대하여 당사가 책임지지 아니합니다. 따라서 실제 적용할 경우에는 충분히 검토하시고 저자 또는 전문가와 상의하시기 바랍니다.

본서의 무단전재 및 복제행위는 저작권법에 의거, 5년 이하의 징역 또는 5,000만원 이하의 벌금에 처하거나 이를 병과할 수 있습니다.

파본은 구입하신 서점이나 출판사에서 교환해 드립니다.